中印研究丛书

季羡林

郁龙余 等著

印度文化论

(第二版)

Reflections on Indian Culture

北京大学出版社
PEKING UNIVERSITY PRESS

图书在版编目 (CIP) 数据

印度文化论 / 郁龙余等著.—2 版.—北京：北京大学出版社，2016.3
ISBN 978-7-301-26655-7

Ⅰ.①印… Ⅱ.①郁… Ⅲ.①文化史—研究—印度 Ⅳ.①K351.03

中国版本图书馆 CIP 数据核字 (2015) 第 309558 号

书　　　名	印度文化论（第二版）
	YINDU WENHUA LUN
著作责任者	郁龙余　等著
责 任 编 辑	张　冰　严　悦
标 准 书 号	ISBN 978-7-301-26655-7
出 版 发 行	北京大学出版社
地　　　址	北京市海淀区成府路 205 号　100871
网　　　址	http://www.pup.cn　　新浪微博：@ 北京大学出版社
电 子 信 箱	pkupress_yan@ qq.com
电　　　话	邮购部 62752015　发行部 62750672　编辑部 62759634
印 刷 者	北京大学印刷厂
经 销 者	新华书店
	650 毫米 ×980 毫米　16 开本　18.25 印张　320 千字
	2008 年 6 月第 1 版
	2016 年 3 月第 2 版　2016 年 3 月第 1 次印刷
定　　　价	48.00 元

未经许可，不得以任何方式复制或抄袭本书之部分或全部内容。
版权所有，侵权必究
举报电话：010-62752024　电子信箱：fd@pup.pku.edu.cn
图书如有印装质量问题，请与出版部联系，电话：010-62756370

"中印研究丛书"编委会名单

顾问：（以姓氏笔画为序）

兰密施（印） 刘安武 阿维杰特（印） 金鼎汉
洛克希·金德尔（印） 尼尔玛拉·夏尔玛（印）
黄宝生 H.S.普拉萨德（印） 谭 中（印）

编委：（以姓氏笔画为序）

王邦维 文富德 左连村 石海峻 刘 建 刘朝华
刘曙雄 任 佳 孙士海 杨晓霞 邱永辉 狄伯杰（印）
邵葆丽（印） 尚劝余 郁龙余 赵干城 哈若蕙 姜景奎
高 伟 唐仁虎 唐孟生 谈玉妮（印） 董友忱 墨普德（印）
薛克翘

主编：

郁龙余

主编助理：

蔡 枫 黄 蓉 朱 璇 蒋慧琳

第二版序

郁龙余

《印度文化论》自 2005 年开始写作，至今已经十个年头。深圳大学印度研究中心也在不知不觉中度过了它的十岁生日。十年前，之所以要成立印度研究中心，撰写《印度文化论》，是有感于国人包括知识精英在内，对印度知之甚少，甚至存在不少认识误区。《印度文化论》出版后，受到了广大读者好评，也受到业内专家的充分肯定。

国之交，在民相亲；民相亲，在心相知；心相知，重在文化沟通。以前，我们所做的一切，包括撰写出版《梵典与华章》、建立谭云山中印友谊馆、接待印度 ICCR 讲席教授、应邀访问尼赫鲁大学等九所高校、举办"泰戈尔在我心中"全国征文比赛、重新出版玄奘《大唐西域记》（印地文版）等等，全都围绕中印文化沟通而展开。随着中印关系稳步发展，中国人，特别是我们的大学生，对了解印度的愿望不断提升。深圳大学在开设"印度视觉艺术""印度文化遗产赏析""印度电影欣赏""印度文化概要"等课程之后，还要求以《印度文化论》为基础，开设一门名为"印度文化概要"的慕课课程。在摄制过程中，我进一步认识到了年轻人渴望了解、认识印度。这不仅对我们慕课的摄制工作是很大激励，而且对《印度文化论》的修改再版，也是很大的激励。正是这种激励，促使我们在较短的时间内完成了任务。

《印度文化论》的再版，得到了北京大学出版社的大力支持。张冰主任和小将严悦作风凌厉，大大加快了出版周期。

习近平主席在印度世界事务委员会的演讲中说："印度是一个神奇而又多彩的国度，孕育了绵延数千年的古老文明，走过了曲折漫长的独立自强之路，踏上了充满希望的复兴进程。来到印度，就像走进了一条斑斓的历史长廊，昨天恢宏瑰丽，今天令人振奋，明天精彩可期。"（习近平：《携手追寻民族复兴之梦——在印度世界事务委员会的演讲》，新华网，2014 年 9 月 18 日）我们相信，这本《印度文化论》和慕课"印度文化概要"，一定会对有心了解这个"神奇而多彩的国度"的人们有所帮助。

在慕课课程中,我们有一段这样的话:"我们力图客观、全面、准确,但缺点与错误在所难免。希望大家仁者见仁,智者见智。这便是我们所期待的。"这段话,对于这本新版的《印度文化论》也同样适用。我们希望得到广大读者朋友的鼓励和批评意见。

2015 年 9 月 18 日

前　言

　　进入新世纪，中印关系迅速升温。这种升温，既是中印两国关系发展的内在需要，也是世界政治、经济、文化发展的大势使然，有着极其深刻、丰富的背景与内涵。

　　文化，是中印关系的重要课题和纽带。近代以前，中国的印度学水平在全世界独领风骚一两千年。印度的中古史研究，离开了中国典籍就无从谈起。进入近代，由于受到西方文化的冲击，中印文化关系和互相学习研究跌进低谷。到了现代，中国对印度的研究出现了复兴，拥有了一批像梁漱溟、陈垣、吕澂、汤用彤、陈寅恪、季羡林、金克木、刘安武、黄宝生这样的知名学者。近年来，中国出版了一批印度经典和研究印度的著作，其数量之巨、质量之优，实为史所罕见。但是，印度文化博大精深、异彩纷呈，我们对印度文化的研究和认识，显然不能充分满足中印关系快速发展的需要。

　　对于印度文化的复杂性，无论我们怎样估计都不会过分。马克·吐温曾经说："对印度的任何评价都是正确的，但是相反的观点可能也是正确的，因为它太复杂了。"印度的复杂性甚至成了旅游资源，印度人运用各种手段宣传自己。Incredible India 的英语广告到处可见，官方译文为"令人赞叹的印度"或"不可思议的印度"。印度民族语言是 Atulya Bhārata，即"无与伦比的印度"。印度确有独到之处，印地语 atulya 就找不出一个语义非常相近的英语词汇，译成 incredible，便走样不少。怎样认识印度人和印度文化，是各国印度学家孜孜不倦的研究课题。

　　随着中印经济的崛起，两国的世界影响越来越大，双边关系比以往任何时候都更加重要。彼此都渴望了解对方。越来越多的中国人希望有一本能帮助他们深入浅出地了解印度文化的简明读本。我们编撰这本《印度文化论》正是以此为出发点。

　　在本书"绪论"中，就印度研究的重要性、中印关系的历史与现在、对印度文化的总体把握及印度的八大文化景观，进行了简略论述，为全书的展开作出铺垫。正文共分 10 章，就印度人的世界观、生命观、种姓观、宗教观、人生观、修炼观、意志观、教学观、文艺观和矛盾观等印度文化的核心内容，进行阐述与评价。在写作过程中，我们尽可能做到简单明了、通俗易懂，希望能为广大读者所喜爱。

我们曾说："中国、西方和印度，是世界三大独立发展的诗学体系，互相充满异质性和影响力。进行中西或西中比较，印度诗学是最佳第三者。"（《中国印度诗学比较》）其实，进行中西文化比较也完全如此。印度文化的第三者身份，对中国来讲具有不可替代性。有了印度这个参照，中西争拗中的许多问题，就能不言自明。人贵有自知之明。自知之明不会与生俱来，而是从学习、比较、借鉴中来。这样，镜子的选择极为重要，什么样的镜子照出什么样的形象。当代中国，主要有两把镜子，一把是西方，一把是印度。西方的镜子照出了我们的许多毛病，近代以来中国的进步，很大一份功劳要记在西方镜子的账上。但是，这面镜子也常常把我们照得面目全非。于是，我们拿起了印度这把镜子，得出了许多新的结论。由于历史、文化、艺术、幅员、经济、社会、人口等等方面的相似和相异，印度对于中国来讲，具有极大的可比性。中印比较的科学价值，包括两大方面：

一是两国之间的互相学习、切磋、借鉴，藉此发展、滋养各自的文化；二是纠正中西比较中可能出现的误差，避免我们因西方镜子而妄自菲薄，作出不当反应。

西方镜子为何常常会把我们照得面目全非？这是一个有趣但并非深奥的问题。所谓西方镜子，主要是西方文化，包括各种著作、评论、报道、文学、艺术及政治新闻人物的言谈等等。由于各种原因，不同历史时期的西方镜子，照出的中国形象是非常不同的，甚至出现镜像与实际形象相反的情况。我们状况不佳的时候，西方镜像反映得极好；我们状况很好的时候，西方镜像反映得却极糟糕。所以，西方人眼中的中国形象，实际上只是一些西方人对中国带有偏见的想象。这些人大多并不懂得中国语言文化，并不了解中国百姓和历史，一句话，他们并不真正认识中国的实际。而真正知道中国实际的人，他们的声音却被人淡忘。1867年，鸦片战争27年之后，英国著名汉学家威妥玛说："中国官员起于受教育阶层，是这个帝国的实际统治阶层，是精通他们国家的哲学、历史、法律和纯文学的人，除此而外没有什么能使他们的地位稳固不变，这使得外国代理商如此困惑，以至深信要把'野蛮人'提高到中国人的教育水平简直是不可能的。"（《语言自迩集》）他的这些话现在听起来，简直是天方夜谭。然而,从言者的身份进行思考,不论主观意愿还是客观条件威妥玛是最接近真实的。

这样,我们对西方人眼中的中国形象,首先要将其看作一种镜像,切莫不加分析就将镜像等同于自己的形象。当这种镜像和自己太不相符时,要拿起印度镜子来对照。通常情况下,印度镜子所反映的要比西方镜子更真实。

美国汉学家包石华(Martin Powers)在《小心西方诡辩束缚中国话语》一文中说:"中国知识分子应该把传统的束缚解开","'束缚'是指心理和思维方式的束缚,即把自己的未来限于西方学者所断定的范围。"(《环球时报》2008年3月3日)了解、学习印度,从印度镜子中获得有益借鉴,有助我们摆脱西方束缚,可以使我们更睿智、更进步、更有自知之明。

中国和印度的国家关系,不仅是重要的双边关系,而且关系到21世纪世界发展新格局,如何和中国相处,是印度人需要认真思考的问题;如何和印度相处,是中国人需要认真思考的问题;中印两国如何相处,是全世界都关注的问题。希望这本《印度文化论》,能够对三者特别是国人了解印度有所助益。

郁龙余
2008年1月18日于深圳大学

目 录

绪 论 ………………………………………………………………… 1
　一、印度学是东方学的重要成分 ……………………………… 1
　二、中国和印度亲如肺腑 ……………………………………… 3
　三、怎样理解 CHINDIA/中印大同 …………………………… 6
　四、怎样认识印度和印度文化 ………………………………… 8
　五、印度独特的八大人文景观 ………………………………… 11

第一章 梵我一如 万物有灵——印度人的世界观 ………… 24
　一、一元论世界本原说 ………………………………………… 24
　二、古代印度的时空观 ………………………………………… 31
　三、万物有灵的自然观 ………………………………………… 39

第二章 慈爱厚生 非战戒杀——印度人的生命观 ………… 48
　一、平等神圣的生命价值观 …………………………………… 48
　二、不害的生命伦理观 ………………………………………… 63

第三章 人分四等 贵贱天定——印度人的种姓观 ………… 73
　一、种姓制度的产生及特点 …………………………………… 73
　二、种姓制度的阐释理论 ……………………………………… 81
　三、种姓制度在现代印度 ……………………………………… 87

第四章 神权至上 天人同欲——印度人的宗教观 ………… 96
　一、从宗教仪轨到宗教生活 …………………………………… 97
　二、宗教精神的重估 …………………………………………… 103
　三、宗教对话的深厚传统 ……………………………………… 109
　四、多元文化背景下的宗教融合 ……………………………… 114

第五章　生死轮回　业报有常——印度人的人生观 …… 119
　　一、经典中的业报轮回说 …… 119
　　二、业报轮回的核心理论 …… 124
　　三、业报轮回的伦理作用 …… 130
　　四、追求四要的完满人生 …… 135

第六章　苦修造福　冥思得道——印度人的修炼观 …… 142
　　一、印度：世界苦修之乡 …… 142
　　二、苦行：福乐神通之途 …… 150

第七章　精神不灭　瑜伽万能——印度人的意志观 …… 164
　　一、意志在印度的表现 …… 164
　　二、瑜伽：意志亲证之路 …… 172
　　三、解脱：意志自由之境 …… 182

第八章　师道尊严　梵学秘授——印度人的教学观 …… 191
　　一、吠陀：印度教育之源 …… 191
　　二、师道尊严：教与学皆神圣 …… 194
　　三、森林学校：印度的人生教育 …… 202

第九章　宏大叙事　神话思维——印度人的文艺观 …… 213
　　一、印度文艺的叙事特征 …… 213
　　二、印度文艺的神话思维 …… 227

第十章　异见万端　天包地容——印度人的矛盾观 …… 243
　　一、学者名人论印度矛盾观 …… 243
　　二、非凡矛盾观典型例析 …… 247
　　三、非凡矛盾观的成因 …… 253
　　四、印度矛盾观的学理分析 …… 260

第二版后记 …… 267
参考文献 …… 268
译名对照表 …… 273

绪　论

任何事物的意义,源自其内在品质和外在价值。其品质愈独特、愈优秀,被外部世界认识得愈深切、愈周全;其价值就愈宝贵和富于生命力。所以,认识事物的内在品质和外在价值,具有同等意义,即存在和发现同等重要。

我们中国读者,应该怎样来认识、发现印度文化的内在品质和外在价值呢?这是一个重要课题,又是一个热门话题,需要我们认真地探讨和研究。

一、印度学是东方学的重要成分

人类文化交流史告诉我们,东方是西方文化的摇篮,每次西方文化的跃进,都得益于东方。西方从东方学到了字母、十进位制以及数码、火药、指南针、造纸术、印刷术和文官制度。欧洲文化有所谓"双希"源头,其中希伯来文化本身就是东方文化,希腊文化则是古埃及和古希腊文化交流融合的结果,罗马文化是其余绪。之后,由于缺乏东方文化的促进与补给,欧洲便进入黑暗的中世纪。直到13世纪,由于阿拉伯文化为代表的东方文化的几个世纪的影响和激励,欧洲出现了文艺复兴。到16、17世纪,欧洲前进动力又不足,出现种种危象,于是欧洲人拼命发展贸易。结果大获成功,"最为激动人心的是穿过大西洋的航行,与陌生的亚洲和新世界进行贸易"①。丝绸、香料、黄金、棉花、粮食、药材、宝石,东方的货物源源不断地运往欧洲。当然,欧洲从东方获得的不仅仅是商品,他们还直接从中国和印度文化中吸取精神力量。到18世纪,欧洲大地上出现了启蒙运动。这样,不但巩固、发展了文艺复兴的成果,而且直接将欧洲推向现代社会。但是,西方向东方学习并未停止。英国威妥玛作为19世纪西方杰出的汉学家,于1867年在其《语言自迩集》的《序言》中说:"中国官员起于受教育阶层,是这个帝国的实际统治阶层,是精通

---

① [美]道格拉斯·C.诺思、罗伯特·保尔·托马斯:《西方世界的兴起》,张柄九译,学苑出版社,1988年,第152页。

他们自己国家的哲学、历史、法律和纯文学的人,除此而外没有什么能使他们的地位稳固不变,这使得外国代理商如此困惑,以至深信要把'野蛮人'提高到中国人的教育水平简直是不可能的。"这说明即使在鸦片战争之后,西方人仍自称"野蛮人",竭力向中国人学习。他感叹道:"我们的起步像我们大部分人一样太晚了,因此要超越有文化修养的中国人能得心应手的广阔领域是难于实现的——尽管这是我们所期望的。"①

在向东方学习的过程中,一门现代学科意义上的新学科——东方学诞生了。东方学由诸多学科分支组成,包括亚述学、埃及学、伊朗学、印度学、中国学、日本学等等。其中,由于同宗同族,属于同一语系,西方学者一直对印度学抱有特殊的情感,对印度人和印度文化高看一眼、厚爱三分。印度学家麦克斯·缪勒1882年在剑桥大学的一次演讲,后来引起了尼赫鲁的注意,他在自己的《印度的发现》中热情横溢地说道:

> 如果我们遍视全世界,要想找出一个国家最富裕地享有大自然所能赐予的一切财富、权势和美景——有些部分简直是地球上的天堂——那我就要指出印度。如果有人问我在哪一部分天空之下,人类心智最丰富地发展了它的某些优秀的天赋,对于人生最重大的问题思考最深,并获得这些问题的一些解答,而且这些问题是值得那些即使曾经研究过柏拉图及康德的人们的注意的,那么我要指出印度。我们欧洲人差不多是专靠希腊人、罗马人和闪族的犹太人等的思想所培养的。那么比如我问自己,假使要我们的精神生活——不仅是为今生中比较真实的人类生活而且也为了神化的永恒生活——成为更加完满、更能包容、更加广泛,那我们应该从何种文献里吸取改善的方法呢?再一次我又要指出印度。②

尼赫鲁在书中还引述了罗曼·罗兰的一段话:"如果地面上有这样一个地方,从草昧初开人类刚刚开始生存的梦想的时候,世上人这一切的梦想就都曾获得过一个归宿,那就是印度。"③显然,缪勒和罗兰都不是随口溢美,而是对西方文化的结构缺陷和成分缺失作出深层次思考之后的由衷感叹。

---

① [英]威妥玛:《语言自迩集》,张卫东译,北京大学出版社,2002年,第21页。
② [印度]尼赫鲁:《印度的发现》,世界知识出版社,1956年,第100页。
③ 同上。

欧洲人对印度的认识,无疑得力于印度学的兴起和发展。有学者指出:"我们应该感谢印度学的伟大学者们,是他们为西方研究印度提供了科学的基础。"①西方人通过学习和求取,从印度获赠的礼单,其内容之丰富令人无法想象。除了宗教、哲学、逻辑、道德、伦理、法律之外,还有语言学、美学、文学、戏剧、艺术等等。"学者们带着探险者寻找澳大利亚金矿的贪婪,从事梵文手稿的搜寻。"②"对于西方世界来说,许多世纪一直无人知晓的这一大文库的突然发现,是自文艺复兴时重新发现希腊古典文学宝藏以来的最重大事件。"③叔本华视《奥义书》为新的灵知或启示,他说:"那无与伦比的书触动人的灵魂深处。每一个句子都产生深刻的、新颖的和崇高的思想,而高尚的、圣洁的和真诚的精神遍及全书。……它一直是我人生的安慰,它还是我死后的安慰。"④印度传统文化对西方人的影响和熏陶,不局限于人文社会学科,许多自然科学家也不例外。1945年7月16日,美国第一次核爆成功,首席科学家 J. 罗伯特·奥本海默激动得情不自禁地引用起《薄伽梵歌》中的诗句,来表达他当时的心情。阿马蒂亚·森认为:"奥本海默的梵文相当好,对《薄伽梵歌》的理解是正确的。"⑤

西方在向印度、中国及整个东方的学习与交流中,包括东方学在内的西方现代学术体系建构起来了。

二、中国和印度亲如肺腑

真正的大国文化,从来不会一枝独秀。群落优势在文化生态学上具有重要意义。"三"在东西方文化中有特殊的含义,强大美好的事物,常常呈"品"字状出现。中国古代圣哲老子说"一生二,二生三,三生万物",中国俗语说"一个篱笆三个桩";印度崇尚三,崇拜三相神大梵天、毗湿奴和湿婆;西方也重视三,基督教讲圣父、圣子、圣灵三位一体。这种"崇

---

① [澳]A. L. 巴沙姆主编:《印度文化史》,商务印书馆,1997年,第703页。
② [印度]尼赫鲁:《印度的发现》,世界知识出版社,1956年,第696页。
③ 同上书,第697页。
④ 同上书,第698页。
⑤ [印度]阿马蒂亚·森:《惯于争鸣的印度人》,刘建译,上海三联书店,2007年,第193—194页。奥本海默引用的诗句是:"一千个太阳的辐射……顿时涌向苍穹。""我已成为死神,三界的毁灭者。"

三"心理中隐藏着的逻辑思维,来自对结构的理解,首先来自对人体结构的理解。人体最重要的是首脑,拱卫它的是左右两臂。所以,左膀右臂一直是得力和护卫的代名词。

中国文化,至少从汉代开始就有了自己的左膀右臂,就是印度文化和泰西(西亚、欧洲)文化。两千多年来,我们不知从印度拿来了多少宝贝。梁启超认为,印度佛教东传,对中国文化的影响可归纳为五大项:(一)国语实质的扩大,(二)语法及文体的变化,(三)文学情趣的发展,(四)歌舞剧的传入,(五)字母的仿造。胡适将印度对中国文化的影响归为三大贡献:(一)佛寺禅门成为白话文、白话诗的重要发源地;(二)中国浪漫主义文学(指《封神榜》《西游记》等小说)是印度文学影响的产儿;(三)对中国文学体裁的巨大影响。鲁迅说得十分概括,且颇带感情色彩:"印度则交通自古,贻我大祥,思想、信仰、道德、艺文无不蒙贶,虽兄弟眷属,何以加之。"[①]中国文化所以长盛不衰,重要原因之一,是它在和外国文化交流中,不断吸取营养,滋养壮大自己。而自汉至明,印度是中国对外文化交流的主要对象。进入近代,中国和印度都交了厄运,成了殖民主义、帝国主义侵略的牺牲品,中印之间的文化交流几乎中断。鹡鸰在原,兄弟急难。章炳麟曾提出中印联合的主张,说:"宜念往日旧好,互相扶持。"他认为:"东方文明之国,荦荦大者,独吾与印度耳。言其亲也,则如肺腑,察其势也,则若辅车,不互相抱持而起,终无以屏蔽亚洲。"[②]中印两国人民患难之中见真情,互相同情,互相支持,相濡以沫,同气相求。

进入现代,中印两国获得独立和解放,进入了发展的新时期。尼赫鲁成了毛泽东的"乐莫乐兮新相知"[③]"印地秦尼,帕依帕依(中印人民是兄弟)的口号声,响彻两国上空,中印关系进入蜜月期。可是,在风云诡谲的国际环境下,殖民统治留下的政治遗产的负作用发作,1962年两国边境出现了武装冲突。这给中印3000友好史留下了1‰的遗憾。随着中国的改革开放政策的节节胜利,印度经济改革的不断成功,世界对中国、印度刮目相看,中印关系进入了新时代。尤其是进入新世纪,中印两

[①] 鲁迅:《破恶声记》,《鲁迅全集》第八卷《集外集拾遗补编》,人民文学出版社,1981年,第33页。
[②] 《民报》合订本,第3期,第20号,第102页。
[③] 谭中:《谭云山与中印文化交流》,香港中文大学出版社,1998年,第119页。

国建立了战略合作伙伴关系。在民间和学术界,中印友好关系也明显升温,在两国经贸快速增长的氛围中,印度著名经济学家、现任商务部长兰密施于2005出版《理解CHINDIA:关于中国与印度的思考》。在国际上,在印度和中国引起巨大反响。CHINDIA一词成了国际热点点击关键词。深圳大学和中国南亚学会于2007年4月联合召开"中印关系国际研讨会","CHINDIA/中印大同的内涵与影响"成为主要议题之一,由谭中等国内外二十八位专家学者,专门为此会编著出版了一本50多万字的《CHINDIA/中印大同:理想与实现》①引起中印及国际人士的重视。

毫无疑问,目前的中印关系已经进入历史上的最佳时期。正如印度驻华大使拉奥琦所说:"印中关系之树种植于两千年前,新的千年两国关系又有了前所未有的、令人刮目相看的拓展。"②她还引用经济学家的观点,对中印经济前景表示乐观:"如果两国保持这一高速增长,印度将在30年内取代德国成为世界第三大经济体;按照同样的标准,中国到本世纪中时将会取代美国成为世界最大经济体。到那时,中国和印度的产值将占全球一半,有点像两国在18世纪50年代的那种鹤立鸡群。"③根据《印度教徒报》的资料:2000年,中国国内生产总值为10780亿美元,印度为4690亿美元,美国为98250亿美元,德国为18750亿美元;到2050年,四国国内生产总值将分别增长为:中国444530亿美元,印度278030亿美元,美国351650亿美元,德国36030亿美元。此类预测,在西方世界颇为盛行。更有甚者,俄罗斯科学院专家认为,到2020年中国将超过美国成为世界第一经济体,印度将超过日本成为世界第三大经济体。(俄罗斯《导报》2007年5月29日安东·科佩洛夫:《中国赶超美国》)两国实力的增强和国际影响力的扩大,双边关系比以往任何时候都显得更加重要。令人高兴的是,两国高层对两国合作的认识越来越深入。2007年10月27日,印度国大党主席索妮亚·甘地在访问清华大学时发表的《印度和中国——文明的和谐》的演讲中,强调了她的丈夫拉吉夫·甘地讲过的话:"我对今天的印度和中国都持乐观态度,对我们两国能够取得的进步乐观,对我们能够实现发展的目标乐观,对我们能达到的合作程

---

① 此书由谭中主编,刘朝华、黄蓉副主编,收有中外28名学者的新著论文,为深圳大学"中印研究丛书"的一种,由宁夏人民出版社于2007年出版。
② [印度]拉奥琦:《21世纪的印度与中国》,《深圳大学学报》2007年第3期。
③ 同上。

度乐观,对我们两国能为重归人类文明先锋的历史地位而付出努力乐观,对我们能有信心建构如愿的世界秩序乐观。"①印度总理曼莫汉·辛格于 2008 年 1 月 15 日在中国社会科学院发表的题为《21 世纪的印度和中国》的演讲中指出:"我坚信,世界有足够大的空间,让印度和中国加强合作,共同发展,共同繁荣。"②同样令人高兴的是,印度普通民众对中国的认识也越来越深入。2008 年 1 月 2 日印度《每日新闻与分析》刊出《让人爱上中国的五件事》。这五件事是:没有宗教或种姓冲突;强调工程项目的实施,而不是政治化;女性安全地参加工作;体育超级大国;对陌生人的热情。③ 这是一位印度记者在中国南方进行了一次背包旅行后的真实感受,是深刻而准确的。

三、怎样理解 CHINDIA/中印大同

在中印崛起过程中,西方舆论一直看好印度,唱衰中国。这固然和印度的"世界最大民主国家"的桂冠有关,同时也是西方人的历史偏见作祟。在西方人眼中,东方两大文明古国相比较而言,中国更加"他者",更加异质;印度虽然也异质、也"他者",但毕竟同种同文,就不那么异质、"他者"。面对当下中印龙象腾跃景象,西方出现了各种各样的"兔龟赛跑"论,心里都希望印度能超越中国。随着中印经济发展越来越健康,印度人的头脑越来越清醒,特别是印度主流派精英创造性地提出 CHINDIA 这一全新概念,西方的舆论慢慢出现了微妙的变化。2007 年 5 月 30 日加拿大《环球邮报》发表文章,介绍《"中印经济体":中国和印度是如何促使全球商业发生革命性变化的》一书。该书作者认为:"世界上从来没有过两个加起来占地球 1/3 人口的国家同时、可持续地腾飞。""这两个巨人之所以特别强大在于他们优势互补。"我们对中印经济、中印关系充满乐观,对兰密施的创意作出积极的回应:CHINDIA,意即"中印大同",就是中国和印度大团结、大联合、大合作、大交流、大互惠、大发展、大相爱、大坦诚、大智慧、大慈悲、大福祉、大光明。④

---

① [印度]索妮亚·甘地:《印度和中国——文明的和谐》,《深圳大学学报》2008 年第 1 期。
② [印度]曼莫汉·辛格:《21 世纪的印度和中国》,《深圳大学学报》2008 年第 2 期。
③ 《环球时报》2008 年 1 月 4 日。
④ 谭中主编:《CHINDIA/中印大同:理想与实现》,宁夏人民出版社,2007 年,第 5 页。

中印的崛起,并非仅有经济的意义,还有政治上的意义。有学者认为:"中国和印度的崛起提出了'发展是什么'以及'如何实现发展'的新思路,从而对西方国家的发展模式提出了挑战。"① 随着"中国模式"和"印度模式"的深入人心,"北京共识"取代了人们广泛不信任的"华盛顿共识"。平等、和平与高质量的发展愿望取代了指手画脚和盛气凌人。② 其实,随着"独一无二"的"印度模式"的被承认和 CHINDIA 概念的兴起,《北京共识》的作者 J.C. 雷默,应该新写一篇《北京·德里共识》或《CHINDIA 共识》。

尼赫鲁曾经说:中印"这两个国家有着彼此间几千年来和平相处的值得自豪的记录"。"它们彼此的关系,不仅对这两个国家本身是极其重要的,而且对世界也是有重大意义的。"③ 尼赫鲁的这个判断充满哲理,至今仍有指导意义。我们认为在人类文明发展史上,中印崛起的意义,高于欧洲的文艺复兴和工业革命。因为文艺复兴和工业革命虽然带来了现代文明,但是这是一个存在严重缺陷的文明,首先它造成了"东方隶属于西方",给人类的大多数带来屈辱和不幸。而中印崛起"不仅给中印人民而且给全世界人民带来关怀、幸福、自由和光荣"。④

凡是伟大的事业都不可能一蹴而就,一帆风顺。中印共同崛起,自然也有来自内部和外部的不同意见,甚至怀疑。西方学者中尽管有不少先知先觉者,看到了中印崛起的和平、和谐与和顺,但许多人依然按习惯的思维定势考虑问题,他们热衷于维持不公正的所谓现状,生怕打破现状的平衡会给他们带来灾难。其实情况恰恰相反。中国和印度也有人对中印共同崛起持观望、怀疑态度。中国人的怀疑观望,主要来自商贸摩擦和对印度文化知之甚少。印度人的怀疑观望,主要来自英国殖民政策遗毒以及由此产生的对中国的不信任。印度人的这两点,又都集中地体现在西藏问题上。少数印度人承认中国对西藏拥有"宗主权",希望西藏成为中印之间的"缓冲国"。这完全是英国殖民政策的流毒没有消弭

---

① [德]德克·梅斯纳、[英]约翰·汉佛莱:《全球治理舞台上的中国和印度》,《世界经济和政治》2006 年第 6 期。
② [英]雷默(Joshua Cooper Ramo):《北京共识》,参见王义桅《从全球"大同"范式看中印共同崛起》,载谭中主编《CHINDIA/中印大同:理想与现实》,宁夏人民出版社,2007 年,第 378 页。
③ [印度]尼赫鲁:《印度的发现》,世界知识出版社,1956 年,第 1 页。
④ 谭中主编:《CHINDIA/中印大同:理想与现实》,宁夏人民出版社,2007 年,第 5 页。

的表现。在当代的世界政治辞典里,对"宗主权""缓冲国"之类的殖民话语还有人津津乐道吗?中国人一直把英国的殖民统治和印度人民的关系划的很清楚。鸦片战争,在中国近代史上刻骨铭心。当时的鸦片,大多数是印度人在印度种植的,鸦片战争中向中国人开枪开炮的士兵,主要也都是印度人。但是,中国人无论是政治精英还是普通老百姓,都从来没有把账记在印度人头上。这是为什么?因为账是英国殖民者欠的,印度人不但是被迫的,也是坚决反对的。泰戈尔在20岁时就写了著名的《鸦片——运往中国的死亡》一文。文章说:"在中国的鸦片贸易中,隐藏着龌龊卑鄙的动机,其阴暗的偷窃心理比抢劫还要可恶。"①英国人的这种"阴暗的偷窃心理"同样表现在西藏问题上。他们利用各种手段,在西藏窃取了种种利益与权力。不幸的是,印度独立后的新政府,不假思索和分辨,就要全盘继承英国在西藏的全部利益和权力。这就为日后中印边境问题埋下隐患。如果印度政府能像泰戈尔批判英国人的鸦片贸易那样,批判英国人在西藏的偷窃行为,中印之间就根本不存在什么边界问题,也不会出现1962年的边境冲突,对中国的不信任更是无从谈起。殖民主义的尸体被埋葬很多年了,但是它的毒素还在为害我们。

婆罗多民族是伟大的民族,他们一定能彻底摆脱英国殖民主义毒素的危害。印度马德拉斯大学教授G.J.马拉维亚说:"中印边界争端是大英帝国政策的产物。"②印度学者狄伯杰指出:"印度理应援引1908年《中印续订藏印通商章程》的第六款,从而放弃继承它在西藏的特权。该款明确指出,大英帝国放弃在中国治外法权的同时,也放弃它在西藏的这一特权。""因为他们知道,在失去印度殖民地以后就不再能从上述条款中获益。"③这就抓住了事物的要领。

四、怎样认识印度和印度文化

对我们中国人来说,应该从以下两个方面来总体把握印度和印度文化。

---

① 《泰戈尔全集》第23卷,河北教育出版社,2000年,第1页。
② Surjit masingh, ed. *Indian and Chinese Foreign Policies in Comparative Perspective*, Delhi: Radiant Publishers, 1998, p.129.
③ [印度]狄伯杰:《"中印大同"要求中印边界纠纷早日解决》,谭中主编《CHINDIA/中印大同:理想与实现》,宁夏人民出版社,2007年,第350页。

首先,印度是一个伟大的文明古国和文化大国。这是和欧美不一样的地方,也是印度人常常表现得自豪和骄傲的原因。总部设在美国的皮尤研究中心在2007年对全世界47个国家的调查研究后发现:93%的印度人认为他们的文化比其他文化更优越,其中64%的人对此完全认同,毫无异议。① 印度和埃及、希腊、中国并称世界四大文明古国,印度文化发展史上,有许多独步世界的发明创造,对数学的研究、棉花的驯养种植、宝石的切割加工名扬世界,还有奇妙宏富的寓言,卷帙浩繁的史诗和往世书,使其有了"雅利安中心"和"史诗王国"的美称。印度还是一个喜欢沉思、出宗教、出圣人、出经典的国度。另外,印度音乐、歌舞、绘画、雕塑等等,也享誉世界。在中国人的心目中,印度是西天取经的地方,是净土乐园,收益获惠极多,确实到了鲁迅说的"虽兄弟眷属,何以加之"的地步。可以说,印度是三千年中外交流史上中国获益最多的一位良师益友。滴水之恩,当涌泉相报。我们无论何时何地,都不要忘记这位三千年文化老友的惠赠。

其次,印度是一个新兴的世界经济大国。从时间上讲,印度的经济改革,比中国晚十多年,但印度以其稳步、独特、温和的方式,取得了举世瞩目的成绩,成功地创造了印度模式。所谓印度模式,主要指依靠国内市场,重消费而非投资,重服务业而非制造业,重高新技术产业而非技术含量低的工业。这种模式导致印度人生活水平普遍提高,贫富差距缩小,与美国、中国、巴西相比,印度的基尼系数最低仅为33。一般认为,没有高质量的基础设施,没有高水平的外国直接投资,没有发达的制造业,经济的高速发展是不可能的。印度模式恰恰打破了这些金科玉律。进入新世纪以来,印度经济一直高速发展,2003—2006年,连续4个年度增长率超过8%,成了中国以外,世界上经济发展最快的大国。面对大好形势,印度总理曼莫汉·辛格踌躇满志,在2006年10月说:"今天,印度经济正快速增长,8%—9%的增长率在几年前被认为是不可能的,现在不仅是可以实现的,而且可以希望在不久将来达到10%。"②2008年1月15日他在《21世纪的印度和中国》的演讲中,更加肯定地说:"我们力争在不久的将来,经济增长率能提高到10%。印度国内信心百倍,

---

① 《印度人自认文化上世界第一》,《参考消息》2007年12月16日。
② 印度《经济时报》,2006年10月27日。

人们对未来充满了乐观。"①辛格总理是著名经济学家,被誉为印度经济改革计划的总设计师。他的这一番话是有理论和统计数字作为依据的。

自从印度实行"向东看"(Look East)政策以来,将中国作为向东看的重点,和中国不断发展关系,两国经贸节节攀升,表现出强劲势头。2000年,两国双边贸易额为29.14亿美元,到2006年增长为250.57亿美元。增长速度是惊人的,有专家预测,到2015年双边贸易额将达到1000亿美元。② 这种预测的可信度很大,到2007年中国已经成为印度的第二大贸易伙伴。最近,中印双方又一致同意将2010年的双边贸易额提高到600亿美元的目标。中印合作的力量,引起国际上的广泛注视。2005年11月,万事达卡国际组织在一份《内幕报告》中称:"中印企业界的联合只是巨大经济力量的冰山一角。""中国和印度的结合将是不可战胜的。"③印度著名经济学家、总理经济顾问G. R. 契特2005年10月份访问深圳大学时说:"中印两国之间存在着彼此互相学习的巨大空间和合作空间。我相信,世界上其他国家也都对此充满期待。"对于兰密施出版《理解CHINDIA:关于中国与印度的思考》一书,创造CHINDIA这一概念,契特认为:"这意味着,世界会真正地将我们两个国家放在一起考虑。我们能够引导世界向前进。这是时代的需要。"④

总之,印度是值得我们引以为荣的伟大邻邦,合作发展,前景光明。可以说,只要搞得好就可以龙象和合,龙象不争,龙象共舞,龙象无敌,龙象福泽天下。

但是,到目前为止,中印合作发展并非一帆风顺,而且困难不少。主要表现在中国企业到印度投资,往往障碍重重,甚至铩羽而归。中国的一些知名企业的一有些经历,令同行望而却步。相比印度在华投资,则获得较快发展。两者之间,出现明显的不平衡。究其原因,除了两国开放程度不同之外,和中国公司对中印经济互补性了解不足,特别是对印度文化缺乏深入认识有关。所以,不管增进中印友谊,还是发展中印经济关系,对我们中国人来说,真正地了解印度文化显得尤为重要。只有做到了这一点,才能对印度政治脉搏、经济走向以及社会万象、各色人等

---

① [印度]曼莫汉·辛格:《21世纪的印度和中国》,《深圳大学学报》2008年,第2期。
② 印度《论坛报》(*The Tribune*),2006年5月13日。
③ 新华网2006年1月27日。
④ 郁龙余、契特:《中印学者畅谈中印合作与发展前景》,《南亚研究》2006年第1期。

有所正确的把握,才能事半功倍。可以这么说,认识印度文化的意义巨大而深远,在这一点上无论怎样估计都不会过高。

五、印度独特的八大人文景观

一方水土养一方人。自然地缘环境是文化产生发展诸因素中最重要的。

按照地质考古学及地球板块结构学说,印度次大陆原和非洲连在一起。后来漂移至亚洲古老板块南沿,不但成了亚洲一部分,而且使青藏地区隆起,成为世界最高的高原,并形成了世界最大最高的山脉——喜马拉雅山脉。对于印度的独特地缘情况,玄奘有相当精妙的描述:"五印度之境,周九万余里,三垂大海,北背雪山。北广南狭,形如半月。画野区分,七十余国。时特暑热,地多泉湿。北乃山阜隐轸,丘陵舄卤;东则川野沃润,畴垄膏腴;南方草木荣茂;西方土地硗确。"①环境的多样性,造成人文的多样性。正是这样的自然地缘环境,造成了印度独特的人文景观。

1. 人种繁多:堪称为人种博物馆

正如玄奘所说,印度"三垂大海,北背雪山"。在西北和东北部,各有一个陆上通道。在漫长的历史中,经由这两个通道,特别是西北通道,不断有大批外族人入侵。印度特殊的袋状地形,进易出难,这样就形成印度境内人种、民族繁多的局面。人类所有人种,黄种人、白种人、黑种人,印度都有。从民族来讲全国有 100 多个,其中人口 5000 万以上就有 10 个。另外还有 565 个表列部落,人数达 8000 多万。这些人种和民族,有按语言等因素,被赋予了各种各样的称谓,极其错综复杂。所以,印度被称为人类的基因库、人类学的乐园、人种民族博物馆。

2. 语言复杂:国语与通用语并存

由于人种、民族繁多,语言就复杂纷繁。这种情况,从古至今非但没有得到改善,而且似乎变得愈来愈严重。玄奘旅印时,梵语的正统地位是得到确认的,玄奘说:"详其文字,梵天所造,原始垂则,四十七言,遇物

---

① 玄奘、辩机:《大唐西域记校注》,季羡林等校注,中华书局,1985 年,第 164 页。

合成,随事转用,流演枝派,其源浸广。因地随人,微有改变,语其大较,未异本源。而中印度特为详正,辞调和雅,与天同音,气韵清亮,为人轨则。"但梵语的"轨则"地位并非固若金汤,在当时就受到挑战,玄奘接着说:"邻境异国,习缪成训,竟趋浇俗,莫守淳风。"[①] 到了 1961 年,印度政府调查人口时登记了 1652 种语言。1971 年普查时,千人以下讲的方言不计,就有语言 700 种。印度的主要语言有 18 种,各邦有自己的官方语言。在印度的一张纸币卢比上,印着 15 种文字。1950 年的《印度宪法》规定,印地语为官方用语,英语在今后 15 年中享有同等地位。1963 年议会确定印地语为国语,并规定 1965 年后英语继续用于官方目的和议会事务。1965 年 1 月 26 日印地语正式成为国语,南方发生骚乱,官方只得宣布延长英语官方用语地位的时间。目前,无论是教育、科技、新闻、出版、行政唯一通用的是英语,英语是实际上的国语,印地语只是宪法规定的国语。英语像一道墙,将印度隔成两个世界,一个是英语世界,一个是不懂英语的本土世界;知识精英、领导阶层,在墙的这一边,广大人民特别是劳苦大众在墙的那一边;印度传统文化,一方面因插上英语的翅膀而在世界飞翔,另一方面又在被英语的概念、译文所误读、取代和吞噬。所以可以说,英语既是英国人送给印度的天使,又是送给印度的魔鬼。

3. 分多合少:王国林立大一统难

玄奘在《大唐西域记》说:"画野区分,七十余国。"这是笼统的说法。历史上,印度境内大小王国林立,多到难以胜计。有的王国规模极小,实际上只是一个乡村,甚至只是一个家园。造成这种情况的原因,一是人种、民族众多,容易造成割据局面;二是不断遭受外族入侵,政权不断更迭;三是缺乏国家统一的传统和理论。孔雀、笈多、戒日、莫卧儿四个王朝在历史上最强盛,但都没有真正统一印度全境。在英国殖民时期,统治疆域最广大,但实际上依然存在众多独立王国。分多合少,大小王国林立,各自为政,缺乏大一统的中央集权,是印度古代政治的主要形态,这和中国形成了鲜明的对照。印度古代的这种政治形态,在现代政治生活中依然有所表达:中央政府相对较弱,地方有较大自治权;世界上最冗长的宪法,为印度各民族、各地方力量、宗教派别,提供了一个富有弹性

---

① 玄奘、辩机:《大唐西域记校注》,季羡林等校注,中华书局,1985 年,第 182 页。

的政治框架。而这些又都和现代西方政治的中央和地方分权、权力平衡、利益分享、多元文化、信仰自由、言论自由等等相吻合。加上西方一直对印度有"同种同文"之亲,送上一顶"最大民主国家"的政治桂冠,是自然之事。

4. 神权王权:种姓制度千年不灭

在古代印度历史上,神权和王权的关系,十分复杂玄妙。从总体上讲,婆罗门掌管宗教、文化、教育,刹帝利掌管国家和军队。由于在印度古代,婆罗门教信奉"吠陀天启、祭祀万能、婆罗门至上"的三大纲领,所以神权大于王权,婆罗门高于刹帝利。婆罗门利用手中的立法权(编著法论、法典、法经),极力提高自己的地位,扩大自己的利益。比如,在《摩奴法论》中规定:"婆罗门即使做一切不愿意做的事情(被禁止做的事情),他们也应该在一切方面受尊敬;因为他们是最伟大的神。"[①]婆罗门的这种愿望,在很多情况下是不可能实现的。握有王权和军权的刹帝利如何能如此尊奉婆罗门?所以,婆罗门和刹帝利之间的斗争在所难免。但是,作为两大高级种姓,为了维护自身的根本利益,他们联合是第一位的,斗争是第二位的。《摩奴法论》说:"没有婆罗门,刹帝利就不会成功;没有刹帝利,婆罗门就不会成功;婆罗门和刹帝利一经结合,必将双双在今生和来世都成功。"[②]

正是神权和王权的结合,婆罗门和刹帝利的联盟,在印度推行了几千年的种姓制度,造成两大低等种姓吠舍、首陀罗以及种姓外"贱民"长期受压迫、受剥削。这种不合理的种姓制度,在古代印度则完全是光明正大、顺理成章的"达磨政治"。低等种姓不但心悦诚服地侍奉高等种姓,而且在自己种姓内也分出许多级别,完全实行高级别歧视、压迫低级别的制度。

印度独立以后,建立了世俗政权,废除种姓制度。但是,世俗化进程遇到了重重困难,20 世纪 90 年代,随着民族主义的兴起,世俗化进入了更加错综复杂的阶段。低等种姓和"贱民"依然不断受到伤害,相关报道层出不穷。2002 年 8 月 15 日,有学者在庆祝印度独立 55 周年之际,总结建国以来的一个主要变化是:宗教已经进入政治。当代印度政治面临

---

① 《摩奴法论》,蒋忠新译,中国社会科学出版社,1986 年,第 200 页。
② 同上。

三大困境:第一,传统的宗教观念包括种姓制度根深蒂固,直接冲击世俗化进程。第二,政教分离遭遇空前挑战。有的政党为了票源,专吃宗教饭、教派饭。第三,印度教原先具有宽容、温和、多元文化特性,近年来原教旨主义异军突起,大有"劫持"印度教的架势。彻底铲除种姓制度的影响,依然是印度政治今后的艰难任务。

5. 信仰自由:宗教繁盛支派复杂

印度人自古宗教信仰自由。在古代,一个宗教不干涉另一个宗教,也不存在同化或吃掉别的宗教的思想。尼赫鲁指出:"印度,亚利安人的原则是避免用强力来抑制任何信仰,或破坏任何主张。每一个集团都有按照它的智力发展和理解力的程度来实现它的理想的自由。虽曾尝试过同化工作,可是不曾有过反对或禁止。"[①]这段话,基本上反映了古代印度对宗教信仰的宽松自由的环境。这样,印度就成了宗教乐土,宗教名目繁多,派系复杂,几乎无人不信教,无神论很难立足,或者必须以宗教的名义立足。

经过几千年的宗教自由竞争,印度宗教虽然种类众多,但从信众人数和影响力来分析,主次还是分明的。由吠陀教—婆罗门教一路发展下来的新婆罗门教即印度教,占有主导地位,教民占国民总数83%左右。历史上作为婆罗门教反对派的佛教,虽然一度非常兴盛,几乎成为国教,但后来由于种种原因,或与印度教合流,或外出弘法,到13世纪左右,佛教在印度境内几乎绝迹。进入现代,由斯里兰卡、中国、东南亚佛教人士回填,特别是印度低等种姓皈依佛门,才使之起死回生。然而,信徒人数至今未能超过国民总数1%。信徒人数占第二位的是伊斯兰教,占总人数的12%左右。基督教、锡克教、耆那教还有其他一些宗教,人数都不多。

需要指出的是,由于印度的宗教环境比较宽松,所以一些外来宗教在印度获得快速发展。巴哈伊教是一个比较特别的宗教,它宣扬"四海一家",不排斥任何宗教,在世界各地发展迅速,特别在印度。德里的莲花庙因其造型宏丽而成为新的标志性建筑,在世界巴哈伊教徒中影响很大。巴哈伊教在当代世界发展最快宗教中居第二位,增长率为1.7%,[②]

---

① [印度]尼赫鲁:《印度的发现》,世界知识出版社,1956年,第320页。
② 美国《外交政策》杂志网站,2007年5月16日文章《全世界增长最快的宗教一览表》。

这要归功于印度因素。其他各种增长最快的宗教,如伊斯兰教、锡克教、耆那教、印度教、基督教,也都与印度因素有关。这种因素除了高出生率之外,自由的宗教信仰环境也是极重要的。

宗教乐土和神话家园之间是没有隔墙的。宗教是神话的摇篮,神话是宗教的温床,两者互为引发,互为相长。每个宗教和教派都需要创造属于自己的神话。于是,各宗各派互相攀比、竞争,造成了古代印度神话盛极的局面。①

6. 口耳相传:教体文体音声为主

古代人类先民,皆有语言崇拜。唯独印度民族对其情有独钟,一直到进入现代社会,始终相信语言万能,重语言而轻文字。崇拜语言的极端就是崇拜音声,崇拜音声所具有的魅力。在现代印度学者中,此类观点依然有其市场,《印度文化的根本要素》一书说:"比吠陀经义重要的是吠陀之声,即吠陀秘咒的发音。吠陀梵语的特别之处,就是通过其声音在空中发生强有力的振荡传播,任何愿望都能实现。"②由于古代印度的宗教、文化教育大权掌握在婆罗门的手里,政府丧失了语言文字的管理权,婆罗门在社会生活中企图永远维持其特权,就需要垄断知识,推行神秘主义,知识文化的传授以口耳相传的方式进行。中国和尚曾有过前赴后继的西天取经活动。可是到了印度,发现基本上无经可取。他们的著作中都有这类记载,如《法显传》说:"法显本求戒律,而北天竺诸国,皆师师口传,无本可写。"③

正是在印度语言崇拜——声常驻思想的影响下,印度的文字书写始终得不到应有的发展。一切经典,从吠陀、梵书、森林书、奥义书、两大史诗、法论、法经、往世书、五卷书、故事海,乃至剧本、语法、科技、医学类著,统统口耳相传,难觅写本踪影。即使有写本,也决不肯轻易外传。在现代之前,印度文化是典型的口传文化、浮动文化。因此,西方人曾对它们确实存在产生怀疑。1901年,一本叫《宗教的起源与发展》的书这样记载:"对大多数人来说,印度古代文献的发现,与其说是历史一章,还不

---

① 郁龙余、孟昭毅主编:《东方文学史》,北京大学出版社,2001年,第73页。
② [印度]湿婆达斯:《印度文化的根本要素》(印地文),新德里文艺女神出版社,1993年,第37页。
③ 法显:《法显传》,章巽校注,上海古籍出版社,1985年,第141页。

如说是一个童话,长时间内,人们对其是否货真价实至少有某种不信任,这是毫不足怪的。"①

由上可知,印度教及其各种文学作品乃至其他各类著作的主要载体不是文字,不是写本或印本典籍,而是语言,是音声。印度其他各宗教的情况,也基本如此。佛教作为婆罗门教——印度教的反对派,在初始阶段就语言使用问题有过不同意见,佛陀坚持用"自己的语言",反对使用梵语,以示与婆罗门教划清界限。佛陀涅槃之后,随着时代的变迁,佛教不但接受了梵语,而且接受了梵语的标准,将"中天音旨"奉为圭臬,玄奘称其"特为祥正,辞调和雅,与天同音,气韵清亮,为人轨则"。尽管印度佛教徒遇到中国僧人"取经"(文本)的需求,但最终未能改变重语言轻文字的习惯。只有佛教传到中国,在中国化的过程中,逐渐改变了语言与文字的关系。如上所述,印度佛教以音声为教体,《阿毗达磨大毗婆沙论》:"佛教何云?答:谓佛语言、唱词、评论、语音、语路、语业、语表,是谓佛教。"(《中华大藏经》第 46 册第 150 页)经过长期的中国化,在中国僧人笔下,佛教就以文字为教体了。《金刚经纂要刊定记》(宋子璇录)卷二:"或曰:诸家所出教体,皆取声、名、句、文,或通取所诠之法,今何单取文字耶?由是疏云:文字既含声、名、句、文,此明具四法也。"②

以口耳相传作为印度宗教和文化经典的主要传播形式,其影响远远超出了传播形式本身。这对重视文字几近文字至上的中国学者来说,应该给予特别关注。

7. 闻其雅颂:自古寻求了解中国

在当下,中国和印度互相之间的了解都不够。比较而言,"满怀希望地论述中印关系的印度人要多过中国人"③。印度著名中国学家谈玉妮说得很透彻:"中国在印度人心中的分量比印度在中国人心中的分量要重得多。对印度来说,中国是头等重要的国家,在某些方面甚至比美国、俄罗斯更重要。""对中国的任何发展印度都感兴趣,中国的一举一动印

---

① [英]麦克斯·缪勒:《宗教的起源与发展》,上海人民出版社,1989 年,第 93 页。
② 王昆吾、何剑平编著:《汉文佛教中的音乐资料》,巴蜀书社,2001 年,第 537、540 页。
③ [印度]杰伦·兰密施:《理解 CHINDIA:关于中国与印度的思考》,蔡枫、董方峰译,宁夏人民出版社,2006 年,第 20 页。

度都很关注,特别是中国和印度的邻国之间的来往。"①但印度对中国的了解似乎逊于中国对印度的了解。重要的原因是语言和信息来源有问题。兰密施在《致我的中国读者信》中说:"长期以来,我们之间的语言和政治差异一直阻碍着我们的互相了解。""直到今天,印度人还不是通过中国人自己的声音,而是通过英语的信息来源去了解中国。"②

　　印度人寻求了解中国的愿望,集中体现在《跨越喜马拉雅鸿沟——印度试图了解中国》一书中。这本书的主编是著名华裔印度学家谭中教授。他在此书的姐妹篇张敏秋教授主编的《跨越喜马拉雅障碍——中国寻求了解印度》一书的《前言》中说:1990年,我陪新德里英迪拉·甘地国立艺术中心主管人瓦赞嫣博士(Dr. Kapila Vatsyayan)访问敦煌。她对敦煌研究院院长段文杰说:"印度和中国过去一直是通过西方去寻求对彼此的认识与了解。现在我们应该面对面来直接了解彼此了!"我听了启发很大,后来就在英迪拉·甘地国立艺术中心组织了好几次以"印度——中国面对面"为题的座谈会,邀请了解中国的印度学者、退休外交官和战略专家讨论,最后收集了41位印度学者、专家们的50篇文章,附加印度领袖访华时所作演讲以及摘录印度历史名人有关中国的言论,于1998年用英文出版了《跨越喜马拉雅鸿沟——印度试图了解中国》(Across the Himalayan Gap: An Indian Quest for Understanding China)③

　　以上可知,兰密施和瓦赞嫣都寻求直接了解中国,不再依靠西方的信息。

　　其实,印度关注中国是自古就有的传统。正是这种关注,将支那(中国)介绍给了全世界。当今世界,绝大多数国家称中国为China,或者是它的近音,如法文的Chine,意大利文的Cina,它们都来源自拉丁文Sina,最早为Thin。而这个Thin来自梵文Cina。据考证,Cina一词最早出现在印度孔雀王朝初期(公元前4世纪)的一部著作考底利耶(Kautilya)的《政事论》(Arthsastra)之中。将"支那"一词推向世界的应该是大史诗《摩诃婆罗多》。它在印度家喻户晓,并向境外广为传播,支

---

① [印度]杰伦·兰密施:《理解CHINDIA:关于中国与印度的思考》,蔡枫、董方峰译,宁夏人民出版社,2006年,第55、54页。
② 同上书,第5页。
③ 张敏秋主编:《跨越喜马拉雅山障碍——中国寻求了解印度》,重庆出版社,2006年,第2页。

那一名便和故事一道传到世界各地。玄奘访印时,戒日王说:"尝闻摩诃至那国有秦王天子,少而灵鉴,肖而神武。昔先代丧乱,率土分崩,兵戈竞起,群生荼毒,而秦王天子早怀远略,兴大慈悲,拯济含识,平定海内,风教遐被,德泽远洽,殊方异域,慕化称臣。氓庶荷其亭育,咸歌《秦王破阵乐》。闻其雅颂,于兹久矣。盛德之誉,诚有之乎?大唐国者,岂此是耶?"①这段文字告诉我们,戒日王了解中国的历史,而且希望知道中国的现在。

印度著名历史学家高善必说:"亚洲文化和文明的两个主要源泉,就是中国和印度。棉织品和糖是印度对人们日常生活所作的特殊贡献。正像造纸、茶叶、陶器和丝绸是中国的重要贡献一样。"②

现代印度的开国者尼赫鲁,有很深的中国情结。在他的心目中,中国和印度是一对姐妹,在论及印度时常常会情不自禁地和中国相提并论:

> 古代印度,像古代中国一样,自成一个世界,它本身就是形成一切事物的一种文化和文明。
>
> 在印度,和中国相同,博学多闻向来受到社会的尊敬,因为学问是被认为兼有知识与道德的。统治者和武士在学者面前总是低头的。
>
> 和中国一样,印度必须向西方学习,因为现代西方有很多东西可以教导我们,而现代精神是以西方为代表的。
>
> 在中国,思想的变通性甚至较在印度更大,而尽管它热爱和依恋那传统,在思想方面从来没有失去它的变通性和基本上的宽容精神。……中国的社会尤甚于印度,建立了一种均势和平衡,虽然经历了几千年来多次的变迁仍能生存。
>
> 哲学事业在印度并不是专属于少数哲学家或者自命为学者的人们的。……这种观点在印度差不多也和中国人一样地成为人所共知的东西。③

尼赫鲁在狱中,非常牵挂他的独生女儿英迪拉,前后给她写了30封信,其中第21封就是《中国和印度》。说在美索不达米亚、埃及和地中海文

---

① 玄奘、辨机:《大唐西域记校注》,季羡林等校注,中华书局,1985年,第436页。
② [印度]D. D. 高善必:《印度古代文化与文明史纲》,王树英等译,商务印书馆,1998年,第10页。
③ [印度]尼赫鲁:《印度的发现》,世界知识出版社,1956年,第64、96、672、687、94页。

明兴起的同时,"中国和印度的伟大文明也以自己的方式发源和发展起来。"①印度诺贝尔经济学奖得主阿马蒂亚·森,在他的著作中喜欢拿中国和印度进行比较。在《印度:经济发展与社会机会》一书中,专设一章《印度与中国》,其中最后的第九节为《印度从中国学到的实际经验》②。他的《惯于争鸣的印度人》一书中,第八章是《中国与印度》。这实际上是一部简明的中印文化交流史,对中国的评价相当冷静、中肯。他说:"中国以令人震惊的成功加入世界经济并成为世界经济的一个领跑者,而印度,就像其他许多国家一样,尤其是在最近几年,一直从中学习了大量东西。"③

关注中国,了解中国,是印度人的传统。随着中印经济崛起,印度人热衷于同中国比较,将中国当作参照标准,赶超中国成了许多印度人心中的目标。进入新世纪,印度出现了"与中国比较热"。加拿大记者马库斯·吉发自新德里的一篇文章《印度正在走出中国的阴影》,对这种情况作了生动的概括和描述:"当地的报纸头条要么大肆宣称印度的成功将要超越中国,将改写'龙的传说',要么报道说印度繁荣的信息产业规模'是中国的十六倍'。也有人感到焦虑与不安……《印度时报》最近一则头条就表现出担忧:印度在创新方面逐渐落后于中国。印度几乎在没完没了地拿自己的情况同中国进行比较。印度理工大学的鲁克米尼·巴亚·奈尔教授说:'做比较成了我们国家的爱好。'德里大学的布里杰·坦卡教授说:'我认为对许多人来说,中国是个参照标准,我们想要赶上去。'"④"中国有的,印度一定要有! 中国没有的,印度也一定要有!"这是一位印度记者向他的中国同行说的话。这可能是当下许多印度人的心态。我们赞同《中印快报》的一位专栏作家的观点:"印度和中国要展开激烈的但一定是健康的竞争,这样才有助于提升整个亚洲的实力;另一方面要展开全面的但是精诚的合作,这样才有助于实现全亚洲的和平与繁荣。"⑤2007 年 9 月,欧洲最大的管理及信息技术咨询公司凯捷公布一份报告称:印度制造业"在未来 3 到 5 年将挑战中国作为世界制造业

---

① [印]尼赫鲁:《英·甘地的启蒙教育——尼赫鲁在狱中给女儿的信》,詹得雄译,新华出版社,1988 年,第 82 页。
② [印]阿马蒂亚·森、让·德雷兹:《印度:经济发展与社会机会》,黄飞君译,社会科学文献出版社,2006 年,第 99 页。
③ [印]阿马蒂亚·森:《惯于争鸣的印度人》,刘建译,上海三联书店,2007 年,第 143 页。
④ 加拿大《环球邮报》,2007 年 7 月 4 日。
⑤ 任彦:《印度处处爱和中国比》,载《环球时报》,2007 年 8 月 31 日。

中心的地位"。和中国做了 26 年生意的印度商人迪帕克·阿罗拉克显得很冷静,说:"西方人一直说印度是民主国家、信息软件人才多、印度人英语好、土地和劳动力便宜,但为什么以前都不来投资,非要集中在今后的五年来?"印度中国工商会副会长拉马昌德拉说:"印度过去政治上学美国,经济上走苏联发展道路,结果政治经济都不能稳定发展。印度从 1992 年进行改革……开始学习中国,建立经济特区,吸引投资。"他认为中印"合作对双方都有利。"①

赶超中国,是印度人关注中国、了解中国的目的。半个世纪前就有过"超英赶美"经验的中国人,应该不难理解印度人的这种心志。

8. 天地中央:婆罗多人的中心观

和中国一样,印度也有自己民族的中心观。所谓民族中心观,就是"我族中心主义"。这是一种信念,认为自己的生活方式和文化比其他民族高级,是人类生活方式和文化的典范。我族中心主义不是某个民族的专利,它几乎是每一个民族、每一个人的本质。有两位人类学家这样写道:"在小说家奥布里·门南(Aubeg Menen)的小说中,写着他的纳亚尔(Hayar)(印度)祖母的'脏脏的美国'的看法,这便是非西方人的我族中心主义的例子。"②印度人的自我中心自古就有。他们将欧亚大陆比作一头奶牛,印度是奶牛的乳房,是最宝贵富庶的地方。这份情感,对于几千年来有着神牛崇拜尤其是对母牛的崇拜的印度民族来说,是十分虔诚的。神牛崇拜开启于《梨俱吠陀》,到了《阿闼婆吠陀》,牛被说成是至高无上的"达磨"和"梵"。"印度母亲"(Bhārat Mātā)在印度人的心目中,包括土地和人民。尼赫鲁说:"那印度的山岳和河流、森林及供给粮食的广阔的农田,对我们都是宝贵的,但是归根到底最宝贵的还算是散居于广大土地上的印度人民"③他还说:"在印度洋地区,在东南亚区一直到中亚细亚,印度也将要发展成为经济和政治活动的中心。"④和中国一样,印度将国土习惯上分成东、南、西、北、中五部分,即东印度、西印度、

---

① 李保东:《印度市场难见"印度制造"》《"印度制造"短期不可能挑战中国》,载《参考消息》2007 年 10 月 18 日第 14 版"环球调查"。

② [美国]尤金·N.科恩、爱德华·埃姆斯:《文化人类学基础》,中国民间文学出版社,1987 年,第 88 页。

③ [印度]尼赫鲁:《印度的发现》,世界知识出版社,1956 年,第 63 页。

④ 同上书,第 712 页。

南印度、北印度和中印度，常简称五印（度），或五天（竺）。中印度又称"中国"（Madhyadesa），这在《摩奴法论》中有记载，就是现在的中央邦及周围地区。中印度由于人文、物产、战略地位等原因，历来受到高度重视。这情况非常像中州（中原）在中国的情况。中印度一直是印度的文化中心，中国古人对印度的"中国"，抱有平和的心态。唐初名僧道宣，为玄奘译场的"缀文大德"，所著《释迦方志》，在《中边篇第三》中以"名、里、时、水、人"为五义论中边，结论印度是"天地之中央"。"所言名者，咸谓西域以为中国，又亦名为中天竺国。此士名贤谈邦之次，复指西宇而为中国。若非中者，凡圣两说不应名中。"所谓"里"，指里程。据成光子说，中天竺国东距振旦国、南距金地国、西距阿拘罗国、北距小香山皆五万八千里，"取其遐迩齐致，以定厥中，其理易显。"所谓"时"，指天气。雪山以南，"冬夏和调，卉木常荣，流霜不降，"所以"名为中国"。所谓"水"，指河流。"此洲中心有一大池，名阿那陀苔多。……此一池分出四河，各随地势而注一海。……故地高水本注下，时其中。"所谓"人"，包括凡圣。"凡人位极，各曰轮王。圣人位极，名曰法王。盖此二王不生则已，生必居中。"①

道宣的印度中心论，虽然充满宗教情怀，但至少反映出中国唐人并非那么自我中心，把自己的"中国"称号送给了印度。其实，早在三国吴人康泰《扶南传》中就说天竺"为天地之中也"。北魏郦道元《水经注》等书，多有引用。②

义净到印度取经，对印度地理方物有深切了解，在自己的著作中常与中国作比较。尼赫鲁在《印度的发现》中引述道："五天之地，自持清高也。然其风流儒雅，礼节逢迎，食啖淳浓，仁义丰赡，其唯东夏，余莫能加。"尼赫鲁非常理解义净："虽然义净对于印度及许多印度事物赞扬万分，但他明白表示他的家乡——中国——应据第一位；印度也许是'圣方'，而中国则是'神州'。"③

作为当代的中国人和印度人，在中国中心、印度中心的问题上，应该向惠严、道宣和尼赫鲁看齐。对西方的说三道四，只需一笑了之。谭中说："现代外国学者批评中国文化，喜欢抓住'中国'两字做文章，有人采用

---

① 道宣：《释迦方志》，范祥雍点校，中华书局，1983年，第7—8页。
② 康泰、朱应：《外国经》，陈佳荣编，香港新华彩印出版社，2006年，第39页。
③ ［印度］尼赫鲁：《印度的发现》原注：这些摘录引自高楠顺次郎（J. Takakusu）氏的义净所著《南海寄归内法传》的译本。牛津1896年。

其意译'Middle Kingdom'至其有人直用音译'Chung Kuo/Zhongguo'。这些意译音译又都变成坐井观天、夜郎自大心态的代名词。西方学术讨论中还产生了'Middle Kingdom paradigm'（中国范式），指的是一种全球性的（包括非中国的）政治、战略心态。"①谭中所指出的，是西方学术界的一贯立场。究其原委其实非常简单，是新中国成立后，西方失去了昔日的特权，他们总是不大甘心，总想设法扳回一点什么，最容易做的就是写文章说三道四，以求用舆论或心理战术谋取实利。中国中心论是他们最爱拨弄的一个话题。不过，随着历史的进步和中国的发展，西方学者对"中国中心"的观点出现了明显的变化。一件标志性的事情是美国学者柯文《在中国发现历史——中国中心观在美国的兴起》一书的出版。柯文说："我使用'中国中心'一词是绝对无意用它来标志一种无视外界因素，把中国孤立于世界之外的探讨这段历史的取向；当然我也无意恢复古老的'中国中心主义'（Sino centrism），即含有世界以中国为中心的意思。"②无论如何，用"中国中心"代替"中国中心主义"，是西方学术的一个进步。

任何民族不论大小，一律平等，都有它的生存权和发展权。中国有一则民间故事，阿凡提指着毛驴蹄对发问的人说：大地的中心就在我的驴蹄下。这个笑话告诉人们一个真理，人人都有自我为中心的权利，但是有一个前提，任何中心不得妨碍别的中心。世界之大，亚洲之大，容得下许多中心。至于每个中心的大小，应在和谐共处中自然形成。马克思曾经说，印度是"亚洲规模的意大利"，"喜马拉雅山相当于阿尔卑斯山，孟加拉平原相当于伦巴第平原，德干高原相当于亚平宁山脉，锡兰岛相当于西西里岛"。③我国学者曾解读马克思的说法，认为"如果说意大利的古罗马帝国曾以其在欧洲南部、地中海的中心地位而称雄过世界，那么印度斯坦也总是由于其在南亚印度洋的中心地位，而在大不列颠拓展疆域过程中起到过类似的作用。"④应该说，印度中心是一种客观的存在，必须得到承认和尊重；对印度来说，要引以为戒，可以或者说应该印度中心，但不

---

① 谭中：《中国文化眼睛中印度形象的变迁》，载张敏秋主编：《跨越喜马拉雅障碍——中国寻求了解印度》，重庆出版社，2006年，第37页。

② ［美］柯文：《在中国发现历史——中国中心观在美国的兴起》，林同奇译，中华书局，2002年，第211页。

③ 《马克思恩格斯全集》第九卷，人民出版社，1961年版，第143页。

④ 曹永胜、罗健、王京地：《南亚大象：印度军事战略发展与现状》，解放军出版社，2002年，第60页。

可以、不应该印度中心主义,即不能妨碍别的大大小小的中心。同样,中国也是如此,可以而且应该中国中心,但不可以、不应该中国中心主义。

那么,中国和印度这两个中心应该怎样相处呢?尼赫鲁在《印度的发现》中说:"中印两国在隔绝了若干个世纪以后,又被一种新奇的厄运所支配。因为英国东印度公司的影响,印度曾经在长时期中,不得不茹苦含辛,而中国与东印度公司的接触虽然不多,但也带来了鸦片和战争。世运巨轮,周而复始,印度与中国彼此互相瞻望着,引起满怀的忆旧心情。"①作为尼赫鲁的信奉者,兰密施在《理解 CHINDIA:关于中国与印度的思考》一书的结尾时这样写道:"历史的车轮转回原地。世界再次关注中国和印度,这种关注是关注中印一体,而非单独的中国或印度。"②我们对尼赫鲁的话语的理解是,中印两国要真正从殖民时代的厄运中走出来,必须摆脱殖民政治留下的政治遗产;对兰密施的话语的理解是,中国和印度的崛起和发展,必须协调一体,合则双赢,斗则两伤。不是单独两个个体,更不是互相对立、对抗。《理解 CHINDIA:关于中国与印度的思考》中有一句切中要害的话:"整个世界都把印度和中国看作是相互对抗的人,甚至可以说是在鼓励这种对抗。"③这种"鼓励",应当看作是殖民政治的余毒。我们从殖民政治的阴影中走出,至今尚未完全摆脱殖民政治余毒的伤害。应该怎么办,中国和印度的精英和智者们!我们不是常常因有五千年的文明而深感自豪吗,那就应该用我们的智慧好好思考这个问题。印度有一则著名的《共命鸟》的故事,讲一只名叫婆伦多的鸟有两个头。一天,一个头找到了甘露,另一个头也争着要。第一个头不给,第二个头就故意找毒药吃,结果这只鸟就一命呜呼了。中国和印度就是一只当今世界的共命鸟,有了甘露应该分享,而不要去吃殖民政治或冷战政治的毒药。这就是古代智慧给我们的应有的启示。

我们的这本《印度文化论》,是对中印共同发展进行思考的初步成果。它是写给中国读者的,希望我们的读者在更宽、更深的视域和层次上了解印度。同时,它也是写给印度和其他国家的读者的,请他们知道我们是怎样认识印度和中印共同发展的。

---

① [印度]尼赫鲁:《印度的发现》,世界知识出版社,1956 年,第 247 页。
② [印度]兰密施:《理解 CHINDIA:关于中国与印度的思考》,蔡枫、董方峰译,宁夏人民出版社,2006 年,第 154 页。
③ 同上。

第一章

梵我一如 万物有灵
—— 印度人的世界观

人是世界的人,文化是人的文化。对人世的感知,对宇宙的思索,对生命的阐述,从人之初便发生。世界观是人类文化的心灵。我们研究印度文化,最好从印度人的世界观——印度文化的心灵开始。

印度人善于沉思,早在远古时代,他们对世界的认识便已远远超乎西方人。在西方,"物理学家们爱说,爱因斯坦把时间和空间归并成了'时空'。"[①]而在古印度,表示"世界"的词语有"路迦驮睹"(lokadhātu)、"帷湿卧"(viśva)、"生杀日"(saṃsāra)等,这些概念不但具有"世"(时间)和"界"(空间)的意义,而且具有生命、人类的意义。"生杀日"一语除了表示"世界"之外,同时还有(生命时空)轮回的意义,印度各宗教中的业报轮回即是此语。"路迦驮睹"包括"有为世界"和"无为世界"。可见,印度人的世界观不但成熟很早,而且内容丰富、深邃。认识印度人的世界观,对于了解其他民族的世界观,具有非常重要的比较人类学和比较文化学上的意义。

一、一元论世界本原说

印度人对世界的基本看法的形成可追溯至吠陀时代。吠陀先民站在浩渺的星空下,以好奇而敏感的心灵感知着世界的各种现象,以朴素而简洁的思想猜度着宇宙的发生和发展。他们的种种想法,构成了印度人最初的世界观。

1. 吠陀中的世界本原说

印度最古老的典籍《梨俱吠陀》,记录着印度先民关于世界的许多思

[①] [美]阿·热:《可怕的对称——现代物理学中美的探索》,荀坤、劳玉军译,湖南科学技术出版社,1998年,第76页。

考。吠陀诗人朦胧而又坚定地认为,世界是被创造的,创造世界者具备超强的力量,能统摄宇宙所有。早期吠陀诗人对世界本源的定义众说纷纭。他们称世界的创造者为造一切者、原人、生主、太一、遍照者、梵、我、水、火、金胎,等等。《造一切者赞》描绘出世界的创造者:"眼睛之父,心意决定,生产原水,创设此二;古老边界,划定之时,上天下地,从此广延。造一切者,心广遍现,总持一切,规律制定;至极真理,正确洞见。彼等愿望,因得食物,甚感满足。彼等同呼:是此唯一,超越七仙。彼乃我等,生身父母,是此世界,创造之主;我等所在,及诸有情,彼全知晓。彼乃唯一,诸天神祇,由他赐名;其余众生,超前询问。……在天之外,在地之外,诸天之外,非天之外。是何胎藏,水先承受,复有万神,于中显现?即此胎藏,水先承受。诸天神众,于此聚会。无生脐上,安坐唯一,一切有情,亦住其内。"①在这一神曲中,吠陀诗人认为世界的本原是造一切者,世界的基本原素是水,他们粗线条地勾勒出造一切者创造宇宙的过程:先是创造出原水,进而由原水创造出天和地,天地既成,而后创造出客观世界和主观世界。先民的宇宙论是朴素而直观的,他们的思维往往从自身生活经验出发。水,是生命之源,水自然而然成为构成宇宙的基本物质。《水胎歌》写道:"在天、地、神和阿修罗之前,水最初怀着什么样的胚胎,在那胎中可以看到宇宙中的一切诸神。水确实怀着胚胎,其中集聚着宇宙的一切天神。这胎安放在无生(宇宙最高存在)的肚脐上,其中存在着一切东西。"②原水说是吠陀诗人对世界物质构成的朦胧思考,他们将世界的本源归结于某种物质,颇有唯物主义色彩。

人的生命孕育于胚胎中,印度先民由此认为,宇宙创造者是胚胎。《金胎歌》写道:"太初出现了金胎,他生下来就是万物的主宰。他安立了这个天和地。"在这里,印度先民们将宇宙之本原形象地描述成金卵,由金卵而生出诸神、天地、万物。金卵是天地的创造者,是两足(人)和四足(牲畜)的主宰,他给予生命以呼吸和力量,连诸神都要听从他的命令。金卵创造了人赖以生存的物质世界,大海、天河、天域都是他创造的,"由于他,威严的大地能安住,由于他,苍天和穹隆得支撑。"而在著名的《原人歌》中,吠陀诗人以人的形象描述宇宙的创造者,将最为抽象的宇宙理

---

① 译文见巫白慧:《印度哲学——吠陀经探义和奥义书解析》,东方出版社,2000年,第45—46页。

② 译文见黄心川:《印度哲学史》,商务印书馆,1989年,第44页。

念隐藏在具象的人体之后,从时空角度描述宇宙的最高实在——原人(puruṣa)。原人实际上是放大了的人,是人自身感知的投射,是人对宇宙超强力量的揣摩和模仿。原人有千头、千眼、千足,拥抱大地,站立的地方遍布太空。作为时间的创造者,原人是现在、过去、未来的一切,是不朽的主宰。作为空间的创造者,原人的四分之一构成万有,四分之三是不朽的天界。从他的肚脐生出了空界,从他的头生出了天界,从他的脚生出了地界,从他的耳朵生出了方位。《原人歌》提出了宇宙基本的两维——时间和空间,并认为时间由过去、现在和未来构成,空间由空界、天界和地界构成,这种时空论,为后世多数的哲学流派所接受和发展。

基于人类生活体验,早期吠陀诗人以感性的思维方式思考宇宙的本源,原人作为最高的实在,作为世界之本体,其叙述模式跟金卵说、原水说异曲同工。随着人类思维的不断发展,我们发现,吠陀先民对宇宙之源的阐述已经超越了感性思维,取之用理性思维构筑抽象玄奥的理念,他们将宇宙的最高实在归结于无、或有、理法、我、梵等更为高级的玄而又玄的概念。《无有歌》写道:"那时'无'不存在,'有'也不存在。没有太空,也没有太空以外的天。那时死亡不存在,永生也不存在。没有昼夜的任何迹象。太一由于自身的力量呼吸而无气息,此外没有其他的东西存在。那里就是黑暗,最初全为黑暗所掩,一切都是混沌,一切都是水,那太一为虚空所掩,由于自身的热力而产生出来。此后最初的爱欲在太一中显现出来,它是产生思想最早的种子。圣人们用智慧在心中探索,找出'有'生于'无'的联系。它们的光线在横面伸展。……那时有生育者和滋养者:下面是自存的能力,上面是冲动的力量。……这造化从哪里出现的?它是创造出来,拟或不是创造出来的。只有在最高天上看管的他才知道,或者他也不知道。"[①]在诗中,吠陀诗人虽然也承认世界是由水、火、空三种原素复合而成,但在解释世界之本原的时候,并没有停留在物质论上,而是用抽象的概念将世界之本源描述成绝对实在。无既非有,有亦非有,有和无是对世界本源的规定,非有非无也是对世界本源的规定。"规定必然发展到无可规定——回归到无规定性的绝对本体。"[②]因此,作为世界本源的绝对实在的本性是无规定性的。吠陀先民的思维总是带有原始宗教的情节,这种绝对实在要为人所认识,须在外

---

① 译文见孙晶:《月亮国的智慧》,沈阳出版社,1997年,第291—292页。
② 巫白慧:《印度哲学——吠陀经探义和奥义书解析》,东方出版社,2000年,第57页。

显现为最高的神。最高神住在最高层的天宫,洞察世界万物,完全掌握宇宙的起源和发展。另一首神曲则将世界之本原归结为"理法"。歌中写道:"从炽热中生出永久的理法和实在,从此产生了黑夜,也升起了海中的波涛。从那海中的波涛后产生了年月,昼夜的司管者,一切眨眼生物的主宰。伟大的造物主于是依次创造了日月,他依次创造了天、地、空和光。""永恒理法的基础是根深蒂固的;它有无限光辉美丽的形貌。依靠神圣的理法,他们带给我们永久的食物;依靠神圣的理法,母牛在我们的祭祀中出现。"①在诗人看来,宇宙理法是最高的所在,是永恒的、无所不在的抽象原理,世界万物皆受制其中。时间、空间皆遵循理法所规定的秩序。

从以上列举的神曲可以看出,印度先民对世界的认识经由感性思维阶段渐渐过渡到理性思维阶段,但无论是将世界的本原描绘成带有具象色彩的造一切者、金卵、原人,或者是将之陈述为无、有、理法乃至后来的梵、我等抽象概念,在印度人的心灵深处,都承认世界有一个唯一的本原存在,万物皆由它而生发,万物的存在和发展皆受其掌控。唯一的世界本原尽管高高在上,但它并不是从自身之外去创造世界,而是在自身中生发出万象,如原人说认为世界万物是由原人自身衍化而成;金胎论则认为万物为金卵所孕育,理法论认为作为宇宙根本原理的理法衍生了世界万有。世界本原与万物的关系在根本上是相通的,是整体与局部的关系,初显出"大宇宙包含小宇宙"的思想端倪。这种带有一元论倾向的世界观对奥义书时期的梵我一如论产生极大的影响。

2. 从梵、我到梵我一如

吠陀提出的生主、原人、梵我和理法等关于世界本原的论述,在梵书中得到进一步阐发。"以梵为原理之哲学,充分发其光辉者,虽属奥义书,但梵书时代,正为其乡土,且属其培育期。"②梵书中期,三大主神之一的梵天渐渐升级到与宇宙本原等同的位置,梵书哲人将梵天这个神祇抽象概括为形而上学的实体梵,中性名词梵(brahman)代替了阴性名词梵天(brahmā)。《白道梵书》声称梵是全世界之主,是天地的护持者,创造了诸天神祇,掌管三界。至奥义书时期,梵被普遍认为是世界唯一的

---

① 译文见黄心川:《印度哲学史》,商务印书馆,1989年,第46页。
② [日]高楠顺次郎:《印度哲学宗教史》(一),商务印书馆,民国二十四年,第205页。

本原,是所有事物存在的原因。"太初,此世界唯大梵也","大梵明而化为大全",①梵创造世界,衍生万物,并使日月分悬,天地分立,万物都是梵的表现。大梵具有可知和不可知的性质,不可知者为梵的本体,而可知者为梵的外现。奥义书从正反两面解释作为宇宙本原的梵。《大林间奥义书》以否定思维将梵的本性描述为不可见,不可闻,不可识,无内无外,不生不灭,不依赖于人的认识而存在。书中言道:"此即婆罗门所称为不变灭者也！非粗,非细,非短,非长,非赤,非润;无影,无暗;无风,无空;无着;无味,无臭,无眼,无耳,无语,无意,无热力,无气息,无口,无量,无内,无外;彼了无所量,亦无食彼者。"②大梵无形无性,无任何特征,无参照物可比拟,超越人类感性和理性经验,超越逻辑理解和言语表达的范畴。这种否定性思维是吠陀时代《无有歌》中世界"无"本原的延续和发展,对非正统派的顺世论、佛教、耆那教和正统派的正理论、胜论等哲学流派产生了深刻影响。

另一方面,奥义书又从正面阐述梵作为万物之始、世界之原的理论。《蒙查羯奥义书》写道:"始生有大梵,是乃诸天首,创造此宇宙,护持此群有。"③哲人们认为梵是宇宙始基,谓太初之时,唯有梵在,它变现世界的一切,维护世界的一切。《唱赞奥义书》认为,梵是生命欢乐的源泉,梵因此被描述为食物、气息、心灵、知觉、欢乐等每一个生命赖以产生、存在和延续,乃至死亡的依据。《爱多列雅奥义书》较为详细地论述了梵作为世界之本原:"此即大梵,此即因陀罗,此即般荼帕底,此即诸天,即五大:地,风,空,水,火,即诸微生,如混杂生,即此种与彼种,即诸卵生,胎生,湿生,化生,即马、牛、人、象,即凡此有气息者,行者,飞者,不动者。——凡此,皆为般若那所领导,皆安立于般若那中,般若那即大梵也。"④梵,被放到至高无上的位置,统摄所有,它作为世界本原的唯一性得到最为权威的肯定。奥义书的哲学家们并没有超越吠陀世界一元论的思维模式,而是在一元论的思维模式下完成梵作为世界本原的理论建设,赋予梵无比崇高的地位,使梵成为印度世界观的核心词汇。

世界本原的问题在哲学上得到了权威的解答,世界本原与万象的关

---

① 《五十奥义书》,徐梵澄译,中国社会科学出版社,1995年,第527页。
② 同上书,第581页。
③ 同上书,第679页。
④ 同上书,第29页。

系,又是如何的呢？奥义书在世界本原之外以人为底本设置了一个人本体,这个人本体不是肉体的人,而是人的灵魂、精神,甚至推而广之是生命万物的灵魂或精神。这就是ātman,音译为阿特曼,意为我、灵魂、神我,等等。阿特曼在梵书中通常被解释为人体的器官或者与人体器官有关的气息;而在《森林书》中,进一步被解释为万物创造的原理,能渗入到万物之中。阿特曼的内涵从身体的自我,发展到经验的自我,再到超越的自我,最后是绝对的自我,与梵相提并论。《大林间奥义书》说:"太初,宇宙唯'自我'也。其形为人。""盖在万物之先,已焚其一切罪恶尽矣,故彼称为'神我'。"作者认为世间的一切存在者,皆与"自我"有内在的关系,我为大梵者,"则化为此宇宙大全;是则虽诸天亦无能使其不化,盖彼已化为彼等之自我矣。"①我可看作大我,等同于大梵,大我包括智、意、生命、眼识、耳识、地、水、风、空、法、世界的基本构成物质,等等,代表着最高的本质。我,也是"小我",可以是个体灵魂,也可代表多个,但小我必包摄于万有的大我之中。如《唱赞奥义书》所称:"斯则吾内心之性灵也。其小也,小于谷颗,小于麦粒,小于芥子,小于一黍中之实也。是吾内心之性灵也,其大,则大于地,大于空,大于天,大于凡此一切世界。是涵括一切业,一切欲,一切香,一切味,涵括万物而无言,静然以定者,是吾内心之性灵者,大梵是也。"②我即是梵(ahambrahmasmi)成为奥义书时代的哲学名言。我创造了世界,也就是梵创造了世界。作为外在的,世界本原的梵和作为内在的,人的本质的阿特曼在本性上是同一的,大宇宙和小宇宙是统一的,梵与我是如一的。奥义书认为"我"最终要因"梵"而得到亲证。然而,梵我的亲证并非易事。梵创造了世界,掌控世界,并通过幻力——摩耶使得世界变得纷繁复杂,使众生受到"幻"的制约。幻是梵与人之间的一道精神屏障,世人由于无知,由于尘世生活的诱惑和业报规律的束缚,总是将我和梵分离,看不到梵的真相,因而错误地将"幻"当作梵的真相,难以达到梵我一如。奥义书主张人们通过禅定,摒弃凡尘干扰,践行达磨之道,精进修持,参悟反思,穿透幻的屏障,进而直观"我"的本质,亲证梵我一如。

梵我一如(brahmātmaikyam)作为印度人最基本的世界观,数千年来支配着印度的文化和思想,成为印度各民族共同的思维和信仰模式,

---

① 《五十奥义书》,徐梵澄译,中国社会科学出版社,1995年,第524页。
② 同上书,第138页。

哲学、宗教、文学、艺术乃至人们的日常行为，无不围绕着它而展开。"茫茫宇宙，无处没有神灵或一元论吠檀多的不具人形的梵。众人背后之主宰的人格的各个方面显现在人间生活的各个方面，而且，宇宙的巨大空间充满了神祇、至高神的各个方面或者部分形象。"① 在宗教信仰上，印度人认为，"梵"存在于诸神中。据说印度有三千三百万神，都是梵的不同具体形态，毗湿奴、大梵天和湿婆三大神是梵借以显现的主要形态，象征梵的各个方面。印度人认为崇拜任何一位大神，其终极目标都是指向梵。"就像雨水从天空倾泻而下最终要流入大海，所有对神的崇拜，无论向哪位神祈祷或者你喜欢什么样的神，最终都将指向无尽的、根本的、至高的实体。"② 因此，在历史上，尽管也出现过不同宗教或同一宗教的不同教派冲突，但更多时候，印度是处于多种宗教或教派并存、多神崇拜并存的状态。

"梵"是外在的宇宙终极原因，"我"是人的内在灵魂，梵我如一，实现的是精神的欢乐。渴望与梵的结合，成为一切精神活动的最高目标。印度鼓励他们的艺术家在艺术的领域里进行梵的探索，凭借艺术亲证梵我同一。在这种思想笼罩下，印度艺术进行种种尝试之后"接受了一个有性有形的梵——具有一定形式和性格的神。这个神既可想象为湿婆，也可想象为毗湿奴派或萨克蒂，而且如果没有湿婆派和毗湿奴派的巴克提宗教崇拜运动，就不会有大量建造的庙宇和雕刻的建筑。舞蹈也是认识神的一种方式。我们必须看到婆罗多、卡塔克、曼尼普利等不同的舞蹈派别是湿婆和毗湿奴派别的产物。没有信徒对他所信仰的神的虔诚，就不会有通过舞蹈、音乐、建筑、雕刻等来表现神的努力。……美学的价值靠单纯的形式或单纯的内容都永远不能发现，而要靠两者有机的结合。一个美的艺术永远是崇高至上和具体个别——理想和感情的汇合点。"③ 这样，梵我的理论自然而然渗透到艺术美学中。印度古典文艺审美的最高原则是"味"(rasa)，艺术家们孜孜不倦追求在作品中蕴涵耐人寻味的"味"。在他们看来，对"味"的体验是亲证梵我一如的一种形式。味在印度的原始意义是指植物的汁液，后来，随着形而上学理论的发展，

---

① [澳]A. L. 巴沙姆：《印度文化史》，商务印书馆，1997年，第118页。
② Bansi Pandit: *The Hindu Mind-Fundamentals of Hindu Religion and Philosophy for All Ages*. pp. 37—38. see http://www.hinduwisdom.info/Symbolism_in_Hinduism.htm.
③ 牛枝慧编：《东方艺术美学》，国际文化出版公司，1990年，第183页。

精神的味代替物质的味,味成为梵我一如的欢乐体验符号。如《夜柔奥义书》所写的,"大梵是味的形成,人们获得了味,也就抚触了你,沉浸在欢乐之中"。"味"是艺术审美体验神圣化的表达,与宇宙最高的本质等同。同样,在韵论中,"韵"被认为是诗歌的灵魂,几乎等同于梵,词句、词音、修饰等都为显示"梵"而存在。"在'梵我同一'宇宙观指导下产生的印度诗学,神谕天启作为其基本阐释方法,是极为顺理成章的。至于印度诗学另一个重要的阐释方法'拟人喻义',实际上是神谕天启的特殊形式,都是梵我同一宇宙观的产物。"[①]

梵我一如是印度天人关系的极致表达。印度人的人生目的在于学习梵我理论,获得有关梵的一切知识,亲证梵我意味着走向解脱。"梵"是最高的绝对存在,也是普遍的存在,"我"是"梵"在人类身上的体现,它富有普世意义,记录人类生命现象的全部密码。因此,任何人通过努力学习梵的知识都有亲证梵我的可能。印度人的人生安排和日常生活几乎都围绕着实现梵我一如的目标展开。印度人理想的人生应经历梵行期、家居期、林栖期和遁世期四个行期。梵行期要离家拜师学习有关梵的知识,学有所成后进入家居期,按照吠陀知识的要求,进行五祭。到了年老的时候,再度离家,隐居于森林中冥思苦想梵的知识,以达到梵我一如。当人生走入遁世期的时候,种种的修炼和禁欲,只为求得一个完美的归宿,获得最高的梵,获得彻底的解脱。印度的圣人如佛教创始人释迦牟尼、耆那教创始人大雄等,其人生经历基本都遵循四行期的节奏进行,他们终其一生思索,创立学说,皆为亲证最高的实在——梵。

二、古代印度的时空观

何谓世界?佛教《楞严经》卷四对世界是这样解释:"世为迁流,界为方位。汝今当知,东、西、南、北、东南、西南、东北、西北、上、下,为界;过去、未来、现在,为世"。"世"是指过去、现在、未来时间上的流逝,"界"为界畔,是空间上的界定。的确,我们既生活在时间里,又生活在空间中。如果把世界比喻成一个坐标系,时间是纵轴,空间是横轴,人的此时此在恰如坐标系上的点,其数值由时间和空间所赋予。人们对时空的最初感觉构成了对世界的最初理解。当古代印度人站在南亚次大陆上,抬头四

[①] 郁龙余:《中国印度诗学比较》,昆仑出版社,2006年,第128页。

望,是茫茫苍穹和日月星辰。在他们的眼里,世界是圆形的,或是由数头大象支撑着的半圆形穹窿,或是两个相吻合的巨碗,或是运转的车轴轮子。当他们亲历了日出日落,月圆月缺,早潮晚汐,他们从感性经验出发描绘时间的长度和空间的广度。

1. 宇宙时间是循环的圆轮

吠陀经文中已出现了许多表示时间的词语,如表示生命时间和生命跨度的单词 āyus;表示祭祀良辰和季节的单词 rtu。他们开始对时间的量度有所思考,年月日的划分已经形成,一昼一夜为一整天,这是当时关于时间的最基本单位,也是"关于时间的所有体验的核心。"[①]30 天为一个月(māsa),一个月分为白半月(望月)和黑半月(朔月)。12 个月构成一年(samvatsara),而一年又分为春夏秋冬。在"吠陀天文学"中对时间的量度与祭祀紧密联系在一起。时间本身并非真实有效,除非它同神圣的献祭活动相关。雷蒙多·帕尼卡在《印度传统中的时间和历史》一文中这样解读吠陀时间的宗教意义:"《吠陀经》的诗圣们对于抽象的时间是不感任何兴趣的,在他们看来,除了宗教仪式活动或神(例如因陀罗)的行动外不存在任何连续的时间。""由于日常的宗教活动——火祭,才使得时光绵延,存在相续。""婆罗门火祭的祭坛建造了一年多,从而成了时间的最大单位。祭献仍为时间构造的基础,祭坛上的每一块砖都与一年的某一天相对应。"[②]早期印度人对时间的文化思考与祭祀有千丝万缕的关系,但不可否认,印度人对时间抽象的哲学思考在《原人歌》中已有萌芽,吠陀先民在诗中以当前为基点,轮廓式地将时间分为过去、现在和未来。时间被认为是一种实际上不存在的抽象,超乎个体经验的范畴。吠陀先人在世界起源的探索中,甚至将时间视为一切事物的根源或宇宙力。在《阿闼婆吠陀》中,我们读到赞颂时间的《光阴颂歌》,时间被赋予极为崇高的地位,被誉为创造者之创造、生主、天地万物的最终本原。歌中写道:

> 时光由七缰的马所曳之车运载,它有千目,永不衰老,精力充沛。才思横溢的诗人乘于其上,万有为其轮。

---

① [法]路易·加迪等:《文化与时间》,郑乐平、胡建平译,浙江人民出版社,1988 年,第 67 页。

② 同上。

七轮运载时光。其毂为七,永生为其轴。时光啊!它扩展于万有。它永远向前,犹如破天荒第一神。

箪食壶浆奉献时光。我们目睹其踪迹,尽管它处处皆转瞬即逝。它处于万有之前。据说,时光在天宇的最高层。

它将万有汇集,它予以囊括。作为父亲,他又成为其子。他光辉灿烂,无与伦比。

时光生成天宇,时光生成大地。万有伴随时光而至而存,以为顺理成章。

时光造化大地,太阳在时光中照耀。万有俱在时光之中,在时光中可以极目远望。

意识在时光中,气息在时光中,声名在时光中预定。时光莅临,万有欢腾。

热在时光中确立,最佳之梵在时光中确立,一切皆在时光之中!时光为一切之主宰,它是生主之父。

吠陀哲人显然是将时间置于世界本原说的理论框架中,将之与世界本原"梵"相提并论。万物皆与时间相关,空间归属于时间,为时间所支撑,并且由于时间而扩展;即使是内隐的实在——意识和气息也受到时间的支配。时间在古老的宗教哲学语境中被演绎为能推动万物运动的宇宙力,超越经验时间的概念,而被导向绝对时间。在另外一首吠陀诗中,时间成了至尊之神,征服了整个世界。神学的思维,强化了时间的绝对位置,使之成为既不被人格化的宇宙之主生主所支配,也不隶属于非人格化的宇宙力——梵,而是一种绝对原则,成为人无法逃遁的宿命。

奥义书时代,时间成了哲学争论的一个中心问题。不少哲学家仍从宇宙本源解释时间,《慈氏奥义书》认为时间是最高的原因,一切存在皆从时间中流淌出来,在时间中成长前进,在时间中得到休止。《弥勒奥义书》尽管认为"渊源出时间,万物以时长,于时又灭没,时是虚之实",但仍不忘强调"梵"作为世界之本源的地位,将时间归属为梵的表现形态。"大梵之态有二:时间与非时间",非时间者,是先于太阳而存在,而时间者,与太阳俱存。时间被认为是生命哲学的核心,时间使生命发育成熟,也使生命衰老死亡。所谓"诚哉是时间,乃使万物熟,皆在巨灵中,生成并长育。复在何者内,时间乃成熟"。① 时间成为万物之源、宇宙之本的一种解释。

印度人认为时间并非线性的流逝,而是圆形的时间之轮。宇宙时间总在进行永无休止的创造和毁灭的循环,印度神话对大神大梵天的生命周期的描述,生动地诠释了这种时间观。大梵天一生中的 100 年,代表了宇宙的一个周期,当 100 年结束的时候,梵天以及整个宇宙在大洪水中毁灭,随后是 100 年的混沌状态。当另一个梵天降生的时候,新的周期又开始了。大梵天是神,神的时间与人的时间不可同日而语,神的时间跟神的身份和权威相匹配,皆建立在某种无比宏大的概念之上。大梵天一生中的一个白天,称为一劫(劫波,kalpa),相当于人世间的 43 亿 2 千年。当梵天醒来的时候,世界被创造,当他入睡的时候,世界陷入混沌;而当梵天在新的一天醒来的时候,世界又重新被创造。

人的生命长度在宏大的时间圆轮中短暂如一瞬间,渺小如一尘沙。在印度古代典籍中,时间常常被比喻成"难以横渡的可怕的河流","永远以年为漩涡,以月为浪花,以季为急流,以半月为水草,以瞬间为泡沫,以昼夜为流速"。② 人在茫茫的时间长河中看不到彼岸,完全受时间的束缚,时间赋予人的是走向死亡的宿命,这是极为悲观的时间观。然而,印度人并没有走向终极的悲观,而是在悲观中寻找乐观,圆形循环的时间想象,为生命的轮回和人生的解脱铺设了前提条件。印度人认为在时间驱使下,生命耗尽限定的时间,只要整个世界还有剩余的时间,生命就会一次又一次再生和轮回。每个人的灵魂在死后可以在另一个驱壳中获得重生,而重生的形态取决于他前生的羯磨(karma),即称为"业"的他过去的所作所为。时间被赋予道德仲裁的权力。人若一生从善,便获得上升的轮回;若一生从恶,便往更低的方向转生。因此在时间的审判下,有生命升入天国,也有生命堕入地狱。印度几乎全民皆相信所有生命都在时间的圆轮中循环,从生到死,到再生,到再死,生命在时间中进行无休止的轮回和无休止的重复。这种思想对印度人影响之深,可谓根深蒂固,用 A. L. 巴沙姆的话说,就是:"展望尘世中无穷尽的转生(即使其间不断有时期是住在天国),使当时许多比较敏感的人感到极为厌恶,现在

---

① 《五十奥义书》,徐梵澄译,中国社会科学出版社,1995 年,第 456—457 页。
② [印度]毗耶娑:《摩诃婆罗多》(五),黄宝生译,中国社会科学出版社,2005 年,第 428 页。

仍是如此，而且加倍追求在一个毫无变化的实体（在这个实体中，不再恐惧死亡和转生）中的心理安全。"[1]

时间是日日月月、年年岁岁的循环。如果将时间原点比喻成圆心的话，在印度文化中，时间的循环是绝对的，相对的是循环的半径。在印度人看来没有什么比时间更微小，也没有什么比时间更宏大。时间覆盖着一切，它比微小更小，比宏大更大。时间的计量单位可以无限大，也可以无限小，最大计量单位是一梵天年（māhamantavara），即311亿万年；最小的单位是truti，即千万分之一秒。大梵天的一昼，也就是一劫，由一千个大时代（mahāyuga）所组成，每一个大时代又分为krtayuga，tretāyuga，dvāyuga和kaliyuga等四个时代。这种划分近似于希腊所说的黄金时代、白银时代、青铜时代和黑铁时代。第一个时代krta由4800个神年构成的。每个神年等于144万人间纪年，共历172万8千年，被称为圆满时代。这个时代诚如其名，是一个桃花源般的理想时代，时间被赋予充分的价值，正法和真理完整齐备，没有任何不合正法的学说；这个时代的人们健康无病，万事顺遂，人们安居乐业，寿命皆长达四百岁，他们崇拜一位白肌肤的洁白无瑕的大神。第二个时代也称为三分时代，经历129万6千年，是一个不尽完美，不太幸福的时代。道德和真理减少了四分之一，人的寿命也减少了四分之一。人们也能履行各自的责任和正法，但偶有动机不良的行为，他们崇拜的是红肤色的大神。到了二分时代，即第三个时代，世界离美好的距离越来越远，道德和正法减半，尽管许多人还能履行正道，但世界已充斥着许多的不满、谎言和争吵，人们崇拜黄色肌肤的大神。这个时代要经历86万4千年。最后一个时代，是堕落的时代，充满着斗争和罪恶，所以称为争斗时代，人的生命最长只达百岁，他们中的大多数人是不幸的，因为他们不配幸福。这也就是我们正在经历的时代（始于公元前3102年2月17日至18日夜半），有43万2千年。这个时代期满后宇宙进入解体时期，梵夜开始出现。

无限漫长的时间圆周与无限短暂的时间原点形成极为强烈的对照。印度人不仅从极为宏观的角度展开对时间的幽远想象，也从极为微观的角度捕获当前时间，刹那（ksana）是时间文化中颇具印度意味的术语。刹那是一种不能再分割的时间之点。佛教《俱舍论》这样规定刹那的时

---

[1] [澳]A. L. 巴沙姆：《印度文化史》，商务印书馆，1997年，第116页。

间长度,120个刹那等于1个怛刹那;60个怛刹那等于一个腊缚;30个腊缚等于一个牟呼栗多;5个牟呼栗多等于一个迦罗;6个迦罗等于一个昼夜。按照现在时间的计量方式,一刹那大约等同于七十五分之一秒,据说是人转一个念头所需时间的九十分之一。类似的计算很多,《杂阿毗昙心论》卷二说:"三十摩睺罗多(muhūrta)为一日一夜,有六百四十八万刹那也。"印度文化语境中的刹那,其意义不仅仅在于作为时间的量度,而在于导向宗教学意义上的"解脱的瞬间"。印度人最高的人生追求在于亲证梵我一如,瑜伽修行的目的正在于解脱有限的时间束缚而跃入无限的永恒。修行过程的某一个瞬间达成梵我一如,使这一瞬间成为此时与永恒的唯一切点。尽管在无始无终的时轮中,人的生命显得虚幻而宿命,然而,由于刹那对永恒的切入,使得时间可以是很长很长的运行,也可以是静止的原点。于是,奥义书和佛经中,刹那是作为"跃入永恒"的支点,是"解脱之吉祥的刹那"。换言之,刹那是人从时间的束缚中获得拯救,从宿命中走向解脱的瞬间,是觉醒和欢喜的开始,是梵我一如在时间意义上的召唤。

2. 宇宙空间是流转的层级

印度人对空间的哲学思考,同样可以追溯到吠陀时代。《梨俱吠陀》认为宇宙空间的纵向应分为天、地、空三界,横向应包含东西南北四维。三界中,天界最高,那里忽明忽暗,明时天光闪耀,暗时满天漆黑。根据吠陀神话的记载,天界居住着宇宙之王伐楼那(Varuṇa),他是天界中最有势力的大神,是主管宇宙秩序和道德的司法神。天界上也居住着太阳神家族,如天父特尤斯(Dyaus)是光明之神;苏里耶(Sūrya)是太阳的具体形象;密多罗(Mitra)是白天光芒四射的太阳神,而乌莎(Usas)则是清晨放射美丽朝霞的黎明女神。空界,位于天界和地界之间,弥漫着致雨的云层。空界是雷神因陀罗(Indra)、兽王楼陀罗(Rudra)、风神伐由(Vāyu)和雨神帕阁尼耶(Parjanya)等大神的所在之处。地界,有崇山峻岭,丛林草原,海洋河流,是人居住的地方。居于地界的神灵包括火神阿耆尼(Agni),他是神与人之间的使者;在祭祀时能把祭品传送给神;在家庭中,他是灶主,能保护人与住宅,并监视人的行为,还包括酒神苏摩(Soma)、地母神波里蒂毗(Pṛthivī)、河神娑罗室底(Sarasvatī)、地狱之神阎摩(Yama)、魔鬼罗刹(Rākṣasa),等等。

显然,吠陀哲人对宇宙空间的描述是基于自身视点,即以观测者为中心,观测者站在地上,仰望天空;登上高山之巅,俯视大地,所见所闻,而后有所思有所知。这种认知方式,在人类早期对宇宙空间的认知中具有普遍性,东方西方都曾有过。中国的"天圆地方说"认为天是半圆形的穹顶,地是方形平面,所谓"天似穹庐,笼盖四野";而古希腊人则把大地看成是浮在水上的圆盘,他们的地图是以希腊为中心,周围是茫茫大海。这种基于观测者中心的三界空间观,经年累月沉淀为印度文化的集体无意识。无论吠陀之后的宗教哲学流派在其教义或哲学主张上如何不同,但在阐释宇宙空间或描绘世界布局上,大多不脱此窠臼。在奥义书中,三界的空间观日渐成熟,不少文献都自然而然地以三界作为空间叙事的起点。如在《大林间奥义书》中,三界被赋予宗教的意义,"诸界唯三:凡人界,祖灵界,诸天界是也。凡人界唯以子而得,非由其他业,祖灵界为祭祀,诸天界则以明。唯诸天界为诸界之最优,故人皆乐称乎明"①,而在《唱赞奥义书》中,哲人重申三界的划分,有"居于大地者""居于空界者"和"居于天界者"之分。

自吠陀教、婆罗门教至印度教,宇宙的轮廓同样被描绘为三界,即由天界、地界和地下界构成。地界呈平盘状物体,中央是传说中的须弥山,山之周围有四大部洲,中间有海洋相隔。太阳、月亮和星辰,环山运行。地界之上有六层天,层次越高,境界越美好。神、仙人及半神性灵体,居于诸天界中。这六层天由低至高分别是风界、太阳界、伐楼拿界、因陀罗界、般荼帕底界(prajāpati),最高层是大梵界。大梵界是大梵天所居之地,是走向解脱、超越轮回的至高至美的境界,象征着永恒和不朽。大梵界"有湖名'风浪',时间曰'祭祀消',河流曰'不老',树名'膏脂药'(意为美爱),城名'婆罗弦'(意为深沟高垒),宫名'无能胜',因陀罗与般荼帕底,二门卫也。其堂名'广大',其座曰'远瞩',其床名'无量力',其妃名'意识',其嫔名'眼识',二者皆持花,唯织成诸界者也。又有飞仙名'诸母'与'诸保姆'(意为理解),有诸水曰'小母'(意为导至大梵明)"。② 大梵界是印度人终其一生向往的乐土。在印度神话记忆中,每一大梵天之日结束时,前三层天界便毁灭一次;后三层天界则于大梵天寿终正寝之时毁灭;第四层虽与后三层同存共灭,但在前三层毁灭之时,由于劫火烧灼,酷热难耐,无法栖居;第五层是劫火中毁灭者的再生之域。同样,地

---

① 《五十奥义书》,徐梵澄译,中国社会科学出版社,1995年,第544页。
② 同上书,第36页。

下界也是呈层层级级分布的状态。地下界共有六层，是精魔所栖之地。

印度教的空间观为佛教所继承和发挥，佛教经典更为充分地描绘世界的层级结构。佛教认为世界是无数个"三千大世界"所构成的无限空间。何谓"三千大世界"？根据佛经解释，以须弥山为世界中心，以铁围山为外围，同一日月所照的天下为一世界。一千个世界为小千世界，一千个小千世界为中千世界，一千个中千世界为大千世界。也就是说，一个大千世界包含小千、中千、大千三种千世界，十亿个大千世界，合称为"三千大世界"。须弥山宽度与高度等长，为八万四千由旬（由旬是古印度最大的长度单位，yojana 的音译，又译逾缮那、由延，其长度据《大唐西域记》载：一说四十里，一说三十里，一说六十里）。以须弥山向四周展开的大地上有八山七海、四大部洲和八小洲依次布列。四大部洲之外有轮围山（cakravāda），包围住大咸海，犹如世界外城，是"一小世界"的边缘。四大部洲和八小洲是人居住的地方。四大部洲的南赡部洲（jambuvipa）形如车，东、西、北各二千由旬，南边只有三由旬半；东毗提诃洲（pūrva-videha）形如半月，东边长三百五十由旬，其余三边各二千由旬；西瞿陀尼洲（avara-godānīya）形如满月，直径二千五百由旬，周长为直径的三倍，即七千五百由旬；北俱卢洲（uttara-kuru）为正方形，四边各二千由旬。从古印度人所居之地，往北到南赡部洲中部，有九黑山。黑山北有大雪山，大雪山北有香醉山，雪山之北、香醉山之南有大池名无热恼池，从无热恼池流出恒河、印度河、缚刍河和悉多河四大河。这是一个布局规范、层次分明、结构精致的数量化的世界模型，显然与印度古人自身经验的地理空间有关。有学者认为，佛教"对南赡部洲形状的描述，与印度半岛北宽南窄的形状大致符合；印度河、恒河等河流发源于北部雪山，也是实际情形"[①]。

然而，佛教对世界空间的阐释并不止于自然地理学或天文学的范畴，而志在建构宗教地理学，根据各层生类的生、性、情、趣等不同特性而将世界分为欲界、色界、无色界三界。欲界，顾名思义，为具有食欲、淫欲的芸芸众生所居，包括五道轮回中的地狱、畜生、饿鬼、六欲天和人。欲界的天堂有着种种欲望的满足，金银财宝、美酒佳肴、曼妙声色、良辰美

---

① 钮卫星：《西望梵天：汉译佛经中的天文学源流》，上海交通大学出版社，2004年，第46页。

景,等等。色界,位于欲界之上,为已脱离食欲和淫欲,但尚有身躯形状者所居住。在这里粗俗的生理欲望或关于利害的考虑被弃置不顾,意识只沉醉于美的感受中。无色界,在色界之上,为无形色众生所居。芸芸众生需通过修习禅定才有机会进入,在这里能享有精神自由驰骋的愉悦。每一界又分成若干层级,个体在层级的递升和下降,取决于其所作所为,若积德行善,便可在轮回中进入高一层级,甚至解脱,超越三界;若行凶作恶便轮回到下一层级。轮回果报是印度的普遍观念,《摩奴法论》说:"一个人以什么样的情感做什么样行为,他就以什么样的身体受什么行为的果报。"在六种最好的造至福的行为(学习吠陀、修苦行、正知神我、调伏诸根、戒杀和侍奉尊长)中,学习吠陀、实行吠陀规定的行为"应该永远被理解为最能造福今生和来世。"①可见,印度文化对世界结构的划分远远超乎地理学、天文学等自然科学的范畴,而是导向社会学和宗教学的理论体系,赋予空间以伦理道德和宗教哲学的意义,使得印度文化中的轮回解脱、梵我一如的理念,不仅在时间维度上得到表达,而且在空间维度上得到支撑。

三、万物有灵的自然观

印度著名诗人泰戈尔曾在《梵我合一》一文中写道:

> 环顾四周,世界正进行丰富多彩的创造活动。扩散的重又聚合,聚合的重又扩散。作用,反作用,一种形态转化为另一种形态,一刻也不停息。万物走向自己的归宿,但无一物有终极。我们的智力、身心也随着自然的车轮旋转。不断地离合、增减、变化着形状。……我们中间没有凡世,但梵天在我们中间。因此我使出全身解数也把握不住凡世,但我们与梵天朝夕相处。最高灵魂接纳了我们的灵魂,两者举行了婚礼。梵天从此没有私物,因为他已与我们的灵魂结合。②

这是诗人泰戈尔对梵我一如的诗意表达,也是哲人泰戈尔对世界观

---

① 《摩奴法论》,蒋忠新译,中国社会科学出版社,2007年,第249页。
② 泰戈尔:《恒河畔的净修林:泰戈尔散文随笔集》,白开元译,中国广播电视出版社,1999年,第77页。

的哲学思考。万物运动,互为转化,灵魂流转,生生不灭。缘于此,印度社会自然崇拜自古风行,而且至今犹存;万物有灵、万物有情或万物一体的自然观在印度文化中根深蒂固,诚如徐梵澄所言:"直以自韦陀时代以后,传统之信仰如是,视宇宙之大,蝼蚁之微,等无差别,混然与万事万物融为一体"。① 而这些观念的产生,与早期的世界原素构成论不无相关。

1. 世界的原素构成

吠陀后期,已有哲学家认为宇宙的本原是由多种简单的物质构成,吠陀诗中写道,"汪洋巨水,弥漫大荒,蕴藏金胎,发生火光,诸神精魄,于以从出;此是何神,我将供养?"诗中认为水和火是构成宇宙的基本原素。奥义书哲学家在此基础上发展为世界多原素说。他们认为,水、火、地三原素或地、水、风、火、空五原素复合构成世界的本原。如《爱多列雅奥义书》说,构成世界的基本原素是地、风、空、水、火。书中写道:"此即大梵、此即因陀罗、此即般茶帕底,此即诸天,即五大:地、风、空、水、火"。《鹧鸪氏奥义书》则声称世界由空、风、火、水、地五原素构成,"由空而有风,由风而有火。由火而有水。由水而有地。由地而有植物,由植物而有粮食。由粮食而有人"②,并认为构成世界的这五原素相生相成,类似中国古代金木水火土五行说。而《唱赞奥义书》甚至将灵魂纳入原素论的框架,认为人的灵魂和世界的最高存在都是由水、火、土三原素所构成。

奥义书哲学家们几乎都在努力建构世界的原素构成论,他们不仅着眼于宏观世界与微观世界之间,也着眼于客观世界与主观世界之间。这对当时和其后的哲学家或哲学流派产生巨大的影响。自梵书、奥义书以后,印度的唯物主义思想家大都认为,宇宙是由地、水、火、风、空五种原素构成。然而,顺世论的先驱阿耆多·翅舍钦婆罗(Ajita Keśakambali)却反对空的原素,认为世界的基础是物质,地、水、火、风四大原素是构成世界的物质基础,一切生物和非生物均由四大和合而生,人也不例外。人因四原素而生,死后还归四大,所谓"人依四大种所成,若命终者,地还归地身,水还归水身,火还归火身,风还归风身,诸根归入虚空"。人的肉体内的固态物质属于地原素,浆态和液态物质属于水原素,体温属于火原素,呼吸和上下气息属于风原素;四大原素的组合便构成肉体。肉体

---

① 《五十奥义书》,徐梵澄译,中国社会科学出版社,1995年,第70页。
② 同上书,第290页。

成而后产生意识,意识存在肉体之内。四大原素一旦分解,肉体立即消亡,意识也自动消失。阿耆多认为不存在独立于肉体的意识(灵魂),更没有死后转生的精神主体。如果说阿耆多的观点具有明显的唯物主义色彩与婆罗门教主张的灵魂流转观唱反调,那么,婆浮陀(Pakudha)的七原素说却糅合了不少精神要素,在很大程度上继续婆罗门教的路子。婆浮陀认为世界上各种生命和事物都是由地、水、风、火、苦、乐和灵魂七种原素构成,物质原素和精神原素都是构成世界的基础,而且精神原素中的灵魂是永恒实在的。七原素是单纯的组合,互不接触,人类只不过是七原素的自由组合,如果以刀刃切开人脑,并不损害人的生命,因为刀刃只不过是通过七原素的间隙而已。这是非常有意思的理论。生活派的拘舍罗(Gosāla),将七原素说扩充至十二原素,增加了虚空、得、失、生、死五个原素,并强调灵魂存在于地、水、风、火中,也存在于动物等有机物中,灵魂本身也是物质原素。耆那教的创始人尼乾子(Niganth Nātaputta,尼乾陀·若提子)也认为世界是多原素构成,灵魂存在于地、水、火、风等无机之中,也存在于动植物等有机物之中,灵魂寓居于它所附着的各种躯体之上,正像灯光照亮了整个房间一样。

这些哲学流派无论是从正面继承、阐释或修正世界构成原素论,还是从反面批驳和推翻它,不可否认的是,经过反反复复的争论,原素论为万物有灵观和灵魂流转观,甚至是富有印度色彩的轮回观提供了普及机会。原素论通过口头文学传播和宗教活动日益深入印度人心,深入印度文化的基层。如大史诗《摩诃婆罗多》,作为融会贯通古印度各种思想的经典著作,以极为权威的口吻,确定构成世界的五原素论。《和平篇》写道:"梵天创造的五种原素称为'五大',遍及所有世界。""风是运动者,空是有空间、火发热,水流动,地坚固,身体由这五种原素构成。动物和植物都由这种原素构成",①缺一不可。若失去其中的一种原素,其他四种原素就不复存在。

既然世界上所有的一切都是由这五种原素构成,那么,为何物体的形态和性质千差万别而又能如泰戈尔所言的"不断地离合、增减、变化着形状"呢?这是因为,在印度人看来,个体差别主要在于五种原素的组合比例和数量有所不同,而其能转化的原因正在于原素本身为灵魂所栖

---

① [印度]毗耶娑:《摩诃婆罗多》(五),黄宝生译,中国社会科学出版社,2005年,第334页。

居。灵魂作为五种原素所共有的东西,自始至终存在于五原素构成的实体中,"如同水滴依附莲花",并支配着意识。灵魂永恒不灭,并能在不同的躯体中流转。万物皆有灵魂,灵魂并不固定在一种生命上,而是可以在物类之间进行转移。身体毁灭只是五种原素瓦解,灵魂却始终如一,不会随着旧身体的毁灭而毁灭,而是在旧身体毁灭之刻转入到另一个新的身体中。《广林奥义书》描述了灵魂所历经的种种过程,灵魂先是通过诸天神的敬信而到达月亮,而后又从月亮化为雨,从雨水变成粮食,从粮食转化成男人的精液,而后进入女人的身体,孕育成人。类似这样的故事,在印度并不少见,很多生物和非生物都有前生来世,他们迥然相异的状态却能始终以某种形式一以贯之。《摩诃婆罗多》中有这样的故事,一条狗因为要摆脱对豹的恐惧而要求仙人把它变成豹子,而后,又变成老虎,发现山外有山,再由老虎变成大象,由大象变成狮子,由狮子变成八足兽,最后又变回狗。这种生命转世或者化身的观念在印度普遍存在,佛教本生经故事可以说是对转世论的最大众化的注解。佛陀在成佛之前,历经无数次转生,所谓"菩萨五百身已来种种变现"。他做过商人、婆罗门、国王,也做过兔子、鹿、龙、金翅鸟、大象、猴子、羚羊等动物。印度教中的三大主神之一的毗湿奴有鱼、龟、野猪、白马等十多个化身,有的文献甚至认为毗湿奴有千个化身。灵魂流转说无疑在很大程度上拓展了万物有灵的理论空间,也为印度文化中的轮回观打下了厚实的理论基础。

2. 从万物有灵到万物有情

由于万物的构成原素相同,灵魂能在各种躯体中流转,印度人相信世界的任何东西都是有生命、有灵魂的。河流、山川、湖泊、动物、植物、矿物,甚至是星星、月亮,都有灵魂。人与自然万物,万物与万物之间存在着生命的灵感现象。若套用人类学的观点来解释,这是早期人类在对世间万物的认识中所体现的以主客体互渗为特征的原始思维模式。实际上这是人类在自觉之前固有的人与自然一体的无区别思维。在这种思维模式下,"太阳与星星,树木与河流,大风与云彩都成了人格化的具有灵性的生物,过着与人类或动物相类似的生活"[1]。在吠陀文献中,大

---

[1] Edward B. Tylor. *Primitive Culture*. vol. I. New York: Henry Holt and Company. 1889, pp. 284—285.

自然中几乎所有的一切都具有灵性、神性甚至是人性。如空中之风是风神伐由,他被塑造成一个彪悍的保护者形象,那"惊天动地的声响震撼着敬拜者们";大雨是雨神波伽尼耶,他与风神伐由合作,"乘装满水之车奔向四面八方","以其精液滋润大地,大自然万物欣欣向荣"。太阳苏里耶大神,作为一切生物和无生物之灵,是不老的青春俊男,驾着栗色的马,光彩熠熠,行走于天地之间;朝霞乌莎女神,是妙曼的少女,身着洁白的云裳,神采飞扬,笑容可掬,莅临人间。万物不仅有灵,而且有情。吠陀诗人充满人性关怀的心灵,曾以感性的观察和浪漫的笔法,将早晨太阳升起的自然现象,描绘成太阳神追逐着光辉灿烂的朝霞女神,犹如英俊的青年追逐优雅的少女。不仅天界的自然物象有灵有情,地上的自然物象,也毫不逊色。印度的高山、长河、大海、湖泊,皆是有灵,皆是神灵。喜马拉雅山是大神提婆,他从西向东绵延,迦梨陀娑在诗中将之比喻为丈量大地的量杆;恒河是手持莲花的慈爱女神,从喜马拉雅山缓缓流出,圣洁的河水使人的灵魂升入天堂。植物、动物中更是有数不清的神灵和"有情"。

万物有灵,人与大自然的灵魂可以在由基本原素构成的世界里来回流转。万物之间只有表面形态上的不同,而没有本质地位的尊卑。印度人由万物有灵,进而万物有情。他们和自然物象始终处在同等的平台上,情同手足,人与自然不仅可以相互沟通、互渗互变,甚至存在着酬唱往还的可能,存在着物人相亲、物我统一的审美状态。这种审美的状态,一方面直接体现在印度文学艺术中,使印度文学艺术展现出天人和谐、瑰丽神奇、极富想象力的审美世界。

无论是在吠陀诗人古朴的笔下,还是在迦梨陀娑美妙的诗篇中,抑或是在浩浩荡荡的两大史诗里,人与自然万物始终相亲相爱、同情同心。在迦梨陀娑的《云使》中,谪居苦修林的药叉因无法忍受对爱妻的无限眷恋,而向雨云致意,托雨云带口信给心爱妻子的虔诚情形令人感动。诗中写道,"他满心欢喜,献上野茉莉的鲜花为礼,向云说一些甜蜜言语,表示欢迎之意。""云啊!你是焦灼者的救星,请为我带信,带给我那由俱毗罗发怒而分离的爱人。""云啊!现在请听我告诉你应走的路程,然后再倾听我所托带的悦耳的音讯;旅途疲倦时你就在山峰顶上歇歇脚,消瘦时便把江河中的清水来饮一饮。""你应我的不情之请,肯对我施此恩惠,不论是出于友情还是对我独居感到怜悯;云啊!雨季为你增加光彩,此后请任意遨游,但愿你一刹那也不和你的闪电夫人离分。"①在这里,药叉把雨云当成是自己最信任的使者,最能理解他焦灼心情的友人,先是像请求友人一样请求雨云的相助,后又像祝福友人一样祝福雨云的行程。为了使雨云能准确传讯,药叉向雨云描述了一路上要经过的山川城池,而每一处自然物象似乎都读懂药叉的心情,都染上淡淡的思念情绪。"但愿你能努力加快脚步,如果见到有孔雀以声声鸣叫向你表示欢迎而珠泪盈眸。你走近陀沙罗那,渴多迦花就在枝头开放,使园篱变成白色,筑巢的禽鸟也在树上盘旋";"尼文底耶河以随波喧闹的一行鸟为腰带,露出了肚脐的旋涡,妖媚地扭扭摇摆";"信度河缺水瘦成发辫,岸上树木枯叶飘零衬托出她苍白的形影"。诗人迦梨陀娑的感情维度不仅延伸到人,而且也延伸到自然万物。万物皆我,我皆万物,人与自然的亲和关系,不仅仅在于其同为世界的物质构成,同为梵的表现形式,而且更在于两者之间的情感联系、心有灵犀,在于其共同营造的审美境界,这也是迦梨陀娑诗之所以感人之处。

　　印度古代文学在赋予自然物象人格美的同时,借用自然物象美的形象来描写艺术中的人物形象,使得"大自然与人的种种感情形式和特征融为一体"②。如吠陀诗中大量地借用动植物的曲线美和色调美以表达女人的形体美。尼赫鲁曾这样引用一则著名的神话故事:"他(创造生物的神)取月的圆,藤的曲,蔓的攀缘,草的颤动,芦苇的纤弱,花蕊的艳丽,叶的轻浮,象鼻的尖细,鹿眼的瞻视,蜂的丛集,日光的炫耀,层云的悲恸,飘风的变动,兔的畏怯,孔雀的浮华,鹦鹉颌下的柔软,金刚石的坚硬,蜜的甘甜,虎的残忍,火的炽热,雪的寒冷,鹊的噪,鹃的啼,鹤的虚伪,鸳鸯的忠贞,把这些性质混合起来造成了一个女人。"③吠陀之后的文学作品也大量采用大自然中动植物的基本色彩、形态来表现人体之美。如描写男性躯干健壮美有:"身如狮胸","牛眼般的英雄","难降是盛开的花果","坚战是正义的大树,阿周那树干,怖军树枝"。④ 描写女性柔软美有:"悉多这个女郎莲花眼睛","面如满月眉毛美","嘴唇像相思果","她的身形真是花枝招展","手如棉柳一样的柔软","她的乳房像

---

① [印度]迦梨陀娑:《云使》,见金克木:《印度古代诗选》,湖南人民出版社,1984年,第207—209、233页。
② [印度]帕德玛·苏蒂:《印度美学理论》,中国人民大学出版社,1992年,第197页。
③ [印度]尼赫鲁:《印度的发现》,世界知识出版社,1956年,第122页。
④ 季羡林主编:《印度古代文学史》,北京大学出版社,1991年,第70页。

熟透的多罗果"①,等等。

不仅在文学中如此,在造型艺术上亦然。印度古代的艺术家们善于从广阔的大自然中选择富有意味的曲线,勾勒出自己的精神形象。印度美术史上,人物雕塑或绘画所塑造的女人形象,那妩媚的二屈式、三屈式,带给观赏者以极大的视觉冲击力。无论是桑奇大塔上的药叉女,还是阿旃陀石窟的持花菩萨,自然中那些美不胜收的曲线在人体上的完美应用,令人叹为观止。法国学者奈雷·格鲁塞曾盛情称赞桑奇塔门上的药叉女:"她两臂攀着树枝,悬身向外,形成一条无比优美的曲线,好像活的藤蔓,……她的年轻的躯体上的所有健美的肌肉,都像是飘荡在空际。"②印度美术的人物造型,无论是整体身姿体态,还是面部五官都毫不例外采用曲线美的表达方式。这种曲线不同于解剖学意义上的曲线,而更偏向于喻示性地模仿自然曲线,如常任侠所言,印度美术家"采取了在大自然中所发现的活的曲线——采自花枝生长的习性和毛皮下的动物形体的灵活流动时所呈现的曲线"③来表现人体美,带给观赏者耳目一新的感觉。因为这种对花朵及动物曲线的模仿运用极大地增强了人物的曲线美,"使男女的姿式,相辅相依,也像并蒂的花枝一样,……从整体看来,形成一种温柔的轮廓线,唇吻手指和乳房,都仿佛是在青春的躯干上所生长的花朵与蓓蕾一般,这样遂产生一种浑成、柔韧、朴素而且和谐的艺术。"④印度古代的美术家戴着万物有情的眼镜观看这个世界,"将人种种发达的感觉赋予了大自然,并将植物、野兽的生活以及飞鸟从原始的聋哑状态中解放出来","使得自然像人那样充满活力"⑤,使得他们的笔下展现出婀娜多姿的印度风情。

万物有情,人与自然万物情感界限的打通,对古代的印度诗人而言是一种福音,这使得他们的艺术情感能得到最为丰满的表达,最为淋漓的宣泄;而对现代的读者而言,也是一种福音,一种回归自然、追寻自然美的灵魂之旅。在"最初的诗"《罗摩衍那》中,罗摩的妻子悉多被劫持后,罗摩到处寻找妻子,他悲伤地问胡椒树,问无忧树,问大山,问河流,

---

① 《罗摩衍那》,见季羡林主编:《东方文学作品选》(下),湖南人民出版社,1986年,第16—17页。
② [法]奈雷·格鲁塞:《印度的文明》,常任侠、袁音译,商务印书馆,1965年,第45页。
③ 常任侠:《常任侠文集》(卷四),安徽教育出版社,2002年,第409页。
④ 同上书,第414页。
⑤ [印度]帕德玛·苏蒂:《印度美学理论》,中国人民大学出版社,1992年,第199页。

问小鹿,问老虎,问所有他所能见到的自然物象。自然万物的同情怜悯与罗摩缠绵悱恻的深情足以感染读者。而在《阿逾陀篇》中,自然万物对人之感情得到最为扣人心弦的诠释。罗摩被迫去森林流放,不仅众亲友悲愤,自然也悲愤,诗中写道:"我的马不再飞奔在路上,看到那罗摩走向森林,它们也都是热泪盈眶";"连那一些大树也都枯萎带着花朵、嫩枝和蓓蕾,都为罗摩受难而伤悲";"爬行的动物不再爬,野兽也都不再游行,大树也为罗摩担忧,现在变得寂静无声";"荷花叶子都已隐去,荷花池中荷花干枯,再也没有飞鸟和游鱼"。① 在诗中,我们看到一幅幅无比宽广而含情脉脉的画面。自然是人化了的自然,而人也是自然化了的人。诗人和读者想象的翅膀因为万物有情而得以海阔天空地翱翔。在人与自然日益分离甚至对立的今天,我们在印度文化中感悟,在艺术中与自然再次亲密接触,在想象的自然中回归到生命的最本真状态,这是万物有情的文化观留给我们的精神遗产。

　　万物有情观不仅在文学上得到审美的表达,而且也在印度人的心灵,在他们的生活中得到审美的表达。印度人相信世间的所有一切皆染有灵性,这使得他们总是怀着虔诚真挚的情感热爱着自然的一切,沉浸于自然的魅力,并予自然以最高的敬意。他们曾自豪地说,在印度幅员辽阔的神圣大地上,有七条圣河,七座圣山,有神圣的森林和各种充满神性的植物,有神圣的城郭;正是印度大地之神圣,才使多宗教、多文化、多种族、多语言的国家能融为一体。② 印度人对大自然的崇拜并没有因为工业革命或文明全球化而中断,时至今日,依然盛行。他们膜拜高山江河,膜拜植物动物,膜拜大自然中的一切。比如,今日印度人对恒河的崇拜之情并不亚于往昔。因为在印度的文化记忆中,恒河是天上银河下凡,"所有的印度人仍来到她的堤畔,唱歌、洗涤、祈愿、祝福、交易和终老。恒河既是古代文化生活方式的现代演绎,也是神圣自然活生生的象征。"在他们的眼里,恒河是所有大神中最为完美的一个,"恒河母亲毫不含糊地喷涌出仁慈和怜悯,从她那流出的是牛奶、是不竭的甘霖、是生命的源泉、是富足。"尼赫鲁曾这样表达对恒河的情感:"我为这高贵的遗产而骄傲,她过去是属于我们的,未来也是属于我们的,我知道,我同所有

---

①　[印度]蚁垤:《罗摩衍那·阿逾陀篇》,季羡林译,人民文学出版社,1981年,第334—335页。

②　http://www.hinduwisdom.info/Nature_Worship.htm

人一样,与她有割舍不断的牵连。在历史的拂晓时分,在印度古老的过去中,我找到有关她的起源。我愿意对她——印度的文化遗产——表达我最后的敬意。我希望我的一小撮骨灰能够撒入阿拉哈巴德的恒河,以使之流入支撑着印度海岸的广阔大海。"①我源自自然,终究归于自然,万物与我并生,天地与我为一。这是何等高尚的人生审美境界!

　　印度人对大自然的崇敬之心和钟爱之情,决定了他们对待自然的态度和行为。当今,在人与自然的关系问题上出现了三种论调,一是"极端的人类中心论",认为人类是自然至高无上的主宰,人对自然有着绝对的自由支配权利,如威廉·劳伦斯所说的"人,是强壮的,征服自然";二是"极端的自然论",认为人类在自然面前是弱小的、无所作为的;三是"人与自然和谐共处论",主张热爱、尊重、保护、合理利用自然,人与自然和谐共处。第三种观点正是印度的自然文化自古至今所秉承的原则。印度蔑视所有伤害自然的行为,他们禁止采伐森林,伤害动物,强烈主张人是自然的一部分,应该同自然和谐共存,和睦相处。无论是高山还是丘陵,无论是河流还是溪谷,无论是森林还是草地,都是人类冥想的福地和诗意栖居的宝地。他们对古人自然崇拜的行为给予高度的礼赞,认为古人给予自然无比的敬意,自然崇拜不是因为原始信仰,也不是因为宗教迷信,而是因为古人的先见之明,对自然的真知灼见,对自然的深情厚谊。正如圣雄甘地所言:"我向我们的祖先鞠躬致以敬意,敬礼他们对自然美的意识,敬礼他们在宗教的层面上为维持自然之美所付出的努力。"②万物有灵的思想从这一个角度说,并不应该简单地等同于原始宗教信仰,也不能一概而论地认为是古人因对自然的迷惑而进行的粗糙解释,万物有灵的世界观带给处于环境日益恶化中的人们的是一缕缕清音、一阵阵沉思。

---

① http://www.hinduwisdom.info/Nature_Worship.htm
② http://www.hinduwisdom.info/Nature_Worship.htm

第二章

慈爱厚生 非战戒杀

——印度人的生命观

麦克斯·缪勒曾说:"如果有人问我在什么样的天空下,人的心灵……对生命中最重大的问题做过最深刻的思考,而且已经对其中的一些问题找到了解答,是值得被那些甚至研究过柏拉图和康德的人注目的——我就会指向印度。"[1]印度人的生命观,数千年来一以贯之,对印度文化和历史产生了深刻影响。进入现代,随着工业污染恶化和战争升级,人类生存环境面临空前危机。印度人的生命观,值得全世界重视。

一、平等神圣的生命价值观

印度人对生命的思考由来已久,印度教经典《六问奥义书》(*Praśna Upaniṣad*)曾以"屈原天问"的形式,展开对生命的根本问题的探询:

第一问:老师! 此万物何自而生也?

第二问:老师! 诸天支持此创造,其数若干? 照耀此身体者,奚是? 又其间之最优胜者,谁也?

第三问:老师! 生命何由而生? 如何而入此身体? 如何自加分布而安止? 如何出离? 如何与外物相处? 如何与"内我"相与?

第四问:老师! 在人身中诸睡者,为谁? 诸醒者,何是? 是何天神而见梦? 美睡之乐属于谁? 此一切又皆建立于何者中耶?

第五问:老师! 有人于此,集思念于"唵"此一声,至于去世者,彼由此而得者,何界也?

第六问:老师! ……神我十六分,……此神我何在也?[2]

---

[1] [美]休斯顿·史密斯:《人的宗教》,刘安云译,海南出版社,2001年,第17页。
[2] 《六问奥义书》,见《五十奥义书》,徐梵澄译,中国社会科学出版社,2007年,第504、506、509、511、513、514页。

这六个问题,为"韦檀多学之六大要义也"[①],前承吠陀教,后启婆罗门教,是印度圣者对生命进行总结式的思索和解答,涉及宇宙生命起源和最高神力、人之个体生命价值和生命历程、生命构成、人神关系、灵肉关系等方面的内容,对这几个问题的思考和种种阐释,构成了印度生命观的基本理论。

1. 生命是平等的存在

万物何自而生也?印度人相信万物源于最高神力。这种最高神力,无形无相,超验万能,而又经验万有,在吠陀经典中,被称为原人、造一切者(viśvakartr)、太初、能生者(janitr)、梵天、梵、我,甚至是极其抽象的"无",等等。最高神力超越存在和非存在,超越时间之轮回,超越空间之极限,能够统摄时空、宇宙万物、宗教诸神乃至人类灵魂。这种原始的宇宙一元论和抽象思维,深刻影响后世的生命观。在后吠陀时代,纯粹抽象概念"梵"逐渐取代早期最高神力的各种名称,堂而皇之用以指称宇宙最高神力,人神皆为梵所统率,是一切生命赖以产生、存在和延续乃至消亡的依据。梵,成为生命本源的依据。《原人歌》在建构宇宙生命论时,隐含着大宇宙与小宇宙同构相生的理念。原人是具有千头、千眼、千足的人,口为婆罗门,双臂为刹帝利,双腿为吠舍,双足为首陀罗,胸脯生成月亮,眼睛是太阳,气息是风,肚脐生出空界,头现天界,足生地界。宇宙本体和个体生命,这两个原初存在的模式存在着整合互动的可能。梵作为生命的本源,如何与个体生命联系起来,并充盈到每个个体生命当中,或者说,个体生命如何为梵所统摄,是印度人建构生命观的重点。这种建构,是一个很长的历史过程,经过了许多代人的努力。

到奥义书中,"我"(Ātman)上升到与梵同气相呼的地位。"我",特指灵魂或精神,具有大我和小我两重性。大我被提升到与梵相同相通的位置。在空间上,我"其小也,小于谷颗,小于麦粒,小于芥子,小于一黍,小于一黍之实。……其大,则大于地,大于空,大于天,大于凡此一切世界。"(《唱赞奥义书》,3.13.3)在时间上,我"居内中,大唯似拇指,如火光无烟,过去、未来主。唯'彼'是今日,又唯是明日。"(《羯陀奥义书》Kathaka Upanisad, 2.4.13)。所以,我就是梵,我和梵同一不二。当然,我和梵,就外在看,似有所分工,梵是偏向于指客观世界的基础,而我

---

① 《五十奥义书》,徐梵澄译,中国社会科学出版社,1995年,第709页。

是主观世界的根源,是梵的语言、意识、生命……就内在看,梵和我重叠一体,"一切皆是大梵,此自我即是大梵。"(《唵声奥义书》(Māndūkya Upaniṣad,1.2)。梵我名二体一,作为最高神力,统摄主客观世界。我的另一重性质是"小我"。小我是微观的我,是众生肉体的灵魂和承受轮回转生的主体,"生命出自性灵(我),如影随人,依托于此。"(《六问奥义书》,3.3)我是梵在个体生命的体现,遍布生命的各个阶段,记录着个体生命现象的所有一切。大我和小我的关系,有学者曾打了一个生动的比喻,"正像蜘蛛和它的网丝,亦如火和火花。网丝虽非蜘蛛,但产自蜘蛛;火花不同于火,但源出于火。同样,小我不是大我,但不离大我,是大我的不可分部分;二者同源同一。"① 大我和小我是统一体,我和梵是统一体,因此宇宙生命与个体生命是统于一体的。梵作为最高神力,作为永恒所在,统摄宇宙,也统摄每一个个体生命。

印度自古认为个体生命由地、风、空、水、火五原素构成,梵是这五种原素,梵也是个体生命的构成要素。《爱多列雅奥义书》(Aitareya Upaniṣad)论道:"此即大梵,此即因陀罗,此即般荼帕底,此即诸天;即五大:地,风,空,水,火;即诸卵生,胎生,湿生,化生;即马,牛,人,象;即凡此有气息者,行者,飞者,不动者。——凡此,皆为般若所领导,皆安立于般若中。……般若即是大梵也"。也就是说,梵这个最高的神力,"在创造世界以后,并没有弃之不顾,而是显现在世界里面,活跃在世界的各个层面,从宇宙的物质构成到人类的意识。"② 世间万物,包括动物类、非动物类和人类生命的物质基础,都离不开五大原素。"风是运动者,空有空间,火发热,水流动,地坚固,身体由这五种原素构成。动物和植物都由这五种原素构成。"③(《摩诃婆罗多》Mahābhārata,177.3—4)这五种原素是流动的,当"身体毁灭,生命就走向另一个身体。"而身体毁灭,依附身体的生命不毁灭,正如燃料燃烧,火不毁灭。"(《摩诃婆罗多》,12.180.1—2)

生命属于至高无上的神力,属于梵。人和动物植物皆为梵的表现形式,皆源于同样的物质构成,皆遍布灵魂"我",在这样的前提假设下,生命是一个共同体,自我和他我,在共同的原则下模糊了差别。人被归类

---

① 巫白慧:《印度哲学——吠陀经探义和奥义书解析》,东方出版社,2000年,第103页。
② [美]伊利亚德:《宗教思想史》,晏可佳译,上海社会科学出版社,2004年,第68页。
③ [印度]毗耶娑:《摩诃婆罗多》(五),黄宝生译,中国社会科学出版社,2006年,第334页。

为"有生类",作为大宇宙生命的构成部分,是在与动植物的并存参照,而不是对立悖行中获得价值。在古代的很多文献中,人和一切其他的生物不存在着本质的区别。个体生命是根据它的身,即根据存在状态被命名和区分,如有的命名为马、犬、花、草、人、神,这些在生命的意义上并无区别,只是根据身体不同呼以异名,是符号学意义上的差异。动物和植物跟人一样,能体验到色、声、触和味的苦乐,富有感情和思想。所有生命都是最高神所创造,并受其呵护,本质上是相同的,所有生命皆具有平等性和神圣性,都值得尊重,无论是人还是非人。在吠陀经典中,印度人高声礼赞自然所蕴涵的生命力,对自然进行诗情画意的描绘。他们赞颂太阳"为一切生物或无生物之灵","其光辉普照空间、大地和天宇"(《梨俱吠陀》I.115);赞颂雨水为"蕴涵生命的胚种,乘装满水之车奔向四面八方",使"宇宙和世间万物兴高采烈"(《梨俱吠陀》V38);将朝霞比喻为妙龄女郎,称赞她"激励每一生物有所动作",使人类获得气息、生命,"抵达人们延续其生存之临界处"(《梨俱吠陀》I.113)。人的生命与其他生命处于同等的地位,人与自然处于一种良性的互动状态,印度人对人自身生命的理解没有凌驾万物和征服自然的概念,只有和睦相处的愿望,甚至是谦卑的膜拜。在日常祭祀中,不少动植物被当作神灵,作为崇拜的对象。印度人在祭拜圣树菩提树,祭拜山川河流,祭拜大象、蛇、猴子、老鼠,甚至祭拜石头中获得个体生命的神性和平等性。

　　在生命平等的价值观下,人类和一切生物顺理成章被置于同一伦理规范框架之下。伦理并不局限于人类社会,而是延伸到一切有生命类。《摩奴法论》认为"昆虫、蛇、飞蝗、兽类、鸟类,甚至植物具有生命的魂"(《摩奴法论》,11.240);"这些物类由于前生作业,而具有表现为多种形式的暗德,有内在感觉,可以感受悲乐。"(《摩奴法论》,2.49)他们的生命形态及属性,皆是神力"指定的专业。"动植物的生命与人的生命一样,经受着生死轮回,承受着业的束缚。最高神力"按照所有动、静物的业来创造了它们"(《摩奴法论》,2.42),"当最初无上主对某一生物指定某一职司时,此生物每次回到世上都自动完成此职司。"(《摩奴法论》,1.28)每个生命都有其今生往世的使命,正是这神赋予的使命使任何个体生命获得存在价值,而这种存在的价值,在层层级级的轮回变化中阐释着生命伦理的意义。据《佛教本生经》记载,古代有个婆罗门老师想杀一头山羊祭祀祖宗,他吩咐学生杀羊之前先按照宗教惯例到河边洗刷一番。山羊记得自己前世的宿业,心想今天死了就能摆脱轮回的痛苦,不由高兴大笑,然而转念想到这个婆罗门杀生,也将陷入自己经历过的痛苦,便又心生怜悯而大哭。婆罗门的学生问山羊为何大笑又大哭。山羊当着婆罗门师生的面说起他前生的经历,他说:"婆罗门们啊!我从前也跟你一样,是个精通吠陀的婆罗门。由于我想祭祀祖宗,便杀死了一头山羊。就因为杀了一头山羊,我已经四百九十九次转生为山羊,每次都遭到砍头之苦,这是我最后的一次,第五百次转生了。想到我今天就要摆脱这种痛苦,我就十分高兴,所以笑了,转而又想到正因为我以前杀死了一头山羊,才遭到五百次砍头之苦,而今天总算摆脱了这种痛苦,可是你杀了我,就会像我一样遭到五百次砍头之苦,出于对你的怜悯,我就哭了。"婆罗门听后,说道:"山羊啊!别怕,我不杀你"。山羊说:"不管你杀不杀我,我都难逃死亡之苦,我的罪孽深重,你无法保护我"。婆罗门释放了山羊,并对学生说,不准任何人杀死这头山羊。山羊一获得释放,就走到山岩附近的树丛里,抬起脖子开始吃树叶。正在这一刹那,雷电击中山岩,一块石头崩裂,砸在山羊伸出的脖子上,砍下山羊的头。这是佛教反对婆罗门教杀生祭祀的故事,尽管蕴含着轮回业报的思想,但其中所包含的关于人与动物的伦理道德观念却是十分鲜明。山羊,本为动物,但在情思上与人相通,在即将解脱的那一瞬间,并没有因祸得福而快乐,而是对人可能遭受的命运产生怜悯。生命伦理关系不仅出现在人类社会,也出现在动物中,慈爱之心不仅存在于人,也存在于动物世界。这是一种极具诗意的生命伦理观。

不仅人与动植物之间在伦理上存在互相酬唱,互相怜悯,互为尊重,在印度人看来,动植物之间也存在同样的伦理关系。《摩诃婆罗多》中讲到这样一则小故事。从前有只鹦鹉,在它赖以栖身的大树枯萎时,不舍不弃,甘愿留在树上,与大树一起走向衰弱。天神因陀罗见此状,惊讶于这鹦鹉的仁慈之心。于是,他化身为婆罗门,前去劝说鹦鹉离开正在枯萎的树。因陀罗对鹦鹉说道:"这棵干枯的树既没有了树叶,也没有了果实,已经不可能作为鸟儿的庇护所。树林这么大,为什么你还要固守在这里?在这个大树林里,树洞被稠叶覆盖的树木那么多。你并不难找到一棵漂亮而又足够你在上面往来嬉游的大树。还是放弃这棵靠不住的树吧。"仁慈的鹦鹉用微弱的声音回答道:"在我幼年的时候,是这棵树保护了我,使我免遭敌人的袭击。我是虔诚的,以仁慈为我的不倦追求。你为什么要干预我,让我放弃同情心呢?同情是善人恪守大法的标志。同情总是能给善人带来快乐的。我不能为了自己的好处放弃这棵树。"

鹦鹉的慈爱之心感动了天神,满足了鹦鹉的愿望,降下甘露,使大树重获新生,变得枝繁叶茂。

动物尚且知晓慈爱厚生,深明仁义道德,人作为生灵之首,更应该具备慈爱之心。慈爱不仅在于人与人之间,慈爱理所当然应当延伸到所有生命。如《毗湿奴往世书》所言:"将一切生灵看作与自身平等,爱一切生灵犹如爱自身,因为一切生灵的形体均是最高神的化身。"印度的伦理道德经典《摩奴法论》将动物与人置于家庭伦理之中,规定"有家业者要尽可能给自己不做饭的人、神学学生乃至异教的求乞者以食物;如果家庭不受影响,一切生物以至植物都应该有它们的一份食物"(《摩奴法论》,4.32)。印度有些地区的人们,每天黎明之前,要把家里制作的食物,如米粉等放在门口,用这些食物请神保护自己的家。昆虫和小鸟很快会把这些食物吃掉,但人们并不因此担心,他们自古就认为,人每天要喂养数千个灵魂,这些昆虫和小鸟都是轮回的灵魂。他们的宗教伦理甚至规定"伤害大树,应该缴付与其用处和价值相应的罚金"(《摩奴法论》,8.285);"给人或畜以引起剧烈痛苦的打击时,国王应该按照打击造成痛苦的大小来处罚打击者"(《摩奴法论》,8.286);等等。人与一切之生物情同手足,人对万物的慈爱之心和悲悯情怀不仅仅表现在印度文学艺术的唯美世界中,也活生生地展现在现实生活中,使素食主义成为一种普遍的风尚。时至今日,印度是世界上素食人口最多的国家,将近百分之二十的印度人是素食主义者。一位旅居美国的中国旅行者,在印度听到妇女用身体护树木的故事,看到各种保护森林的标语牌,其中一块写着"绿色是金子,我们播种,看着她成长。"她在喜马拉雅山麓听了一位隐者——尼赫鲁的前新闻秘书念诵的《恒河献诗》,感到非常羞愧,献诗歌颂恒河、喜马拉雅山、树木、森林,赞美神圣的大自然,万物有灵,在神明之下和谐共存。而我们自唐诗宋词之后,汉人的诗词中几乎没有将山河树木当作神明来歌颂来崇拜。[1]

2. 生命是神圣化的过程

由于最高神力梵代表着最高的真实,经验世界中纷繁变化的各个个体生命,不过是真实的梵的种种幻影。梵语中的 māyā,中文翻译为幻,幻象,幻术,既指物质的宇宙,又指精神的宇宙,更为切意应译为"造化"

---

[1] 杜欣欣:《恒河:从今世流向来世》,广西师范大学出版社,2007年,第200、217页。

"大化"。在印度古代经典中,宇宙生命是最高神力的幻象,始终沿着最高神力制定的"幻"的规律发展、存在乃至消亡,并最后复归于幻象的制造者。个体生命跟梵的关系是不真实与真实的关系,如同影子和身体。个体生命在这个恒定的最高神力的统治下,意义是缺失的。个体生命最大的意义就是寻找最高的真实,于是印度人"潜心探索作为个人存在主题的自我与作为'绝对者'的本来自我之间的密切联系"[1],以期回归最高神力。另一方面,印度人认为时间是圆形的,无始无终。个体生命过程不过是漫漫时间滚轮里的一个驿站。因此生既不是起点,死也不是终点,生死轮回,"死者必有生,生者必有亡"。(《薄伽梵歌》Bhagavadgītā,2.27)[2]

生是灵肉合一,是生命五大原素的成功组合。地原素构成皮肤、骨肉、骨髓和筋;火原素构成精力、内火、愤怒、眼睛等;空原素构成耳朵、鼻子、嘴巴、心和胃;水原素构成黏液、胆汁、汗液体、脂肪和血液。风原素构成元气。而后"内在的灵魂附随一切肢体,洞悉五种原素的属性。它感知痛苦和快乐。一旦与它分离,身体不能感知。"(《摩诃婆罗多》,12.180.20)死是灵肉分离,身体毁灭,五大原素分解,灵魂走向另一个躯壳。奥义书写道:"性灵(自我)遂或由眼,或由顶,或由身体余处转离(其身),以其之转离也,生命随之而离,以生命之出离也,生命诸气息随之而离,彼则化为智识身,有智识身随之(而俱)离转"。(《大林间奥义书》Bṛhadāraṇyaka Upaniṣad,4.4.2)人的死亡意味着身体的毁灭,但是,人的灵魂不死,生命随着离转。灵魂在离开肉身之后,按照"五火二道"的说法,有两种出路。第一种进入祖道。灵魂先进入月亮、然后变成雨,雨水落到地上变成食物,食物被吃后变成精子;最后精子进入母胎出生,回到原来的世界。第二种是进入神道。即人死后灵魂进入梵界,回归最高神力,不再回到原来生活的那个世界来,也就是超出轮回,解脱了。

生命轮回的观念,几乎是印度一切宗教和哲学流派所共同关心的核心问题,无论是正统的六派哲学,还是非正统的顺世论、耆那教、佛教等都无法回避或绕开。所有生命都存在着轮回的可能,轮回的方向取决于今生今世的宿业,即所作所为。若是积善行德,来世便有望往高一级轮

---

[1] [日]中村元:《东方民族的思维方式》,林太、马小鹤译,台湾淑馨出版社,1999年,第109页。

[2] 《薄伽梵歌》,张保胜译,中国社会科学出版社,1991年,第24页。

回,若是作恶犯法,便走向沦落。从某种角度看,印度轮回的生命观似乎带有悲观的消极避世的色彩,带着对人生痛苦的无奈喟叹,但从另一方面看,这种轮回的生命却是乐观积极的,具有伦理之美和诗意之美。印度人期盼来世,期盼建筑在善和美之上的生命延续,他们追寻的是一种永恒、自由和不断延续的生命。因此,印度人对于今生,不是遗弃,而是珍爱;对于死亡,不是畏惧,而是坦然。尼赫鲁曾深刻地指出:"我们在印度,也和在别处一样,可以看到有思想和行动的两条河流——一个接受人生,一个逃避人生——并排着在发展,在不同的时期中所着重的不同,有时是这一个突出,有时是那一个。然而文化的基本背景并不是出世的或者厌世的看法。""有些人曾经以为印度的思想和文化在根本上代表着否定人生的原则,而没有代表肯定人生的原则。但我总认为,以整体而论,印度文化从没有强调过否定人生。""它所教的是超出人生和行动,而不是去回避他们。这种超越的观念贯穿了印度的思想和哲学,也和它贯穿了多数其他的哲学一样。它的另一种说法就是:有形与无形的世界之间须要保持匀称和平衡,因为如果偏重于有形世界中的行动,另一世界就会被遗忘而消失,而行动的本身也变为没有终极的目的了。"[1]尼赫鲁是一位具有现代思想的人,他对印度传统人生观的理解,具有很大的代表性。

今生今世之生命对于印度人而言,不单单是世俗的拥有,而是神圣化的历程,是值得珍惜的环节。印度人一生要经历诸多仪礼,每一个仪礼都渗透着对生命的关爱和呵护。人的生命从一诞生之初,便得到珍重。妇女在怀孕的第四个月身要穿新装宣誓,举行生男礼。仪礼的当天晚上,家里的长辈会在妇女的鼻孔上点涂榕树皮汁液,以避免流产,而丈夫要把盛满水的陶罐放在妻子怀里,抚摸妻子的腹部,向神祈祷生个有出息的儿子。当一个小生命出生,要举行出生礼。这种仪式在婴儿降生后断脐之前举行,为的是孩子能平安出生。根据《摩奴法论》的规定,举行诞生礼之时,婴儿的父亲要抚摸一下孩子,深情打量,口念祝愿和祈祷之词,并用金棒点蜂蜜或黄油喂到婴儿的口中。有的地方在小生命诞生之后要连续生火几天,并用火的灰烬涂抹婴儿的眼圈,以避邪,使得小生命能平安成长。在孩子降生第十天或第十二天,要选择一个吉祥时辰,在吉星高照下给孩子举行命名典礼。一般孩子起的名字,大都同星辰、

---

[1] [印度]尼赫鲁:《印度的发现》,齐文译,世界知识社出版,1956年,第91—93页。

大神有关，名字的结尾要长音，类似祝福的用语。一个初生生命的名字寄托了印度人对永恒生命的追求和向往，对今生生命的温暖期待。命名礼之后，还要举行出门礼，也叫观日礼。印度孩子出世后不能够抱出门见太阳，只有举行过这种仪式后才能出门。举行仪式的时候，父亲要对母亲说些赞扬和祝福的话，母亲把孩子抱出家门，父亲引导孩子观看太阳，并进行祈祷，祈求孩子茁壮成长，长命百岁，吉祥一生。而当孩子长到六个月后，要举行初吃礼，给孩子吃点米饭，喂点蜂蜜、牛奶粥等，并祈祷祝福，之后，孩子才能开始吃饭。初吃礼之后是剃发礼，一般在一岁时候进行，因为根据印度文化传统，举行这种仪式能使孩子长命百岁。剃发式是相当讲究的，剃下的胎发不能乱扔，而是要放到榕树的最高处，或者扔进恒河里，让水冲走或者埋在地下。而到孩子长到三四岁的时候，要举行穿耳眼仪式，以期长命百岁。之后，还要经历入学礼、再生礼、结婚礼、葬礼，等等。据统计，印度人一生要举行四十个仪式，[①]可以说，印度人的人生是一连串的仪礼，而所有仪礼的目的都是基本一致的，那就是对生命的礼赞和珍重。这些仪式尽管带着宗教的神秘色彩，但不可否认，它时刻提醒着人们，生命的每一个驿站都是唯一的，都值得倍加珍爱，值得倍加呵护。

在梵我一如的民族思维下，印度人认为生命永恒，万物平等，其生其死是选择的自然结果。个体生命的存在过程是神圣化的过程，人也是如此。因此人的生命存在的意义，就在于按照虔诚的轨迹前进，不断走向神圣。人的生命过程被分成四个时期，称四行期（āśrama）。印度人认为，父母所给予的生命只能看作是"纯人世的"，而只有学习过圣典，遵循宗教律法，经过圣歌熏陶的生命才是真正而不会老死的生命。梵志期是个体生命朝神圣化出发的第一站。印度人从接受入教礼之后，就要"行为纯洁，尊行礼仪和戒律，克制自己，调伏自我。早晚敬拜太阳、圣火和天神"；[②]并且要"学习吠陀，虔守戒律，祭火，热诚诵读三圣典，梵志期间祭供诸神诸祖灵，生子，五大祭祀，都为肉体超凡入圣做准备"。（《摩奴法论》，2.28）在梵志期完成吠陀学习，领悟生命之神圣意义之后，回到世

---

① A. L. Basham, *The Wonder That Was India*, India: Replika Press Private Ltd, 2004, p.160.

② [印度]毗耶娑：《摩诃婆罗多》（五），金克木、赵国华、席必庄译，中国社会科学出版社，2005年，第344页。

俗意义上的生命历程,成家立业,娶妻生子,履行人类生命延续的义务,并享受合理的欲望。在履行这些世俗义务的同时,还要坚持神圣化的进程所必须的工作,每天朗诵吠陀经典,进行梵祭、祖先祭、天神祭、精灵祭、人祭。所有这些,其目的都是为了增加人的善性,以期达到"解脱一切罪恶,取得永远神我一如的光荣。"(《摩奴法论》,4.260)在完成了世俗的任务后,人的生命走向暮年,就应当放弃世俗生活到森林中沉思冥想,开始新的生命征程。林居者追随着传说中的仙人的生活方式,朝拜圣地和圣河,在偏僻的林中修炼苦行,摒弃世俗的衣服和食物,仅以林中的药草、根茎、果子和花叶为食。最为重要的是,无论酷暑严寒,无论风吹日晒,林居者都要依照正法,遵行各种戒律,修习瑜伽,冥想,并依靠坚定的意志和毅力维持身体。进入遁世期,个体生命垂垂老矣,要完全戒绝各种欲累,放下所有的牵挂,云游四方,从事苦修的生活,潜心于解脱,最终在自然中结束个体生命,这种状态如古诗所言:"他不祈求死,也不祈求生,只是等待时间的指派,诚如仆人等待使命;他无怒,面对发怒的人,他祝福;面对诅咒的人,他从不出言不逊;他在灵魂和静寂中找到喜悦;他无悲无悯,弃置欢欲;他是自我的伙伴,活在世上,也活在永恒福佑的希望中。"[1]

  人生被设定为四行期,这个过程正如《羯陀奥义书》所言:"生人乃尔死,死落又重生,宛如田中黍。"(《羯陀奥义书》,1.5)人的生命从一开始就在走向死亡,而当肉体存在形式崩溃了,瓦解为五大原素,他们却认为"他们已经达到了对他们来说是世界上永恒生命的而且确信再也没有生和死能把他们和那个永恒的自我分开"[2]。生命在走向死亡中神圣化,走向解脱,走向永生。这是一种极为理想化的人生进程。对于这种人生安排,有学者研究认为,实际上,"很多年轻人并没有经历过所设定的第一个阶段,仅仅有一小部分人走过了第二阶段。古代的很多隐居者或苦行者并不皆是老人,他们缩短或者跳过了住家期。四行期显然是一种理想的状态,是印度人在人生道路上寻找协调求学、家庭生活和苦行的理论尝试。佛教、耆那教等非正统的宗教流派都曾在一定程度上修正四梵期,他们鼓励年轻人跳过家住期,直接进行苦修,这是正统的印度教所无

---

[1] A. L. Basham, *The Wonder That Was India*, India:Replika Press Private Ltd, 2004, p. 177.

[2] [英]麦克斯·缪勒:《宗教的起源》,金泽译,上海人民出版社,1989年,第252页。

法接受的"。①

尽管充满着理想主义的意味,但不可否认的是,古代不少印度人都试图遵循生命的四个行期。他们大多相信生命的过程被神的光辉所笼罩,从最开始学习圣典,到最后在朗诵圣典中消逝,神没离开过个体生命,相反,个体生命在追随神的脚步中实现价值。于是,祭祀成为人神交往的通道,成为个体生命与永恒生命统一的中介。"唯生命者,高尚大梵也。人如是知而且敬拜之者,生命不弃人,一切众生皆归往之,彼且化为天神,而往乎诸天矣!"(《大林间奥义书》,4.1.3)祭祀是从梵志期到遁世期整个生命的过程中,每个人所必须完成的功课,因为唯有祭祀才能使个体生命获得一种新的生命模式成为可能,超越时间存在的局限,走向永恒的生命。而瑜伽作为一种修炼,则成为实现个体生命神圣化的可行性的具体实践。

"瑜伽这个词,其词根为 yuj,意为结合、连接在一起,在语源学上,跟'宗教'这个词的含义非常相似。瑜伽的目的就是使人神内在地结合为一体。这是通往最高真实的道路,是各个方面和各个层面的整合统一,……因此,瑜伽是宗教。"②瑜伽赋予了生命以及人类存在以神圣的意义,正如拉达克里希南所说的,"我们必须获得一种完整的想象力、全部的生命力、强健有力的体魄、灵活的思想以及精神的安逸。对精神、灵魂、肉体及感情的完全的综合需要根本的改变,以便我们的思想和生活都有了不同。我们必须经受一次强烈的内心震动。第一步,要求我们脱离一切外部事物,退入我们自己的灵魂所在地,并且在自我的内心最深处寻找神性的现实。"③在吠陀教时期,就已出现瑜伽的萌芽,人们通过苦修不已达到通神。从梵书到奥义书,瑜伽的概念日益明确,瑜伽成为实现个体生命和最高生命合一的重要方式,《薄伽梵歌》把生命修持道路分为三种;即是智瑜伽、业瑜伽和信瑜伽。通过智瑜伽的修炼,学习世界乃至生命本源的知识,达到"心我相应"(yuktacetas),即人的灵魂与大我合一;通过业瑜伽,认真履行神定的职责,"寿终则能达到梵涅槃";通过信瑜伽,对神的虔诚崇拜,进行神定的各种仪式和朝拜,"此人便能达到

---

① A. L. Basham, *The Wonder That Was India*, India:Replika Press Private Ltd, 2004, p.160.

② Krishna Sivaraman. *Hindu Spirituality: Vedas throgh Vedanta*. Delhi: Motilal Banarsidass Publishers Private Liminted. 1989,p.178.

③ [澳]A. L. 巴沙姆主编:《印度文化史》,闵光沛等译,商务印书馆,1997年,第108页。

无上终的",完成生命的神圣化过程,到达宇宙的终极所在。个体生命神圣化过程中所要实践的种种瑜伽,与其说是对世俗化的皈依的超越,毋宁说是对最高生命之路的追寻和探索。①

3. 生命在灵肉之间平衡

印度人对生命的理解超越了简单的灵肉二元对立,更多地认为生命处于多层组合的状态。如《鹧鸪氏奥义书》所言,"食成,气成,意成,智成,乐成,皆在此一身,虽层层韬藏,人可证悟"②。生命是具体的存在,肉体、能量、心灵、意智和灵魂,这个五个层面层层覆盖,相承相涵。较为普遍的观点是认为生命由三层组成,如室利·阿罗频多在《神圣人生论》中论述:"我们所处的这三重世界,这'心思·生命·身体'的三重世界,只是在其真已成就的进化上为三重。内含于'物质'中之'生命',已出现于思维底和心思上知觉着的生命形式。但在'心思',内含于其中,因此也在'生命'与'物质'中者,便是'超心思',为三者的本原和统治者"。③千百年来,印度哲学尽管高扬灵魂之意义,但在实际的生活中,却从不放弃对灵肉平衡的追求。因为在他们看来"人的幸福包括身体健康的幸福和精神愉悦的幸福,精神和物质通常被认为是两个互不相容的极端",印度在这两者之中找到一个中间点,认为"生命存在于三个层面,分别是躯体、思想和灵魂。这三者存于一体,却代表着三种独立的生命观,即形而下的(物质)、自然的(与身心相关的生活)和形而上的(灵魂)。在生活实践中,这三者互相包容。人们所说的中间状态,是通过一系列的身心平衡训练使形而下和形而上相统一,使物质和灵魂这两个极端以恰当的方式,缓和而不可抗拒地存于一体,相随相伴。"④于是,作为活生生的人,印度人对血肉之躯却从未真正忽视过。这也是印度传统医学阿输吠陀发达的重要原因。

印度先人在《梨俱吠陀》中塑造出"赐给人们健康的医者"双马童,行走于人间,救死扶伤,使盲者复明,使羸弱者康健,使骨折者痊愈;祈求火

---

① 关于瑜伽的详细论述,请见本书第六章《精神不灭瑜伽万能》。
② 《五十奥义书》,徐梵澄译,中国社会科学出版社,1995年,第293页。
③ [印度]室利·阿罗频多:《神圣人生论》(上册),徐梵澄译,商务印书馆,1996年,第180页。
④ Krishna Sivaraman, *Hindu Spirituality*, Delhi: Motilal Banarsidass Publishers Private Limited, 1989, p. 338.

神阿耆尼让人们延年益寿;流行喝苏摩酒,一种据说是能强身健体,使人健康永生的无上饮品。而在《阿闼婆吠陀》中,出现了许多治病和祈求长寿的咒语,如《祈求延长寿命的咒语》:

> 你的近限近在咫尺。你的远限近在咫尺。留在此间!暂莫离去!切莫追随祖辈们而去!我将你的生命牢牢缚住。
>
> 切莫害怕:你不会死去!我使你安康长寿!我以咒语驱除病魔——将诸器官的病痛消除,使之完好如初!
>
> 让诸器官的病痛,诸器官的疼痛,以及心痛,像鹰一样飞向远方,被我那强有力的咒语驱除!
>
> 两耳聪目明者——"不寐"和"苏醒",还有那位兴奋不眠者,——让这两个守护你的气息者夜以继日永不疲倦。①

除此之外,在吠陀文献中还有不少治愈万病的咒语,对病魔的咒语,治愈热病、间歇热、水肿、咳嗽、解毒的咒语,甚至是增进头发生长和增进性欲的咒语。可以想象,远古时代的印度,人们在颇具宗教神秘色彩的咒语里彰显出来的是对生命的珍惜,对个体生命安康长寿的向往和追求。这种珍惜和向往在印度的文化语境中是宗教的,但同时不得不承认,也是世俗的,是人类共同的本能性的愿望。

这种带有宗教和人类本能的生命观在印度传统医学"阿输吠陀"中得到实践性的阐释。"阿输吠陀"是梵文 āyur-veda 一词的翻译,āyur 是 āyurs 的变体,意指寿命、生命,veda 意指知识,二者组合起来,即为生命之学,也就是说,"阿输吠陀"是印度古人有关生命的知识体系。"作为一种'生命之学',通常会涉及'维系与促进健康'和'解释与治疗疾病'两大方面。就'维系与促进健康'而言,阿输吠陀包含相当于今人所言'养生保健'方面的种种知识,从'解释与治疗疾病'的角度看,阿输吠陀自然要对'疾病'——这种生命的固有现象,有所认识,作出解释,并提供解决的办法"②,因此,阿输吠陀可以说是一个具有现实意义的医学体系,包含着大量经验性的生活智慧。两千多年来,作为一门应用科学,阿输吠陀医学救治过无数印度人的生命。阿输吠陀文献中最古老的两种著作《阇罗迦集》(*Suśruta-samhitā*)与《妙闻集》(*Caraka-samhitā*),便是名副其实

---

① 魏庆征:《古代印度神话》,北岳文艺出版社,1999年,第62—63页。
② 廖育群:《阿输吠陀——印度的传统医学》,辽宁教育出版社,2002年,第19—20页。

的具有实用性、可操作性的医书。《阇罗迦集》共有八卷,分120章,论及到病因病理、躯体构成、感觉机能、各种病症的治疗方案、药物搭配等诸多问题。《妙闻集》共有六卷,分186章,也论述到病因、身体构成、治疗方案、毒物等非常具体的医学问题,其中所取得的科学成就至今仍为人所称道,仍为当代印度人所沿用。有学者认为阿输吠陀的价值在于"无论是谁都能从阿输吠陀中得到益处。作为伟大的元科学之一,阿输吠陀不仅对临床医生、专家有用,甚至家庭主妇都能从中汲取有价值的见识。阿输吠陀是生命的科学,是关于生命的知识,或者说是建立在这种知识之上的实际生活法则。再者,从建构健康与疾病——即生命体之均衡与失衡的知识体系,或从实用的角度讲,阿输吠陀具有矫正不均衡状态,维持已矫正状态之方法,因而是一种体系化了的医学。"①

　　印度古代医学在某种程度上被称为"哲学医",对躯体的科学分析和对疾病的科学态度,并没有使阿输吠陀体系走向彻底的科学主义。阿输吠陀的生命学不可避免带有印度神学思维,如在论述医学起源上,不少典籍都将医之起源归结为神所赋予。《妙闻集》就认为医学起源于梵天,书中开门见山写道:"此处所谓阿输吠陀,实乃阿闼婆吠陀的分支,当人类尚未被创造之时,梵天创造了百章,十万诗颂。……人若学由梵天所创说,由迦尸国王所宣讲,此永久不变的阿输吠陀,则其人有德行,于此世得诸王尊敬,死后可生于与因陀罗之住所相同的天国。"②在论述人体构成的时候,《妙闻集》继承古代的宗教哲学观点,认为人由五大原素与灵魂结合所成,等等。类似的观点在阿输吠陀文献中并不鲜见。总体而言,阿输吠陀是一门身心平衡的医学,倡导整体疗法,主张身心与灵魂同时治疗;注重顺应自然;鼓励人们通过瑜伽实践达到身心平衡。诚如有学者所指出的,在阿输吠陀系统中"所谓健康,并非仅仅是远离疾病困苦,还应该进一步达到肉体、精神、灵魂的幸福与充实状态","在思考'健康的维系与促进''疾病的解释与治疗'时,实际上是将肉体、精神与灵魂三者融为一体加以考虑的。其中包含了许多在今人看来应属社会、人伦、宗教的问题,但在阿输吠陀的理论体系中,这些都是与'健康'直接相关的问题"。③在宗教和科学的叠加交错中,阿输吠陀生命学的意义在

---

① 廖育群:《阿输吠陀——印度的传统医学》,辽宁教育出版社,2002年,第25页。
② 同上书,第80页。
③ 同上书,第20页。

于它为印度人在生命观念上,在灵肉二元对立的问题上提供了一个平衡点,这个平衡点既符合印度人的宗教心理需要,也符合现实的生理需要。

　　古代印度灵肉平衡的生命观在造像艺术作品中也可见一斑。印度造像艺术追寻"神"似之美,但从不忽视"形"似之美。神像是神的象征,在信徒看来,神像是人得以通往神的媒介,在某种意义上说,也是灵肉平衡的连接点。神会在神像上显灵,神像之于神不是抽象的概念,而是具象的所在。印度许多神像的模样都来自对人体的模仿,不少造像经典明文规定艺术家要按照最完美的人体形象塑造神像,比如规定神像的各个部位比例要均匀对称,不能太长或太短;四肢要协调,不能太粗或太细,等等。《摩那精选》(Mānasāram)、《艺术宝典》(Śilparatna)、《佛像量度经》(Pratimāmānalakṣaṇam)等造像书详尽指导人们如何塑造神像完美的躯干,他们甚至从宗教的角度规范造型美学,认为那些没有遵循传统的造像理论中所确定的人体比例和尺度,制作该神像的那个地方将遭受旱灾或战争;而如果制作的神像没有身体,信徒将会遭受驼背;神像没有鼻子,信徒将会遭受病痛的折磨;如果神像看上去有点左倾,牲畜将会遭受死亡;如果神像神情憔悴,庄稼将会遭殃,等等。

　　在造像艺术中,最能体现印度古代生命观的,当推佛陀的造像。佛陀最初并无造像,只以与佛陀有关的物品如脚印、莲花、无忧树、空马等表示佛陀的存在,因为在佛教徒看来,"佛身像不应作",任何人形都不足以展现佛陀的神韵。后来受到希腊"神人同形同性"造像观的影响,开始出现佛像。佛教徒按照印度传统的"相好",即"三十二相"和"八十种好"来塑造佛像。其中三十二相是:

> 一者顶有肉髻;二者螺发右旋,其色青绀;三者额广平正;四者眉间毫相,白如珂雪;五者睫如牛王;六者目绀青色;七者有四十齿,齐而光洁;八者齿密而不疏;九者齿白如军图花;十者梵音声;十一味中得上味;十二舌软薄;十三颊如狮子;十四两肩圆满;十五身量七肘;十六前分如狮子王臆;十七四牙皎白;十八肤体柔软细滑,紫磨金色;十九身体正直;二十垂手过膝;二十一身分圆满如尼拘陀树;二十二一一毛孔皆生一毛;二十三身毛右旋上靡;二十四阴藏隐密;二十五脾膞长;二十六腨如伊尺鹿王;二十七足跟圆正,足指纤长;二十八足趺隆起;二十九手足柔软细滑,三十手足指皆望鞔;三十一手足掌中各有轮相,毂辋圆备,千辐具足,光明照耀。三十二足

下平正,周遍案地。①

八十种好是在三十种好的基础上进行花样翻新,但无论是三十种好,还是八十种好,甚至是一百种好,"相好"无疑是古代印度文化对美好人体外表的理想化表达。印度人相信,凡是有大作为大成就的人都应当有一种与众不同的好身材和好相貌,这实际上也是印度人珍爱血肉之躯的艺术化表达。当然,"相好"还包含宗教层面的意义。在佛教徒看来,好的相貌成就了佛的伟业,没有佛的福分,修不来好的相貌。印度古代流行"观佛",佛教徒认为通过观察体味佛的相貌相好能够达到净化自己的灵魂。这种观念不仅存在于佛教,在印度古代其他宗教中也存在,信徒们相信"无限的、无所不在的神对人开恩,以一个肖像的形式来显现自己,以便使其更单纯的崇拜者们感到与他更接近";"神像经过献祭仪式,成为人与神相通的渠道",②也成为人灵肉的契合点。印度古代造像艺术水平之高,造像艺术之普遍,与这种古老的生命观不无关系。

二、不害的生命伦理观

生命是平等而神圣的存在,牲畜和植物皆被包括在需要怜惜对待的对象中。"凡生命皆神圣,不论其为牲畜、抑或是人"③是印度人在生命观问题上的共识,由此衍生的不伤害,善待生命,慈爱厚生的生命伦理观,成了印度古代文化的重要内核,成为印度人民的道德风向标,历数千年而不变。

1. 宗教哲学中的不害观

不害,梵文为 ahimsā,是由 a(不)和 himsā(伤害)两部分构成。印度各宗教派别和哲学流派几乎都论及不害的生命观,不少流派将其列为基本信条。胜论派将不杀生列为人应遵循的三十条普遍义务之榜首,提倡"非暴力或勿伤任何物类","友善地对待一切生灵"。古典数论派认为吠陀天启有三种错误,即不纯(浊)、破失("失")和不平等("优劣"),他们反对杀生祭祀,认为这是一种不纯洁的行为。瑜伽派提倡履行五禁戒,进行道德身心修养,追求爱与和平。这五禁戒为(一)不害,即非暴力,包

---

① 《方广大庄严经》,《大正大藏经》(卷三),第 557 页。
② [澳]A.L.巴沙姆主编:《印度文化史》,闵光沛等译,商务印书馆,1999 年,第 119 页。
③ 同上书,第 111 页。

括对生物的不伤害；（二）真实，包括思想和言论符合真实；（三）不偷盗；（四）不淫；（五）无所有，即不贪图别人的所有或舍弃一切所有。五戒中，不害是最重要的戒律。

尽管吠陀教以及后来的婆罗门教在宗教仪式上杀生祭祀的行为为众多哲学流派所不齿，甚至遭受谴责，但在印度教经典中，善待生命，"不害"的观念却普遍存在。奥义书将"不害"列为五大美德之一。《歌者奥义书》说，"苦行、布施、正直、不害、真实话——皆供养也。"《摩诃婆罗多》认为世间正法包括两种，一为共同法（sādhāranadharma），二为分别法（svadharma）。共同法是所有人都应该遵守的特殊规则，包括不害、仁慈、公正、诚实、宽容，等等。分别法是各类社会成员应该遵守的普遍行为规则，如种姓、祭祀、布施等规则，而无论是共同法还是分别法，"不害"是共同的法则。史诗中，"不害"被认为是最高的正法，"不伤害或少伤害众生，这种生活方式是至高的正法"；"没有比不伤害众生更高的正法"；"明白人应该严格履行微妙的正法。不杀生被认为高于一切正法"。印度教还认为，不害不仅表现在行动上的戒杀，也表现在思想和语言上的不伤害。诗中多次重申不害的重要性，如《教诫篇》反复重申，"谁做到了遵行正法，不伤众生，他就实现了最高的善"；[①]"无论是仙人、婆罗门还是天神都以吠陀权威的教导为出发点，称赞以不杀生为特征的正法原则"；[②]《和平篇》强调慈爱众生，"在语言上、思想和行动上都不伤害一切众生，无论是胎生、卵生和湿生的动物或者芽生的植物"[③]，并将不害观与根深蒂固的业报轮回思想贯通起来，强调"在思想、语言和行动上不杀生，他就不会受到剥夺生命意义的恶业束缚"；"我不杀生，追求真理，摒弃欲望和愤怒，对苦乐一视同仁，安稳平静，我会像天神那样摆脱死亡"。[④]《摩奴法论》将不害的观念诉诸宗教法律的严肃性，告诫人类对待一切生命要一视同仁，反对戒杀。不仅人的生命价值，而且动物、植物的生命价值都值得肯定和尊重。人"不能在动物栖息的穴中或走路或站立"；"要避免伤害任何生物"；"杀害无辜动物以为乐者，无论生前或死

---

① ［印度］毗耶娑：《摩诃婆罗多》（六），金克木、赵国华、席必庄译，中国社会科学出版社，2005年，第376页。
② 同上书，第377页。
③ ［印度］毗耶娑：《摩诃婆罗多》（五），金克木、赵国华、席必庄译，中国社会科学出版社，2005年，第345页。
④ 同上书，第320—321页。

后,都看不到幸福的增加";"不加害于任何生物者,无论考虑、从事、专心致志于任何事情,都顺利成功",等等。当然,不害论并不意味着绝对不杀任何生物,而是强调珍爱生命,不要滥杀无辜,杀生取乐。诚如巴沙姆所言,"我们杀生的权利严格限于自我保护和防御权。真正的人是不会以杀生取乐的。只要杀生还存在,人就无权称自己是文明的。……印度教的目的,就是要把这些野蛮人转化成为内心充满着对一切生物热切的、压抑不住的爱的人。"[①]《摩奴法论》明文规定,在印度宗教规定的范围内,以动植物为食物是合法的。拥有最高神力的"梵天为维持生灵创造了这个世界,一切存在物,无论动物或不动物都做为生灵的食品。""准吃的动物肉,虽每天吃,不犯罪,因为梵天创造了某些生物是被吃的,另一些动物是吃它们的。"尽管权威的宗教圣典规定可以肉食,但不少印度教信徒为了信仰,不仅在举行宗教仪式的日子里,而且在日常生活中,更多地提倡素食主义。直到今天,大多数印度人都是准素食主义者,约20%的人是绝对的素食主义者。印度拥有世界上最大的素食者群体。在不害观的影响下,素食者(śākāhārī)和肉食者(māmsāhārī)之间不仅仅是饮食习惯问题,而且是不同文化身份的问题。"肉食者鄙"这句中国古语,在印度素食者的心灵深处抹之不去。

耆那教更是以不伤害著称于世,耆那教徒走路不小心踏死路上的小生物,都被认为会犯下罪孽。耆那教的人生哲学可以用九字概括:命、非命、漏、缚、止、断、解脱、善、恶。在耆那教徒看来,生命按其器官数量可分为五类:只有皮者谓一根生灵,如植物;有皮和舌者谓二根生灵,如虫;有皮舌和鼻者谓三根生灵,如蚁;有皮舌鼻眼者谓四根,如蜂;皮舌鼻眼耳五根齐全者是兽;而人天神和魔是皮舌鼻眼耳心六根皆有的生灵。所有生物的命我,在本质上都是同一的,与我无差别。一切生物都是有灵魂的,杀害生物就是犯罪。耆那教规定了人生正行的五种禁戒,包括不杀生——对于生物和非生物的不损害;不妄语;不偷盗;不恋感官享受;不蓄私财。严防杀生,是人生的第一要务。《阿卡兰歌经》这样写道:"不能杀害一切呼吸的、存在的、生活着的和有感觉的生命,不能对他们使用暴力,不能虐待,不能折磨,不能驱赶,这是纯粹、永恒和终极之法……正确地理解这一法则,一个人会认识到所有生命的感觉是无差别的,会不

---

① [澳]A. L. 巴沙姆主编:《印度文化史》,闵光沛等译,商务印书馆,1997年,第111页。

以世俗的动机行事。"① 为了防止杀害小生物，耆那教徒出门都要用细布罩上口和鼻，以防不自觉地吸入各种微小的飞虫，伤害它们的生命，并经常带着一把扫帚或几根孔雀毛，打扫大路而后前行。他们认为农民使用犁铧耕地会伤害到土地，杀死土地里的生物，因此耆那教徒一般不从事生产性的职业，金融、教育、法律等是他们的首选工作。日常生活中，他们将不伤害的观念发挥到极致，不踩植物；不碰没死的动物；不在雨中行走，避免伤害雨水的身体；不能熄火或点火，因为点火意味着火的身体最终要遭受毁灭；不能用电扇，因为突然改变空气的温度会伤害空气的身体，等等，许多让人匪夷所思的不害禁忌。

佛教与耆那教同时兴起，对古代各派的不害观极为推崇。佛教教义也讲"五戒"，并将其发展为"十善"。佛教的五戒包括戒杀生，戒偷盗，戒邪淫，戒妄语，戒饮酒。佛教称世间有生命者为有情，认为无论何种生灵，都要珍惜和爱护自身生命，而伤生、杀生都是罪过的行为。他们倡导以慈悲为本，视杀生为残忍罪行，严禁用刀枪、木石、毒药等断绝有情的生命，因而将戒杀立为"五戒"之首。佛教典籍往往从善有善报的角度规劝人们不要伤害无辜生命，戒杀放生。《长阿含经》第21卷讲了这样一个故事：有一次诸天与阿修罗开战，战败。帝释天率领诸天在撤退的路上经过须弥山山麓的丛林，发现树上金翅鸟的鸟巢，巢里有嗷嗷待哺的雏鸟。帝释天转身命令御者停止前进，说："如果我军通过这里，一定会践踏鸟巢，我们应当避免伤害树上的小鸟，宁可为敌军所杀害，也不能让无辜生灵丧生。"② 诸天大军调转马头，挥师南下。阿修罗见诸天返回，以为是帝释天用兵有诈，不敢轻举妄动，遂令大军后退，军心大乱。诸天大军由此大获胜利。生命诚可贵，戒杀价更高。善待所有生命，就是善待自己。类似的故事在佛教典籍中俯拾皆是，并在民间广为流传，不害戒杀的观念自然而然深入人心。

2. 诉诸社会运动的不害观

不害观作为印度古代各大宗教和哲学流派的伦理基石，不仅仅停留在意识形态层面上，而曾经一度成为国家的法律，依靠国家机器，灌输入民间。孔雀王朝时期，整个印度次大陆基本上是在阿育王的统治之下。

---

① [英]玛丽·帕特·费舍尔：《亲历宗教》，东方出版社，2005年，第123页。
② 《长阿含经》，宗教文化出版社，1999年，第390—391页。

残酷的羯陵伽战争结束后,阿育王受高僧感召皈依佛教,不仅自身热衷于践行正法,而且热衷于向百姓传播正法,宣扬慈悲、慷慨、真诚、纯洁、温和与善良的道德风尚,正如他在铭文中所写的:"我所说的限制,包括禁止杀害某些动物,以及若干其它强行规定的约束。我的规劝,也是让人们不要伤害任何生灵,放弃杀戮一切动物。正是通过说服规劝的方法,正法在人民中间广泛地推行开来了。"①为此,阿育王在全国各地广泛建立阿育王柱,在柱身和洞窟岩壁镌刻阿育王铭文,除了宣扬人与人之间的伦理美德,宣传各宗教派别之间的和谐之外,其中最重要的内容是宣传戒杀生的观念。如小石刻诏书第二号(布拉马吉里文本)刻着:"一个人要服从他的母亲、父亲和年长者。一个人应该仁慈地对待生灵,始终不变。一个人应当说老实话。一个人就是应该用这样的方式来表明什么是正法的根本所在。"第四号铭文(坎大哈的希腊语本)写着:"国王不杀生。其他的人,包括国王的猎手和渔夫在内,也都放弃了渔猎。"石刻诏书第一号和第三号(吉尔纳尔文本)铭文规定:"在这里不许杀生献祭,也不准举行宴乐集会";"放弃屠杀生灵是应当称赞的"。兰普尔瓦的第五号阿育王柱上更是详尽地规定了不能杀害的动物种类,铭文写道:"在(阿育王)灌顶二十六年之后,我宣布如下动物应免加杀害:鹦鹉、'迈那'、红鹅、野鹅、'难底牟喀''吉罗陀'、蝙蝠、芒果树蚁、甲鱼、无骨鱼、'吠驮吠耶伽''恒伽布布陀伽'、鳄鱼、乌龟、豪猪、兔子、十二角鹿、自由的公牛、家内寄生虫、犀牛、白鸽、家鸽以及既无用处,也不能吃的四足动物。""不要杀害雌山羊、雌绵羊和牝猪,……不要阉割公鸡。不要烧里面还藏着虫子的谷壳。不要放火烧林,无论是为了逐杀动物,还是并无特殊目的。活物不能用活物来喂养。不光是鱼类,就是象林和渔人池塘里的其它生物,也不准杀害……"②当然,如前所说,不杀生,并不意味着绝对不杀任何动物,而是强调不要滥杀,要适度取物。阿育王以身作则,广播仁慈,强调不杀害,实际上不是杜绝杀生,而是节制杀生。阿育王以往每天要杀成千上万的生灵作为膳食,而推行正法之后,每天的肉膳改为两鸟一兽,而且,野兽也不是每天都必杀。阿育王正法中有关不害戒杀的规定,实际上是糅合和汲取了各宗教和哲学流派的不害观或戒杀观,而后依靠国家机器进行文治。毫无疑问,阿育王对推行正法的决心

---

① 崔连仲等选译:《古印度帝国时代史料选辑》,商务印书馆,1989年,第79页。
② 同上书,第58—77页。

是坚定的,他经常巡游各地,视察正法的推行情况。正法运动是印度自古以来的不害观的有效实践,在很大程度上巩固了印度的非暴力传统,使其至近代仍有余响。

　　文化是一个民族过去、现在和未来的接力跑。在正常情况下,任何一种当前的文化现象或思潮,都孕育于传统文化。甘地作为印度杰出的现代精神领袖,是印度古代生命不害观的优秀接力者。他对印度古代广为流传的各种伦理道德观念进行了新的解释和补充,将传统的五德扩展为十一德,包括非暴力(不害)、行真实、贞洁、节欲、不偷盗、不占有或忍受清贫、参加劳动、国货(自产)、无畏、容忍、敬神等,其中奠定甘地思想的基础是非暴力。甘地认为传统的戒杀或不害的生命观只属于非暴力观中消极的一面,因为绝对的不杀生是不可能做到的,人生存的状态本身就会造成某些杀害,能做到的是节制杀生,避免滥杀无辜。非暴力倡导对待生命要尽量避免杀害,哪怕是对微小如虫的动物都要避免摧残它们,并设法加以营救濒临遭受杀害的一切生命。甘地认为非暴力是"对生命的族类的无害",包含着如下要点:"(1)非暴力是人类的基本法则,并且是无限大于和超越于野蛮的暴力;(2)凡对于爱之神明没有热烈信心的人,最后也是无法适用非暴力的;(3)非暴力对于一个人的自尊心和荣誉感可以作充分的保护,它虽不能一定保护个人拥有的土地或动产,但采用非暴力成为习惯,证明比雇佣武装人员要有效可靠。非暴力由于其本身的特性,对于不义所得或不道德行为是无助的;(4)实行非暴力的个人或国家都要准备除荣誉外不惜牺牲一切(从国家到最后一个人)。因此它是和占有其他民族的国家(即为了本身的利益而明目张胆地建立在武力基础上的现代帝国主义)不相容的;(5)非暴力是一种大家都能同样发挥的力量——无论男女老幼,只要他们对爱之神明有热烈的信心,就会对所有人类产生同样的爱。一旦非暴力被作为生命法则之后,它必须贯彻于整个存在之中,而不仅限于个别的行为;(6)假定对个人是最善的法则,而对人类大众则是不善的法则,那是绝大的错误。"①

　　从以上六点可以看出,甘地非暴力主义的两个支点一个是爱,一个是神。印度古代传统伦理道德也有爱和普遍之爱的思想,甘地将爱与不害结合,把古老的思想从个人宗教理想转变为社会理想。他在《印度青

---

　　① [印度]甘地:《印度青年》,1926年11月4日,引自黄心川:《印度近现代哲学》,商务印书馆,1989年,第155页。

年》中写道:"非暴力是以积极的形式来对待一切生命的善良意志。非暴力就是纯粹的爱。"非暴力的基本法则是爱——爱自己也爱别人,爱朋友也爱敌人,爱人类也爱世间一切生灵。这是古代印度所推崇的普遍之爱的现代演绎,与中国"老吾老,以及人之老,幼吾幼,以及人之幼"的伦理观颇为相似。在爱的前提下,甘地所建构的非暴力主义没有走上耆那教那样极端化、绝对化的道路,而是秉持相对灵动的态度,认为在一些情况下可以杀生,以维持人自身的肉体生命,如以植物或其他东西作为食物,为了健康我们常使用杀虫剂杀死蚊虫等,这些不能算是犯了罪过。如果出于自私目的而杀生,是暴力行为,但如果出于爱的目的伤害生命,便不算是暴力。他说:"假如一个人手中持刀,到处瞎闹,乱砍乱杀,杀死他遇到的任何人,而没有一个人敢活捉他。这时,无论是谁杀死这个疯子,都会受到社会的称赞,并被看作是慈善的人。"①爱是甘地非暴力的支点,爱以其强大的力量,赋予生命内在价值。生命没有爱的充盈,意义是缺失的。非暴力主义相信人性本善。因此,在实践上走的是以德感化的道路,即"以一种感化他人的能力为前提",通过爱的行动,唤醒人类潜藏的善根,引导人弃恶从善,去邪归正。

  非暴力所倡导的爱与甘地的宗教信仰密不可分。甘地出生于一个虔诚的印度教家庭,浸染在浓郁的宗教环境中,印度教经典《摩诃婆罗多》《罗摩衍那》和耆那教所宣扬的非暴力观念深深根植在他的心中。他说:"神可以给予我力量去遵循那种哲学,因为不和生命相干的哲学乃是一种没有生命的躯体"②,神成为非暴力主义的另一个根本支点,倘若一个人对神没有真挚和坚定的信仰,就谈不上非暴力。甘地认为非暴力是手段,而神才是最终极的目的。在论述非暴力与神的关系时,甘地引入真理的概念,认为非暴力与真理是交织在一起的,他说,"我在寻求真理中发现了非暴力,这就是我的哲学"。非暴力是手段,真理是目的,而目的是神所赋予的。神是宇宙的最高道德准则,寓居于每个人心中,每个人心中所潜藏的善性实际上是神性的表现。甘地相信,只要人紧紧抓住心中的神性,依靠内在的爱和善,就能产生巨大的精神力量。于是,甘地强调以虔诚的宗教信仰和严格的道德修养为前提,坚定不移地信仰至上之神,坚信善有善报的古老信念。在非暴力的理论框架内,甘地的政治

---

① 《印度青年》,1926年11月4日。
② 《印度青年》,1927年4月14日。

主张涂着浓烈的宗教色彩,他所设想的国家是一个不受外国控制的、由印度人自己用道德原则治理的、使用最小暴力的国家;军队是非暴力的、有自我牺牲精神的军队;警察是非暴力、与人民合作的警察;法院是培养民族公德的司法机构;监狱是道德教育中心……在面对英国的暴力统治,甘地提出一系列的非暴力、不合作计划,包括罢工、罢课、罢市、和平抵制英货、抵制政府机关,等等,在印度引发了大规模的坚持真理、非暴力、不合作运动。甘地的非暴力观作为古代印度不害观的现代延伸,相当富有印度特色和宗教意味,在印度反英的民族斗争所产生的影响力和号召力,不亚于阿育王的正法运动。

任何一种思潮或文化现象的产生和延续,都可以从历史中寻找到依据。印度各大宗教哲学流派几乎无一例外地推崇和宣扬不害的生命伦理观,极力建构一个非暴力的生存环境,这不仅是哲学家和宗教家的诉求,也是人民的诉求。生命是平等的,生命是神圣的。然而,面对血腥的战争,面对残酷的暴力,生命脆弱得不堪一击。几千年来,发生在印度次大陆上的战争绵延不绝。从吠陀时代雅利安人入侵,到亚历山大入侵、孔雀帝国对外征战、南北诸朝割据战争,再到阿拉伯人和突厥人入侵、英国人入侵……印度人饱受战争之苦。吠陀诗篇和两大史诗等伟大的作品,都曾以文学之笔记录了历史上曾经发生的战争。在吠陀诗篇中,雅利安人的战神因陀罗经常施展霹雳般的威力,摧毁城堡,将村庄夷为平地。无论是胜是败,只要有战争,伤害无辜便不可避免。印度广为流传的两大史诗,主题皆是战争。史诗《摩诃婆罗多》取材于发生在北印度俱卢之野的一场王权争夺之战。根据史诗的描述,战争的结果是哀鸿遍野,"大地上遍布成堆成堆砍断的头颅、手臂和各种肢体,杂乱无序","阵亡者有十六亿六千零二万个,还有失踪的英雄二万四千一百六十五个"。这尽管是夸张的叙述,但战争给人民带来的身心伤害确实罄竹难书。印度史诗既是文学经典也是宗教经典,不仅以故事的形式记录战争的残酷,而且从宗教伦理学的角度不断反省战争的行为。《薄伽梵歌》中阿周那在胜利之后,扔掉手中的弓箭,无比悲痛地说:"我不希望胜利,克里希纳! 也不愿获得王位和幸福,王位、欢乐和生命,对于我们有什么用处? 我希望获得王位、幸福和享乐,是为这些列阵以待的人们,而他们却要在战争中丧失财产,还要在血战里捐躯献身。"[①]对和平的渴望,成为战争

---

① 《薄伽梵歌》,张保胜译,中国社会科学出版社,1991年,第12—13页。

之后的永恒主题。《摩诃婆罗多·和平篇》写道:"看到渴望享受大地的亲属们遭到杀戮,即使有人赐予三界的王权,也不会使我们高兴。我们为了夺取大地,杀死了那些与大地一样不该杀死的人。我们失去了亲属,活着毫无意义。"①各教派之间的争斗、天灾人祸、社会不平等以及各种物质和精神缺憾也给印度人造成了莫大的伤害和痛苦,使得他们绞尽脑汁,探讨各种救世良策,以期实现生命的最大价值。如阿育王在羯陵伽战争之后推行"正法"运动,以德治取代武功,甘地从传统文化汲取力量,以非暴力社会运动方式反对英国的殖民统治。战争的残酷以及战争所带来的伤害,使得印度人清醒地渴望和平,无论是诉诸静态的文学作品和宗教哲学经典还是诉诸动态的社会运动,印度人民祈求和平的声音始终是清晰而高亢的。慈爱厚生、非战戒杀的生命观是印度文化的基调,也应当成为全人类的"最高正法"。

印度平等的生命观以及由此产生的不害论,是指生命本质的平等,因平等而不得加害。但是,这种平等和不害一样,不是绝对的。尤其是当生命观和宗教伦理规范相遇,生命的平等性就受到挑战。于是,出现了这样矛盾的情况,一方面如上所述,印度各种经典都强调一切生命都神圣平等,强调慈爱厚生、非战戒杀;一方面又强调人分四等、贵贱有别,甚至动植物也有高低贵贱之分,生死轮回业报就是建立在生命等级论的基础之上。宣扬生命等级和生命平等的是同一类经典,都是印度最高圣典。杜勒西达斯的《罗摩功行之湖》,作为印度中世纪虔诚文学的重要代表作,其实际影响远远大于蚁垤的《罗摩衍那》。该书的思想内容十分丰富,它的第一个特点是思想平等。译者在《译者前言》中说:"作者主张:只要能信奉罗摩,经常念诵罗摩的名字,讲诵和聆听罗摩的事迹,所有的人一律平等。"②在整部作品中,表现平等思想内容的确很多,说它体现思想平等是可以站得住脚的。但是,我们必须看到,就在这部作品中,也有不少表现高低贵贱不平等的内容,《童年篇》中这样写道:

> 高种姓和低种姓的区别,贵与贱,
> 圣洁的甘露与毒药,魔鬼与神仙,
> 幻与至高的梵,凡夫与天神,

---

① [印度]毗耶娑:《摩诃婆罗多》(五),金克木、赵国华、席必庄译,中国社会科学出版社,2005年,第11页。

② [印度]杜勒西达斯:《罗摩功行之湖》,金鼎汉译,人民文学出版社,1988年,第5页。

国王与乞丐,拉琪蜜与贫困。①

　　这里显示的正是印度哲学的特点——一分为三和天包地容。在印度人看来,世界万事万物不是一分为二,非黑即白,而是一分为三,除黑与白之外,还有非黑非白,或亦黑亦白。这为包容矛盾、乃至天包地容提供了思想基础。所以,在印度的同一类甚至同一部经典中,出现生命平等和生命等级的观念,不足为奇。而这两种观念,在印度的历史和现实中,都发生了巨大作用。

---

① [印]杜勒西达斯:《罗摩功行之湖》,金鼎汉译,人民文学出版社,1988年,第8页。

第三章

人分四等 贵贱天定
——印度人的种姓观

种姓，是自古就普遍存在的社会观念，在其他国家如古埃及也曾出现过类似的制度，然而，种姓制在印度历史上表现得最为典型、持久和复杂，直到今天仍是印度一种奇特的社会现象。在人类社会的文明发展史中，任何一种社会文化，都会对承载它的民族产生巨大的影响。种姓制度也不例外，其影响渗入印度社会生活的各个方面，上至政治制度、宗教伦理，下至衣食住行、婚丧嫁娶，无不彰显出这一制度强大的生命力和影响力。

一、种姓制度的产生及特点

1. 瓦尔纳与迦蒂

种姓，是印度教社会特有的一种等级制度。关于"种姓"的称谓很多，在中国汉译佛经和旅印高僧的著述中，它被译为"种姓"，或简称"种""姓""四姓""卑姓""杂姓"等。16世纪到达印度的葡萄牙人将这种等级现象以"卡斯塔"（casta，意为出身、种）相称，后来通行的"卡斯特"（caste）一词即由卡斯塔演化而来。在印度语言中，表示"种姓"的通常有两个词，瓦尔纳（varna）和迦蒂（jāti）。瓦尔纳意为"色"，最早见于《梨俱吠陀》，起初用来区别肤色。迦蒂意为"出生""种"，经书时代才开始广泛使用。这两个词汇不论在印度本土内，还是在印度之外，都常常被混用。

种姓制度在印度古已有之，但对它的研究起步却较晚，直到19世纪，随着"印度学"在欧洲兴起，种姓研究才逐渐有了更为翔实的材料和更为客观的实证方法。比如，有关种姓的起源，在印度就是一笔糊涂账，西方学者对此也莫衷一是。古老的《梨俱吠陀》中有则《原人歌》，歌里赞颂创造人类的始祖——原人，"原人之神，微妙现身，千头千眼，又具千足；包摄大地，上下四维；巍然站立，十指以外。"①原人用身体创造世界和众生，他的胸脯生成月亮，眼睛显出太阳，嘴生成婆罗门，双臂变成刹帝利，双腿变成吠舍，双足生出首陀罗。就这样，原人将身体的四分之一给了世间凡夫，四分之三给了天上诸神，生出空界和地界，造出时空又超越时空，成为"不死之主"。《阿达婆吠陀》、往世书和后来的法经文学也不乏这样的说法。这一明显带有神话色彩的传说，成为了种姓最早的文献记载。然而，现代学者们不满足于这样的神话式解读，他们研读吠陀，试图勾勒公元1500年前的历史图景。吠陀中的"瓦尔纳"一词与肤色有关，可能与当时进入印度的雅利安人有关。持雅利安人侵说的学者认为，来自中亚的雅利安部落，从西北进入印度次大陆，以武力征服当时印度的土著达罗毗荼人（dravida），这些白肤高鼻的雅利安人自称为"雅利安瓦尔纳"（arya varna），将黑肤宽鼻的达罗毗荼人称为"达萨瓦尔纳"（dāsa varna）。但是，这种观点以种族征服和种族优劣为前提，遭到不少学者的反对。在吠陀文献中，描绘部落之间混战交往的"十王之战"传说中，雅利安人祖先婆罗多族的国王蒂佛达萨也以"达萨"为名，而更令人不解的是，与雅利安文化中心相距较远的南部印度，种姓制度的发展更为强韧。根据20世纪20年代考古发现的印度河流域遗址来看，雅利安人到达印度之前，土著文明已经相当发达，这似乎也印证了种姓论可能源自印度本土的推断。

在《原人歌》里，婆罗门、刹帝利、吠舍和首陀罗，尚无等级之分。到了吠陀晚期，随着生产力的发展，部落间的冲突与战争也更为频繁，雅利安部落随之分化，在内部分化成贵族和平民世系。有的大部落兼并了小部落，从军事民主制向国家过渡，并寻求向外扩散。此时显著的特征是，尚武的军事首领和武士阶层成了新兴贵族，他们称为"刹帝利"（ksatriya），刹帝利一词来源于"刹特拉"（ksatra），意为权力、力量，与以祭祀为业，拥有知识和宗教权威的婆罗门比肩。一些非雅利安部落也逐渐被雅利安部落征服和同化，自然成了新部落中的平民，甚至下等人民。有学者认为，雅利安部落的分化最初是军事贵族和平民的分化，平民被称为"吠舍"（vaiśya），从事放牧、耕种，向贵族和祭司进贡，提供基本生活资料和祭祀用度。他们在经济上的地位，可能与婆罗门和刹帝利旗鼓相当。首陀罗则可能是被征服部落的奴隶，也可能指那些脱离自己的部

---

① 巫白慧：《印度哲学——吠陀经探义和奥义书解析》，东方出版社，2000年，第49页。

落、依附于刹帝利家族或吠舍家族的劳动者,包括手工业工匠和农业耕作者。①

种姓制度的演化,与婆罗门和刹帝利两大高等种姓的宗经意识、造神活动和鼓吹强化密不可分。备受婆罗门尊崇的吠陀经典,正是孕育并催生种姓制的沃土。印度神话里神明万千,居于天、空、地三界,婆罗门祭司因精修苦行,神力堪比天神,便被认为是沟通天神与凡人的中介,负责传达和执行神灵意愿,是社会的精神贵族,其地位尊贵无比。

经书时代,掌握了知识特权的婆罗门,进一步通过家范经、法经等婆罗门教经典,神化自身。《摩奴法论》中,婆罗门将自己确立为万物和生灵中最优秀者,"在万物中,有气息者最优秀;在有气息者中,有理智者最优秀;在有理智者中,人最优秀;在人中,婆罗门最优秀。"(1.96)②,而且详细规定四瓦尔纳的主要职责,规定婆罗门、刹帝利、吠舍为地位更高的再生族,可以转世,可以佩带圣线,并参加宗教活动。而首陀罗是地位低下的一生族,不能转生,不能佩带圣线,没有资格参加宗教活动。首陀罗的唯一职责是心甘情愿地侍候以上三种姓,为三大高等种姓服务。这一安排,将四瓦尔纳牢牢固定在教阶金字塔的各个阶位上,动弹不得。

在无史书记载的印度历史长河中,要准确推演瓦尔纳制的演变有一定困难。四瓦尔纳体系是种姓制度的雏形,但现实社会中的种姓制并不以四瓦尔纳为特征,相反表现出来的,更多是以血统、行业世袭和内婚制为特点的,划分更为细琐的"迦蒂"制。治古代史学者崔连仲分析瓦尔纳与迦蒂的关系,认为迦蒂制是在瓦尔纳制的影响下形成的。他从"瓦尔纳"和"迦蒂"的词源入手,通过分析波你尼《八章书》《祭言法典》《摩奴法论》等文献,发现"瓦尔纳"与"迦蒂"两个概念虽提法有别,但时有混用,因此他推测,"前者(瓦尔纳)出现早,后者(迦蒂)略晚,后来这两个词开始混用。"③崔连仲又对《摩奴法论》中两词的使用频率做了统计,得出结论:"从这个统计数字可以看出,瓦尔纳的用法较为严谨,一般用于四个瓦尔纳,也用于四瓦尔纳之外的迦蒂……迦蒂的用法较为灵活,这种情况的出现是符合种姓制的发展趋势的。随着四个瓦尔纳的日益分化

---

① 刘欣如:《印度古代社会史》,中国社会科学出版社,1990年,第51—53页。
② 《摩奴法论》,蒋忠新译,中国社会科学出版社,2007年,第13页。
③ 崔连仲:《古代印度种姓制度》,《历史研究》1977年第4期。

和迦蒂数目的日益增多,迦蒂一词的使用越来越广泛。"①因此他指出,"瓦尔纳"只适用于称呼婆罗门、刹帝利、吠舍和首陀罗四大种姓,其他的亚种姓须以迦蒂相称,迦蒂是四瓦尔纳体系逐渐分化、衍化形成的更多、更为独立的小集团,也称为亚种姓。玄奘在《大唐西域记》中也做了这种区分,将四种姓之外的迦蒂以"杂姓"相称,"自余杂姓"也就和四大种姓分开了。

尚会鹏通过实例,发现现实种姓制度与四瓦尔纳体系不仅难以吻合,而且还有完全相悖的情形。比如温德亚山以南地区没有纯粹的刹帝利和吠舍;在同一地区操不同方言的婆罗门之间不能通婚;在职业选择上,从事务农、当兵、工商业等社会普通职业的婆罗门和刹帝利也不在少数,等等。因此他认为,"'瓦尔纳'是一种理想图式,而在实际社会中,瓦尔纳具体化为不同的迦提集团。但印度人对瓦尔纳与迦提的区分并不那么严格,二者经常混用。"②

印度社会学家古里叶(G. S. Ghurye),以种姓集团内外作为划分依据。对种姓集团外而言,瓦尔纳是显著的标识,但对于种姓集团内而言,亚种姓才是个人真正的身份标志。毕竟在漫长的古代印度,每个种姓人一生的绝大部分时间都囿于他的种姓集团内,与种姓外集团的交往与结识的机会仍是贫乏的,因此对个体而言,他的迦蒂身份标志比瓦尔纳更为重要,"一般地说,社会一般承认的是种姓,但各特定种姓或个人承认的是亚种姓。"③从瓦尔纳到迦蒂的演变,也是种姓制度更为稳固、种姓藩篱更为森严的表现。

2. 森严的人间藩篱

种姓制度,从本质上讲是一种社会等级制度。这种等级差异,反映在社会构成、税收、饮食起居、日常交往、婚姻、职业、法律等各个方面。

在社会等级上,传统的印度教社会通过教阶金字塔,赋予占据金字塔的顶层的婆罗门与掌握世俗权力的刹帝利在社会地位上的绝对优势,连天神也对婆罗门多有眷顾:"他(梵天)把教授吠陀、学习吠陀、祭祀、替

---

① 崔连仲:《关于种姓的几个概念问题》,《南亚研究》1983 年第 3 期。
② 尚会鹏:《种姓与印度教社会》,北京大学出版社,2001 年,第 6 页。
③ G. S. Ghurye: *Caste and Race in India*, Popular Prakashan Bombay, 1979, p. 19.

他人祭祀、布施和接受布施派给婆罗门。"(1.88)①刹帝利要优待婆罗门。而金字塔底层的首陀罗若对高等种姓有不善举措，所受惩罚极为严酷。《摩奴法论》规定，首陀罗称呼再生族名字时出言不逊，会被烧红的十指铁钉刺进嘴；若辱骂婆罗门会受到肉刑；若敢教训婆罗门，甚至会用热油灌进他的嘴和两耳；若与无保护人的再生女子通奸，则要遭受断肢和没收全部财产的惩罚；若女方有保护人，应处死刑(8.267、271、272、374)。② 这些规定之残忍、令人咂舌，可见等级隔离与戒律森严，已经到了何种地步！

如果说首陀罗终身服侍三大种姓，命运十分悲惨，但是，首陀罗仍然具有种姓身份，属于种姓内的人。在四大种姓之外，有一特殊群体，被排斥在种姓之外。在法论中，他们被称为旃陀罗(cāndāla)，《摩奴法论》说旃陀罗是种姓法严格禁止的"逆婚"，即高种姓妇女与低种姓男子结合以后所致，规定他们的住处必须在村落外，财产只有狗和驴，必须穿死尸衣，吃破盘盛的食，饰物只能是铁制，必须永远流浪，夜间不得在村落和城市里行走，白天也要依王命标明身份才能出来做事。他们必须搬运无亲人的死尸，必须把被处决的罪犯的衣服、卧具和饰物都拿走，等等(10.51—56)。③ 公元4世纪，中国僧人法显在印度游历时，也记录了旃陀罗的状况："旃荼罗名为恶人，与别人居，若入城市则击木以自异，人则识而避之，不相搪。国中不养猪鸡，不卖生口，市无屠店及沽酒者，货易则用贝齿。唯旃荼罗，渔猎师卖肉耳。"④这段记录真实而准确，现在印度的乡村，仍有这样敲击木头告诫邻人不要靠近的"旃陀罗"，卖肉铺的伙计身材羸弱，目光闪避，看起来生活窘迫的样子。

据历史学家们分析，这些旃陀罗原是居住在山林、泽地等地理位置偏远的落后部落的山民，他们有自己的方言和宗教信仰，以狩猎和采集为生，远离婆罗门教文化圈，法论视他们为"人中最卑贱者"，因为他们身上集中反映了古代种姓制中落后的"污秽"与"不可接触"的观念。婆罗门教认为屠宰、制革、清扫、搬运尸体等是极其不洁、亵渎神灵的职业，那些从事肮脏职业的旃荼罗就被认为是"不洁净"的人。他们不能触摸其

---

① 《摩奴法论》，蒋忠新译，中国社会科学出版社，2007年，第12页。
② 同上书，第164、172页。
③ 同上书，第212页。
④ 法显：《法显传校注》，章巽校注，上海古籍出版社，1985年，第54页。

他种姓的食品、饮水或器皿，否则其他种姓会受到污染。在《乔达摩法经》(Gautama Dharmasūtra)中，葬礼祭品若被狗和旃陀罗看到，就遭到了玷污。甚至连吹到经过旃陀罗身上的风也被认为受到了玷污。《佛本生经》有这样一则故事：一个婆罗门看见旃陀罗走来时，唯恐吹到旃陀罗身上的风再吹到自己身上，一边骂着让旃陀罗到下风头去，一边自己赶忙走到上风头，避免风的污染。① 其他种姓不能与旃陀罗接触，称旃陀罗为"不可接触者"(achūta)，一旦接触了他们，接触者自身也会被污染，轻者要进行净身仪式，重者会失去种姓身份，沦为"不可接触者"。就连看见不可接触者，也会令观者的眼睛受到污染。《佛本生经》有个故事，两个婆罗门妇女进城去参加节日的盛会，正当她们赶路的时候，突然碰见了两个在城门贩卖的旃陀罗。两个婆罗门妇女认为这是不祥之兆，立即返回家中，并用香水冲洗了自己的眼睛。她们认为，自己的眼睛被旃陀罗玷污了。②

为了避免与"不可接触者"的接触，防止被污染，其他种姓想了各种法子，制造各种隔离。有物理隔离，比如将村庄分为主村和副村，除了贱民之外的其他种姓住在主村，贱民住在树枝、茅草，或废弃铁皮等搭起来的逼仄空间里。严格规定"不可接触者"不得进入寺庙，不得进入高种姓人家的院落，不得进入公共场所。据印度报刊报道，有一个时期，在马拉塔地区曾经有过这样的规定：上午9点至下午3点，禁止"不可接触者"进入该邦的首府——浦那城，因为在这个时间段，人的身影比较长，他们的身影容易触及高种姓人的身影，玷污高种姓。除了物理隔离，还有社会隔离，不同种姓的人不能一起进食，不能共用同一个水井和池塘。有的农村还规定"不可接触者"不准往地上吐痰，他们在外出时必须携带两件东西：一件是瓦罐，另一件是一把树枝，瓦罐以备吐痰用，以免吐在地上的痰液玷污其他种姓，树枝用来扫除自己走过的足迹，以免其他种姓因踩踏而受到玷污。

在不同的污秽传染当中，血液的污染最为严重，不同种姓之间混合通婚会造成这种血液污染。因此，法论规定了极其严格的内婚制。同属一个种姓的人，只能与本种姓内的人交往和结婚，不能与其他种姓通婚，

---

① E. B. 考埃尔编：《佛本生经》第三卷，转引自崔连仲：《古代印度种姓制度》，《历史研究》1977年第4期。

② 同上书，第111页。

保证后代的种姓纯正。违反内婚制的人,会受到各种制裁和惩罚。轻者,当事者中较低种姓一方要向较高种姓一方道歉赔罪,同时较高种姓一方连同其双亲,都会被降为较低一级的种姓。重者,双方会被开除各自所属的种姓,一个人一旦被开除种姓,他自己及其双亲以及以后所生的子女,都会沦为"不可接触者",其命运之凄惨可想而知,对失去种姓的恐惧使各种姓都不敢在婚姻上跨越雷池半步。

不过,在婚姻问题上,法论也给予高等种姓择偶的适度弹性,高种姓男子优先与高种姓女子结合,继而才可以娶低种姓女子。"再生人初婚应该同种姓的姑娘;但是,如果愿意继续娶,他们可以依顺序选择下列姑娘。首陀罗只可娶首陀罗女子为妻;吠舍可娶这个种姓和同种姓;刹帝利可选这两个种姓和同种姓;婆罗门可选这些种姓和同种姓。"(3.12—13)①高种姓男子娶低种姓女子为顺婚,合乎种姓法,而高种姓的女子下嫁低种姓的男子则为"逆婚",不合种姓法。不论在法论中,还是在现实生活中,顺婚被提倡,逆婚绝对禁止,违背者甚至要遭受肉刑的惩罚。

虽然印度教规定,同一种姓的成员之间可以通婚,但实际上真正通婚的范围比规定要小得多。因为四瓦尔纳之外有无数迦蒂,种姓之中有无数亚种姓,亚种姓的等级现象更为森严与隐蔽,内婚制就是其中之一。例如在马拉塔地区,同属于婆罗门种姓的两个地位相等的亚种姓之间不能相互通婚,他们的配偶只能在各自的亚种姓内寻找。在古吉拉特地区,有的亚种姓被划分多个可以通婚的亚种姓,这些亚种姓又可以细分为更小的通婚亚种姓。② 这样的划分还可以继续细化下去,结果大大缩小了每一种姓的通婚范围。婚姻是家庭构成的主要形式,通婚已是障碍重重,更枉论家庭、宗族、村落、社会之间的壁垒森严了。

佛经中曾记载一个故事:一个城镇的理发师的儿子,爱上了一位梨车族的姑娘,两人情投意合。一天,这个小伙子告诉父母,他打算和这位梨车族姑娘成亲。小伙子满以为父母会为此事而高兴,可意想不到的是,他的父母坚决反对。父亲规劝儿子说:"我的孩子,这件事根本办不到,因为这不符合我们的风俗。你是理发师的儿子,属于低级种姓——首陀罗,而离车族的姑娘属于高级种姓,她是刹帝利的女儿,你们两个根本不相配。她是不能与你成亲的。你死了这条心吧!我重新给你找一

---

① 《摩奴法论》,蒋忠新译,中国社会科学出版社,2007年,第42页。
② G. S. Ghurye: *Caste and Race in India*, Popular Prakashan Bombay,1979,pp.8—19.

个首陀罗人的女儿做你的妻子吧。"听了父亲的一番话,儿子的心一下子凉了下来。他非常痛苦,整天茶不思、饭不想,日夜思念自己所爱恋的那个离车族姑娘。最后,这个年轻人在绝望中忧郁地死去。

婚姻之后的财产继承,也有着不平等的规定。根据种姓法,一个婆罗门既然可以依秩序娶四个不同种姓的妻子,那么对于不同种姓妻子所生儿子的分家,应差别对待。"婆罗门应得四份,女刹帝利的儿子应得三份,女吠舍的儿子应得两份,女首陀罗的儿子应得一份。无论有没有别的儿子,依据法,他不得给女首陀罗生的儿子十分之一以上的财产。"(9.153、154)①这样的规定,防止高种姓的财产经由婚姻向低种姓流动,维护高种姓对财产的绝对所有权。

职业的固化与世袭是在经济发展到一定程度后,禁锢种姓阶层的新特点。根据法论,四个种姓,各司其职,不得僭越。种姓越高,职业越洁;种姓越低,职业越不洁。《摩奴法论》规定,"婆罗门的最好本业是教授吠陀,刹帝利的最好本业是保护百姓,吠舍的最好本业是经商。"(10.80)②教授吠陀、为人祭祀和接受布施这三项是婆罗门的职业,对刹帝利和吠舍绝对禁止。低种姓的人不得从事高种姓的职业,"对于因贪贵而以贵业为生的贱种,国王应该没收其财产并立即把他放逐"。(10.96)③种姓会议负责对那些违反种姓职业的人进行惩罚,轻者罚款,重者开除种姓。然而,《摩奴法论》也规定,在生活遇到困境时,高种姓可以不顾忌讳,谋生手段向低种姓职业伸展。婆罗门如果不能奉行本业,就可以奉行刹帝利之法为生,甚至当吠舍。(10.81、82)④这从侧面也反映出随着生产力的提高,社会分工的细化,婆罗门旧有职业遭到社会的淘汰,他们的职业选择空间变得狭小了,职业领域就不得不向其他种姓延伸,法论乐意做婆罗门的保护伞,为婆罗门制造有力的舆论环境。这也是法论与现实生活有所脱节的一个实例。

在现代社会里,种姓职业已经发生了较大的变化,首先,高种姓的职业范围实际上非常广泛,婆罗门可以从事会计、收税员、土地测量员的工作,还可以从事军事、商贸工作。在印度的北方邦,婆罗门不但在自己的

---

① 《摩奴法论》,蒋忠新译,中国社会科学出版社,2007年,第190页。
② 同上书,第214页。
③ 同上书,第215页。
④ 同上书,第214页。

土地上从事生产劳动,有些还愿意为比较富裕的地主打短工。受洁净观的影响,婆罗门做厨师的也比较多。在教育、公务、科研、文化等领域,婆罗门种姓也占优势。第二,几个种姓的人可以从事同一种职业。例如,在印度北部、西北部的一些地区,从事农业生产的可以有婆罗门、拉其普特、贾特、昆比、帕提达尔等种姓和亚种姓。同一个种姓集团,也开始从事几种职业。第三,在城市中,种姓间的职业分工随着社会进步而越来越模糊。

二、种姓制度的阐释理论

20 世纪以来,随着社会学、人类学、心理学的发展,古老的种姓制度有了全新的阐释角度和方法,新的理论层出不穷,这其中人类学大家路易·杜蒙、社会学奠基人马克斯·韦伯和新型文化心理学创始人许烺光对种姓制度的研究具有代表性,值得一提。

1. 杜蒙的宗教阶序论

法国人类学家路易·杜蒙(Louis Dumont,1911—1998)曾在 1966 年出版了他有关印度种姓制度研究的力作《阶序人:卡斯特体系及其衍生现象》(*Homo Hierarchicus*:*Essai sur le système des castes*)一书。"阶序"之意,是为了与当时普遍通用的"社会分层"概念相区分,而侧重种姓制度在一个社会群体中的观念和价值共识,探究宗教性的观念如何运用于社会生活之中。在这本书中,杜蒙希望透过出身、血统、内婚、职业、等级、隔离等各类种姓现象,寻找它们背后起作用的与意识形态有关的体系,从而能够将这些影响成分有机地组合在一起,使评判种姓的诸多标准从属同一个关系体系。他指出,各种姓娶妻的标准不一,但娶妻只是种姓制中的一个考量因素,不是种姓制的基本结构;类似饮食这样的差别也需要囊括在一个可以适用其他标准的通则中。杜蒙最终抽象出这些现象的内在逻辑,将之化约为"洁与不洁"的对立关系,洁净高于不洁,洁净的种姓高于不洁的种姓,"这项对立是阶序的基础,因阶序即是洁净比不洁高级;它也是隔离的基础,因为洁净与不洁必须分开;它也是分工的基础,因为洁净的职业也必须与不洁的职业分开。整体乃是建立于这两个对比既是必要性的又是阶序性的并存之上。"①洁净与不洁的原则,使它成为区别不同种姓的一种价值标准,也是判定整个种姓制度不同组成部分层级关系的总原则。例如,不实行寡妇再婚的群体比实行寡妇再婚的群体洁净程度要高,因而不实行寡妇再婚的群体在阶序上更高;食素者比食荤者的洁净程度高,同样反映在阶序上,素食者阶序高于非素食者。分工也是一样,从事宗教祭祀之类的职业洁净程度远胜于从事与排泄物等污秽有关的职业。这样,就算人们对种姓的规定五花八门,却可以统括在"洁与不洁"的观念范畴中。

杜蒙的阶序体系不是线性发展的,因此也就不是等级关系的简单排列,而是一个具有对立与包容的同心圆系。比如,瓦尔纳体系首先将贱民排除在四瓦尔纳体系之外,这是第一层对立关系;在四瓦尔纳内,第二层对立关系是"一生族"首陀罗和"再生族"吠舍、刹帝利和婆罗门的对立;第三层对立关系是平民吠舍与高等种姓刹帝利和婆罗门的对立;第四层对立则是两大高等种姓之间刹帝利和婆罗门对立。杜蒙的阶序体系要研究的就是每一对立层与整个种姓制度之间的关系。他打了个比方,这种关系不是胳膊与大腿的关系,而是胳膊与人体的关系;不是个人与个人的关系,而是个人与社会的关系,因此阶序的定义应该是:"一个整体的组成要素依照它们与整体的关系而产生的层级原则。"②这样,对每一种姓而言,他与其他种姓的关系既相互对立,也相互包容。它们之间的关系是"含括",是一种将对立包含在内的关系(the encompassing of the contrary)。对于每一层而言,第一层关系包涵第二层,第二层包涵第三层,第三层包涵第四层,就像一个外延不断扩大的同心圆,每一个小圆不仅是更大圆的组成部分,依附于大圆,同时也与大圆有矛盾和对立。对于由同心圆组成的种姓制度整体而言,整体的完整既要通过不同层级的关联与区分来实现,又要包涵不同层级的变动与流动,因为部分之间的阶序关系是可变动的。因此,种姓制度从整体上看相对稳固且统一,但从内部来看,各部分之间仍存在较大的差别性和流动性,这正好形象地描绘出种姓制度在社会中不断生成和流动的真实图景。

杜蒙的"洁与不洁原则"不是一个凭空得出的猜想,而是立足于广泛

---

① [法]路易·杜蒙:《阶序人:卡斯特体系及其衍生现象》,王志明译,远流出版事业股份有限公司,1992年,第108页。
② 同上书,第92页。

研究各地人类源起与原始信仰的基础之上。他认为宗教观念中的"不洁"并非次大陆居民独有,在很多地方也有着对洁与不洁的恐惧意识和消除仪式。英国殖民官吏胡顿(J. H. Hutton)也发现在印度东北部,新移居者不能从事原来工作,原居民不吃外来者食物,不与外人共食与通婚等禁忌的根源在于先民对"有灵物体"和"魔力"的敬畏,而这些禁忌在雅利安人来到印度之前已经出现。① 比如,印度人普遍认为,在动物界,母牛最洁净,鱼类次之,鸡、狗、猪是污秽的;在植物界,菩提树最洁净,棉花次之,麻类是污秽的;在江河山峦中,恒河和喜马拉雅山最洁净,恒河是圣河,而喜马拉雅山被誉为神山。人体的洁净程度,从头往下逐渐降低,头部最洁净,脚最污秽。因此,创世神话中的原人,以口、上臂、腿和脚生出四瓦尔纳,实质也是"洁"与"不洁"的分别,肚脐之上是洁的,肚脐之下则是不洁。因此生于原人之口的婆罗门最洁净,被称为"净族",种姓外的旃陀罗则被认为"不洁"。

于是,在人们的宗教心理上,洁净程度越高,与神的距离就越近,母牛、菩提树、恒河、喜马拉雅山无一不是圣物。在印度的各大城市里经常可以看到这样的景象:一些牛在大街上悠闲地散步,而汽车却要为其让路;一个乞丐刚刚得到一点儿食物,还没有来得及吃,这时候如果一头牛走到他的身边,他就会毫不犹豫地把食物送到牛的嘴边。由此推及,不同的职业也与洁净程度挂钩,婆罗门从事的祭祀、诵经等职业与神有关,是最洁净的职业。与杀生、屠宰、焚尸或排泄物有关的职业最为污秽,因此屠宰者、刽子手、狩猎者、捕鱼者、搬运和焚烧尸体的人、清扫工、洗衣工、贩运牛皮、加工牛皮、销售牛皮制品的地位也最为低下。

2. 韦伯的宗教伦理论

现代社会学奠基人、德国社会学大家马克斯·韦伯(Max Weber, 1864—1920)是一位百科全书式的学者。他曾对世界诸宗教,从西方的基督新教到中国的儒家和道家,印度的印度教与佛教,都进行过不同程度的从文化到制度的批判。在《印度的宗教——印度教与佛教》一书中,韦伯探讨宗教观念对社会群体的影响作用,他通过将种姓与西方行会的对比,提出以社会等级为特征的封闭性"身份团体",这种"身份团体"是一种社会荣誉,与经济地位、阶级地位无甚关联,并经由职业分工、饮食

---

① 尚会鹏:《种姓与印度教社会》,北京大学出版社,2001年,第19页。

习惯、出身、婚姻、隔离等生活方式表现出来。因此,进入身份团体需要资格的认定,在古时,这种资格认定往往是宗教神力的表现。

韦伯认为,由身份团体构成的种姓集团根植于"氏族卡理斯玛"(Gentilcharisma),这是一种以职业世袭为主要特征的宗教神赋组织。卡理斯玛是一个具有巫术和魔力色彩的词,指具有某种超自然禀赋的人物。氏族卡理斯玛不是指某一个人具有超人禀赋,而是依附于氏族的全部成员身上,这样卡理斯玛的神赋力量变得相对泛化和日常了。职业世袭成了卡理斯玛魔力的世袭的一种外在表现,神赋的力量使一代又一代的同种姓囿于前辈的职业选择中。在这样的信念下,婆罗门的卡理斯玛力量无疑是最强的。婆罗门的"祭司"身份掌握复杂祭典的操作礼仪,拥有咒语、知识的巫术法力,懂得神秘的占星术,有时还需要严格的禁欲式生活和苦修,这些自然使他们容易获得氏族卡理斯玛神赋力量的确证。获得了氏族卡理斯玛确证的婆罗门,权威和力量更为强大,使婆罗门也愈来愈致力于追求某种神圣状态或获得神秘知识,来加固他们的卡理斯玛威力。

韦伯进一步剖析,如何维护氏族卡理斯玛的神赋力量,需要依靠印度教的两大基本伦理——业报(karma)与轮回(samsāra)。业报轮回观念,早在吠陀末期已经萌芽,但是真正形成较为完备的一套学说却是在佛教诞生以后。印度教接受并改进了佛教的业报轮回说,用以解释印度教社会中种姓制度的合理性。婆罗门精通的知识,素来被视为一种具有特殊意义的卡理斯玛资质,他们成功地吸收了佛教的业报轮回说,并与种姓结合在一起,在观念上为人们制造了一个今生所得种姓是前世之"业"的必然结果,从宗教和伦理角度,再一次将种姓制度合法化。根据业报轮回的理论,印度种姓之间的不平等不仅是合理的,而且是神圣的,不论高贵如婆罗门,还是卑贱如首陀罗,不论是富可敌国,还是一贫如洗,现在的一切,皆由前世所作所为决定,今生的行为、言论和思想,也将决定着来世。这样,印度教徒安于接受氏族卡理斯玛和自己今世的处境。在他们看来,不同的种姓从事不同职业,履行不同社会义务,享受不同社会荣誉,领取不同的报酬,都来自氏族卡理斯玛的安排,对每个人来说,都是公平合理的。

韦伯认为,业报的观念将个人的"业"与他所在身份团体的命运结合起来,就像一个银行账户,由功德和过失构成,户头里的收支差额决定了灵魂再生时的命运,有盈余的有好的轮回,负亏的则命途多舛。"种姓的秩序与位阶是永恒的,就像天体的运行及物种与人种之间的差异。想要破坏它是无谓的。转生的结果人可能变成生存在'狗的肚肠中的一条虫',不过依其行止,他也可能向上转生于一个王后和婆罗门女子的子宫里。只是,其绝对的前提是在今生严格履行种姓义务,并回避礼仪上的重大过失——特别是试图逃离其种姓。"①正是业报与轮回,使种姓秩序在宗教层面上获得了救赎意义。

3. 许烺光的文化心理论

不同于杜蒙抽象出种姓制诸多表征背后的逻辑,以结构主义方式构建描述各类标准的阶序模型,也不同于韦伯从宗教伦理层面探讨种姓群体与印度教社会之间的关系,美籍华裔人类学者许烺光(Francis L. K. Hsu,1909—1999)从大规模文明社会的心理机制出发,在比较文化的视野下,对种姓制度及印度教徒亲族文化心理进行考察与分析。

许烺光的研究对象不是单一的种姓集团,也不是印度教社会的家庭构成、群体功能等宗教文化特点,而是将印度教文化、印度社会组织和印度教的个体视为一个整体,揭示这一整体与其他异质文明不一样的大众心理文化趋向、亲族关系、世界观、阶层观等,从而抽象出这一文化类型背后的"集体无意识"。

许烺光认为,个人最基本的安全、社交和地位的需求首先要在初始集团中得到满足,在中国这种初始集团是宗族,在印度则是种姓。在不同的初始集团里,个人对周围世界的反映不一,自然对外部集团所采用的标准不一样,也就是文化心理取向有差别。在印度教家庭中,由于宗教的烙印深刻,超自然的绝对真理受到强调,个人的人生目标是与终极实在的不断接近,这样印度人的心理文化取向自然表现为以超自然中心,形成了无所常驻、万物流转的世界观。印度教社会正是配合这种流转不息的世界观,形成了无限分割的、形聚而神散的社会。从外部来看,种姓集团似乎表现出凝聚力,但这只是一种表面现象,种姓内其实是相对独立、自由、充满扩散性的离心世界。在这一独立的内在王国纵然可以孕育出繁盛绮丽的文学和艺术,高深精妙的冥思和哲学,却无法凝聚成融合的价值统一体,只能形成一个个独立分离又自我封闭的小团

---

① [德]韦伯:《印度的宗教——印度教与佛教》,《韦伯作品集》Ⅹ,康乐、简惠美译,广西师范大学出版社,2005年,第156页。

体——种姓和亚种姓。许烺光总结种姓具有两个特征:"一是自我封闭于自己筑起的壁垒之内,有一种不断分裂为一个个集团的倾向;二是每个种姓都强调对其他种姓占有优越地位。"①

个体的人际关系从初始集团开始,通过不断区分内外,使个体不断加深对外部集团的理解。倚重超自然的"梵"为中心的文化心理特点,使得印度人的人际关系呈现出片面依赖性和非互惠的特点,这也就意味着,个人不一定要回报他所接受的一切。许烺光引述印度学者的话:"演化运行的万事万物,其基础是存在于梵这种不可改变的永恒之中,'梵'并不引起什么,造成什么,和决定什么,但有了'梵',万事万物存,没有'梵',万事万物则减。"②因此,印度伦理缺乏普遍性,有伦理意味的"达磨"(法,dharma)是相对性的,而非普遍性的,因此许烺光才说:"信奉印度教的印度社会,充满了一种无法导致任何真正变革的内在动力。"③

超自然中心的文化心理取向反映在种姓制度上,是倾向于将大千世界视为长长的、有差别的通往至高"梵"的序阶,上至天界空界诸神,下至地界万物,即使最小的微生物和无生命之物,也在这个阶梯中有一席之地。种姓集团在向"梵"的复归过程中有不同的阶位,生活的目的就是在轮回中获得与神更为接近的阶位。而最高的目的,是彻底摆脱轮回和阶位,与神合一。在与神合一的心理取向下,每个人都会对所在的礼仪阶位表示不满,企图打破种姓壁垒,上升到与神更接近的阶位上去。这在一方面造成种姓阶位的流动性;另一方面,为了获得向上的阶位,有的采用更上层的生活方式和崇拜祭仪,也就有了所谓的"梵化"④,如果有人追随并加以模仿,一个新的亚种姓集团就产生了。因此,正如尚会鹏所说,"每一个更具雄心的印度教徒,都是一个潜在的新社会集团的缔造者。在这个体制中,低种姓自不待言,就连处于最高地位的婆罗门,也总是力图获得比同一种姓其他成员更高的地位而不断从所处的集团中分裂出去。"⑤因此瓦尔纳虽只有四个,亚种姓却数以万计,而且分裂过程

---

① 引自尚会鹏:《种姓与印度教社会》,北京大学出版社,2001年,第398页。
② 许烺光:《宗族、种姓与社团》,《许烺光著作集》V,黄光国译,南天书局,2002年,第5页。
③ 同上书,第6页。
④ 指低种姓为了获得地位上的提高,刻意模仿高种姓的生活方式、行为习惯、举止仪态等的一种行为。
⑤ 尚会鹏:《种姓与印度教社会》,北京大学出版社,2001年,第199页。

持续至今,这也是造成种姓之间社会冲突的原因之一。

三、种姓制度在现代印度

近代以来,印度的政治家和有识之士逐渐意识到,随着时代和社会的进步,种姓制度的负面影响逐渐增多,改善贱民地位,实现政教分离,建立世俗化社会的任务迫在眉睫。印度独立以前,早在1917年,国大党就正式把"取消不可接触制度"写进党纲。甘地不仅坚决主张改善贱民的社会地位,而且身体力行,与贱民席地同食,收养贱民义女,多次领导贱民进行反种族歧视的斗争。他称"贱民"为"哈里真",即"神之子"。他的旨在革新的十三条《建设纲领》,也明确指明要"废除'不可接触'(贱民种姓)"。甘地在《我灵魂的痛苦》一书中写道:"印度教徒应该和哈里真接近,要像对待自己的兄弟姐妹一样对待他们,寺庙、学校、一切公用水井、道路和休养所,都应该向他们开放。"[①]1933年1月8日,国大党根据甘地的建议,在马德拉斯组织了争取不可接触者进入印度教寺庙的运动,并把这一天定为"不可接触者进寺庙日"。

尼赫鲁对种姓制度产生和发展,采取历史分析的态度,认为种姓在世界上许多民族中都存在过,"把社会划分为种姓的办法并未引起像其他情形之下所可能引起的那样大的影响"。[②]但同时,也不乏对种姓制度的清醒认识:"在今天社会的组织中,种姓制度及其相关的许多东西是完全不调和的、反动的、拘束的、并且是进步的障碍。"[③]

"印度宪法之父"安贝德卡尔出身贱民,但凭借自身的努力,成为著名社会活动家和贱民运动领袖。印度独立以后,安贝德卡尔任首任法务部长,负责起草印度宪法,将废除不可接触制正式写入宪法,直接影响后来包括1995年通过的《不可接触制犯罪法》在内的其他旨在废除不可接触制的法令。

近代印度,不论是英国殖民政府还是国大党,为解决这个老大难问题做了大量的工作,也取得了一定的效果,但是并没有从根本上解决这个问题。其中原因十分复杂。

---

① 陈佛松:《印度社会中的种姓制度》,商务印书馆,1983年,第28页。
② [印度]尼赫鲁:《印度的发现》,世界知识社出版,1956年,第324页。
③ 同上书,第329页。

1. 种姓制度被削弱，但未彻底消亡

印度种姓已经存在三千多年，在这漫长的历史进程中，它发生了许多变化，特别是在印度沦为英国殖民地的近二百年间变化更大。

随着殖民主义统治的确立，英国人开始在印度设立法院，颁布西方律法，委任拥有司法权和征税权的英属各级行政长官。这样一来，婆罗门作为立法者和司法者的权利受到极大削弱，他们的宗教权威也受到了挑战。同时英国统治者在印度开设欧式学校，规定不分种姓贵贱，只要有钱，任何人都可以入学读书。由政府资助的学校不许禁止低种姓和"贱民"的子女入学。西式洋学校的开设，打破了婆罗门对文化知识的垄断权。

此外，英国人还实行了文官录用的考试制度。政府机关选用工作人员，必须通过文官考试，择优录取。因此就有可能出现这样一种情况，受过高等教育、有才华的低种姓通过考试，在政府机关担任重要职务，而一些婆罗门却可能是他的下属。这又是对种姓制度的一种挑战。

随着工业化和城市化进程的发展，各不同种姓的人们开始拥入城市。他们不得不在同一个车间劳动，同一个办公室工作，同一个教室上课，不得不乘坐同一辆公共汽车，不得不同住一座公寓。一些落魄的高种姓的人，也不得不放下架子，去从事以前不愿意干的职业，甚至去当厨师和车夫。以前高种姓的人不吃肉、不喝酒，以素食为净，现在一些高种姓的年轻人开始西化，他们模仿英国人的生活方式，也开始吃西餐，品起酒来。

英国统治者还对印度教的一些陈旧习俗进行改革。1856年颁布了允许寡妇再嫁的法令；1872年又颁布了特别婚姻法，宣布不同种姓的青年男女可以结婚；1876年孟买高等法院宣布：种姓会议无权批准结婚，也不准干涉寡妇改嫁；1923年通过了婚姻法修正案，规定申请结婚的人无须通报自己的种姓身份。这样使得种姓的内婚制在法律上不再被承认。

1947年印度独立后，印度国会于1948年通过了一项废除种姓制度的法案，1955年又通过了包含有消除种姓歧视条款的新宪法。印度新宪法第15条第1款规定：禁止基于宗教的歧视；第16条第1、2款规定：就业机会均等；第17条明确规定：废除"不可接触制"，"贱民"有权去公共祈祷场所，有资格去圣河、圣湖沐浴和取水，有权进入商店、旅馆或公

共娱乐场所,有权选择职业,有权去公共医院看病、买药,有权上学读书和在学校住宿,有权在村庄、集镇居住,有权佩带各种首饰等等。

客观地说,印度的种姓制度同独立前相比,已经发生了巨大变化。种姓身份不再决定一个人的职业和经济状况,并非所有高种姓的人都是富翁,高种姓中也有穷人,低种姓中也有富者。一些出身低种姓和"贱民"的政治人物,也开始走上国家的领导岗位。前印度总统纳拉亚南,已故人民院议长巴拉约吉,印度人民党原主席拉克斯曼,北方邦前首席部长玛亚瓦蒂,都出身于低种姓家庭,却在印度政坛有所建树,发挥影响力。在大城市,不少低种姓成员也上升为较为富有的中产阶级,高种姓和低种姓在经济和政治上的差距大为缩小。

印度在废除种姓制度方面,应该说迈出了可喜的一步。目前,在印度各大城市里,明目张胆地歧视低种姓的行为正在减少。低种姓的人在找工作时受到的歧视也在减少,越来越多的人也不会再拒绝与"贱民"握手了。

但是,另一方面,在印度这样一个印度教徒占总人口82%的国度里,从思想上根除沉淀几千年的种姓观念,绝非易事,特别是洁净污秽观念,深深地渗透在印度人的骨髓里。每年在恒河举行圣浴的时候,就常常发生冲突。虔诚的印度教徒每年都要到恒河进行沐浴,这是一种清洗罪过的宗教活动。可是,不同种姓的人不愿意一起沐浴,往往因为争抢先下水而发生冲突。阿哈拉巴德高等法院不得不进行干涉,最后只能按照种姓的高低安排下水的时间表。

总体来看,国家的经济命脉和行政大权,大都掌握在婆罗门等高种姓的手里。例如,在贱民人数众多的泰米尔纳德邦,从未有过来自低种姓的首席部长。在政府机关,尽管"贱民"的任职人数有所增加,但领导人和高级公务员基本还是由高种姓的把持着,只有那些报酬低、工作条件差的职务,才会轮到低种姓。

在日常生活中,种姓观念的残余也无处不在。没有一技之长的高种姓,宁可在街上以乞讨为生,也不愿意去找"低贱"的工作。一个高种姓家庭的主人,可能是留学归来的新潮人物,即便如此,他也决不会雇用一个低种姓的厨师。如果仔细看一下印度媒体上的征婚广告,就会发现征婚者对于征婚对象的文化程度、外貌、经济状况等虽然都提出各种不同的要求,但是"同一种姓"仍然是一个特别重要的条件之一。

尽管印度政府努力提高低种姓的社会地位,但在农村,种姓制度仍然顽固地坚守着自己那块越来越萎缩的阵地。广大低种姓群众和贱民们大都没有土地,他们被迫在极恶劣的条件下工作,有时仍然会受到高种姓的歧视和虐待。有些"贱民"至今还不能与其他种姓居住在同一个社区,不能与高种姓一同用水。更为糟糕的是,即使同为低种姓,也并非是一个整齐划一、团结的集体,低种姓之中也按职业分出许多亚种姓,互相之间也有高低等级之分,级别稍高者对级别稍低者也避之若浼。迫害低种姓或贱民的极端事件还时有发生。

翻开印度的报纸,几乎每天都可以看到有关种姓冲突的报道。因不同种姓的男女恋爱而自杀、被杀、被烧、被裸体游街的事件,还时有发生。根据《印度快报》的报道,北方邦在半年时间里就发生过1500起种姓暴力事件,其中就有低种姓的小伙子因追求高种姓的姑娘而被对方亲友活活打死的例子。

在印度的其他地区,这类暴力事件也不时见诸报章。1977年7月,在比哈尔邦的贝尔奇村,也发生过一起婆罗门地主残害"贱民"的事件。在这个村子里总共住有100来户人家,其中比较富有的种姓集团是古尔米人,但是他们的人数比较少,还不到总人口的20%,其余是"贱民"。一户"贱民"向村里的一个婆罗门地主退佃,引起了该婆罗门的恼怒。这个婆罗门是当地一个有权势的政治人物,又是古尔米种姓的头人。他倚仗自己的权势,将那个要求退佃的"贱民"赶出了村子。这一做法引起了该村"贱民"们的不满,于是"贱民"们就向那个婆罗门地主提出了抗议。婆罗门地主和古尔米种姓十分恐惧,于是他们就策划了一起残害"贱民"的事件。有一天,几十个全副武装的暴徒,乘坐卡车闯进了"贱民"居住区,将11名"贱民"绑起来,拉到婆罗门地主家门前的广场上,随后砍断了10个大人的手脚,再将他们和一个小孩统统扔到事先点燃的火堆里,将他们活活烧死。这起事件震惊了整个印度。英迪拉·甘地总理闻讯后,立即骑着大象赶到那里,慰问被害人的亲属。印度总统德赛称这起事件为"国耻"①。

2006年1月1日凌晨一点,在印度比哈尔邦的拉果普尔区,也发生了一起悲惨事件。雅达夫种姓的村民放火烧死了低种姓一家六口人。在这个地区,雅达夫种姓是属于比较高的种姓,又占该区人口的70%。事情的起因是这样的,属于低种姓的村民马赫托丢失了一头牛,他向警

---

① 孙培均:《觉醒中的印度贱民》,《南亚研究》,1982年第4期。

察报了案,控告雅达夫种姓的贾格特·拉伊等人偷了牛。警察逮捕了贾格特·拉伊和同案的八个人。后来丢失的那头牛回来了,警察也释放了贾格特·拉伊等人。贾格特·拉伊向马赫托施加压力,让他撤销诉讼,遭到拒绝。1月1日的午夜,贾格特·拉伊纠集雅达夫种姓的村民,将马赫托的房子团团围住,接着放起一把大火,将正在熟睡的马赫托的妻子及五个孩子活活烧死,马赫托因为睡在外室,才幸免于难,但也被烧成重伤。事情发生之前,马赫托曾经请求警察保护,可是警察当时并没有理睬。

2. "保留政策"引发新矛盾

为了保证低种姓人受教育的权利和工作的权利,印度政府实施了著名的"保留政策",旨在改善低种姓人生活、提高其教育水平。该政策规定:在议会两院为低种姓保留一定数量的席位;在所有的政府机构和国营企业中也为他们保留27%的名额。2004年当选为印度总理的曼莫汉·辛格,曾经许诺使印度穷人分享国家经济发展的成果。为了解决种姓制度带来的不平等,印度政府又决定提高定额的比例,将原来的27%的定额提高到49.5%。2006年4月,印度人力资源发展部公布了新规定:要求印度理工学院、印度管理学院以及全印医学院这三所最著名的院校,将来自低种姓家庭和经济不发达地区的学生入学名额从原来的22.5%提高到49.5%,其他20所大学则提高到27%。

这项新规定一出台,立即引起高种姓学生的不满。他们立刻意识到,他们的合法利益被人侵占了,他们考入名牌高校以及毕业后谋取好职位的机会将会因此而大大减少。所以,印度各院校高种姓的学生们纷纷表示抗议,其中医学界的反对声浪最高。他们宣称这是一种矫枉过正的"逆向歧视",一些学生甚至参加了抗议绝食行动。全印医学院的一个学生代表说,如果给低种姓学生更多的配额,就意味着高种姓学生考入医学院的成绩要比低种姓学生高出一截,这是"更大的不公平"。2006年5月初,在印度医学委员会的支持下,来自不同医学院的几百名学生首先组织游行示威活动。随后,公立医院和私人医院的一些医生也加入了示威行列。全印医学院注册医生联合会主席帕特罗在5月24日还发出呼吁,要求各行各业效仿甘地的"不合作"运动,用停业行动来向政府施加压力。2006年5月25日,印度总理辛格会见了部分抗议学生代表,劝说他们停止示威,并许诺"政府将会从总体上扩大高校招生名额,并创造更多就业机会"。但是大部分学生并没有就此停止抗议活动。

然而,大多数出身于中下阶层的人士却积极拥护政府的这项"保留政策"。印度全国医疗委员会发表声明称,长期以来,印度医学界被高种姓阶层所垄断,他们的收入丰厚,待遇优越,但是他们却没有为改变印度落后地区的健康水平做出贡献。多招收出身于低种姓家庭的学生入学,有益于改变部地区落后的局面。与此同时,部分来自印度理工学院和印度管理学院的低种姓学生也发起游行活动,支持政府关于提高保留定额的举措。支持者们高呼,这个新措施是印度民主的胜利。反对者则说,印度的人才库将会枯竭,产品的竞争力将会下降,跨国集团公司将会离印度而去。

围绕着"保留政策",印度各阶层已经持续了数十年的论战,因此而常常引发种姓冲突。早在1990年,当时的印度政府,推行一项保留低种姓阶层27%公职名额的政策,从而引发了高种姓人群的骚乱,10万人到新德里游行抗议,甚至有63名学生在事件中自焚。当人力资源发展部新政要把现有的49.5%的定额扩大到某些由政府资助的有名的院校时,印度工学院和印度管理学院的高种姓学生抱怨连连,他们对以前实行的22.5%的保留定额制已感到不满,现在把保留定额增加到49.5%,就更令他们怒不可遏。有人比喻说,这场争论就好像印度的两位天神在吵架:一位是印度的民主之神,支持绝大多数低种姓的人依法享受平等的权利;另一位是印度的资本主义之神,他主张依靠自己的实力参与竞争,崇尚精英和市场经济原则。两强相争,常常两败俱伤。

对"保留政策"的担忧不仅反映在教育界,一些经济学者和企业主也担心,不在平等的原则下通过严格的考核,无法选拔出高水平的工程师和公司经理。实行新定额制可能会制约印度的经济发展,伤害印度在世界市场上的竞争力。

有些反对定额制的人将矛头对准政府,认为扩大定额的目的,是官员们为了从占印度总人口三分之二的低种姓人群中换取选票。他们认为政府应该做的,是确保低种姓的孩子能够得到良好的基础教育,而不是简单采用保留定额的办法。

3. 种姓的政治化道路

印度独立后,政府采取了许多旨在消除种姓歧视、种姓隔离的措施,也取得了很大成绩,但是,种姓制度并没有被完全消灭,相反,它通过与政党政治相结合，在现代政治组织的发展道路上获得了新的生命力。种姓政治化、种姓集团政党化是印度种姓制度现代发展的重要特征。

20 世纪 80 年代前，国大党一党独大，基本上执行了政教分离的政策。到 90 年代，人民党越来越壮大，直至掌握中央政权，公开主张建立"印度教国家"，政教分离出现了危机。2002 年 8 月 15 日，印度历史学家比平·钱德拉在庆祝印度独立 55 周年之际，总结建国以来的一个主要变化，便是宗教已经进入政治。

种姓政治化的表现之一，是"种姓协会"的出现。种姓协会是一种旨在维护种姓地位和种姓利益的政治性的组织，一般是由同一种姓的人组成。它的主要职能是整理和编写本种姓的历史和种姓系谱；定期召开代表大会，讨论维护本种姓权利等问题；推举能代表本种姓利益的代表参加地方选举，并动员全国各地本种姓成员积极投票等。有的种姓协会还开办学校、医院、工厂和公司，向成员们发放贷款。加入种姓协会所需资格是人的出身，而非财富、才干、爱好等因素，因此它具有传统的种姓属性。同时，它还具有现代的社团性质。它的领导者不像传统的种姓组织那样，由年长的人来担任，而是由受过良好教育的、有才能的、有影响的人来担任；它的表决方式也不是像传统那样"一致通过"，而是采用投票表决，少数服从多数。可见，种姓协会是传统社会组织与现代政治体制思想结合的产物，是在印度特殊社会条件下产生的政治组织，也是政治化了种姓组织。

种姓政治化的表现之二，是各种姓集团极大地影响着印度各政党。"从某种意义上说，政党往往是这一种姓或那一种姓或几个种姓的党。"[①]正是说明一个事实，种姓集团是许多政党的构成基础，各政党也大都代表着不同种姓集团的利益。例如，泰米尔地区的民族民主党，就是代表纳亚尔(nair)种姓利益的政党；社会主义共和党是代表艾扎瓦姓(ezhava)利益的政党。就连国大党和共产党，也没有完全摆脱种姓的影响。如国大党在安得拉邦代表着雷迪(reddy，从事农业生产的一大种姓)种姓的利益；在哈里亚纳邦代表着贾特种姓的利益；在北方邦，则代表拉吉普特种姓和卡亚斯特种姓的利益。印度共产党领导人南布迪里巴德都说："试图推翻封建制的农民起义，如果要想从没有领导、没有

---

① 高鲲：《印度的政党制度》，《南亚东南亚评论》1988 年第 2 期。

斗争目标状态中前进一步,就必须依靠种姓组织。"①

　　印度各政党之间的斗争,其背后实际隐藏着各种姓集团之间的争斗。例如,在喀拉拉邦,社会主义共和党与社会党的斗争,就是艾扎瓦种姓与纳亚尔种姓的斗争;在安德拉邦,共产党与国大党的斗争,实际上是卡马种姓(kama)与雷迪种姓的斗争等等。印度政治家 J. P. 纳拉扬有一句名言:"印度最大的政党是种姓",这句话道出了印度种姓政治化的实质。

　　种姓政治化的第三个表现,是它影响印度政党的竞选和领导人的任命。以政党的名义从村落到中央进行的各级选举,实际上就是各种姓集团之间实力的较量。在通常的情况下,同一种姓的选民,肯定会投自己种姓的候选人的票,或者根据种姓协会的决议来投票。当一个种姓没有力量单独推出自己的候选人,它就必须寻求与其他种姓的联合,推出几个种姓都满意的候选人。当然,这几个种姓之间会讨价还价,以便日后候选人当选后能给他们带来实际的好处。在竞选过程中,呼吁忠于自己种姓的口号才是最有号召力的口号,最易为同种姓人所接受。这样,竞选活动在客观上成为增强种姓意识和种姓凝聚力的有效手段,古老的种姓制度也在现代的竞选中获得了新生。

　　议会民主这种新型的政治体制,加剧了各种姓之间的矛盾。在现代社会,权力和地位已渐衰落的高种姓,会为保护自己的利益而斗争。那些如今已拥有相当经济实力的低种姓集团,对自己政治上的无权地位感到不满,也必然要为争取自己的权利而斗争,因此他们与高种姓集团之间的矛盾也会加剧。处于种姓金字塔最底层的"不可接触者"逐渐觉醒了,他们同样要求改变自己的不平等待遇,反抗高种姓集团的压迫和新富翁的盘剥。在低种姓与"不可接触者"之间,同样也存在着矛盾和斗争。

　　显而易见,不论是什么种姓——高种姓也好,低种姓也罢,现在都认识到这样的一点:种姓这种古老的社会组织形式在议会民主的条件下是有用的,种姓在竞选中是有力的工具。利用这个工具,各政党可以达到自己的政治目的。因此,各种姓集团都以政党的名义,重新组织起来,在议会民主和竞选的舞台展开角逐。如果说以前的种姓冲突大都是分散

---

① Selig S. Harrison, *India: The Most Dangerous Decades*, Princeton University Press, 1960, pp. 196—197.

的、自发的,那么,现在的种姓斗争都是有组织的,而且都具有一定的规模。可以这样说,种姓的政治化、种姓集团的政党化为种姓制度现代转型注入了新的活力。

第四章

神权至上 天人同欲

——印度人的宗教观

宗教是一个历史的概念,其作为一门学科不过一百余年。"宗教"(religion)的中文译名最初由日本人翻译,但在 20 世纪 20—30 年代,这一译名曾遭遇新文化运动进步学者的抵触。与中国一样,印度人虽不反对宗教一词,但却对西方称之为"Hinduism"(印度教)的说法经历了从反对、抵制到默认、接受到过程。1873 年,英裔德国东方学家麦克斯·缪勒(Max Müller,1823—1900)发表《宗教学导论》,界定宗教与宗教学学科,此后东方学家和印度学家频频以"印度教"指称当时占印度人口大多数的非穆斯林民众。直到 20 世纪初马克斯·韦伯倡导比较宗教学时,印度教已在西方学者和印度思想家的演讲和著述中广泛使用了。他们讨论宗教的各个方面,包括宗教信仰、理论、心理、情感、体验等。宗教观,指的就是印度人如何看待信仰,看待各种不同宗教,以及对于与物质相对应的精神内涵的认识与体悟。

印度近代思想家们经过 19 世纪如火如荼的反殖民运动和宗教改革的洗礼,他们对"宗教"概念有了更为细致的考察。宗教改革运动先驱维韦卡南达(Swami Vivekananda,1863—1902)区分宗教的内在和外在方面,其中内在方面是宗教认识的重点,它似一种无意识的驱动力,引领人类命运。"在一切力量之中,有一种力量过去,现在和将来一直为决定人类的命运工作着,确实没有任何力量比它更强大,这种力量的表现被我们称之为'宗教'"。① 印度当代大文豪泰戈尔(Rabindranath Tagore,1861—1941)将宗教与人性关联起来,提出"人的宗教":"人具有一种比其肉体感觉更巨大的特殊知觉力——这就是他的人格。这种深藏的创

---

① [印度]斯瓦米·维韦卡南达:《智瑜伽》,第 1 页,引自[印度]巴萨特·库马尔·拉尔:《印度现代哲学》,朱明忠、姜敏译,商务印书馆,1991 年,第 50 页。

造能力就是人的宗教。"① 印度国父"圣雄"甘地（Mahatma Gandhi，1869—1948）尤为重视人内心深处的道德信条，他认为宗教的定义不是由圣典、教条来决定的，能改变人性、使人与其内在的真理永不分离、永远纯净身心的，才是宗教。② 印度第二任总统、哲学家拉达克里希南（S. Radhakrishnan，1888—1975）注重宗教体验，认为"宗教不是信条或法则，而是对存在的证悟"，同时宗教也是一种"能够改变人性，并使人的内在神性显现出来"的生活方式或修炼方式。③

印度文化中的宗教性较之其他民族，更为悠久闳广、精深复杂。这种宗教性不仅表现在历史悠久，卷帙浩繁的诗文之海，表现在古代注释家和近代思想家们冗长繁密的注疏和滔滔雄辩之中，而且表现在活泼灵动的舞蹈、音乐、雕塑等艺术表现形式中。更为重要的是，这种宗教性潜藏于更为深层的源流里，那就是印度民族的思维方式和生活方式之中。

一、从宗教仪轨到宗教生活

宗教最初发生于对大自然的敬畏，先民们在刀耕火种中掌握了一定自然规律，进行生产劳动之后，他们从对自然的崇拜过渡到对神的崇拜，围绕敬神和农事的各种祭仪、颂诗也开始出现，吠陀就是这样一套礼赞诸神、敬畏祭祀、记录各类祷词、仪轨和咒语的总集。祭祀的功能强大，名目繁多，不仅具有沟通人与神的功能，还有支配万物的法力，是印度先民日常生活的重要组成部分。祭仪主要分为两类，天启祭（śrauta）和家祭（grhya）。天启祭由祭司主持，是将动物、植物和苏摩酒等祭品奉献给天神的一种公共敬神活动，较为流行的天启祭有火神祭、全祭、马祭、人祭等，其中最著名也最盛大的仪式当属马祭。《百道梵书》（Śatapatha Brāhmana）有言，"马祭是一切，作为一个婆罗门，倘若对马祭一无所知，那他就对一切毫不知晓，不是一个婆罗门，他的权力应该被剥夺。"（13.

---

① ［印度］巴萨特·库马尔·拉尔：《印度现代哲学》，朱明忠、姜敏译，商务印书馆，1991年，第 89 页。

② 《青年印度》，1920 年 5 月 15 日，引自黄心川：《印度近现代哲学》，商务印书馆，1989年，第 158 页。

③ ［印度］巴萨特·库马尔·拉尔：《印度现代哲学》，朱明忠、姜敏译，商务印书馆，1991年，第 317 页。

4.2.17)① 一方面马象征生主（宇宙之主），祭祀成为生主的一种创造行为，另一方面马也是王权拥有者刹帝利国王的替身。当一个国家繁荣强大起来之后，国王便举行盛大马祭，以展示国威，令邻国臣服。

大史诗《摩诃婆罗多》详细描述了马祭的程序和盛况：

般度族五兄弟在俱卢之野经过十八天的大厮杀，最后战胜了自己的对手——以难敌为首的众兄弟。然而大战结束后，面对着战死的亲人们的尸体，般度王的长子——坚战感到十分悲伤。他坐在恒河岸边，不住地流下眼泪。这时广博仙人来到他的身边说："坚战啊，你举行伟大的马祭吧！就像你们光荣的祖先——豆扇陀之子婆罗多王从前所做的那样。这种马祭会赋予一个国王统治天下的权威，也会清除一切罪孽。"坚战接受了广博仙人的建议，于是着手马祭的准备工作。婆罗门祭司为马祭选定了一匹骏马，准备了一把宰杀祭马的宝剑，并且用黄金铺设了祭坛，又制造了各种黄金祭器。广博仙人确定恰特拉月新月出现的那一天为马祭开始的日子。到了这一天，祭坛周围人山人海，许多国家的国王在后妃的陪同下赶来参加马祭。只见那用于祭祀的牲畜绑在了祭柱上，主持祭祀的婆罗门开始诵念圣典所规定的咒语。坚战身穿红色绸袍，肩披黑色羚羊皮制作的斗篷，手执权杖走上祭坛，身披红色祭袍的婆罗门为他主持加封仪式。随后，广博仙人示意解开祭马，并且高声说道："阿周那是最英勇的武士，就让他带领国王的军队，尾随着祭马去吧！不管祭马奔向何方，他都要保护祭马，免遭其他国王的杀害！"坚战对阿周那说："你去吧，阿周那！不管祭马踏上哪个国家的土地，你要用和平的手段使那里的统治者顺服。我要向他们伸出友谊之手，保护他们的国土。请他们来参加我的庆典！但是你要摧毁那些狂妄而不驯服的叛逆者！"阿周那遵照长兄的吩咐，登上战车，率领一支精锐军队出发了。阿周那一路上先后征服了三穴国、钵罗久底舍国、信度国，打败了达沙纳和尼沙陀族的军队，击溃了达罗毗荼人和安度罗人的军队，战胜了科尔瓦山区的野蛮部落，进入了五河流域。然后他又战胜了犍陀罗国的国君，最后返回自己的都城——哈斯丁

---

① *The Śatapatha Brāhmaṇa*, *The Sacred Books of The East*, Vol. 44, Delhi: Motilal Banarsidass Publishers, 2009, p. 284.

普尔。祭马返回后的第三天,马祭的最后仪式开始了。主持祭祀的婆罗门念起咒语,向祭坛泼洒苏摩酒;接着宰杀了三百头牲畜,作为向各位天神献祭的牺牲品。伎乐天和仙女们跳起了仙舞,奏起了仙乐。最后祭司宰杀了那匹祭马,取出它的骨髓,放在锅里进行烹煮。坚战带领四个兄弟,走近蒸锅,呼吸从祭马骨髓中冒出来的蒸汽,因为这蒸汽可以清除他们的罪孽。然后由十六个祭司将祭马的尸骨焚化。马祭结束后,坚战向前来参加马祭的婆罗门祭司们进行布施,又把剩下的财物分给参加祭祀的所有人。①

不同于天启祭的浩大繁冗,家祭通常在家庭里举行,由一家之主主持,是印度人日常生活不可或缺的一部分。家祭中除了设置家庭的祭火和丰年祭以外,还有受胎礼、出生礼、入门礼、婚礼与葬礼的祝圣等,其中以男孩向婆罗门拜师的入门礼(upanayana)最为庄重,相当于人的第二次生命,对印度人而言意义非凡。在《阿达婆吠陀》(Atharva-veda)里是这样描述入门礼的:仪式开始,婆罗门教师将男孩化为胚胎,放在教师肚子里三个晚上的祭仪,象征此男孩经入门礼得到再生。(11.5.3)② 梵书中这一过程已经简化,教师将手放在男孩肩上即表示教师怀上了他,三天后男孩将以婆罗门身份再生。《百道梵书》明确将入门礼视为第二次再生:"人有三次出生:第一次是父母所生,第二次是献祭时得到的生命,第三次是死时放在火堆上得以重生"(11.2.1.1)。③ 献祭得生为"入会礼",《他氏梵书》(Aitareya Brāhmana)描绘了这一过程,祭司往献祭者身上洒水(水代表精液),然后带他进入一个小屋,小屋象征着子宫。祭司用一件外衣把献祭者盖上,这件外衣就是羊膜,献祭者紧紧地握住拳头,如同曾在子宫中一样(1.3)。经过神圣的洗礼,仪式性地回到母体中,在这一神秘过程中,献祭者也成了神灵,通过入会礼,他到达诸神那里,并成为他们中的一员。(《百道梵书》3.1.1.8)因为献祭者将自己祭献给了神。(《他氏梵书》2.11)通过祭祀的创造,一个人通过献祭获得

---

① 故事详情见[印度]毗耶娑:《摩诃婆罗多》(六),金克木、黄宝生、葛维钧、郭良鋆等译,中国社会科学出版社,2005年,第590—630页。

② Hymns of The Atharva-veda, The Sacred Books of The East, Vol. 42, Delhi: Motilal Banarsidass Publishers, 2011, p. 626.

③ The Śatapatha Brāhmana, The Sacred Books of The East, Vol. 44, Delhi: Motilal Banarsidass Publishers, 2009, p. 2.

"神化"得到再生,赢得社会及自然界的祝福,这是梵书时期的主要观点。大约始于公元前 6 世纪的大量法经、法论更是对印度人人生不同阶段、时期的所作所为和祭祀仪轨规定得事无巨细,从怀胎到入葬,大至婚丧嫁娶,小至剃发命名,一生都与仪式相伴。在集大成的《摩奴法论》(Manusmṛti)中,就对胎教、诞生礼、剃发礼、系圣线礼、起名字、入教礼、莎维德丽礼等做出了明确的要求。以受胎礼为始的人"圣礼应该与吉祥的吠陀仪式一起进行;它在今生和死后都消除罪垢。"(2,26—27)①男孩的诞生礼则"规定在割断脐带以前举行:诵着经文用金匙喂以蜜和酥油。"(2,29)②婆罗门、刹帝利和吠舍的剪发礼均有规定的年龄。

在古代印度,仪式伴随人的一生,宗教与人们日常生活的紧密关系,使得宗教不仅仅是信仰,更是生活本身。诚如金克木所言,"宗教在古代对人们的全部生活都有影响,它不像现代这样主要是一种思想上的信仰。古代宗教还规定了许多生活准则,要求人们以信仰为根据而遵循这些准则。因此,它往往会表现为一种生活方式。同时这种生活方式里也含有比较系统化了的思想。有的宗教强调信仰,有的宗教更强调思想,这只是作为说明某种生活的必要性的一种主要依据。各种宗教就往往由于着重点不同而形成不同的宗教生活方式。"③印度人也不例外,他们的宗教同样是一套内容丰富的生活方式的集合。

在古代印度,没有所谓宗教与世俗之分,更没有"宗教"一词,印度人把自己的精神信仰和生活习俗视为古已有之的法则和必须遵守的规范,这一精神信仰和生活习俗统称为"达磨"(或法、正法)。《摩奴法论》中达磨被这样定义:"始终为脱离爱与恨的有知识的善人们所衷心赞成和奉行的就是法"(2.1、12)④,其中吠陀、传承、善人的习俗和我的满足被认为是达磨的"四法相",即四个特征。当代法论史学家凯恩在所著《法经史》中认为达磨是生活方式或目标,"一种生活方式,或者是一部行为的法规,以实现人自身不断发展与完善,使他能够达到那被认为是人类

---

① 《摩奴法论》,蒋忠新译,中国社会科学出版社,2007 年,第 18—19 页。
② 同上书,第 19 页。
③ 金克木:《中印人民友谊史话》,《金克木集》(二),三联书店,2010 年,第 95 页。
④ 《摩奴法论》,蒋忠新译,中国社会科学出版社,2007 年,第 16—17 页。

存在之目的的目标。"①当代史诗学者古尔特鲁斯·梅斯具体指出达磨所涵括的诸多内容,包括大神与绝对的真理、责任或美德、规律或原则、代表神意的正义、关于风俗与传统的法规或规定、公共法与普遍的法等。②

　　实际上,达磨的真实内涵远不止于此,达磨是一部行为法规,也是一种生活方式,它既包括《吠陀》所含真理,也包括合乎传统标准意义上的道德责任。总而言之,它是一套关乎过去传统习俗、现存生活方式和未来无数可能性的集合。达磨的广泛内涵,使得它成为古代印度文明或印度雅利安文化的中心思想,印度学者 C. 巴德里纳特(Chaturvedi Badrinath)称达磨是印度文明的真正特性,"印度文明的真正特性是'dharma',而不是'Hindu'。'Hindu'这个词,在任何印度古代或中世纪的经典中都没有发现过。在印度,也从来没有像'Hinduism'这样的东西。唯一的概念就是'达磨''秩序',印度思想中的任何事物都起源于它,印度生活中的每一生活最终都依赖于它。"③相较于"印度教"这一带有明显带有西方视角的用词,古老语汇"达磨"更为贴合古代印度人民的生活实景。它丰富的广义内涵,兼摄伦理、法律、宗教等内容,是印度宗教的本质属性,为诸宗教和派别共有。

　　基于传统生活的达磨根植于古老的典籍和由之形成的一套行事律则,这是从横向的历史维度来看的,同时还有纵向的深层维度,则是传统与习俗下的内在精神。正如著名的印度史学家巴沙姆(A. L. Basham)所言:"印度文化倾向于向内看和朝后看。向内是指个人的精神生活,朝后是指远古的神圣规范。"④不同于古老的《梵书》《森林书》对祭祀传统的重视,公元前 8 世纪前后出现的《奥义书》祭祀仪轨的内在精神维度,不仅有对生老病死的追问,对不可知的热切好奇,而且表现出对仪式、仪

---

　　① P. V. Kane, *History of Dharmaśāstra*, Bhandarkar Oriental Research Institute, Poona,1930, hereafter abbreviated as HD,Ⅰ—PartⅠ,3, quoted by Chaturvedi Badrinath: *The Mahabharata*:*An Inquiry in the Human Condition*. Orient Longman Private Limited, 2006, p. 79.
　　② [印度]苏克坦卡尔:《论〈摩诃婆罗多〉的意义》,载季羡林、刘安武编:《两大史诗评论汇编》,中国社会科学出版社,1984 年,第 207 页。
　　③ C. Badrinath, *Dharma*, *India and the World Order*, Saint Andrew Press, 1993, p. 3.
　　④ [澳]A. L. 巴沙姆主编:《印度文化史》,闵光沛等译,商务印书馆,1997 年,第 85 页。

轨的诸多怀疑和对信仰问题的诘问。"我不认为我知道,我也不知道我不知道;我们之中,知道它者知道它,他也不知道他不知道。"(《由谁奥义书》2.2)①比较宗教学家米尔恰·伊利亚德(Mircea Eliade)也承认:"奥义书中透露出的精神危机,似乎是由对于献祭'力量'的沉思而产生的。"这种沉思与反思在掌握知识的婆罗门阶层表现尤为突出,"仙人们走得更远,他们将神秘知识从仪式和神学的背景中剥离出来,如今只有通过神秘知识揭示真实世界的深层结构,才能够掌握绝对的真理。"②

在怀疑论的风气下,知识(包括咒语)居于上风,祭祀退居其次,知识拥有了某种神秘的力量。"知识指导祭祀,知识也指导行动,一切天神崇拜最古老的梵为知识。如果知道梵是知识,而不懈怠放逸,摒弃身体的罪恶,就实现一切愿望。"(《泰帝利耶奥义书》2.5)③对印度各派而言,知识不是思辨的游戏,求知的目的不是为了获得与实际人生无关的知识理论,而始终要归于生活上的验证。因此,不论是印度先民的吠陀赞诗,奥义书中的偈颂对谈,还是史诗的宏大叙事,故事之海的奇谲瑰丽,其中透露出的对生命的探索,对至上的诘问,与诸神的共处都是对自然万物和日常生活的投射。印度教徒的一生有四个行期,家居生活是重要阶段,只有经历娶妻生子、养家糊口的世俗生活,才能走向森林,寻求归隐。瑜伽哲学之所以兴盛于世,也与瑜伽哲学繁复理论背后那最为基本的亲证、亲验的践行观有关。当印度人民每日清晨或节假日,走进神庙参拜冥思,就是在为自己和至高者寻找一种对话方式。这一举动既可以说是仪式性的,也可以说是冥想型的;它既是一种外在形式,也映射着内在精神,两者甚难分离。一个普通的乡村祭司,纵使识字不多,也会在每日的寺庙祈祷前念诵一段赞词:

  啊,神啦,请原谅我因为人性的限制而来的三种罪:
  你无所不在,而我却在此处崇拜你;
  你无形象,而我却以这些形象崇拜你;
  你无须赞美,而我却对你献上这些祈祷的礼敬。

---

① 《奥义书》,黄宝生译,商务印书馆,2010年,第255页。
② [美]米尔恰·伊利亚德:《宗教思想史》I,吴晓群译,上海社会科学院出版社,2011年,第202—203页。
③ 《奥义书》,黄宝生译,商务印书馆,2010年,第240页。

　　　　　神啊,请原谅因为我人性的限制而来的三种罪。①

　　赞词所要表达的,是崇拜仪式与内在精神的不相吻合,以此告诫虔诚的信众,沉溺于偶像的崇拜,繁复的祭祀,终日的祈祷,无非人性的愚昧与软弱,如何超越崇拜与仪轨,通达仪轨背后的精神内涵,才是宗教的真义。

　　对知识层面的关注,激发了对宗教内在方面的追求。仪式与仪轨好似桎梏的枷锁,无法展开思想的双翼。对爱智者而言,灵魂的超脱、精神的超越和内省的自由远比早晚的供奉、反复的祷念更有吸引力。当印度先哲们不再满足各种象征性的仪式,而试图追问生活并寻求解答时,有关宗教的深层问题和内在精神层面就向他们敞开了。

二、宗教精神的重估

　　现代印度的缔造者尼赫鲁曾说:"每一种文化和每一个民族的面前都摆是摆着两条平行的河流,一条是人生的外观,一条是人生的内境。它们相遇或仅仅靠拢就产生出均衡和稳定,若是两者相歧,就会发生矛盾和危机,会给予理智和精神以折磨。"②如果说宗教仪轨和生活是人生的外观,那么宗教的内境又是什么呢?

　　拉达克里希南曾在《印度哲学》卷首对此有所回答。他说,精神性是印度思想的本质特征:

　　　　印度哲学的本质是精神的,虽然它不一定塑造出伟大的政治结构或社会组织形式,但其强烈的精神性仍能抵御时间和历史的侵蚀。在历史上很多时候,外部侵略与内部倾轧损害了它的文明。希腊人和塞西亚人,波斯人和莫卧儿人,法国人和英国人都曾轮番试图压制它,但它仍保持高昂势头。印度最终未屈服,它旧有的精神火焰仍在燃烧。从始至终,它的生命与一个目标联系在一起,那就是为真理而战并抵御错误。它也许有缺陷,但当得起这样的使命。

---

　　① [美]休斯顿·史密斯:《人的宗教》,刘安云译,刘述先校订,海南出版社,2006年,第41页。

　　② [印度]尼赫鲁:《印度的发现》,世界知识社出版,1956年,第91页。

印度思想史不断述说着对思想的无尽追求,愈久弥新。①

印度是重智的民族,智者是宗教精神最早的揭示者、阐释者和践行者。古时智者被称为仙人(rsi)、苦行者、圣人、瑜伽行者(yogin)、见证者(witness)等,他们潜修苦行,精炼瑜伽,体验出神,展露神迹,在史诗和神话中连天神也对他们惧怕三分。吠陀(veda)的字根"vid"意为"视见",吠陀又称之为"śruti",意为"所闻",从这两个词可以透露出一些信息。智者们以一种超理性的直观视见与真理契会,并用偈句、颂诗将亲见真理吟诵出来。他们以声音传达真理,成为神圣启示的媒人,他们的语言(vāk)也成为吠陀之母或女神,《阿达婆吠陀》中的咒语可祛病、可退敌、可招来爱情,语言的威力不可小觑。后来有了伟大的古儒(guru),《薄伽梵歌》里的克里希纳(Krsna)、古代智者毗耶婆(Vyāsa)、佛陀(Buddha)、大雄(Mahāvira)、商羯罗(Śankara)等,他们既可能是真实存在的人,也可能只是人们想象的神,真理经由他们的发现与揭示,向我们展现出某种洞见,搅动精神生活的深度,他们是宗教精神的完美化身。维韦卡南达就曾指出,智者之所以成为真理或"绝对者"的揭示者,是因为凡夫俗子无法把握至高无形的存在,只能借由通达上智的圆满之人来启悟自身的无限可能。"绝对者无法被我们所崇拜,所以我们必须崇拜其呈现之物,这种天分也是我们的秉性,耶稣拥有我们的秉性,他成了基督。所以我们也可以、而且必须称为基督。基督和佛陀都是抵达圆满之境的名字,那名为'耶稣'和'乔达摩'的人把它呈现了出来。"②

先哲们的智慧虽然只言片语,不免粗朴、笼统,但却是冥思的结晶。因此拉达克里希南曾分析印度宗教意识,将它划分为三个层次:所听(sravana)、思辨(manana)和深层次冥想(nididhyasana),由之对应宗教崇拜、宗教虔信和宗教冥想三个阶段,表示着宗教意识的进阶,也是意识逐渐内化的过程。这与维韦卡南达所认为的宗教发展三阶段——最低阶段的外在实物崇拜,次高阶段的精神祈祷,最高阶段的神性实现有着异曲同工之妙。将"冥想"视为宗教意识的高级阶段,为印度近代哲学家巴萨特·库马尔·拉尔所认同,他认为印度宗教与哲学所强调的精神价

---

① S. Radhakrishnan, *Indian Philosophy*, volume I, Oxford University Press, 2008, pp. 4—5.
② Swami Vivekananda, *Inspired Talks*, Madras: Sri Ramakrishna Math, 2009, pp. 82—83.

值,并非全然在于解脱之后的彼岸世界的价值,也未曾以片面的方式漠视经验和世俗的部分,相反,印度思想竭力调和彼岸世界与世俗世界。拉尔说,若要选一个词来概括印度思想的精髓,最好的词汇并非"精神",而是"冥想",因为精神会让人将之与"物质"相对,而冥想关注更深层次内在的内容。"'冥思'一词比'精神'一词的涵义更为广泛,因为'冥思'甚至把'精神'一词包含在内。'冥思'所暗指的意思正是印度哲学家所要揭示的造物主的神圣力量,以及人自身内在的一种自我超越的能力。"[①]印度近代两位出色的哲学家都不约而同地将宗教的维度指向了内中,指向了深层自我。

印度思想里的"自我"哲学十分丰富,可粗略地分为经验的自我与抽象的自我。在吠陀、梵书和奥义书中,经验的自我可以是气息(prāna)、原素、肉身等非意识的物质存在,亦称"小我";先验自我或抽象自我是意识(manas)、原人、个我(jīva)、阿特曼,可称"大我",有时气息也可以作为先验自我的代名词。大我与小我的关系,犹如瓶外的大空与瓶内的小空的关系。小空看似限于瓶中,与瓶外大空有异,但一旦瓶子打破,瓶内小空就归入瓶外大空,此时大空小空,并无二致,同为一空。小我如是,一旦从轮回中解放出来,复归于大我,则大小二我,再无分别。婆罗门教的正统派别,不论数论、瑜伽派,还是吠檀多诸派,均强调"自我"的概念。数论里的自我是"神我"(purusa),纯粹的意识实体,静性的知觉性,清净无染,无为无作,相当于抽象自我。胜论派的优婆伐娑(450—500)讲"普遍自我",认为普遍自我的存在无法通过推论或证明获得,也无法由权威的圣典得悉,但却能以直观感知方式获得。吠檀多诸派的出发点是揭示梵—我—物(幻)三者之间的关系,商羯罗的不二论将小我与大我区别开来,"如识我为监视者,此为心识非属我;因为监者无区别,并无超越于他者。"[②]其中第一个"我"是经验的小我,第二个"我"才是阿特曼大我。佛教虽主张"无我"论,但在巴利文经典中,也有赞成自我(pudgala)主张的派别。《法句经》中讲"自我"是我的主人,善恶的见证人。《弥兰陀问经》中"识"(viññana)被喻为坐在十字路口注视者四方往来者的城市守护

---

① [印度]巴萨特·库马尔·拉尔:《印度现代哲学》,朱明忠、姜敏译,商务印书馆,1991年,第2页。

② [印度]商羯罗:《示教千则》I.18.158,引自孙晶:《印度吠檀多不二论哲学》,东方出版社,2002年,第420页。

者。① 佛陀对有无自我的问题,未作肯定回答,也未作否定回答。有这样一个故事:游方僧瓦查戈达(Vacchagotta)询问佛陀:"物质如何存在,尊敬的世尊啊,其中有自我吗?"佛陀没有回答。瓦查戈达又问:"那么伟大的世尊啊,物质没有自我吗?"佛陀仍没有回答。于是瓦查戈达起身走了。连佛陀弟子阿难对此也颇为不解:"为什么世尊没有对游方僧瓦查戈达的问题给出答案呢?"②可见自我是个难题。单纯依靠理性、逻辑可能无法证明自我的存在,佛陀在这里以无声的方式提醒我们看到哲学方法的局限。

印度思想的精髓"梵我一如",如果从自我层面来看,便在于如何实现小我向大我的交融。丰富的自我论及相应的修炼观为揭开人的深层心理和意识提供依据。人无须成为神,但人可通过适当的精神训练,令自我内在的潜能彰显,证悟自我的神圣存在,亲证自我的神性实现,从而实现从人性向神性的转变。尼赫鲁将"神性"称为"精神性",是为了更科学地表达这样一种人类固有的本质属性,它使人超越一般水平,达到超拔的精神状态。如何亲证、认识并表达这种神性转变,不同时代的圣哲有着不同方式的解读。在奥义书中说:"任何人若是发现和觉悟到这个进入身体深渊的自我,他便是创造一切的创世者,世界属于他,世界就是他"(《大森林奥义书》4.4.13)③;中世纪虔诚派诗歌中,个体与自我就像黑天与罗陀的欢爱:"情火似骄阳,在我体内焚烧,请用你的脚,踩灭它的光芒!"④;在伊斯兰教哲学中,万物藏在"自我"的秘密之中,有诗云:"草从自身找到了生长力,它的勇气撕裂了花园的胸衣";"当一滴水牢记了自我,它无价值的生存便像珍珠一般辉煌";"每个原子都眠伏自我的潜能"。⑤

在印度传说中有这样一则故事,据说在古老的圆满时期,所有人都是神,但他们滥用自己的神性,大梵天决定取走人类的神性,藏在一个永世不得发现的地方。梵天召集众神讨论,众神提议道:"把它埋在大地最

---

① 《南传弥兰王问经》,巴宙译,中国社会科学出版社,1997年,第62页。
② S. Radhakrishnan, *Indian Philosophy*, volume I, Oxford University Press, 2008, p. 324.
③ 《奥义书》,黄宝生译,商务印书馆,2010年,第88页。
④ 季羡林主编:《印度古代文学史》,黄宝生译,北京大学出版社,1991年,第241页。
⑤ [巴基斯坦]穆罕默德·伊克巴尔:《自我的秘密》,刘曙雄译,北京大学出版社,1999年,第69—70页。

深处。"梵天回答:"不行,人类会挖掘并找到它。"众神又问:"把它藏于大海之渊。"梵天回答:"不行,人们会潜入海里找到它。"众神又说:"把它藏于高山之巅。"梵天仍摇摇头:"也不行,人们会翻越高山,寻回他们的神性。"于是众神绝望地叹息道:"那我们无能为力了,人类的足迹似乎无处不在。"梵天苦思冥想了许久,最终说道:"我知道怎样做了,我们把人类的神性藏于人心中,人们永远不会想到要去那儿寻找。"众神点点头,认为那儿正是一个完美的藏匿之地。于是,从此人们上天入地、翻山越岭、入海深潜,寻找他们遗失的神性。①从这个故事透露出的吠檀多思想,讲的是神性或精神性就像种子一样,早已深埋于心,人企慕神性的精神追寻之旅,实际是人求诸于己,反溯自身的旅程。正如维韦卡南达所认为的,人的精神追寻之旅是人们不断向内叩问自身、认识自身的过程,"所有关于宗教与神的观念都是为了寻找什么呢?人类为何要寻找神?就是因为这一观念原本就存在于人心。那是你自己的心跳,而你却不知,你却将它误认成了外在的某物。它就是神,即你内在的自我催逼着你去寻找它,去亲证明它。"②

亲证神性的方法多样,泰戈尔呼吁的"在行动中证悟""在爱中证悟"和"在美的感受中证悟",实指三种证悟方式。印度各派均强调精神训练,认为它是知行合一的不二法门。《薄伽梵歌》中精神训练分智、业(即行为)、信三法,所修工夫即称"瑜伽"(yoga)。瑜伽有连结之意,意为人性与神性的连结,也是低层次知觉性与高层次知觉性的连结。精神训练是瑜伽是精神训练的普遍方法。"这种宗教在我们印度称之为瑜伽——它在联结中实现了。对于工作者,这是他与整个人类的联结;对于神秘主义者,这是低等自我和高等自我的联结;对于虔诚者而言,这是他自己与充满爱的上帝的联结;而对于哲学家,这是所有存在的联结。"③近代印度思想一方面吸收吠檀多、瑜伽和唯识学说,另一方面吸收黑格尔精神进化说和达尔文的进化论,将人的精神发展分成诸多阶段。按自然发展规律,人的精神领域本能地会向越来越有意识、越来越高级的层面发展,但自然进化的速度十分漫长,瑜伽作为精神修炼的古法,是个人低等

---

① *Vasishta Yoga sara*. Tiruvannamalai: Sri Ramanasramam, 2005, pp. 25—26.
② *The Complete Works of Swami Vivekananda*, Kolkata: Advaita Ashrama, 2005, vol. II, p. 82.
③ [印度]斯瓦米·维韦卡南达:《普遍宗教的理想》,引自[英]韩德编:《瑜伽之路》,王志成等译,浙江大学出版社,2006年,第76页。

意识,甚至集体意识向高级意识攀升的助推器,会对意识演化与提升带来飞跃式的进阶,它不是从错误走向真理的过程,而是从较低级真理向较高级真理演化的过程。

对于从低至高的精神进化历程,阐述最为系统、全面的当属印度现代圣哲奥罗宾多(Sri Aurobindo,1872—1950)。在古老的印度思想中,宇宙有三种权能——创造、存在与毁灭,如同一个无始无终的圆环,承载时间之劫,周而复始。奥罗宾多的精神论,也是这样一个颇为复杂的循环系统,他设计了一个"精神"自我退化与进化的历程。首先大梵以超心思为媒介,下降或退化到现象界,然后现象界万物再向上进化,经过超心思最终还原于梵。世界的演化构成一个圆圈,梵既是演化的起点,又是演化的终点。从至高精神或曰"梵"遍入个体精神或阿特曼的过程是精神的下降半圈,或称自我退化;由阿特曼向神圣梵的进发过程是精神的上升半圈,或称自我进化,最终达到奥义书所言的梵我一如与自我神圣化。进化与退化是同一个循环的两个方面。在此过程中,奥罗宾多着重强调精神中的知觉性,若从认识论的角度,下降半圈是知觉性的静性权能——"无明"的凝势和聚敛,上升半圈是知觉性的动性权能——"明"的彰显与焕发,一个"明",一个"无明",看似一个在精神上升之峰,一个在精神下降之谷,实际是同一知觉性的光明与阴影,本体上同一不二。"无明"是"明"的一静性权能,是一种被遮蔽知觉性力量,是完满认识的自我敛退,如同植株里的种子,只等待热力的烘焙得以发芽。若从精神性角度看,正因为精神性下降的存在,才诱发出人内心深处对超上的无比企慕,期望与之相融并化为一体,无数的宗教、神秘主义、精神修炼方法皆因此而起,文学、艺术亦企望通过一种非言语的方式,把握与超上的某种神契。"精神性在本质上,是对我们本体之内真实性的觉悟。觉悟到一精神、自我、心灵,异乎我们心思、生命与身体,是一内中企慕,与那更伟大真实性接触,遍漫宇宙又出乎其外,寓居本体中,与本体相通、结合,生一新自我、新本体。"①奥罗宾多认为,人的精神进化至一较高境界,是所有宗教、高级修行、瑜伽的整体目标,也是人生的趋向和隐秘目的。从这个意义上讲,精神的进化之路也是印度各大宗教所谓的解脱之路。

奥罗宾多的宗教哲学被称为"精神哲学",他分析精神进化的四种途

---

① Sri Aurobindo. *The Life Divine*. The Complete Works of Sri Aurobindo. Volume 22. Pondicherry: Sri Aurobindo Ashram Trust. 2005, p. 889.

径——宗教、玄秘法、精神思想、精神实践与经验,指出宗教仪式上的玄秘成分,可倚靠精神思维的支持创建精神哲学。这一精神哲学尚需理性的验证。"精神实践与经验,直觉的知识,内中知觉性的生长,心灵知见与觉识生长,亦需要理性的观照与批评。"①因此他认为,不论是西方的宗教,还是东方的精神哲学,应彼此配合,以精神实践作为终极目的。因为,宗教终究要向包含精神实践和心灵训练的精神哲学发展。"宗教在印度不因信条或教理而受限,相反,它不但容纳精神的不同表呈,亦在自体内中成功含蓄了所有一切原素,它发展玄秘法至极致,接受种种精神哲学,追逐每一道精神实践、经验与自我训练。"②宗教本身要聚合多种宗教,给每人提供内在训练的机缘,促进精神生长,与神圣进化的目标相契合。"一切宗教、玄秘知识、超正常心理经验、一切瑜伽、性灵经验与修为,皆可算路标与指南,引导我们在那玄秘的自我展开的精神进步之路上。"③

应该说,奥罗宾多的"精神哲学"和"精神升降论"主张冥想修行的精神体验,注重内心的修炼沉寂,他的思想及学说记录了他的精神体验,少有夸大的神通,亦无玄幻之迹,但他的这些个人体验,仍缺乏现代心理学和科学的论证,存在理性难以决断之处。然而,不论怎样,无法将这些未得证实的精神体验视为谬论置之不理,亦不可将之过分抬高奉为确凿。正确的态度,应是承认这样一种满富生命力与意志力的学说,纵是有意为之,只要它是"伟大的灵魂在与他们的命运的紧急关头搏斗的人的内部经验的实录"④,那么仍不啻为一种思想的深度,值得敬重与考量。

三、宗教对话的深厚传统

由宗教学家雷蒙·潘尼卡(Raymond Panikkar,1918—2010)倡导的宗教对话,如今已然成为各大宗教研究的热门话题。实际上,宗教对话并非新兴事物,而是一个有着深厚古老内涵、愈久弥新的话题。印度

---

① Sri Aurobindo. *The Life Divine*. The Complete Works of Sri Aurobindo. Volume 22. Pondicherry: Sri Aurobindo Ashram Trust. 2005, p.910.
② Ibid., p.904.
③ Ibid., p.751.
④ [美]威廉·詹姆斯:《宗教经验之种种》,唐钺译,商务印书馆,2002年,第4页.

次大陆上第一个帝国孔雀王朝的第三任君主阿育王(Aśoka,? —前232)就是一个主张宗教宽容,致力于宗教对话的君主。当时正值佛教兴盛,阿育王虽是印度教徒,后改信佛教,却并不独尊佛教,反而对各宗派采取兼容并包的宽容态度,他会见不同宗教领袖,极力维护各教派之间的和谐,倡导各宗教平等相处。据铭文(第12号石刻诏书)反映:"天爱喜见王以种种布施和礼遇对各派宗教僧团的人表示敬意,无论他们是出家行者,还是居家俗人。"①"不要诋毁别的宗教,不要无故蔑视他者,恰恰相反,应将理所应当的荣耀赋予他者。只有这样做了,你自己的宗教才会得到帮助。他人的宗教也均获益处,否则,在伤害他人宗教的同时也毁掉了自己。"②除了佛教,阿育王还包容与佛教对立,被佛教斥为"邪命外道"的正命派,为其开凿洞窟,存纳经藏。葛维钧总结阿育王的宽容宗教政策:"1. 宣传构成一切宗教本质的共同东西,作为大家的对话语言与调和基础。2. 通过克制对别派宗教的批评并进而学会互相尊重,培养各教派之间的团结意识。3. 召开宗教会议,使不同宗派的代表人物经常会面,通过教义上的争论和切磋,缩小他们的差距,消除彼此的对立。4. 提倡学习异己派别的经典,使自己成为多知多闻的人,以利于摆脱狭隘的宗教观念。"③这些政策无疑为公元前3世纪的宗教对话与多元观念的共存创造了良好的文化环境。

一千八百年后,莫卧儿王朝第三任君主阿克巴大帝(Akbar,1542—1605)不仅是一位虔诚的穆斯林,更是宗教对话身体力行的倡导者。他常常邀请各派教主在殿前论辩,探讨宗教问题。在聆听与思考中,他发现各宗教并非表面所见的那样针锋相对、泾渭分明,相反它们所追寻的"真理"可能殊途同归。他奉行不偏不倚的宗教政策,确保任何人能不因宗教原因受到干涉,任何人均可皈依任何宗教。1581年,为了实现各宗教的和谐与统一,阿克巴制定了一个包括所有宗教精华在内的新信仰,称之为"神圣信仰"(din-i-ilahi),就是宗教对话的产物。"神圣信仰"中,"真主唯一来自伊斯兰教,崇拜太阳、火和光来自祆教,吃素来自耆那教,

---

① 西卡尔:《阿育王铭文》,第48—49页。引自崔连仲等选译:《古印度帝国时代史料选辑》,商务印书馆,1989年,第66页。
② Swami Paramananda, *Chirist and Oriental Ideals*, California: Ananda Ashram, 1968, p. 138.
③ [印度]阿马蒂亚·森:《惯于争鸣的印度人》"中译本序",刘建译,三联书店,2007年,第8页。

禁止宰牛是取之印度教"①,其中"十德"②杂糅各教教规和教谕,将印度教"遁世"与伊斯兰教"入世"精神混合,可见其取各家之长而熔为一炉的特点。

　　从阿育王时代、阿克巴时代直至现代,阿育王和阿克巴的宗教政策不断遭到旧时正统派学者和后来史学家的非议,认为他们施政的出发点是为了维护其王权合法性,只是一种策略之举。比如有学者指出,阿克巴既想做印度教的罗摩王,成为像摩奴一样的神授立法者和永恒正法的保护者,又想成为像伊斯兰"救世主"马赫迪(mahdi)式的人物,因此遭到了来自印度教社会和伊斯兰教社会的双重责难,"神圣信仰"也最终随着他的去世而湮于尘土。③ 这样的说法有失公允,对于一个有远见的政治家、思想家而言,他们的宽容思想给后世留了的精神遗产和珍贵启示是深远的,连当代思想家、诺贝尔经济学奖得主阿马蒂亚·森(Amartya Sen,1933—)也称赞阿克巴是"宽容方面的一个主要理论家,并且在安排不同宗教背景的学者参与不同信仰之间对话方面是世界上的一位开拓性领袖。"④

　　由以上例子可见,宗教对话不一定一帆风顺,其最终结果也许并不必然走向宗教融合,但宗教宽容的思想却是共同的精神财富。尼赫鲁总结得好:"从文明的黎明期起,印度的心中就有一种一致性的梦想。这不是当作外力强加进来要使外表甚至于信仰都变标准化的一致性,而是更深远的东西。在它的范围里,对于信仰和习俗都采取了最宽容的态度,而且各式各样的信仰和习俗都受到承认和鼓励。"⑤此言不虚。在鼎鼎大名的阿育王之后,公元1—3世纪统治北方的贵霜王朝也积极保护不同宗教,国王迦腻色迦(Kaniska)铸造的货币上既有希腊人的神像、祆教的神像,也有印度教和佛教的神像。笈多王朝对所有宗教宽仁以待,使带有希腊—罗马风格的犍陀罗艺术与印度本土古老的马土拉艺术融合,

---

① 唐孟生、薛克翘、姜景奎、[印度]Rakesh Vats:《印度中世纪宗教文学》(下),昆仑出版社,2011年,第159页。
② "十德"的内容包括:弃恶扬善、乐善好施、摒弃欲念、禁欲苦行、净化灵魂、和颜悦色、宽怀大度、和睦友善、远离尘世、合群而居。
③ [德]赫尔曼·库尔克、迪特玛尔·罗特蒙特:《印度史》,王立新、周红江译,中国青年出版社,2008年,第243页。
④ [印度]阿马蒂亚·森:《惯于争鸣的印度人》,刘建译,三联书店,2007年,第45页。
⑤ [印度]尼赫鲁:《印度的发现》,世界知识出版社,1956年,第64页。

形成了独具特色的笈多艺术风格。进入中世纪,随着地区王国的兴起和地区语言的发展,婆罗门教转变为更为大众化的印度教。印度教本身就是一种在生活历程中不断兼收并蓄各种思想的大"熔炉",拿各派学说为己所用,连佛陀也成了印度教大神毗湿奴的化身之一。佛教又是如何呢?佛教的创始人释迦牟尼既不一味排斥他人,也不一味坚持自己教义才是唯一"绝对真理",这种宽容的态度不仅显见于大乘经典《法华经》,也体现在"后真言密教"中,其中"外道"教义也是密教的一部分。12世纪,耆那教学者金月(Hemchandra,1088—1172)曾评价耆那教不同于其他学派的一点,在于承认"道理"的多样性,"在其他那些学派中,争论产生了妒忌,因为一派坚持而其他派别反对。耆那教则不然,他们宣传无教条和无争论,因为他们承认'道理'的诸教义。"①

中世纪伊斯兰教进入印度,并开启长达六百余年的主权统治,印度教内部也掀起从南至北,蔓延全境的虔诚宗教改革,又称帕克蒂(bhakti)运动。该运动于6至7世纪发端于南印度,10世纪前后历经衰退,13至14世纪在北印度进一步发展,15至17世纪发展至顶峰。帕克蒂运动一方面为了适应印度教内自身的发展与变革,另一方面也是为了适应外来伊斯兰教的挑战,尤其13世纪穆斯林在北方建立统一政权,面对强大的伊斯兰教,印度教徒不得不在教内掀起由下而上的教义、教规的改革。这期间,印度教徒和穆斯林之间的交往,宗教之间的对话足以建构起一套新的思想体系。印度教无形派诗人格比尔达斯(Kabiradas)是帕克蒂运动中重要人物,他生于印度教家庭,后改宗伊斯兰教,他不仅宣称宇宙本体的绝对存在,而且以"梵""罗摩""毗湿奴""安拉""胡达"等称呼至高者。他有句名诗:"石头和石子,砌成清真寺,阿訇寺里叫,真主岂聋了?阿訇啊阿訇,真主耳不聋,他就在你心,内心去寻踪"②,透露出浓郁的伊斯兰苏非思想和吠檀多思想。锡克教是在印度教和伊斯兰教融合而生的产物,首任祖师那纳克(Nanak),出生于拉合尔的一个印度教徒和穆斯林混居的塔尔万提村内的刹帝利家庭,自幼受到印度教和伊斯兰教的双重影响。因此,他对印度教徒和穆斯林同等看待,对婆罗门和首陀罗同等看待,对男人和女人同等看待。他以"真理"称呼那唯一遍

---

① Vitarāgastuti 30,引自[日]中村元:《东方民族的思维方法》,林太、马小鹤译,淑馨出版社,1992年,第163页。
② 刘安武:《印度印地语文学史》,人民文学出版社,1987年,第65页。

在的无限之神,并认为各宗教崇拜的是同一个神,既非真主,也非梵或上帝,而是绝对至上的"真理"。

有宽容才有对话,有对话才有比较。相比对话的开放性,比较寻求的是更高的认识。唐君毅曾言,比较兼较同与较异,"同以异为背景,同益彰其同;异以同为背景,异亦更见其异",比较之价值,在于使同异皆显,综合所比较之哲学思想,以成一更高哲学思想者。在宗教史上,通常认为是马克斯·韦伯开创比较宗教,然而,这是西方中心主义的观点。如果以佛教、耆那教以及中世纪所形成的普遍宗教雏形来看,印度次大陆才是比较宗教研究最佳的试验田。在印度,真正意义上第一位系统的宗教比较学者应是阿克巴的曾孙达拉·希库(Dārā Shikoh,1614—1659)。他是一位渊博的伊斯兰学者,精通梵文,并对印度哲学有深入的研究。他曾将五十二种奥义书的重要部分从梵文译成波斯文。欧洲印度学鼻祖、孟加拉皇家亚洲学会创始人威廉·琼斯爵士(William Jones,1746—1794)正是在阅读达拉·希库的波斯文译本后,开始对奥义书和印度哲学发生兴趣。达拉·希库最为经典的著作《二海合流》(*majma-'ul-bahrain*),就是一部调和伊斯兰教和印度哲学的书。他在书中称奥义书为"一神论的宝藏",其教义与《古兰经》一致,都主张一元论。他将奥义书中梵的有体与变是(徐梵澄语),或静性与动性(奥罗宾多语)与伊斯兰哲学大家伊本·阿拉比(Ibn'Arabī,1164—1240)的真主的隐性与显性论进行对比,从而认为两者在形式上纵有所不同,内容上却趋于一致。他还将正理论的认识方式、瑜伽修炼八支与苏非派的认识论和修炼观进行对比,寻找它们的共同点。

印度的宗教对话在多元文化共生的背景下发端,因此,它的对话超越普通意义上以对话为主的多元认识论①,而植根于印度本身"累积的传统"②。这一传统无疑就是印度各派所奉行的达磨。对话不仅是传统

---

① 多元认识论指通过对话使不同观点汇集在一起,形成更为全面的认识,对话者也在参与对话的过程中变得更加丰富与全面。

② 宗教学家坎特韦尔·史密斯所谓"累积的传统"指的是一种公开的与客观的素材之聚集体——它构成里所要探讨的那一社团以往宗教生活的(可以说是)历史性的积淀:寺庙、《圣经》、神学体系、舞蹈模式、律法与其他社会体制、习俗惯例、道德法典、神话等;指的是任何能够从一个人、一代人传递给另一个人、另一代人的东西以及任何能够为历史学家所观察得到的东西。见[加]坎特韦尔·史密斯:《宗教的意义与终结》,董江阳译,中国人民大学出版社,2005年,第334页。

达磨生活的组成部分,同时也参与达磨的累积和建构。正如宗教学家坎特韦尔史密斯所言,印度的传统是"多样的、不固定的、增长着的、变化着的和累积着的。它以物质的形式具体化了以前各代人的信仰,同时随着一代代人的不断发展,它又为下一代人的信仰确定了发生的处境。"就像罗摩奴阇(Ramanuja,1017—1127)在游方时宣扬他的个人洞见与领悟,某个僻远乡村的母亲在一个日落之时偶然聆听,她便将其中的只言片语,以她能领悟的方式内化为信仰的一部分,这一过程既微不足道,又玄妙深奥。随后这位母亲将她的信仰教导给了她那未成年的儿子,继而儿子将其所领悟所得进行内化,并以一种外在虔敬的方式表达出来,这一过程同样微不足道,却玄妙深奥。从罗摩奴阇和母子二人传承信仰的过程,可见在印度缤纷丰富的文化景观里,信仰部分来自创建者和传教者的个人体验,部分来自潜伏于意识深处的社群传统,两者以各自方式共同保存着这一智性信仰,同样弥足珍贵,因为在人类宗教史上,"接受性的追随者所具有的保存性的信仰,与开创性的领袖所具有的创造性的信仰,同等重要。"①

四、多元文化背景下的宗教融合

宗教精神的共有价值是普遍宗教存在的前提。这方面印度人是所有宗教学者的先师,他们是在构建多元宗教共生生态中最有发言权的人。千年以来,印度次大陆就是名副其实的"宗教博物馆",吠陀教、婆罗门教、袄教、佛教、耆那教、伊斯兰教、锡克教,基督教等都曾在此孕育发展,且历经千年不衰。另一方面,多样统一可谓印度思想的典型特征。印度诸神的名号、化身虽多,实然一神耳;双性同体的神话原型,不仅记录在吠陀"二鸟同栖,实则一鸟"的偈句中,而且也表现在湿婆与萨克帝(śakti)的二相雕像中。印度人的经验告诉我们,印度历史上多宗教共同体的存在并非偶然,而有着严密的思想基础。

从宗教思想史的发展角度来看,印度宗教史是一部思想冲突与融合相交织的历史。当婆罗门教逐渐僵化和教条化,失去活力时,佛教应运而生;当伊斯兰教入主印度时,以虔诚运动为主导的印度教重焕活力;当

---

① [加]坎特韦尔·史密斯:《宗教的意义与终结》,董江阳译,中国人民大学出版社,2005年,第337页。

近代印度面临社会和宗教改革时,佛教回流印度大陆,并有了新佛教的产生。

正因为认识到印度宗教冲突与融合并存的历史,印度现代思想家和政治家们不乏宗教宽容的精神与兼容接纳的态度,他们的比较意识以一种更为积极、明确、全面的方式来展现,那就是对宗教融合的极力肯定与热切追求。他们不遗余力地呼唤着多元宗教观,致力于沟通各派学说,寻求一种适用于不同民族、种族、阶层的精神价值或信仰体系。这种热情并不盲目,而是他们在融摄东西、会通古今之后,对多元文化传统留下的精神遗产的一种升华创造。

19世纪初宗教改革家拉姆·莫汉·罗易(Ram Mohan Roy, 1772—1833)创建"梵社"时提出宗教的基本原则,不问信众种族、阶级、民族与宗教,只要他们崇拜同一个神。另一位大名鼎鼎的宗教改革家罗摩克里希那(Rāmakrishna, 1836—1886)创立"罗摩克里希那传道会"(Ramakrishna Mission Association)时宣称所有宗教,虽然遵循的方法不同,最终都将汇集于同一神。他有句名言:"太阳照耀整个世界,它提供所有的光与热给所有人,而无视于其种性与信仰,其民族与国家,其性别与年龄。"太阳就是绝对者或真理,它施万物以平等,所有宗教就像面向绝对者的向日葵,只是朝向的方位不一而已。

罗摩克里希南的弟子维韦卡南达看待吠檀多诸派,认为它们非但不相互冲突,反而互为补充,是从不同剖面呈现同一真理,就像在同一日光下因距离与角度的差别而拍出的不同照片。维韦卡南达以佛教和印度教为例,他认为佛教不是印度教的对立面,而是印度教改革的强心针与催化剂,当婆罗门逐渐沉溺于繁琐的祭仪,而忽视精神的问寻时,佛教以其变革的决心、巨大的同情心、慈悲心和践行精神给婆罗门教一记猛击。佛教与印度教的关系,就像基督教与犹太教的关系。耶稣基督是犹太人,释迦牟尼也是印度教徒。因此他不无感慨地说:"印度教离不开佛教,佛教也离不开印度教。没有婆罗门的哲学头脑,佛教徒们无以为继;没有佛教徒的慈悲之心,婆罗门将不复存在。割裂两者将造成印度的衰落。"①维韦卡南达认为宗教没有你我之分,不同宗教内容只是表达方式的殊异,"从来没有我的宗教与你的宗教,我的民族宗教与你的民族宗教

---

① *Buddhism*, *The Fulfilment of Hinduism*, *The Complete Works of Swami Vivekananda*, Kolkata: Advaita Ashrama, 2005, vol. I, p. 19.

之分,从来不曾存在许多宗教,存在的只有唯一。唯一无限的宗教藉着这一切而存在,并藉着永恒而一直地存在下去。这一宗教在不同的国家,以不同的方式表达其自身。"①为此,维韦卡南达讲述了一个井底之蛙的故事,当一只常年生活在井底的青蛙碰到一只来自大海的青蛙时,它天真地询问:"海!有多大?跟我的井一样大吗?"说毕,从井沿一边跳跃到另一边。"我的朋友,你怎么可能拿你的井与大海比较!"海里的青蛙笑答。"没有什么比我的井大,没有什么比它还大,这个家伙一定是个骗子,我要赶走它。"井里之蛙心想。维韦卡南达总结道:"我是个印度教徒,就坐在我的小井里,以为广阔世界就是我的井。基督徒也坐在他的小井里,认为世界就是他的井。伊斯兰教徒坐在他的井里,以为是整个世界。"②这个故事形象地反映了教派之争和原教旨主义的心理特征,即认为自己的宗教优于其他宗教,其中所缺乏的便是宗教宽容的态度。1893年,维韦卡南达受邀参加在芝加哥举行的首届世界宗教议会(World's Parliament of Religions),他也因此被称为"将印度教介绍到世界的第一人"。他在会议上说:"我们不仅相信普遍宽容,我们也接受一切宗教都是真实的观念。"就如同众流终汇入海洋,诸路也终将通往真理。这也是《薄伽梵歌》所说的"正如百川归海,神啊,不同的人走不同的路;道路看似多样,或曲或直,都将抵达你之所在。"③因此他进一步认为,宗教之间的冲突是表面的,不会影响宗教内在的精神多样性,"只有思想的冲突和思想的差异,才能唤醒思想……只有在奔腾激荡的急流中才能出现漩涡和急转。在停滞死静的池水中不会有漩涡。"④

印度现代圣哲那富于综摄性、创造性的学说与他们所生长的多元文化环境密切相关。泰戈尔一直以自己"三种文化,即印度教文化、伊斯兰教文化与英国文化"汇流而自豪,他自己正是在梵语文献、印度古代经典、伊斯兰传统和波斯诗歌的结合中成长起来的。甘地是个具有强烈宗教精神的人,他不仅对印度教有着超乎一般的热忱,而且也研究《圣经》和《古兰经》,受到宗教圣贤和导师的深刻影响。他曾界定他的宗教超越

---

① *The Complete Works of Swami Vivekananda*, Kolakata: Advaita ashrama, 2005, vol. iv. p. 180.
② Ibid., p. 5.
③ Ibid., p. 4.
④ [印]斯瓦米·维韦卡南达:《智瑜伽》,第379页。引自[印]巴萨特·库马尔·拉尔:《印度现代哲学》,朱明忠、姜敏译,商务印书馆,1991年,第57页。

印度教,是展现人性、崇尚真理、身心纯净的宗教,而真理既是这一宗教的至高本体,也是认识原则,同时亦是社会与政治的实践原则,这其中就有明显的吠檀多不二论的影子与伊斯兰哲学的痕迹。甘地曾表明他的宗教态度:"所有的宗教都是真理;所有的宗教都有错误;因此,没有哪一种宗教可以声称比其他宗教优越;一切宗教平等。"①由此可见他以真理融摄多元的宗教观。

自20世纪50年代起,印度"宪法之父"安贝德卡尔博士(Ambedkar,1891—1956)掀起大规模皈依和改宗佛教的改革运动,史称"新佛教运动"。它是一场既关乎宗教信仰,又关涉政治、经济、文化、地位等社会内容,涵括民主、人权、自由等现代价值,折射世俗印度与宗教印度交织相向的社会思潮与贱民解放运动。其内涵的复杂性使得它在表象上似乎与印度教不无差别,新佛教徒们既敬拜神龛里的安贝德卡尔半身像,也祭奉印度教神祇,甚至在日常生活中更多依循印度教习俗与仪式,这也是新佛教运动遭遇非议的原因之一。理论与实践之间总是存在差距的,新佛教这种不墨守成规,追求深层内省实践的宗教形式能否得到受教育程度极低的低种姓的理解与认同,并以群众运动方式得以推行,不仅是个宗教问题,也是一个社会问题。然而,从宗教思想的发展轨迹看,安贝德卡尔及其所撰新佛教圣典《佛与佛音》表现出的强烈的理性主义、人本主义、道德至上的意味,与近代印度教改革中寻求统一宗教观念的愿望不谋而合。"不论是泰戈尔所倡导的'人的宗教',还是甘地提出的'普世宗教',都致力于将印度本土的印度教、佛教、耆那教、锡克教和外来的伊斯兰教、祆教、基督教中符合现代价值,具有普世意义的信条加以阐释与提炼,从而建立较为统一的,具有积极而内省精神的宗教观,使分离的、各执其事的宗教派别融为一体。"②新佛教运动是安贝德卡尔寻求超越一般宗教的狭隘观念,在更高的道德层面给予个体以精神向导的一次伟大尝试,因此对它的理解,亟需超越通俗意义上的宗教理解,从社会观念、种姓基础、社群伦理、文化心理和践行等方面挖掘更深广的内容。

"尺度造就现象"。分析多元文化现象需要多元论的方法,印度宗教

---

① 邱永辉:《印度教》,社会科学文献出版社,2012年,第215页。
② 朱璇:《印度现代新佛教圣典〈佛与佛音〉四个基本问题初探》,《湖南科技学院学报》第36卷第6期。

的冲突与融合史为研究多元文化现象提供了一个绝佳的理论实例。印度的正理与因明虽不是煌煌巨论，却有着绝妙的逻辑体系，使不同派别既学理严密、条分缕析，又辩证统一，多元共生。在宗教共生的文化景观下，多元论和个殊论（排他论）在并行交缠地发展着。印度宗教史不是绝对的多元论，因它从不曾证明各宗教背后存在着一套绝对真理的客观标准，法永远是相对的，而不是绝对的。同时它也不主张绝对的个殊论，未曾坚称各宗教各有一套完全自行其是的标准和旨向。现实中的冲突与融合往往此消彼长。当个殊论发展至极，必有主张融合的多元论思想涌现，令宗教意识跳出狭小视野，寻求大写真理；当多元论发展至极，主张独特性的个殊论亦会抬头，渴望重新返照自身的内在价值。因此，我们所见真实的印度宗教史，就是在多元论和个殊论之中不断寻找平衡的历史。不同宗教之间的对话与比较正是这一平衡的调节器。比如，吠檀多不二论的鼻祖乔荼波陀（Gaudapāda）和他的学生商羯罗常常被批判为"假面的佛教徒"，原因是他们所谈的"空""无""二谛"等概念有着明显的佛教意味。但当代学者们更注重哲学方法上的反思，认为根植于奥义书的乔荼波陀思想所体现的，正是奥义书与佛教对话的结果。[①] 伟大的思想家在构筑其理论模型时，往往会自然不自然地以建立更为融摄统一的体系、更为精简明了的形式和更为涵摄闳广的内蕴为目标，因此在他们思想中反映出的不拘泥，不守旧，不唯祖，敢于创造，敢于破立，敢于拿敌对方思想为己所用的做法，正是撷众家之长、尊重真理的客观标准的科学态度。

  多样的统一，不仅是印度各大宗教的经典表征，也是融合各宗教，挖掘其精神价值，寻求终极圆成，获得个人精神进阶与美满的不二法门。不同的观点，就像太阳直射的不同角度一样，在各宗派的溪流中映射出不同的光彩，各溢其华，各显所长。殊异的观点为多元宗教的融会提供丰沃的养料，它们终将汇入精神的大海，在奔流中碰撞、激荡与交融。

[①] 吴学国：《存在・自我・神性：印度哲学与宗教思想研究》，中国社会科学出版社，2006年，第233页。

第五章

生死轮回 业报有常

——印度人的人生观

印度是一个宗教色彩浓郁的国度，几乎人人笃信宗教，因而印度人的人生观也表现出浓郁的宗教气质。生死轮回、业报有常是印度人在长期宗教生活中形成的独特人生观。印度本土产生的三大宗教——印度教、佛教和耆那教，虽教义有差异，但对生死的看法是相通或相近的。它们认为，意识或灵魂是不灭的，附于肉身的意识或灵魂会离开肉体，寻找另一个新生的肉身，进而脱胎转生，进入新的循环，这一过程就是轮回。轮回究竟会进入哪一层次，完全取决于灵魂前世所做的"业"。"业"的概念虽在不同宗教中含义有别，但大体可以归纳为行为、言语与意识的总和。

业报轮回的观念，是绝大多数印度人的基本信念，也是印度伦理观的基石。不论善有善报、恶有恶报的本能伦理，还是基于传统习俗的达磨伦理，都立足于最基本的业报轮回观。同时，印度人也看到，业报轮回不能带来幸福的人生。于是，摆脱轮回，获得精神上的富足、完满、平静和解脱，成了幸福人生的追求。

一、经典中的业报轮回说

轮回（saṃsāra）意为世界，有时间与空间的维度。它有两个内涵，一是意识，承受轮回的主体；二是转生，即意识再次投生于天上或人间。意识从哪儿来？它怎么产生的，又要去往哪儿？这些问题直到吠陀末期才有讨论。在《梨俱吠陀》中，有这样一首祷词，亲人们在临去世的人面前，为他做冗长的祈祷：

    汝之末那，已经离开，到达遥远，阎摩境内。
    吾人使之，退转归来，长享生活，在斯人间。
    汝之末那，业经离开，到达遥远，上天下地；

> 吾人使之，退转归来，长享生活，在此人间。……①

这里的末那指一种意识。阎摩之境，是死后的亡灵要去的地方，那是一个宏大又辉煌的独立王国和极乐世界，作为众神之一的阎摩就住在那里。人的灵魂或意识不仅去往阎摩宫，还可能上天入地，去往地之四方，大海汪洋，树丛水边，崇山之间，也会到达虚空四边，宇内诸方，极地边疆和过去未来。

人的意识或灵魂要想去往美妙天国、宇宙四方，需要"业"的力量。《梨俱吠陀》中有两个术语"karman"（业，作业，行动，活动）和"akarman"（非业，不作业，不行动，不活动）。"业"指按照吠陀规定举行的一切祭祀仪式，以及婆罗门祭司布施财物的宗教行为，又称"善业"。"非业"指不按吠陀规定或违反吠陀教义的行为，也叫"不善业"。死者的亡灵凭借生前积蓄的善业，获得进入阎摩宫的入场券。亡灵一到那里，立即换取一个新的躯体，这个躯体洁净透明，凡夫俗子的肉眼看不见它，由逝去的祖先亡灵带领，去往"最胜地"：

> 接引修善者，往生最胜地；
> 为众多生灵，指示升天路。
> 太阳神儿子，人类收集者，
> 此神王阎摩，向他献祭礼。
> 请离开离开！沿着众古道，
> 即吾人祖先，走过的道路。
> 举行祭祖礼，二王心欢喜，
> 汝将见阎摩，及婆楼那天。②

从此，它便可与先去世的祖先一同安心地住在阎摩宫里，无需脱胎转世。不善业的亡灵也有两个归宿地，一是再来人间投胎为各种生物，二是进入地下的尼尔里地，"剥夺彼身形，断绝其后代，愿彼被抛入，所有三层地。"③尼尔里地在地下三层，堪为地下深渊，《梨俱吠陀》没有描述地下深渊的样子，《阿达婆吠陀》中只是形容它为"罪恶的罗网"，直到后来的法论、史诗和往世书中才有了地狱的大致面貌。比如在法论，地狱里住

---

① 巫白慧：《印度哲学——吠陀经探义和奥义书解析》，东方出版社，2000年，第72页。
② 同上书，第76页。
③ 同上书，第93页。

着各种饿鬼,犯了法的婆罗门成为地狱里口吐火焰的饿鬼,刹帝利成为食尸的臭鼻饿鬼,吠舍成为食脓的喷光饿鬼,首陀罗成为食蛾饿鬼,他们会遭受地狱的翻滚,剑叶树林的捆绑和乱砍,被乌鸦、老鹰啄食,在沼泽、沙漠和汤镬中受苦煎熬。①

  轮回的过程分两个步骤,第一步,由地、水、火、风、空五大物质原素构成的肉身消亡以后,将复归于这五大原素。就像《他氏梵书》所说,供祭祀用的牺牲的眼睛回归于太阳,呼吸回归于风,生命回归于空气,耳朵回归于四方,骨头则回归于大地。第二步,轮回的主体,也就是意识或灵魂进入另一个躯体,脱胎转生。《歌者奥义书》(*Chāndogya Upaniṣad*)里这样讲述轮回程序:按照圣典的规定,一个人完成了自己的宗教义务之后死去,他就会变成烟雾,进入黑夜、黑半月、祖界、上天、月亮,然后又返回天空,变成风、烟、云、雨;云雨降落大地后就变成水稻、大麦、蒿草、树木、芝麻、小扁豆等。生物吃了它们,就会变成那种生物的后代。在投生转世的时候,行为良好的灵魂就进入良好的子宫,例如,婆罗门、刹帝利、或者吠舍种姓女人的子宫。行为恶浊的则迅速进入恶浊的子宫,如狗、猪以及旃荼罗妇女的子宫。(5.10.5－7)②《憍尸多基奥义书》(*Kauṣītaki Upaniṣad*)里也有类似的讲述:所有从这个世界离去的人都到月亮上去。在白半月,他们的生命充满月光;在黑半月,他们再一次出生。月亮是天界之门,他们作为雨降落到尘世间,成为蠕虫,或为蚱蜢,或为鱼,或为狮子,或为鸟,或为公猪,或为蛇蟒,或为老虎,或为人类,或为其他生物。③ 究竟成为何物,全依其行为和知识而定。

  从奥义书中的这两段文字来看,肉身消亡以后,先复归五大原素,灵魂再随原素降落于世,进入人的子宫。更有意思的是,意识转移甚至可以不通过五大原素上天与入地,感官的直接接触也可以转移意识。《憍尸多基奥义书》有这样一则故事,即将去世的父亲叫来了自己的儿子,让儿子在屋内铺上新鲜的草,点燃祭火,安置水罐和水杯,穿上新衣,父亲躺着。儿子过来,伏在父亲身上,所有器官互相接触,或者儿子坐在面前,父亲与他交接。父亲嘱托儿子说:"我将我的语言放在你身中。"儿子回答:"我将你的语言放在我身中。"父亲说:"我将我的气息放在你身

---

 ① 详见《摩奴法论》,蒋忠新译,中国社会科学出版社,2007年,第248－249页。
 ② 参见《奥义书》,黄宝生译,商务印书馆,2010年,第183－184页。
 ③ 同上书,第336－337页。

中。"儿子说："我将你的气息放在我身中。"父亲说："我将我的视力放在你身中。"儿子说："我将你的视力放在我身中。"此后,父亲又把自己的听觉、味觉、行为、快乐、痛苦、欢喜、遗乐、子息、行走、心智、知识等一一传给了儿子。最后儿子右旋绕行,走向东边。父亲呼唤道："愿名声、梵的光辉和荣誉钟爱你!"儿子望着自己左肩,用手掌或衣角掩面,回答："愿你到达天国世界,实现愿望!"父亲与儿子互相祝福,父亲离去。①

应该说,父子之间意识的转移不会真实发生,相互的祷词和祝福表达了一种冀望施礼得福报、祭祀得天国的美好愿望。对现代人而言,《往世书》《奥义书》和史诗中的轮回故事不免离奇怪谲,读来不可思议,这是因为它们还处于较为粗浅、原始的状态。业报轮回观念的逐步成型要归功于公元前5世纪前后,旨在反对婆罗门教的沙门思潮,其中影响较大的佛教和耆那教不仅提出了一套相对完善、系统的业报轮回体系,而且还编撰出引人入胜的业报轮回故事。

如今在世界上广为流传的《佛本生故事》(Jātaka),便是佛陀寂灭后,他的弟子借释迦牟尼成佛前转生的故事,宣扬佛法和业报轮回观念的集体创作。《拘舍本生》讲述末罗国乌伽格国王的儿子与摩陀国公主有光的故事,当讲书人分析为何有光公主因拘舍王子丑陋而拒绝嫁给他时,用前世业报来说明原因。故事是这样的:

> 乌伽格国王有一万六千个妃子,但是却无儿无女。臣民建议国王让具备德行的正官王后希罗婆提上街跳舞、寻欢求孕。王后在国王的吩咐下盛装打扮,出宫上街,但她的崇高德行感动了帝释天。帝释天决定送给她两个儿子,便让已在忉利天度过了一生、正准备转生更高的天界的菩萨投胎在王后腹中。帝释天下凡乔装成一个老婆罗门,拉走王后带回天宫。帝释天告诉她,准备赐给她两个儿子,其中一个聪明而丑陋,另一个英俊而愚蠢。王后选择先要一个聪明的儿子。帝释天送给她一片拘舍草叶、一件仙衣、一块仙檀香木、一朵珊瑚花和一把琵琶,然后带她回到国王的寝宫。帝释天用拇指轻轻地触摸一下王后的肚脐,刹那间菩萨就投胎到王后的腹中。10个月后王后生下一子,人称拘舍王子。

> 拘舍王子聪明绝顶,他长到16岁时,父王让他挑选自己中意的

---

① 参见《奥义书》,黄宝生译,商务印书馆,2010年,第347—348页。

姑娘做妻子,并把王国交给他管理。拘舍王子想到自己相貌丑陋,即使娶来美丽的公主也会被吓跑,便拒绝了父亲的好意。当父王第四次提及此事,他不好再拒绝,于是娶摩陀国国王的大女儿有光公主为妻,条件是公主在怀孕之前,白天不能见丈夫。公主同意了这个条件。乌伽格国王为儿子举行灌顶大礼,立有光为王后。菩萨开始治理国家。

后来,拘舍想见有光,躲在御花园的荷花池里的一棵大荷花下。当有光王后和女仆们下到荷花池里嬉戏的时候,看见了那朵大荷花,于是就伸手去摘,国王一下子抓住她的手说道:"我是拘舍王!"有光一见到他的面容,吓得昏厥过去。等她苏醒过来后,一气之下回到了她父王的摩陀国都城,想再找一俊美的郎君。

其实菩萨长得如此丑陋、有光不喜欢菩萨,都是由于他们前生的业和誓愿决定的。从前,波罗奈城外的一个村子的前街和后街住着两户人家。一户人家有两个儿子,小儿子就是菩萨转世。另一户人家有一个女儿,便是有光公主的前世。她后来嫁给了老大。有一天,有光做了美味的糕饼,老二去森林里了,嫂子便给他留了一份。这时一个辟支佛来到他们家门口化缘,嫂子就把那份糕饼送给了辟支佛。这时菩萨从森林里回来了,见此情景很生气,跑出去从辟支佛的钵盂里夺回了糕饼。嫂子只好到母亲家里拿来一些新鲜奶油,倒在辟支佛的钵盂里。她看见钵盂里发出光芒,于是就发誓道:"不管我转生到哪儿,但愿我的身体放射光芒,美貌绝伦;但愿我不再跟那个小主人住在一起。"有光因为前生的这个誓愿,才不喜欢拘舍王。而菩萨当时怒气冲冲的夺回糕饼,正因为这个业,他才长得如此丑陋。

拘舍王带上五件武器和一千金币前往摩陀国。一晃7个月过去了,拘舍王也没有机会与有光见上一面。这时帝释天决定帮助拘舍王。帝释天幻化出一些摩陀王的使者,分别向周围的七个国王送去邀请信:"有光抛弃拘舍王回国了,请来娶她吧!"七个国王带领大批随从来到京城。当他们发现摩陀国国王把女儿嫁给七个人的真相后,非常生气,对摩陀国王说:"或是把有光送给我们所有的人,或是决一死战。"七国军队包围了都城。摩陀国王召集大臣们商议后,决定把有光公主杀了,剁成七块,分给七个国王以避免战争。有光听说后急忙去找母后。母亲叫有光去求假扮厨师在公主们的厨房的拘舍王。于是有光公主去见拘舍王,向他行触脚大礼,请求他原谅。拘舍王同意为她解除苦难,他打败了七国的军队,俘获了七个国王,但是他并没有杀死他们,而是让有光的七个妹妹分别嫁给七个国王。最后,拘舍王带着有光王后返回了自己的王国。①

原本普通的爱情故事,经过了前世的几番轮回,就变得跌宕起伏,饶有趣味了。季羡林分析本生经产生的原因,也指出轮回转生观念的较大影响。"古代印度相信轮回转生。一个动物,既然降生,必有所为,或善或恶,不出两途。有因必有果,这就决定了它们转生的好坏。如此轮回,永无止息。释迦牟尼在成佛以前,只是个菩萨,他还逃不出轮回,他必须经过无数次的转生,才能成佛;因此就产生了所谓的本生故事。"②

印度史诗也不例外,《摩诃婆罗多》中所有天神、凡人和动物都有自己的前世业报,整部史诗便详述万物存在的来龙去脉,以及万物之间复杂的因果关系。《教诫篇》中,一位婆罗门老妇乔达蜜无法阻止儿子之死,死神阎摩告诉她,正是儿子前世所做的业导致现在的结果。《初篇》中恒河女神下嫁福身王,连生七子投入恒河,同样由于这七子的前世之业的缘故。《妇女篇》中维杜罗讲述轮回森林的故事,只为提醒难敌:众生的"身体是车辆,精力是车夫,各种感官是马匹,行动和智慧是缰绳。谁追随这些奔驰的马匹,他就得像轮子一样不断轮回转生"。(11.7.13—14)③业报轮回思想,是贯穿这部大诗史的一条主线。般度族和俱卢族两大家族的斗争与矛盾的由来,正是正法神、风神、因陀罗等神与阿修罗等魔的斗争,神和魔转世为两大家族的各位首领和英雄,从而衍生出婆罗多族的历史传说。

二、业报轮回的核心理论

1. 业的根源

一切皆苦是佛陀救世的出发点。《中部》经文讲:"谓生苦、老苦、病

---

① 《佛本生故事选》,郭良鋆、黄宝生译,人民文学出版社,1985年,第374—402页。
② 同上书,第1页。
③ [印度]毗耶娑:《摩诃婆罗多》(四),黄宝生、李南、段晴、葛维钧、郭良鋆译,中国社会科学出版社,2005年,第910页。

苦、死苦。怨憎会苦。爱别离苦所求不得苦。略五盛阴苦。"(1.141)①它的开示犹如洪钟大吕,不仅击碎婆罗门教祭祀万能,以祭祀获得一切美好事物的谎言,而且给当时生活在列国纷争、战火弥漫悲惨境遇下的人民一丝带有同理心的抚慰。佛陀之后,公元 5 世纪,婆罗门教正统流派之数论派的注经大师阿尼鲁达也讲人生之苦,他说:"身体是苦,因为身体是痛苦之所在;感官、感知对象和知觉是苦,因为它们引导我们走向痛苦;快乐是苦,因为快乐之后痛苦接踵而至。"②《数论颂》的作者自在黑(Iśvarakrsna)有言:"何者为三苦。一依内二依外三依天。"③意为人生有三苦:内心引发的痛苦;自然造成的人间之苦;诸天引起的天界之苦。最早阐述瑜伽的波颠阇利则讲:"对于智者,一切皆苦。"(2.15)④无数大师望苦兴叹,可见"苦"不单纯是一种感性的感受,还有着深刻因由。

佛陀讲"十二因缘"造成老死幽怨之苦,其中第一缘便是无明。由无明引起各种善与恶的意志和行为(行),这些意志和行为造成认识(识),由认识引起构成身体的精神(名)和肉体(色),有了名、色,也就有了眼、耳、鼻、舌、身、意等六种感官(六入),有了六种感官便和外界接触(触),由接触引起苦和乐的感受(受),由感受引起爱欲(爱),有了爱欲就有了追求获取(取),获取造成生存的环境(有),环境引起生活(生),生活有了老死。十二因缘就像一条链条,将人生串起。整个人生就在这十二因缘中不断流转,一链不断,无以逃离。释迦牟尼最终明白这人生道理,觉悟成道,史称"佛陀",意为"觉者"。

奥义书认为,轮回的根因是"无明"。奥义书中"无明—业—轮回"(avidya-karman-samsāra)的因果关系虽尚未系统化,却是后来诸派哲学的根本出发点。无明即无知,是没有智慧,处于蒙昧的知觉状态。《奥义书》里比喻无明之人的状态,就像被蒙住了双眼,陷入黑暗的深渊,身体被罗网所束缚,无法动弹。《弥勒奥义书》(Maitrī Upani sad)讲,人若执着于声、色、香味、触的感官享受,没有正法和吠陀知识,就"犹如大海的波浪,以前的所作所为不可挽回。犹如海潮,死亡不可阻挡。犹如跛脚,

---

① 《中阿含经》卷七,《分别圣谛说》,《大正藏》第一卷,第 464 页。
② [印度]阿尼鲁达:《数论经评注》2.1,见 Eliade, Willard R. Trask trans: *Yoga: Immortality and Freedom*, Bollingen Series 56, Princeton, 1970, p.11.
③ 陈天竺三藏真谛译:《金七十二论》卷上,《大正藏》第五十四卷,第 1245 页。
④ [美]米尔恰·伊利亚德著,晏可佳译:《宗教思想史》Ⅱ,上海:上海社会科学院出版社,2011 年,第 489 页。

受善恶业果束缚。犹如囚徒,不能自主。犹如进入阎摩领域,充满恐怖。犹如醉酒,痴迷沉醉。犹如中邪,四处乱跑。犹如被巨蟒咬住,被感官对象咬住。犹如黑暗笼罩,激情蔽目。犹如因陀罗网,充满幻觉。犹如梦中,充满假象。犹如芭蕉树心,空空如也。犹如演员,瞬间换装。犹如壁画,虚有其美"(4.2)①,充满无尽的痛苦。

不同于早期奥义书和佛教所认为的无明是苦难、业报的假设前提,有的派别认为人是生来本净,清静无为的。按照数论的说法,原初物质有三种成分,又称"三德"——喜性(sattva)、忧性(rajas)和暗性(tamas)。起初的原初物质三德平衡,一旦平衡状态被打破,就演化成世界的各种现象(二十四谛),从而引发矛盾、对立的局面。我们所见万物具备不同性质,因它们未摆脱三德,便始终处于周而复始的不平衡状态,会不断转生天神、人和动植物,陷于轮回之链。在数论看来,要获得最终解脱唯有依靠"神我",神我是不依赖原初物质,也不从属二十四谛范畴的意识,它不变化,无始终,不受时空和因果所限,因而也不受三德的束缚。

印度主流哲学认为,由于受到了无明的遮蔽,人失去了自性,在前进道路上遭遇各种羁绊,自我终其一生都在寻找解脱之法,以期重返全知全明、无障无碍的原初本真。吠檀多不二论便持这样的观念,乔荼波陀认为"无明"不是"明"的对立面,"明"蕴含于"无明"之中。就像同一个人,他在清醒、浅层睡眠、深度睡眠和更深的"第四层"时,所到达的"明"的程度会依次增强。乔荼波陀的学生,也是不二论思想的集大成者商羯罗在《示教千则》(*Upadeśasāhasrī*)中有这样一段对谈:

> 弟子问老师:我根据自己所作善或恶业,犹如鸟入巢一般,进入了躯壳中。此身体在多次消亡之时,因为善业或恶业的原因,又会进入别的躯壳中,就像鸟儿在老巢坏灭时又入别巢那样。我也如此这般地在无始的轮回之中。在神、兽、人、饿鬼的世界里,其躯壳反复舍弃又获得新的身体,犹如辘轳井一样,在生死不断的轮子中顺次轮回,进入现世的躯壳。现在我在这种轮回中感觉太累,请求导师许可我停止这种轮回。因此,我是常的,而躯壳则不一样。身体就像人穿的衣服那样换来换去。
>
> 商羯罗回答:以觉醒状态和梦眠状态为特征的轮回的原因就是

---

① 《奥义书》,黄宝生译,商务印书馆,2010年,第365页。

无明。消除无明之物就是智慧。这样做你就会达到无畏。

　　无知引起法非法,由此再生身相应;如是轮回常流转,酷似车轮永不止。"业"义即是身相应,身相应有爱非爱;由是必然生贪著,以及憎恨诸业形。①

在商羯罗看来,无知引起爱欲、贪欲等多种情感,由之引发行为,正是"业"的行为,使轮回永续不断。

耆那教也认同人本初的清净状态。它的教义首先确定了万物构成的基本原素是"命"(jīva)与"非命"(ajīva)两类。命,指灵魂,是无形的、永恒存在的意识;非命,指非灵魂,类似物质,无意识,是构成世界纷繁事象的原因。耆那教认为,世界上的万物都可以归属于命和非命这两大范畴。命原本全知全能,具有纯洁、智慧和能力,处于清净完满的原初状态。然而,大多数生灵身上蕴涵着的"命"却不具备上述品格。原因何在?因为我们的"命"身有"漏"(asrava)。"漏"是一种特殊的能够接纳污染的缝隙,就像人身上的微痕和伤口,外界异己原素通过"漏",乘虚而入进入"命"身,就好像细菌、灰尘等不洁之物通过伤口进入体内一样。人的感情和欲望也是"漏",也会蒙蔽"命"的本性,因此耆那教尤为重视抑制感官、欲望和意识的苦行。

命(灵魂)是行为的驱动者,同时也是业报的收获者。有意思的是,耆那教说,"业"本身并没有好坏善恶之分,只有与"命"结合之后才能够显现出好坏善恶的性质来。业就像是青草,"命"就像吃草的生物,同样的青草,牛吃下去,会变成牛奶,而蛇吃下去,却会变成毒液。同样的道理,业与有了"漏"的命身结合,就会造出各种行为来。

2. 业的归趣

佛教的业报轮回思想与佛教诞生的社会思潮有关。当时印度社会种姓制度森严,婆罗门教以种姓分高下,划分社会等级。但佛教认为人的区别不是由种姓、血统、出身决定的,而取决于他所作之"业",是"业"造成人的高下之分,这一观念无疑与当时的婆罗门教对立。《中部》经中,一婆罗门问佛陀:"有些人短命,有些人长寿;有些人羸弱,有些人健康;有些人丑陋,有些人美丽;有些人软弱,有些人强大;有些人贫穷,有

---

① 孙晶:《印度吠檀多哲学史》上卷,中国社会科学出版社,2013年,第262页。

些人富有;有些人出身卑微,有些人出身尊贵;有些人愚笨,有些人聪慧;沙门瞿昙,是什么原因使人类如此高下纷呈呢?"佛陀回答:"有情是业之拥有者,亦是业之承受者,业是他们得以产出的子宫,业是他们的朋友,业是他们的庇护,是业使人群有高下之分。"①

作不同的业,造就不同的人。灵魂的每一次轮转,转生为什么样的形式,完全取决于它前生的"业"。佛经中的"业"有善恶之分,大乘佛教将"业"分成四类——黑黑业、白白业、黑白业和不黑不白业,这在《涅槃经》《俱舍论》《唯实论》都有论述。《大乘义章》有言:"云黑黑者,是不善业。不善鄙秽,名之为黑;因果俱黑,名黑黑业。云白白业,是其善业。善法鲜净,名之为白;因果俱白,名白白业。言黑白者,是其杂业;善恶交参,名黑白业。所言不黑不白业者,是无漏业,如《涅槃》云:无漏寂静,离黑白相,是故名为不黑不白……"②按慧远的解释,黑黑业是指犯有严重的罪过;白白业指毫无恶意的大善行为;黑白业指既有善业,又有恶业的混杂行为。作前三种业的生灵仍会制造新"业",轮回转世,循环不止。第四种不黑不白业,是无漏业,具有超然的性质。此时作业的生灵已经停止制造一切"业",也就没有果报,从而摆脱了生死轮回。达到了佛教徒所追求的最高的境界——涅槃(nirvāna)。

耆那教根据业所起作用的不同,将业分为"有害业"(ghatiyakarma)和"无害业"(aghatiyakarma)。有害业包括痴业、愚业、不见业和遮业,会导致人善恶不分,好坏不辨,愚昧无知。无害业包括名业、种业、受业和寿业。名业决定人或生灵个体的命运、品类(人、动物、植物等)、性别、肤色、感觉器官的数量、肢体的数量等;种业指人的社会属性,如种姓、家庭、社会环境等;受业,指能够引起人或生灵的苦乐哀愁及其程度的范畴;而寿业则指人或生灵寿命的长短。

佛教中,善业去往天界或人界的"善趣",恶业去往"恶趣",如地狱界、饿鬼界、畜生界,这五界称为"五趣"。后来又增加了一个阿修罗趣,合称为"六趣"。大乘佛教将"阿修罗道"归于"善趣",而小乘佛教则把它归于"恶趣"。这"六趣"也是后来中国佛教所说的"六道轮回"。一切生灵,只要没有修炼到"涅槃"境界,都注定要在这"六趣"中轮回,无始无终。

---

① [斯里兰卡]三界智长老:《业与轮回》,赵桐译,《法音论坛》,第 11 页。
② 《大正藏》,四十四卷,第 606 页。

耆那教认为,有灵魂的生灵有四种"趣":天界、人界、伏行界和地狱界。上面的天界是神仙居住的地方;中间的人界是人类居住的地方;伏行界是各种动物爬行的地方;最下面的地狱则是作恶的灵魂居住的地方。一个命究竟转生何处,完全取决于业报。善多恶少的命可能会进入人界,善少恶多的命可能会变成伏行类。除此四趣之外,已经摆脱了轮回的命,被称为"成就者"(siddha),永远居于宇宙之巅——四"趣"之上。

印度教认为,根据所造"业"的不同,灵魂将去往三种去处:行为善的灵魂升入天堂;行为恶的灵魂就坠入地狱;行为有善又有恶的灵魂,则转生尘世。《摩诃婆罗多·和平篇》还讲到一个很有意思的归趣理论,人死后灵魂从肉体的什么部位逸出,取决于他所造的业,灵魂逸出的部位又决定着灵魂转世的去处。比如,从足部逸出的去毗湿奴神界,从小腿逸出的去湿婆神界,从下体逸出的去密陀罗界,从臀部逸出的去人间大地,从大腿逸出的去祖宗界,从鼻孔逸出的去月亮界。

3. 业与解脱

业报轮回说并不是全然消极的宿命论,一个人的未来命运可由他现在的行为决定,今天的善行,会带来明日的福报。这里已经有了较浓的伦理意味。

然而,不论佛教、耆那教,还是印度教,业与果报都不是最终目的,通过修行摆脱业和轮回,才是共同的宗旨。因此,业报轮回成了获达涅槃之前的准备阶段。每个人的最终归属,取决于作业的人。依赖正道修行之人,不仅可以摆脱充满无尽苦难的轮回,而且可以获得最终的平静。《经集》讲"智者洞察因缘,懂得行为的果报,所以能如实地看待这种行为。与贪欲做伴的人一再转生,从这种存在到那种存在,不能超越轮回。因为任何人的行为都不会消失,它会回来与主人相会。作恶的蠢人将在另一个世界看到自己受苦。出生之人嘴里都长有一把利斧,愚者口出恶言,用这把斧劈砍自己。侵害无辜者、纯洁者、无罪者,这恶行回报愚者,犹如逆风抛撒灰末。①为了规范信徒们的行为,佛教制订了八种行为准则,简称"八戒",分别是不杀生,不偷盗,不饮酒,不诳语,不邪淫,不夜食,不戴花环,不敷香膏。同时为了劝导人们灭除一切恶业,佛教提出了

---

① 《经集》,郭良鋆译,中国社会科学出版社,1990年,第653,740,666,657,662偈颂。

断灭业（kammanirodha）和"八正道"的要求：正见、正思、正语、正业、正命、正精进、正念、正定，以此来规范人们的行为。当一切旧业、新业统统断灭，生死轮回就失去了继续运行的动因，生灵就会达到了佛教所追求的极终目的——摆脱六道轮回，进入涅槃境界。

耆那教同样如此，耆那教徒并不把行善当作最高的理想，他们认为即使因为行善而转生为天神，也仍没有摆脱转生轮回的痛苦。他们所追求的目标，与佛教一样，是使灵魂脱离躯体，超越轮回，处于无所不知、无所不能的极乐状态。但要注意的是，耆那教所指的解脱，与佛教所说的解脱还不太一样，它所要达到的是"命"最初清净无碍的状态，这就需要将遭到感情和欲望等侵染的"命"从业的束缚下解放出来，使其恢复故有的本性。消除情感和欲望的最好的途径，就是修苦行。只有通过苦行，人的灵魂才会慢慢得到净化，使"命"恢复原有的全知全能、清静圆满的本性，才能摆脱轮回。除了修苦行，耆那教徒还须奉持"三宝"，即正信、正知和正行。正信，指完全信仰大雄和他所传的教义；正知，就是正确的学习和理解耆那教的教义；正行，要求信徒实行五项誓戒，不伤害生物，不说谎话，不偷盗，不邪淫也不贪私财。

印度教把人们的追求分为两类：一类追求善行，以求进住天国。另一类摆脱轮回，寻求解脱。对印度教徒而言，最高目的不是追求尘世间的幸福，也不是天堂仙界，而是摆脱轮回，获得解脱。为什么人追求善行，获得了善报住进天国之后，还要去追求解脱呢？大史诗《摩诃婆罗多·森林篇》这样解释，众生经受各种熬煎之苦，处在不断的轮回转世中，尽管有时会得到善果，自己以为幸福快乐，但实际上还是在不断地制造新业，自己仍被束缚在轮回之中。只有获得解脱，才能达到最高的福乐境界。

一个真正觉悟的人，不会以获得一时的福乐为满足，会视世间苦乐为无常，永无止境地追求更高境界，求得彻底的解脱。解脱可谓印度各宗派的共同追求，也是最高的至善。

三、业报轮回的伦理作用

1. 善恶有报的个人伦理观

佛教、耆那教和印度教将造业以后的灵魂，或分为两种归趋——善趣和恶趣；或分为三种归趋——天界、人界、地狱界，或上、中、下三等，这里蕴含着朴素的惩戒意识，也是伦理意识的初级形态。

惩恶扬善的目的，是要鼓励人们多做善事、好事，不行恶举，不做坏事。做了坏事要下地狱，这是普遍的认识，因此对于最下等的地狱，各宗派都极尽惨烈地描述作恶者身处其中会受到的折磨。如被打入血水、黑暗、火焰、恶狗等地狱，即使经受各种折磨、饱尝恶业的果报后，作恶之人仍可能带着未尽的旧业，转世投生到充满苦难尘世。根据《毗湿奴往世书》的说法，灵魂在尘世间轮回的层次先是植物，然后是鱼、鸟、动物，再次是人类。轮回为树木、蒿草、蔓藤等植物同样会经受各种苦难，如被动物啃咬，被人砍伐，被林火灼烧，夏季为烈日暴晒，冬季为寒风所袭，最后枯萎而死。然后它们转生为蠕虫，辗转于污溺之间，不断地经受其他动物的啄食之苦，也难逃寒暑的煎熬。接着就转生为各种动物，它们为了觅食不停地游荡于林莽之中，同样要经受酷暑严寒和弱肉强食之苦。生为家畜的，要承受劳役、鞭打和宰割之苦。如果这些罪恶灵魂转生为牲畜过程中积累了一些善德，那么，他们就可能转生为人类，不过一开始只能转生为最下层的人，如旃陀罗、皮匠、洗衣匠、陶器工、杂役、奴仆等，可能身有缺陷，疾病缠身，或陷于贫穷饥饿的境地，经受苦难生活的磨砺。如果他们在这种低层次的人生中能再积累一些善德，那么他们才有可能转生为较高种姓的人。

善有善报，恶有恶报，这本是一条铁律，但由于谁也没有见过作恶者在地狱受苦的情景，相反人们倒经常看见，不少作恶者在现实世界中享受着荣华富贵，所以人们就不免对业报的说教产生怀疑。不过，在全民笃信宗教的印度社会中，这种怀疑是不便公开的，于是他们造出可以变通的原则，称一个人造下的罪孽是可以消除的，不幸的命运也是可以避免的，从而为造孽者开方便之门。

罪孽的消除方式便是赎罪。通过赎罪，已造下的恶业被免除，来世就不会再遭到业报。往世书中有不少以诵念咒语来赎罪的方法。比如，背叛师傅和神祇的人，可以通过念诵一万遍"补罗那伐"来赎清自己的罪过；违约者、吃了不可食之物的人、说过错话的人，可以通过念诵一千遍咒语来赎清自己的罪孽；杀死鸽子、乌鸦、猫头鹰等飞禽者，只要念诵一百零八遍咒语就可以赎清自己的罪过。

牛是印度人心中的神物，杀牛，尤其是杀母牛被认为犯下了二等罪，在法论中对于犯下杀母牛罪的惩罚和赎罪是这样的：

杀母牛的二等罪人必须喝大麦粥三个月;必须剃去头发、裹着母牛皮住在牛棚里。

在两个月内,他必须调伏诸根,每四顿吃一餐,每顿量有限,不食加工盐;还必须用母牛的尿沐浴。

白天,他必须跟在那些母牛后面挺直身体喝尘土;夜里,他必须在侍候和礼拜它们之后打英雄坐。

如果有一头母牛生病、遭受盗贼或老虎等等的威胁、摔倒或者陷入泥潭,他必须全力相救。

炎热时、下雨时、寒冷时或者刮大风时,不先尽力掩蔽母牛他就不得掩蔽自己。

杀母牛者如果依次规则侍候母牛满三个月,他就清除杀母牛造成的罪过。(11.108—115)①

大史诗《摩诃婆罗多》不仅是一部包罗万象的百科全书,而且也是一部充满神话色彩的伦理教科书。它除了劝导人们多做善事,不做恶事,遵循业报轮回的人生规律,同时也大费笔墨地描写各种赎罪的方法,如修苦行,举行祭祀,进行斋戒和施舍等。有的方法比较具体,如果一个人在临死之前能向穷苦人施舍一千头牛,那么他就可以赎清自己一生的罪过;如果一个人不慎杀死了婆罗门,只要他肯施舍十万头牛,他就可以赎清自己的杀人罪过。如果一个人发誓禁欲,然后又破坏了自己的誓言,只要他披上牛皮,修半年的苦行,就可以赎清破戒的罪过。一个人如果玷污了师傅的床笫,他就要仰卧热铁板,割掉生殖器,然后走进密林,双眼永远望着天空,这样就可以赎清自己的罪孽。有的赎罪方法则比较简单,比如,第一次犯罪可以通过忏悔来消除;如果第二次再犯,可以通过发誓不再犯来赎罪;如果第三次再犯,可以通过表示决心以后不再犯来赎罪;如果第四次再犯,那么他可以通过去圣地朝觐来赎清罪过。

印度教伦理范典《摩奴法论》用整整一章专谈赎罪。从法律角度上讲,赎罪在现实生活中有依法受惩的实用性。但从宗教伦理学角度看,印度的经典一方面大肆宣扬恶有恶报,善有善报,另一方面又为作恶之人大开方便之门,让造孽者逃之夭夭。这样的赎罪法带来的后果,使业报的伦理观念变得淡薄,更谈不上发挥劝诫作用了。难怪美国学者 W.

---

① 《摩奴法论》,蒋忠新译,中国社会科学出版社,2007 年,第 228 页。

D. 奥弗莱厄蒂说:"业报的教义在《往世书》中就如同一个稻草人,把它树立起来就是为了再次把它打倒。"①

2. 传统的达磨伦理观

善恶有报的个人伦理观主要依靠个体的道德意识,它的作用效果和层面还比较有限。聪明的印度人更善于从传统习俗中,挖掘出有普遍价值的伦理观念和信条,从而形成社会伦理,服务于社会群体。

由于古代印度人的精神信仰和生活习俗统称为"达磨",意为"神圣的法则",因此,在印度人的思想观念里,善、恶的意识较为模糊,不如"达磨"(正法)与"非达磨"(非法)来得准确、具体。对于具有明显宗教特性的印度人而言,一个人的价值信条往往与他社会阶层、种姓、人生阶段和人生目的有关,不同的种姓有着不同的责任、义务与戒律,不同的时期也有着不同的责任、义务与戒律。合乎该种姓、该时期的达磨则是合法的,反之则为非法。有立足种姓的种姓达磨,强调种姓的职业伦理,以种姓群体为对象,不同的种姓有不同的达磨。任何一个印度人,从他的姓名、年龄,便可知他的种姓、地位和行期,便可知道他所要遵奉的达磨。《摩奴法论》规定婆罗门的职责是教授和学习吠陀、祭祀和替他人祭祀、布施和接受布施;刹帝利应战死沙场,保护百姓;吠舍主要从事农业和商业,是主要的纳税人。首陀罗的职责则是充当前三种姓的奴仆,谦恭地侍奉前三种姓。

还有与每个人人生阶段密切相关的行期达磨。它以时间为轴,强调一个人在一生的不同时期,需要遵循的不同达磨与责任。对婆罗门而言,少年求学时的梵行期要敬拜师尊,孝敬师父和父母;步入成年的家居期要依婚俗嫁娶、遵礼祭祀、沐浴、进食等;进入中年的林栖期要摒弃物欲、戒除杂念,而到老年的遁世期,就要依道修行,寻求解脱。如果在该学习的梵行期早早去过家庭生活,在本应负担起养家糊口责任的家居期去弃世修行,都是违反行期达磨的事情,都是非法。四行期的不同要求,无时无刻不在提醒着印度人,要在人生最适宜的时间,做最适宜的事情。

除了种姓达磨、行期达磨,还有约定俗成的、普遍意义的达磨。它侧重于在传统习俗累积下形成的关于正确生活的一些建议,有些建议为各宗派所共有。比如"不害"论,是各宗教的精华,不论佛教、耆那教,还是

---

① 刘建、朱明忠、葛维钧:《印度文明》,中国社会科学出版社,2004年,第176页。

印度教、锡克教,不害都是众法之本,也是印度各宗教派别共有的生命伦理观。

达磨的伦理意义,为印度本土学者和外国学者认同。尼赫鲁认为达磨是一种责任,是"远超过宗教或信条的一种东西。它是责任的概念,是对于自己本身和对于别人履行所应尽的义务的概念。"①史诗研究学者哈罗德·霍夫林认为,达磨是一种有关道德价值的信念,而且在更高级的宗教领域,达磨之法具有永恒的"原型"概念,正法可谓"道德价值永存的信念""正法是以一种永恒的道德秩序为前提的,这种秩序的基础是宇宙原型的概念,它永远不可改变,完全独立于人类之外,也不在乎人们喜欢它还是不喜欢它,它给人们方便还是不方便。"②

达磨人生,是以正法为旨向的道德人生。它不仅是一种伦理观念,也是一种伦理实践。在印度思想里,行为与观念往往融为一体,纯粹的道德概念在古代印度并不存在,取而代之的却是大量正见与正行的融合。

以不害观为例,它既是一种观念,又是一种行动;既是一种观念达磨,又是一种行动达磨。在观念层面,不害与真实、宽容和怜悯并称为"四德",是真理的原则,也是一种普世道德。在行动层面,不害则是一种处世方式。甘地以它为行动纲领,成功实践坚持真理运动。对甘地而言,正行比正见或言语更为重要:"我深信,神要求我们的,不是我们讲了什么,而是我们做了什么。对神来说,行为是一切,没有行为的信仰一文不值。对神来说,行动就是信仰。"③这种知行合一的自觉性,使达磨在很大程度上变成了印度人自省的道德规范,对维护印度社会的和谐安宁起到了很大作用。

甘地在政治运动中,不但抽绎出达磨的伦理内容,而且将践行看得异常神圣,认为没有道德就没有宗教的基础:"一旦我们失去了道德基础,那么我们也就不再是虔诚的宗教信徒。根本不存在超越道德的宗教。例如,人就不能一方面声称信仰神,而另一方面又是不诚实的,残忍

---

① [印度]尼赫鲁:《印度的发现》,世界知识社出版,1956年,第98页。
② [印度]苏克坦卡尔:《论〈摩诃婆罗多〉的意义》,载季羡林、刘安武编:《两大史诗评论汇编》,中国社会科学出版社,1984年,第206—207页。
③ [美]J.T.F.乔丹斯:《甘地的宗教:一条朴素的围巾》,圣马丁出版有限公司,1998年,第2页。

的或无节制的。"①甘地同时认为,道德的践行核心是博爱,其理想是证悟真理或神。由于神在万物中本质的统一,因此只有通过神的创造物才能证悟神,爱神的创造物并为之服务,这便是道德。D. M. 达塔对甘地思想的评论为:"这种证悟真正自我或神的道路就是爱他人,并且按着爱的要求去履行对他人的义务。在这里,道德变成了宗教的本质。"②我们也可以说,道德也变成了达磨的本质。

四、追求四要的完满人生

古代印度人认为,法、利(artha)、欲(kāma)、解脱(mokṣa)是人生四要,即四个目的。达磨即法,利指财富,欲指爱欲。印度人遵循正法,拥有财富,满足爱欲,反映了他们求今世安乐的入世观。法、利、欲之后,要摒弃物欲,走向解脱,又体现他们求彼岸福乐的出世观。印度人理想的一生,便是入世与出世的结合。印度两大史诗是印度人民在长期生活的集中表现,可谓古印度文化的百科全书。书中开篇即言,法、利、欲的学问为古代智者所认可:"这里包括古代智者认可的一切学问——各种奥妙、吠陀、瑜伽与智慧,以及法、利、欲,法、利、欲的论(学),以及各种之论(学),还有处事之学;——出现并为仙人所见。"(1.1.45—48)③《罗摩衍那》在《童年篇》中也讲:"我将把所有的情节,从头到尾一一叙述,这情节含有法、乐、财,请仔细听不要嫉妒。"(1.5.4)④如果从人生四行期来看,梵行期与家居期是入世阶段,林栖期和遁世期是出世阶段,四个行期相匹配,才是理想人生。尼赫鲁曾说:"思想和行动的两条河流——一个接受人生,一个逃避人生——并排着在发展,而出世与入世,无为与有为,在印度文化中都表示积极的状态,之所以用消极的名词来形容解脱,只是因为它超越了人类思想的限度。"⑤这句话正是极言入世与出世在更

---

① [印度]甘地:《青年印度》,1920年5月15日,转引自[印度]巴萨特·库马尔·拉尔:《印度现代哲学》,朱明忠、姜敏译,商务印书馆,1991年,第143页。
② [印度]D. M. 达塔:《圣雄甘地的哲学》,第83页,转引自[印度]巴萨特·库马尔·拉尔:《印度现代哲学》,朱明忠、姜敏译,商务印书馆,1991年,第143页。
③ [印度]毗耶娑:《摩诃婆罗多》(一),金克木、赵国华、席必庄译,中国社会科学院出版社,2005年,第6页。
④ 《罗摩衍那》,《季羡林全集》第二十二卷,外语教学与研究出版社,2010年,第52页。
⑤ [印度]尼赫鲁:《印度的发现》,世界知识社出版,1956年,第92—93页。

高精神层面上的辩证统一。

　　人生四要中,利是物质财富,最为世人向往与追求,印度人也不例外,他们不仅赞颂财富,而且将财富与幸福等同。印度民间广为流传的《五卷书》开篇有这样一首偈颂:"保财之法是疏财,犹如池满水流出,财富须用财富聚,大象要用大象捕,无钱之人无买卖。不求来世不享福,即使走运发大财,也是傻瓜守财奴。"①将物质享受与财富增长结合起来。《五卷书》里也不乏对金钱的直白赞颂:"只要手里有钱,没有什么事情办不成;聪明人必须加倍努力,为金钱而拼命。"②深受印度人喜爱的象头神(Ganeśa)就有"财神"之称。在史诗中,这种对财富的宣扬随处可见,如正法的化身、福身往和恒河女神之子毗湿摩就曾这样劝导正法之子坚战:"依靠财富,能赢得今生和来世两个世界,还有真理和正法。没有财富,便没有一切。一些人依靠馈赠,依靠行动,苦行者依靠苦行,另一些人依靠智慧,依靠才能,积聚财富。人们说,没有财富则没有力量,有财富则有力量。有财富就能获得一切,完成一切。正法和爱欲,今生和来世,都依靠财富。"(12.128.43—49)③然而,史诗作者也无时无刻不在提醒听故事的人,君子爱财,取之得有法。《摩奴法论》讲,合法财产来源七种:继承遗产、获得、购买、战胜、放债、经商和接受善人的布施。(10.115)④若以不法手段获得财富,不仅遭世人唾骂,而且名声扫地,甚至家破人亡。

　　欲是爱欲享受,灵肉双美。印度文学有艳情味,印度文化也有着艳欲主义的传统,性、爱欲和生殖崇拜常不加掩饰地出现在经典、雕塑和绘画中。文学著作中的情爱往往也与宗教结合在一起。《欲经》(Kāmasūtra)就是这样一部讨论爱情秘密的宗教经典。在作者犊子氏看来,性爱是复杂的游戏,需要做出细致的划分和描述,因此他对性爱抱着严肃的态度,性爱不是情和欲的泛滥,而是对情欲的控制,只有严饬的控制下,才能享受性爱。他所说的淡然无情之爱,已将性爱升华到神圣境界了。古老的《阿达婆吠陀》中充满了爱情的各式祝词、祷词和咒语,如这样一首祝词:"我俩眼睛,甜如蜂蜜;我俩容貌,一样俊美。将我拥

---

① 原译见季羡林译:《五卷书》,人民文学出版社,2001年,第7页。
② 《五卷书》,季羡林译,人民文学出版社,2001年,第13页。
③ [印度]毗耶娑:《摩诃婆罗多》(五),黄宝生译,中国社会科学出版社,2005年,第237页。
④ 《摩奴法论》,蒋忠新译,中国社会科学出版社,2007年,第217页。

抱,在汝胸怀,我俩之间,同心永谐。"①印度古典文学亦不乏猎艳之词,有宫廷"九宝之一"之称的迦梨陀娑(Kālidāsa)著有《云使》,其中不乏对于女性之美的直白描写,如"脐窝深陷""因乳重而微微前俯,以臀丰而行路姗姗""她的左股现在已没有了我的指甲痕迹……它白嫩得如同鲜艳欲滴的芭蕉柔杆"等,亦不乏男女欢爱之词:"她的仿佛用手轻提着的青色的水衣直铺到芦苇边,忽被你取去,露出两岸如腿;朋友啊!那时你低低下垂,将不忍分离——谁能舍弃裸露的下肢,如果尝过了滋味?"②这段白话译文出自诗人金克木之手,别有一番情味。50年代旅印的徐梵澄也曾译过这部经典,只是翻译得更加文言和含蓄:"似褪青襦仍手系,水落岸荻挽不垂,斜依难别君自持,罗襟微解舍者谁。"③不论是直白抒意,还是委婉述情,所体现的正是印度艳情诗歌艳而不淫,露而不秽的风格特点,这也正是印度美学的迷人之处。卡久拉霍琳琅满目的性爱雕塑群,表面展示的是丰富情爱体验,深刻意义在于洞察这瑰丽多姿的乐享图景,看透繁复的外在形式,了悟"万事皆空"的内涵,就像流行民间的梵语短诗伐致诃利《三百咏》中所唱的,享受爱欲与奉爱神明可以两不耽误:

> 可看的什么最上?是鹿眼女郎的可爱脸庞,
> 可闻的是她嘴边香气;可听的是她的言语;
> 可尝的是她花苞唇间美味;可触的是她身躯;
> 青年朋友最可想念的到处都是她的游戏。(一百零七)
> 情人交颈相依偎,紧抱也不能持久,
> 为渡到人生恐怖海彼岸,要一心向梵莫旁求。(一百九十二)④

一边是美艳的鹿眼美女,一边是有灵之神,就像黑夜与白昼的交错,激情与虔诚共存。正如马克思曾评价的,印度的宗教既是"纵欲享乐的宗教",也是"禁欲主义的宗教",既是"和尚的宗教",也是"舞女的宗教"⑤,

---

① 季羡林、刘安武选编:《印度古代诗选》,漓江出版社,1987年,第34页。
② [印度]迦梨陀娑:《云使》,金克木译,《金克木集》第七卷,三联书店,2010年,第171页。
③ 《行云使者》,《徐梵澄文集》第七卷,上海三联书店,2006年,第50—51页。
④ [印度]伐致呵利:《三百咏》,金克木译,《金克木集》第七卷,三联书店,2010年,第234、261页。
⑤ 《马克思恩格斯全集》第九卷,人民出版社,1961年,第144页。

不无道理。因为,不论是灵还是肉,都是美之所钟。

法即达磨,是宗教规范、道德律则和行为职责等的总称。不论是利,还是欲,都要遵循达磨。在古代印度人生观中,和谐美满的人生在于平衡人生三要。《摩奴法论》讲:"人称法和财利为福,或称欲乐和财利为福,或称唯法为福,或称唯财利是福;其实则是'三合一'。"①在人的一生中,利和欲只有在法的驾驭下,才能合情合理,有节有度,完美实现人生三要才是至福。《摩诃婆罗多》中有段精彩的关于法、利、欲哪个更重要的争论,般度五子坚战、阿周那、怖军、无种和偕天,以及他们共同的妻子黑公主在十八天的俱卢大战后,获胜的般度族首领坚战眼看战争造成哀鸿遍野的悲惨情景,不由心生悲戚,萌生舍弃用战争夺回的王国,放弃世俗生活,走进森林苦修的念头。阿周那又叫"胜财",认为财富优先,有了财富才能实现正法与爱欲,他说:"一切事业源自丰饶的财富,犹如河流源自高山。正法、爱欲和天国都源自丰饶的财富。没有财富,世人无法维持生命。没有财富的人想求财富也得不到财富。财富滋生财富,犹如大象带来野象。正法、爱欲、天国、喜悦、愤怒、学问和自制,所有这一切都源自财富。没有财富的人没有今生和来世。"(12.8.16—22)②怖军认为正法、利益与爱欲应同样使用,但爱欲最重要:"没有爱欲,便不会追求利益;没有爱欲,便不会追求正法。没有爱欲,无所追求。"(12.161.28)③维杜罗认为正法最优秀,利益居中,爱欲居次。究竟哪种目的最好? 史诗也给出了答案:"智者们追求三大目的(法、利和欲),在三者不能兼得时,人们坚持法和利。只能取其一时,上者求法,中者求利,下者求欲。追求利和欲,也要从一开始就遵行正法,因为利和欲任何时候都不能脱离正法。"(5.122.32—35)④这也是般度族首领、长子坚战被称为"正法之子"的原因。坚战本人是正法的严格恪守者,不论陷入持国百子为首的难敌布置的耍花招的赌局,还是受罚放逐森林,就算以战争赢回了王国,做了十几年国王之后,仍然执意走进森林,不改初衷,坚持苦行。

---

① 《摩奴法论》,蒋忠新译,中国社会科学出版社,2007年,第37页。
② [印度]毗耶娑:《摩诃婆罗多》(五),黄宝生译,中国社会科学出版社,2005年,第14页。
③ 同上书,第305页。
④ [印度]毗耶娑:《摩诃婆罗多》(三),黄宝生、郭良鋆译,中国社会科学出版社,2005年,第321页。

史诗中有"三要"(法、利、欲),也有"四要"(法、利、欲、解脱)。黄宝生认为"四要"是在"三要"之后形成的,"四要"增加了"解脱"一项,主要意思就是摆脱轮回,也就是史诗主人公坚战所坚持的观点:在轮回中承受生老病死,诸般痛苦,没有价值,没有好结果。只有摆脱轮回,才能获得幸福。

达磨与解脱,一个关注现世生活,一个追求彼岸世界;一个属于入世法,一个属于出世法;一个追求的是个体更好的社会责任,一个则主张个体摒弃尘世,摆脱轮回,超越现世道德和宗法戒律,两者看似并行相悖,互不相干,甚至在某种程度上可以说是完全对峙、矛盾的。策纳(R. C. Zaehner)在《印度教》(*Hinduism*)一书中也承认"在印度宗教里确实存在着对峙,一方面生活的目标是,力求从凡俗中得以解脱,另一方面人们有义务在凡俗中做对的事,这种对峙就是解脱与达磨。"①

然而,印度式智慧却将两者融洽地统摄在一个人生命的全过程中,而且将遵循达磨视为通往解脱的必要条件。获得解脱既需要认识法、利、欲,又需要摆脱对三者的执著。《摩诃婆罗多》也说:"人凭借智慧知道众生的来去,由此渐渐达到至高平静。知道人生三要,摆脱人生三要,努力思索,洞察真谛,无所执著。"(12.187.54—55)②摆脱三要,超越三要,就是超越对立性。这是《薄伽梵歌》中黑天对阿周那的劝解。印度美学以"双昧"为典型,事物的存在形式以对立面而存在,美与丑、明与暗、黑与白、生与死、善与恶、好与坏等,既二律背反,又合二为一。因此摒弃对立、追求解脱的遮那迦仙人,赢得人们的赞颂,他有一首出名的偈语:"我的财富穷无尽,我依然一无所有;即使密提罗城着火烧毁,我也没有烧掉什么。"多么的坦荡,置身事外、超越凡俗,而又卓然于世。

解脱虽然是一种个体行为,但不全然是个人主义的。面对世间的不幸,如果无动于衷或者无所作为,是自私者所为,并非寻求解脱者所愿。在这个意义上,说解脱只是为了个人灵魂的获救而不为他人利好,或者将解脱与达磨看作是个人理想与社会理想的二元对立,都是对解脱的不完整认识,是因不理解精神解放的内涵和个人、群体的互动性而造成的概念错误。必须看到,个人精神完善和社会利好是并存的。

---

① R. C. Zaehner, *Hinduism*, Oxford University Press, New York, 1966, p. 7.
② [印度]毗耶娑:《摩诃婆罗多》(五),黄宝生译,中国社会科学出版社,2005年,第351页。

当我们回到达磨一词原初的含义上来,便能理解达磨在解脱之路上的重要作用。有"支持""控制"之意的达磨,旨在维持众生,使万物井然,和谐发展。达磨产生于对万物秩序、物物关系,互补统一与整体性的高度认识。真正的践行达磨,旨在通过个体道德戒律和精神训练,逐步淡化和稀释个体的需求,强化个体对社会的职责和实践,从而改善社会现状;真正的践行达磨,旨在通过承担社会责任,不断地培养自我、完善自我,最终得以净化自我,解脱自我。这也正是大乘佛教所教示的,除了渡己,还要达人,除了个人求果,还要普度众生,这样的佛教才是人间佛教,这样的人生才是圆满人生。

印度现代哲学家拉达克里希南和奥罗宾多,分别从哲学层面阐述了解脱与达磨的一致性,与大乘佛教一样,他们最终希冀的是全人类的解放与幸福。解脱是超越生与再生的过程,摆脱生的痛苦和无明,是一种纯粹欢喜的状态。拉达克里希南在《理想主义的人生观》中指出,获得个人的"永生"并不是人类的最终命运。人类的最终命运是实现一切人的解脱,因此每个已经获得解脱的个人必须继续努力,以促进"普遍解脱"的进程。奥罗宾多在《神圣人生论》中提出,通过培养"神圣智者"来获得"神圣人生",神圣生命是一种完善生命在人世间的出现。具体做法为:获得了无身解脱的"神圣智者",需要将自身与创造的冲动结合起来,通过将其他人也转化成"神圣智者"的方式,来促进"神圣生命"在尘世间的出现。

这时的解脱便不再是纯粹的离家为僧或独居索群,而是一种积极的出世精神。它植根于对法、利、欲等入世精神的深刻理解,在洞察、觉悟入世精神以后,在同一精神层面上,达到入世与出世的一致和互补。这一理想状态也是著名印度史诗学者、《摩诃婆罗多》精校本首任主编苏克坦卡尔(V. S. Sukthankar)认为的,"体会到生命的价值与奇迹,热烈地希望它更加美好;为了达到这个目的,更进一步去把强烈的乐观精神与一种精粹的智慧、充分完美的克制和自然而然的平衡结合起来。"①

因此,达磨是解脱的重要组成部分,达磨是解脱的开始和培养过程,解脱是达磨的顶点和终极目的。要想获得超越凡俗世界的解脱,必须先遵循凡俗世界的达磨,没有达磨的解脱将毫无意义。在人生四目的中,

---

① 季羡林、刘安武编:《两大史诗评论汇编》,中国社会科学出版社,1984年,第253页。

达磨是一座桥梁,它既是世俗的,又是非世俗的。因此,达磨不可避免成为通向最高的精神理想——解脱的通途。甚至在自我超越的(self-transcendence)层面,达磨和解脱同属一类,达磨的行为也就是解脱的行为。

第六章

苦修造福 冥思得道
—— 印度人的修炼观

你去印度旅行,从南到北都可以看到各式各样的苦行者:有的赤身裸体,有的单腿独立,有的双手行走,有的身卧荆棘,但更多的是坐禅冥思。然而,这一切都是表象,更宏大、更深邃的世界至今还不为外人所知。据说,印度现在有几百万苦行者,尽管城市里的苦行者中混进了一些败类,但印度主流社会对苦行者依然怀有敬畏之心,给予种种尊重和便利。古代印度有三宝,冥思、瑜伽和生命吠陀。苦行者集此三宝于一身,构成了一道令世界惊叹的文化景观。印度几百万苦行者及其所代表的文化,在印度延续了几千年,在人类非物质文化遗产中,是最为精彩和宝贵的。

在人类早期,世界各地也都产生过类似冥想、禅修一类的修炼方式,也都产生过身心同治、以植物为药的医术。进入现代,世界大多数地方的这些传统文化纷纷凋敝,唯独印度长盛不衰,或者说凋而不敝。这值得我们怀着一颗虔诚的求是之心,进行认真研究。

一、印度:世界苦修之乡

苦修有多种说法,如修行、苦行、修炼,等等。苦修的真正起源,目前难以考证确定,但在印度,苦修出现得很早,考古发现,早在印度河文明时期的印章上就雕刻着苦修者打禅冥思的图景。印度人的苦修和风土气候有关。处于南亚次大陆的印度,酷热难耐。在这么热的环境里,最佳的生存方式就是到森林里静坐冥思。冥思出妙悟,无奈的生存方式造就了令人神往的文化境界。苦修的产生还和古印度人的生殖崇拜有关。赵国华曾在《热与光:苦行与精进》中分析:"苦行本是一种原始的宗教行为,生发于男性生殖器崇拜,其导因是印度古人对男根勃起膨大坚挺的不解,误以为是热的作用。遂想方设法使男根'有热',多多射'光',即获得旺盛的生殖能力,以求人口的繁衍……所以,我们在印度古代的典籍中,屡屡可见苦行求子的内容。这就是古代印度最初的苦行。"①

苦修作为一种文化现象,内涵非常宽泛,包括禁食、斋戒、打坐、冥思、瑜伽等等。苦修的人们不仅身心受到修炼,而且有的还可以获得超自然神力,即所谓的神通。印度经典中有着大量关于苦修的记载,这些记载和今天几百万印度苦修者共同构建了一个瑰丽的印度苦修文化。

1. 净修林与苦修

古印度文明在某种意义上可以说是森林文明。日本学者中村元认为,"印度文明的主流不在城市中,而在森林中,它是密林中寂静生活的文明"②。古印度大多数宗教与哲学经典都是先哲们隐居密林、静坐冥想后形成的。《森林书》(Āranyaka)就是一个例子,徐梵澄在《五十奥义书》译者序中说:"谓宇宙人生之真谛尽有在于是耶？于是亦有厌离而求出世者矣。印度地气炎暑,菲衣薄食亦足以生,故瓶钵而入乎山林,时一近城市聚落乞食,不至槁死,既于世无所为,静观默然,乃始有出世道之宗教生活。……为之者,多在人生之暮年,而世事谙,入山林而不返,遂有《森林书》之作。"③除了《森林书》之外,吠陀文献中的《梵书》(Brāhmana)、《奥义书》(Upanisad)、印度的两大史诗、大小各十八部《往世书》等等,也都是在森林中完成的。

被称为"最初的诗"的大诗《罗摩衍那》,它的作者一般认为是蚁蛭(Vālmīkī),是一位修道仙人。他在森林里创作了史诗,并将故事教给自己的徒弟——国王罗摩的一对孪生兄弟。在罗摩举行盛大马祭仪式时,他带着这对孪生兄弟来到王城,唱出了全部的《罗摩衍那》。罗摩听后醒悟过来,将流放到森林里的妻子悉多请回。史诗中有大量关于森林的描写,特别是他创造诗律输洛迦的场景,成了诗人、学者的千古美谈。

大史诗《摩诃婆罗多》的作者相传为广博仙人毗耶娑,他一出生就到森林中修行,因为这个地方在圣河朱木拿河的一个岛上,所以他又叫岛生黑仙人。毗耶娑在森林里一边苦行,一边修订扩充《吠陀》,在森林里他创作了大史诗《摩诃婆罗多》,之后又鼓励他的弟子和儿子也来创作。

---

① 赵国华:《热与光:苦行与精进》,载《南亚研究》,1991年第4期。
② [日]中村元:《东方民族的思维方法》,林太、马小鹤译,淑馨出版社,1999年,203页。
③ 《五十奥义书》,徐梵澄译,中国社会科学出版社,1995年,第3页。

可见，古代印度大多教义、典籍、思想、学派都产生于森林。森林是经典创作的主体力量婆罗门的主要活动场所。城市里住着刹帝利国王、军队和商人、手工艺者，他们不是精神文化的生产者。印度文献中的森林，并不指猛兽毒蛇随时出没的林莽险境，而是相对于城市的广大农村地区。那里林木葱郁，村社、净修林、修道院散落其间。当时的森林，除了自给自足之外，还要向城市提供粮食和各种农产品。所以，印度古代的森林，不仅是精神文化的主要产地，而且也是物质文化的重要产地。以文明构成来看，印度森林文明的主体是婆罗门文化，但也包括刹帝利文化。因为，王朝更迭、政治斗争的失败者，最好的去处就是广袤的森林。森林是印度流放文化、贬谪文化、隐居文化的汇聚地。在森林中，婆罗门以主人的身份获得了失势刹帝利的尊重，失势刹帝利在获得婆罗门同情庇护的同时，向他们请教复国和护民安邦的方法。所以，森林文明无论从数量、质量还是气势上讲，都是印度古代文明的主体和主流。

2. 四行期与苦修

像中国强调人需要刻苦锻炼一样，印度也强调人必需刻苦锻炼。不同的是，印度将这种刻苦锻炼赋予了宗教意义，纳入到了宗教的法定程序之中。《摩奴法论》认为，人要不断修行，这种修行被分为四大行期：梵行期、家居期、林栖期和遁世期，它们分别代表了印度不同的人生境界。梵行期是学习期，到达一定年龄的再生族，应当离开父母，入师门为弟子，跟随老师学习吠陀文献、祭祀仪轨等，"欲得道行①的婆罗门应该永远诵吠陀；因为诵吠陀被称为婆罗门在这个世界上的最高的苦行"（《摩奴法论》，2.166）。家居期，即梵行期结束以后，踏入社会，成家立业的时期。祭祀祖先与诸神，履行家庭及社会责任，是主要的修行内容。林栖期时，印度人开始放弃尘世，离家入林，"当家居者看到自己有了皱纹和白发而后代有了后代的时候，他应该到森林去"（《摩奴法论》，4.2）。在那儿，他们以采集为食，以兽皮、树叶为衣，隐居在山林苦行，盘膝静坐，修习、瑜伽，清净意念，调伏诸根，为解脱作准备。我们在印度经典作品中，常看到不少国王也是遵行四行期之路，以做一个苦行僧为人生的归宿。到了遁世期，则要云游四方，以乞食为生，通过沉思冥想，追求"梵我

---

① 译者注：道行，梵文 tapa，指通过修苦行所获得的神通。据说，得道行者所赐恩典或所发诅咒一定会实现。

一如"之境,以达到解脱的终极理想。

印度的苦修、苦行意义广泛,四行期中的每一个阶段都安排了应该履行的修炼方式。不同阶段有不同的苦行,修炼循序渐进,张弛自如,不断积累。他们提倡积极有益的苦行,反对消极有害的苦行。《薄伽梵歌》举出积极有益的苦行三种,消极有害的苦行两种:"躯体的苦行包括:崇拜至尊主、婆罗门、灵性导师,还有好像父母一样的尊长。洁净、朴素、独身、不用暴力也是躯体的苦行。言语苦行包括说真话,说有益的话,并且不说冒犯别人的话。一个人也该定时背诵吠陀经。心境宁静、生活朴素、态度严肃、自我抑制、思想纯粹,就是心意苦行了。这三重的苦行,属于善良性质,而且由目的不在追求物质利益而是讨好至尊主的人实践。夸饰铺张地进行赎罪修行和苦行,只是为了获得名誉和别人的尊敬崇拜,据说是属于情欲形态。它们既不稳定,也不恒久。至于愚昧地进行赎罪修行和苦行,无论执拗地自我折磨或伤害甚至杀害别人,据说都在愚昧形态之中。"(《薄伽梵歌》,17.14—19)从一定意义上说,《薄伽梵歌》中的苦行,和中国的修身养性及"劳其筋骨、苦其心志"有异曲同工之妙。

3. 瑜伽的发展与苦行

印度人的修炼不管是苦行、祭祀还是瑜伽,从一开始就是为宗教服务的。英国学者查尔斯·埃利奥特说:"祭礼与仪式是伴随祈祷而产生的事物,苦行与修炼则是伴随思想而产生的事物。这一情况在其他国家不是如此突出,但是在印度,习惯上认为对于我们称之为玄学或神学的研究,需要有某种身体上的修炼。"①

印度修炼历史源远流长,我们可以在印度最早的文献吠陀经中看到修炼的最初形态——苦行。考古发现,早在公元前3000年左右的印度河文明时期的印章上,我们就可以找到证据——修炼瑜伽的形象。在那个印章上,描绘了一个修习瑜伽的男子:他双足相抵,盘膝在一张矮几上,呈莲花坐姿,样子肃穆庄严,双眼闭合,作冥思状,修行者正被他物膜拜,有人推论这是湿婆的前身百兽之王。其实,苦修最初只是一种达罗毗荼人民强身健体的运动,后来雅利安人进入印度河流域,与当地土著文化结合后,苦修的观念便开始有了新的发展。

---

① [英]E.埃利奥特:《印度思想与宗教》,李荣熙译,贵州大学出版社,2013年,第205页。

瑜伽的发展过程大致可分为五个时期：原始时期、史诗时期、古典瑜伽时期、后古典瑜伽时期和近现代瑜伽时期。

瑜伽作为修行的途径和宗教实践的方法，可以在吠陀经中看到，当时只谈到修行的最初形态——苦行。《梨俱吠陀》提到有七位圣者共同使用苦行的方法，进行了严厉的宗教祈祷仪式。(《梨俱吠陀》，X.190)"《梨俱吠陀》中有一首赞歌宣称：造物主通过苦行而获得创造世界的力量，人们通过苦行(tapa)可以获得超自然的力量或奇异的智慧，甚至说'苦行实际上就是梵'(tāpo brahma iti)。"①除了创造世界，《梨俱吠陀》还提到苦行可以直达天堂，使灵魂与宇宙接触。"那些因苦行而(成为)不可征服的，靠苦行直达宇宙，那些实践了最严厉苦行的(英雄灵魂)，天堂之门正是为他们而开！"(《梨俱吠陀》，10.154.2)在《梨俱吠陀》还描绘了一位长发褐衣仙人，"这首赞歌描绘长发仙人的忘我恍惚行事，长发仙人与神灵和万物为伍，能够通达此岸世界与彼岸世界，在他的'心灵深处'能洞察宇宙万物并拥有主宰万物的神通力量。"②有趣的是，在《阿闼婆吠陀》第15卷中，记载了另一类修行者，他们可能是与婆罗门教相对立的"誓戒者教团"。这些誓戒者精通魔术，他们发明了一种通过演唱歌曲来调整呼吸的方法。除了"苦行"，献祭也是印度人修行的最初形态。他们认为献祭同样可以达到超凡力量。

这些在吠陀文献中看到的例子，尽管只是简单的讲述，但当时的人们认为苦行者不仅希望具有超自然的能力，而且有了使自己的心与宇宙接近的愿望。原始时期的修炼方法仅仅是简单的打坐冥想和献祭仪式，神通力是他们所追求的目的，那时还没形成具体的修炼体系。

到了后吠陀时代，特别是奥义书时期，印度修炼有了更多的含义。奥义书多处提到禅那、苦行、瑜伽、离欲、弃绝等修炼方法。

至《奥义书》时期，瑜伽开始在婆罗门内部渐渐形成气候，并有了最初的"六支形法"。瑜伽的地位越来越重要，不仅是一种祭祀的礼仪，而且还被奉为使个体心灵解脱、与梵合一的修炼之道。

"瑜伽"是梵文"yoga"的音译，在《梨俱吠陀》中有用轭连结来驯牛驭马、获得神通力等多种含义。奥义书时期被赋予了新的宗教意义。古印

---

① [印度]卡雷尔·韦内尔：《瑜伽与印度哲学》，第105页，1977年。见黄心川：《印度哲学史》，商务印书馆，1989年，第309页。

② 同上。

度人认为人生的目的是通过认识最高我和控制自我,从而实现精神的自由解脱。可是,人的欲望就像烈马那样难以控制,要制服欲望,实现解脱就要有如驾驭马的瑜伽。作为修行方法的"瑜伽"一词最早出现于《泰迪黎耶奥义书》中,一个人的修炼时,"彼以信为其头,法律为右翼,真理为左翼,'瑜伽'为胸,'摩诃'为下体。"(2.4.1)其后,在《羯陀奥义书》中更是多次出现瑜伽一词,"'彼'也信难见,潜隐人玄秘,密藏人内中,万物住深邃;太古识'彼'真,修'瑜伽'可致。斯人智则卓,忧乐两皆弃"(2.2.12)。在同时期的《白净识者奥义书》中,瑜伽行法得到了系统的阐述。到了《弥勒奥义书》形成了"瑜伽六支":制气(调息)、敛识(制感)、静虑(禅定)、凝神(执持)、观照(思辨)、入定(三昧),它们为后来《瑜伽经》中的"八支行法"奠定了基础。从中期奥义书开始,瑜伽常与奥义书的中心"梵我一如"观念紧密联系在一起,这样就给瑜伽修持加入了新的文化原素。婆罗门教把印度民间修炼实践吸收到他们的神学体系中,与修行有较大关联的瑜伽或冥想的地位在这个时期开始变得越来越重要。

公元前5—6世纪,在印度出现了影响印度人思想的沙门思潮。这时各种潮流的交锋,如同中国古代的百家争鸣。众多的宗教流派分为两大思潮:一是以婆罗门教为代表的正统派思想潮流,一是以沙门思潮为代表的非正统派思想潮流。沙门思潮以佛教、耆那教为主要代表。这个时候的修行者,尽管派别不一,但都否定婆罗门教的三大纲领,主张种姓平等,以修炼、苦行、瑜伽等为方法作为宗教实践。他们的思想和行为,反映在《奥义书》和佛教、耆那教经典中。

到了公元2世纪,在印度史诗《摩诃婆罗多》中,瑜伽已经自成系统,并为后来的发展起到启示和原典作用。这一时期的瑜伽基本上是建立在吠檀多不二论超验哲学的基础上的,瑜伽的观念与数论派观念有紧密的联系。《摩诃婆罗多》是古印度的两大史诗之一,主要描述般度和俱卢两族,为了争夺王位,进行了一场可怕的战争。在战争前夕,阿周那感到杀戮这么多战士是不道德的,他对这场战争的合法性产生了怀疑,认为同族自相残杀是不符合法的。这时,毗湿奴的化身克里希那与阿周那展开了对话。克里希那是印度最大众化的神,史诗和许多神话都叙述它的故事。对于印度教徒来说,"克里希那是一个象征,是通往爱上帝之路的中介,不管一个人是想独自思考上帝之爱,还是想通过导师、指导者来思考上帝之爱"①。克里希那教导阿周那要无私无畏地履行自己的职责，因为这是人生达到最高目的的途径。人生的最高目的是解脱，要达到解脱有三条修炼身心的道路：业瑜伽、智瑜伽和信瑜伽。这三种方式是相辅相成的，通过这些方法行动者就可以与至高存在合一。这篇插话的产生不仅为阿周那指明方向，也为印度人提供了伟大的指引。这个故事出自《摩诃婆罗多》的《薄伽梵歌》。虽然他只是一个插话，但它是印度人心中的宝典，甚至有人说《薄伽梵歌》的意义超过了整部《摩诃婆罗多》。威廉·洪保德说："这是在任何已知的语言中最优美的诗歌，而且可能是唯一的真正哲学诗歌。"②事实上，所有的印度教徒实际上都把《薄伽梵歌》视为灵性生活的权威文本，《薄伽梵歌》几乎涵盖了印度教信仰的核心灵性观念。③ A. 赫胥黎说"《薄伽梵歌》是永恒哲学最清晰、最全面的总结之一"，"或许也是永恒哲学最系统的精神表述"④。正因为如此，《薄伽梵歌》对后世影响可谓深远，其修炼方法为以后的发展奠定了良好的基础。

　　公元 2 世纪之后，直至公元 12—13 世纪，瑜伽进入古典时期。这时期以《瑜伽经》为主要标志，佛教瑜伽修炼也发展壮大起来。《瑜伽经》由著名学者钵颠阇利编纂而成。该书吸收了数论哲学，总结了过去的瑜伽行法，归纳出系统的修炼方法——瑜伽八支：禁制、劝制、坐法、调息、制感、执持、静虑、三昧。通过瑜伽八支，可以达到解脱。在瑜伽的发展历程中，《瑜伽经》有着承上启下的地位，从此瑜伽修炼有了完整的基础理论。除了婆罗门教系统中的瑜伽派之外，佛教也正在继承与发展自己的禅定修炼理论。佛教先后出现了中观派和瑜伽行派。中观派由龙树、提婆创立，其代表作是《中论》《大智度论》。中观派认为要掌握诸法实相，人就要改变自己的观点，平等对待一切。要改变自己的观点最重要的途径就是禅定修持。《大智度论》说："此常乐涅槃，从实智慧生。实智慧从一心禅定生。……以禅定清净故，智慧亦净。譬如油炷净故，其明亦净。

---

　　① ［英］韩德编：《瑜伽之路》，王志成、杨柳、段力萍译，浙江大学出版社，2006 年，第 39 页。
　　② ［印度］尼赫鲁：《印度的发现》，世界知识出版社，1956 年，第 126 页。
　　③ ［英］韩德编：《瑜伽之路》，王志成、杨柳、段力萍译，浙江大学出版社，2006 年，第 27 页。
　　④ 参阅 C.D. 韦尔摩编《世界文学中的〈薄伽梵歌〉》，新德里，1990 年。转引自黄宝生：《〈摩诃婆罗多〉导读》，中国社会科学出版社，2005 年，第 74 页。

以是故,欲得净智慧者,行此禅定。"①要得到真实的智慧,就要禅定,只有这样才能获得涅槃解脱。瑜伽行派(Yogācāra)由无著、世亲兄弟两人创立,他们主张唯识无境,认为世界上的一切现象都由人们精神的总体——识所转变显现出来,现象本身并不是客观的真实存在。该派主要经论是《瑜伽师地论》,强调瑜伽修行,强调禅定,瑜伽禅定的修习者通过修炼的次序来通晓佛教的教义。公元7世纪,密教吸收了婆罗门教与印度民间习俗,形成了新的修炼派别。他们讲究语密、身密、心密,三密相应。密教兴起后,大乘佛教中的中观、瑜伽行两派开始走近,逐渐融合为瑜伽行中观派或称中观瑜伽行派。

从公元12—13世纪到19世纪初期,是诃陀瑜伽时期。"诃陀"即"力",该派受到《瑜伽经》和密教无上瑜伽派的影响,修炼目的不同于古典瑜伽的精神冥想法。它偏重通过人体的各种体态训练来调御精神,认为人体由许多脉管构成,人的生命能量通过脉管环流,而宇宙潜藏在脉轮里,通过气在脉管里运行来体验世界毁灭的过程,达到修炼的目的——梵我一如。"与古典瑜伽及佛教密教不同的是,它顺应当时印度学术的主流,以吠檀多哲学作为自己的理论基础。与以追求解脱为主要目标的古典瑜伽及佛教相比,诃陀瑜伽更着重于追求神通。"②诃陀瑜伽对后世的影响很大,由于它注重身体功能的锻炼,所以一直流传至今。

从19世纪初期到现在,瑜伽进入近现代时期。印度社会开始大变革,西方思想给古老的瑜伽以巨大的冲击。在动荡的环境下,印度瑜伽汲取新的养分,继续发展。有学者认为,近现代瑜伽大体有三种类型。第一种是民族资产阶级思想家拿古老的瑜伽来争取民族解放的斗争,代表人物是民族主义运动的激进派领袖提拉克和民族主义理论家辨喜。第二种是把近代的科学思想引入古老的印度宗教哲学,对瑜伽理论进行改造和发展,代表人物是当代印度瑜伽的集大成者奥罗宾多。第三种是继续保持原有瑜伽形态的力量,代表人物是萨依巴巴。

从以上介绍,我们看到印度人的修炼历程从古至今,一直没有中断过,印度人的瑜伽也一直在不断发展着,如今瑜伽遍及世界,广为流传,向西方传播的同时又与西方的宗教、哲学思想相融合。现代的瑜伽修炼已经有所发展,与传统的印度瑜伽不同,它不再仅仅局限于宗教哲学思

---

① [印度]龙树菩萨:《大智度论》,鸠摩罗什译,上海古籍出版社,1991年,第111页。
② 方广锠:《印度禅》,浙江人民出版社,1998年,第10页。

想或仅仅被纳入到宗教的法定程序之中,它已进入医学、心理学、体育等领域,修炼不再是一人一己之事,也不是一家一户之事,它成了全民族的普遍要求,修炼的形式和内容也大为不同,并正在走向世界。

二、苦行:福乐神通之途

在印度的文化发展过程中,苦行成为印度人认识世界的一种重要方法。金克木先生认为印度的思想特色是:"着重修行亲证。但这种亲证与中国式的立身处世不同,有它的特殊的原因与方式,所以我们必须找出其'为什么'与'怎么样'来。我们可以分做三项来说:一是修行以解脱为最上目标,二是解脱是超出生死轮回,三是轮回原于业报。各派思想从这几个共同原则来看,只不过是其不同的说明与不同的实行方式而已。"①从这句话可以看出,古印度修炼亲证的思想方式通过宗教已经注入到了每一个印度人的血液当中,修炼在印度不同哲学流派中有着不同的发展形式。自它从巫术中分离出来,逐渐被各宗教派别或思想体系所吸收,各派别的思想家们,都试图"改造这份原始遗产,使之能以某种方式适合他们自己的哲学"②。所以,印度瑜伽的产生和发展是与印度教、佛教、耆那教紧密相联的,这些宗教不仅采用瑜伽实践来实现他们的信仰,而且还相互吸收和发展瑜伽修炼的理论和实践。

1. 苦行悟大道

佛教的创始人释迦牟尼,出生于沙门思潮时期,属刹帝利种姓,姓乔答摩,名悉达多,是国王净饭王的儿子。悉达多自幼就受到很好的婆罗门文化教育,修学《吠陀》《梵书》等圣典,瑜伽也是修习的科目之一。

悉达多生性沉静,喜好冥想反思。幼时便思虑生老病死、人生苦痛之理。《佛本行集经》卷十二有载:"悉达多一天出外郊游,看到农夫赤体耕种,甚是劳累,人牛并皆困乏饥渴。"悉达多见后,"生大忧愁。……世间众生。极受诸苦。所谓生老。及以病死。兼复受于种种苦恼。辗转其中。不能得离。云何不求舍是诸苦。云何不求厌苦寂智。云何不念

---

① 《金克木集》(第 3 卷),三联书店,2011 年,第 135 页。
② [印度]德·恰托巴底亚耶:《印度哲学》,黄宝生、郭良鋆译,商务印书馆,1980 年,第 127 页。

免脱生老病死苦因。我今于何得空闲处"。于是走到一树下,趺跏打坐,"即得初禅"。

14岁以后,悉达多常常出宫巡游,见到老人、病人、死人、修道沙门等不同的人,这些人所受的生老病死之苦让悉达多感慨万分。一天夜里,他背着家人,悄悄地离开了宫殿,削去头发,披上袈裟,开始走上宗教的征途。悉达多先后拜访了许多有名的外道仙人,跟随他们行禁欲、修禅定,可是正如很多仙人所证,他并未发现可以解脱生死的方法。于是他尝试通过严格的苦行发现真理,寻求解脱。佛典记载,悉达多根据"摩擦湿木不能生火,摩擦干木才能生火,须清除体液,才适宜于接受知识和觉悟"的思想,修习苦行,他长立不倒、卧于荆棘之中,在烈日下曝晒、专心入定,每日吃种子、草、牛粪度日,后来又发展为每日只吃一麻一粟,甚至实行绝食。如此苦行六年,身体枯瘦如柴,却未能得道。悉达多毅然放弃苦行,接受牧女供给的乳糜,调养身体,决定另辟蹊径。后来,他来到菩提树下,静坐沉思,经历四种禅定阶段,在第四十九天时,达到绝对平静的心境,终于悟道得果——"四圣谛"。

耆那教兴起于公元前 6 世纪,较早于佛教,其创始人大雄也是在修炼中悟道的。大雄,原名为筏陀摩那(Vardhamāna),其父母是刹帝利,父亲是贝拿勒斯一个小王国的君主。他家庭富裕,生活奢华,婚后生有一女,但他并不感到幸福。大约在 30 岁时他决定抛弃物质世界,立志出家苦行,寻找解脱的宗教途径。他各地漫游,苦行修炼,长达 12 年之久。当苦修到 13 个年头时,终于在吠耶婆达东北建皮耶村的一棵娑罗树下绝食两天半后悟道。大雄成道后,30 年间一直在摩揭陀诸国漫游传教,先后组织教团,宣传教义,进行宗教改革活动。

瑜伽行派的创立者无著(Asanga),修炼传说一直流传至今。无著为了了解佛法的意义,进入山中闭关,专门观想弥勒菩萨,热切希望能够见到他。

无著极端艰苦地做了六年的禅修,可是连一次吉兆的梦也没有。他很灰心,以为他不可能达成看见弥勒菩萨的愿望,于是放弃闭关,离开了闭关房。他在往山下的路上走了没多久,就看到一个人拿着一块丝绸在磨大铁棒。无著走向那个人,问他在做什么?那个人回答:"我没有针,所以我想把这根大铁棒磨成针。"无著惊奇地盯着他看;他想,即使那个人能够在一百年内把大铁棒磨成针,又有什么用？他自言自语："看人们竟如此认真对待这种荒谬透顶的事，而你正在做真正有价值的修行，还如此不专心！"于是他调转头，又回到闭关房。

三年又过去了，还是没有见到弥勒菩萨的丝毫迹象。"现在我确实知道了。"他想："我将永远不会成功。"因此，他又离开了闭关房。不久走到路上转弯的地方，看到一块大石头，巨大得几乎要碰触到天。在岩石下，有一个人拿着一根羽毛浸水忙着刷石头。无著问："你在做什么？"

那个人回答："这块大石头挡住我家的阳光，我要把它弄掉。"无著对这个人不屈不挠的精神甚感讶异，对自己的缺乏决心感到羞耻。于是，他又回到闭关房。

三年又过去了，他仍然连一个好梦都没有。这下子他完全死心了，决定永远离开闭关房。当天下午，他遇到一只狗躺在路旁。它只有两只前脚，整个后半身都已经腐烂，布满密密麻麻的蛆。虽然这么可怜，这只狗还是紧咬着过路人，以它的两只前脚趴在那个人身上，在路上拖了一段路。

无著心中生起了无比的慈悲心。他从自己身上割下一块肉，拿给狗吃。然后，他蹲下来，要把狗身上的蛆抓掉。但他突然想到，如果用手去抓蛆的话，可能会伤害到它们，唯一的方法就是用舌头去舔。无著于是双膝跪在地上，看着那堆恐怖的、蠕动的蛆，闭起他的眼睛。他倾身靠近狗，伸出舌头……下一件他知道的事情就是他的舌头碰到地面。他睁开眼睛看，那只狗已经不见了；在同样的地方出现弥勒菩萨，四周是闪闪发光的光轮。

"终于看到了。"无著说："为什么从前你都不示现给我看？"

弥勒菩萨温柔地说："你说我从未示现给你看，那不是真的。我一直都跟你在一起，但你的业障却让你看不到我。你十二年的修行，慢慢溶化你的业障，因此你终于能看到那只狗。由于你真诚感人的慈悲心，一切业障都完全祛除了，你也就能够以自己的双眼看到我在你面前。如果你不相信这件事，可以把我放在你的肩膀上，看别人能不能看到我。"

无著就把弥勒菩萨放在他的右肩上，走到市场去，开始问每一个人："我的肩膀上放了什么？""没有。"多数人说，又忙着干活。只有一位业障稍稍净化的老妇人回答："你把一只腐烂的老狗放在你的肩膀上,如此而已。"无著终于明白慈悲的力量广大无边,清净和转化了他的业障,让他变成能够适合接受弥勒的示现和教法的器皿。于是,弥勒(意为"慈")菩萨把无著带到天界,传授给他许多崇高的教法。① 后来,无著在瑜伽禅定中构思编纂了《瑜伽师地论》这部重要的佛教经典。

印度宗教从一开始就离不开修炼,这就是印度宗教都强调修炼的原因。只有修炼才能入道,只有修炼才能悟道,只有修炼才能最终达到各自的目的。然而,尽管都强调修炼,宗教的宗旨、做法等都大为不同。

关于修炼的目标,不同的宗教有不同的阐释。

在印度教中,修行瑜伽是为了达到梵我一如。梵我一如,是无上大道。如何证得梵我一如呢?《奥义书》中有一段父子对话,儿子问:"阿父,传我梵道!"父亲回答:"汝当以苦行而求知大梵也。苦行,即大梵矣。"② 获得了"梵",就要亲证梵我一如,达致解脱。《摩奴法论》也提到这种训示:"通过戒杀、通过诸根的不执着、通过吠陀规定的行为、通过严厉的修苦行,这个世界上的人们就得到它的性质。"(6.75)这里,"它的性质"就是指梵我一如,"它"是指梵。如何达到解脱呢?"以骨支撑、以筋连结、以血肉涂抹、以皮覆盖,气味污浊、充满粪尿、被衰老和忧愁围困、为疾病所盘踞、受苦受难、因情欲而昏暗、无常,这么个粗大原素构成的寓所,他应该脱离。像树离岸或者鸟离树那样地脱离了这个肉体,他就解脱苦难鲨鱼。以修习静虑把自己的所爱归因于自己的善行而把所恨归因于恶行之后,他就得到永恒的梵。一旦他从情感上脱离对一切有情的爱,他就在今世和死后获得永恒的安乐。依次规则逐渐抛弃一切执着以后,他就解脱一切对立体,而只潜心于梵。上述这一切都在修习静虑的时候实现;不实现和培养上述心境者得不到行为的果报(即解脱)。"(《摩奴法论》,6.76—82)

《奥义书》阐释的"梵我如一"思想、人的再生观念、业报观念,是瑜伽哲学形成的基础。不过,在奥义书时,瑜伽还不占十分重要的位置,直到《摩诃婆罗多》,尤其是《薄伽梵歌》,瑜伽修炼才开始自成体系。到印度出现了六个正统的哲学体系时,瑜伽派属于其中一个流派。瑜伽派与数

---

① 索甲仁波切:《西藏生死书》,郑振煌译,内蒙古文化出版社,1998年,第214—215页。
② 《五十奥义书》,徐梵澄译,中国社会科学出版社,1995年,第302页。

论哲学相互共存,了解数论哲学的人将会达到瑜伽的终极境界。《薄伽梵歌》说:"愚者区别数论和瑜伽,而智者不作截然划分;正确地依据其中之一,就能获得两者的成果。数论能达到的地方,瑜伽也同样能达到,看到数论与瑜伽同一,这样的人真正有眼力。"(27.4—5)数论认为人之所以不断地陷入轮回,是因为人们总是把自我意识当作真正的自我来追求。如果大家认识到用瑜伽修炼的方法来证悟神我本来就是不变的、始终存在的,就可以使神我摆脱原初物质的束缚,从而解脱出来。

佛教较印度教更为注重禅定修炼,无论是小乘佛教还是大乘佛教,都把瑜伽禅定当作修炼的主要内容,在沙门集团中也是最重视瑜伽修炼的一家。在佛教中,修行瑜伽是为了帮助人们了解苦痛、锻炼心智,当认识到缘起的无常、性空之后,进入涅槃。耆那教强调苦行和戒杀,追求摆脱轮回和灵魂解脱。可见,虽然各宗教的具体目标不同,但他们修炼瑜伽最根本的目标都是一样的——解脱。

2. 修炼得福乐成正果

印度人的修炼从古至今经历了漫长的过程,他们在远古时代就认为世界万物是苦行修炼出来的。《摩诃婆罗多·森林篇》中说摩奴这个太阳神之子,由于坚忍不拔地修行,具有无穷的力量,生主大梵天授予摩奴重新创造芸芸众生的欲望,于是他创造了生灵。无论是身体的苦修、追求获得神通,还是心意的苦修、净化心灵、追求解脱,印度人的修炼文化都给世人带来震撼和启迪。在印度文化语境中,修炼除了能悟道、还能获得神通,得到福乐,包括地位、权力、荣誉、婚姻、子嗣、赎罪和离欲。

印度古人认为肉体是虚幻的,要想使灵魂获得解脱,就必须断灭肉体,消除肉体欲望。苦行是什么?不同的教派和典籍都有不尽相同的说法。《摩诃那罗衍拿奥义书》说:"道是苦行,真是苦行,闻是苦行,安静是苦行,敛意是苦行,收心是苦行,布施是苦行,祭祀是苦行,若诵'颇!颇婆!娑婆!婆罗门!敬拜此!'此是苦行"[①]。下面,我们看几个例子。
《罗摩衍那》(5.1—5)记载了许多不同苦行者的修炼行为:

> 在这里有很多很多的苦行者:
> 梵天指甲中生出、生在汗毛里、

[①] 《五十奥义书》,徐梵澄译,中国社会科学出版社,1995年,第321页。

梵天洗脚水中生出、只喝日月光、
只吃臼中的生粮、只吃树叶充饥。

有的只吃没有舂过的生粮食，
有的站在水中，水达到脖颈，
还有许多别的苦行的牟尼们，
只喝水为生，只吸空气为生。

还有一些住在露天地里，
还有一些躺在光光的地上，
还有住在树上峰巅，
有的寂静无情穿着湿衣裳。

他们念着经，经常行苦行，
他们自曝于五种火焰之中。
一团神圣的光辉围绕着他们，
他们都有非常坚定的禅定。①

佛教经典《苦行品第十七》(大藏经)也有类似的描述：

所谓或有执器巡乞行而食之。或有唯一掬食以济一日。或不乞食任彼来施。或有不受求请须自往乞以求解脱。或有恒食草木根茎枝叶花果莲藕狩粪糠汁米泔油滓。或有不食沙糖苏油石蜜淳酒甜酢种种美味以求解脱。或有乞一家食若二若三乃至七家。或有一日一食二日一食乃至半月一月一度而食以求解脱。或有所食渐顿多少随月增减。或有日食一撮乃至七撮。或有日食一麦一麻一米。或有唯饮净水以求解脱。或有名称神所自饿而死。谓随己意生天人中。或有纺绩鸺鹠毛羽以为衣服。或有树皮。或有牛羊皮革粪扫毯毦。或有一衣乃至七衣。或黑或赤以为衣服。或复露形。或手提三杖。或贯髑髅以求解脱。或一日一浴一日二浴。乃至七浴或常不浴。或有涂灰或有涂墨。或坌粪土或带萎花。或五热炙身以烟熏鼻自坠高岩。常翘一足仰观日月。或卧编橡棘刺灰

---

① [印度]蚁垤:《罗摩衍那》，季羡林译，译林出版社，2002年，第26—27页。

粪瓦石板杵之上以求解脱。

《六年勤苦行品第十五》描述菩萨六年中如何勤修精进，如何坚持苦行：

而结加趺坐	在地无坐具
日进一麻米	示现而服此
示出息不出	亦无还报息
六年甚坚强	禅思不缺漏
无念无不念	不念所可行
心犹如虚空	禅思不倾动
不覆盖身上	亦无所障蔽
不移动如山	禅思不增减
不避其风雨	亦不障头首
不失威仪节	禅思无进退
村落诸男女	牧牛马猪羊
担薪及负草	行边兴尘土
不净坋其身	若干品诸难
无念不迷惑	禅思无进退
身肉为消尽	唯有皮骨存
腹背表里现	犹如箜篌形
诸所造天行	须伦龙沓和
目睹总功勋	皆其咸供养
五体礼受教	令疾得成就
使我得致是	如心怀愍哀
欲降外异学	闇蔽众邪业
因是现罪福	其身坐口言
是佛道难得	髡头何有道
行无央数劫	六年毕其罪
以是化天人	其数十二载
是故人中尊	坐禅不进退

从上可知，修行者对食物、衣着、住处等都有严格的限制。在饮食上，进食极少，甚至"只吃树叶充饥"；在服饰上看，他们以草、麻或皮作衣，甚至返璞归真，"无所障蔽"；之所以如此，只是为了让禅定信念无坚

不摧,争取进入超脱、涅槃。今日印度,你仍常常会看到类似的修炼者,有的赤身裸体躺在荆棘中,整日盘腿而坐,任凭日晒雨淋,一心修行,别无杂念;有的把自身埋于土中,只露头部,却泰然自若;有的干脆走到大雪纷飞的高山上,修行打坐,锻炼意志。苦行虽然对灵魂或内心的转变起不到决定性的作用,但它却是获得解脱前不可或缺的准备阶段。因为苦行可以清净心意,克制感情冲动。很多人深信只要使心纯净,历经苦难和磨炼,一定能达到自己的愿望,获得神通、福乐或走出轮回,获得解脱。

(1) 修炼获得超凡神通

在印度古代神话中,由于修炼苦行,便获得三界中的伟大威力的记载,比比皆是。这种"超自然的力量""三界中的伟大威力",就是神通。神通,梵文为 abhijñā。从词源学看,神通最初的意义和知、识、记,即智慧有关。

《瑜伽经》列举修炼瑜伽能获得的三十二种神通,但必须有条件:"只有认识了实在与神我差别的人,才获得对一切存在和无限知识的支配力"(3.48)。《瑜伽经》对获得神通的途径作了这样的描述:"(神通力)通过出生、药草、咒文、苦行、三昧获得。"(4.1)"(通过对)观念的(总制,获得)其他心的知识"(3.19);"(通过对大象的)力量(等等的总制,获得)大象的力量等等"(3.23);"通过对头的光辉的总制,获得超人的视力"(3.31);"由于束缚的原因的松弛和对心的通道的认知,(心可以)进入另一个身体"(3.37);"通过对身体和'空'的关系的总制,以及通过获得轻(如)棉花(的等至状态,瑜伽行者可在)空中行走"(3.41);"(瑜伽行者获得了)变小等表现(力量),而且,(获得了)身体的尽善尽美,并不受这些(原素)特性的阻碍"(3.44)。

在印度的神话中,修炼不设门槛,似乎任何人都可以经过苦修获得自身想得到的力量,即便是私欲。

插话《孙陀和优波孙陀》给我们讲述了修炼获三界的故事:希蓝耶卡希普族出身的阿修罗尼孔毗,生了两个儿子——孙陀和优波孙陀。长大后,他们决定征服三界,于是到遥远的山麓进行严峻的苦行修炼。他们换上树皮衣,平常只吃一点儿野果和树根,由于饥饿和干渴,身体逐渐消瘦,还长满了疮疤。他们举起双手,用大脚趾支撑身体,就这样纹丝不动地站了许多年。任凭天神用金钱诱惑,任凭天神用美女勾引,兄弟俩丝毫不为所动。经历如此严峻的考验后,他们终于获得了宇宙创造之神梵天的奖赏。应兄弟俩的请求，梵天赐予他们随意变形的神通，赐予他们掌管天地中各种武器的权利，赐予他们在三界中除兄弟之外，不怕任何人的力量。兄弟获得了力量之后，征服了三界，从此沉浸于花天酒地当中。这个故事说明，只要你想得到的，无论是好是坏，只要虔诚修炼、严峻苦行就可以获得。在这里，获得神通力量，不讲道德，不分善恶，修炼面前人人平等。

佛教一般认为神通有六种：神变通、天耳通、他心通、宿命通、天眼通和漏尽通。佛教的多部经典都对神通有记述，其中巴利文的《长尼迦耶》的记述如下：

神变通（iddhividha，又译如意通）："他具有各种神通——由一身变成多身，又从多身变回一身；显身或隐身；穿行墙壁、壁垒或山岳，毫无阻碍，如行空间；出入硬地，如游水中；行走水面，如履硬地；结跏趺坐，飞行空中，如鸟生翼；手能触摸崇高威严的日月；身能达到梵界。"

天耳通（dibbasotadhātuñāna）："他听出无论远近的天神或凡人的声音，犹如在大路上听出铜鼓声、小鼓声、螺号声或手鼓声。"

他心通（cetopariyanana）："他洞悉其他生物、其他人的心——有贪心知其有贪心，无贪心知其无贪心；有恶心知其有恶心，无恶心知其无恶心；有痴心知其有痴心，无痴心知其无痴心……。"

宿命通（pubbenivāsānussatiñāna）："他记得自己的种种前生生活——一生、二生、三生、四生、五生、十生、二十生、三十生、四十生、五十生、一百生、一千生、十万生、许多坏劫、许多成劫、许多坏成劫。"

天眼通（dibbacakkhuñāna）："他看见众生或死或生，知道他们按照各自业报，或贵或贱，或美或丑，或乐或苦。"

漏尽通（āsavakhayañāna）："他确实知道'这是苦'，'这是苦因'，'这是苦灭'，'这是苦灭之道'。他确实知道'这是漏'，'这是漏因'，'这是漏尽'，'这是漏尽之道'。这样，他的心摆脱欲漏、有漏和无明漏。漏尽而知解脱：'生死已断，梵行已成，所作已办，不在往生。'"《长尼迦耶》1.77—84）①

---

① 以上由郭良鋆从巴利文《长尼迦耶·沙门果经》译出，译文见郭良鋆：《佛陀和原始佛教思想》，中国社会科学出版社，1997年，第173—174页。

在印度,不同的宗教哲学别派对神通的看法并不一致。婆罗门教系统尽管修炼的最终目的是实现梵我一如,但仍有不少苦行者的目的就是想获得神通。佛教则不同,尽管佛教也讲神通,但他们总是把解脱作为修炼的首要目标。

除了印度神话,在现实当中,也有一些拥有神秘力量的瑜伽行者存在。

有记载,从1985年至1987年,印度的乌台浦尔土邦医学科学院的医生与国际上许多著名的心脏专家对瑜伽功进行了一次全面深入的综合考察,一位名叫萨蒂雅穆尔蒂的瑜伽师在众目睽睽之下被"活埋"了整整8个昼夜,仍安然无恙。

《诃利世系》中曾谈到湿婆大战特里普拉阿修罗时,曾有一批恶魔幸免于难,他们仅靠空气为生,苦行了一千年,希望得到大梵天的眷顾。在现实生活中,靠空气活着的人还真有其人。一位叫吉利·芭拉(Giri Bala)女圣人,她住在宜佳浦尔附近的纳瓦刚,她运用某种瑜伽方法使自己不靠食物而生存。她的兄弟说吉利·芭拉一直和家人及朋友生活在一起,五十多年来都没有见她吃过什么东西。当问及瑜伽行者为什么不吃东西时,她回答说:"我住进纳瓦刚夫家时只有12岁。我婆婆天天责怪我贪吃的习惯,但她的责骂却唤醒了我内在的灵性。有天早上当她责骂我时,我回答道,'我会让你看到的,我将不再碰任何食物了。'"后来,她在夫家的祭司那儿学到了一种本领,这种本领是"一种克利亚的方法,可以使身体免于依赖粗糙的食物。这方法包括使用某些咒语及一般人难以办到的呼吸练习。"①对瑜伽的神秘性,存在种种不同评价。唯物哲学史家一般都采取批判否定的态度。"瑜伽是为了获得神秘力量或超自然力量所使用的一种巫术,是一种原始的萨满教式入迷状态的宗教实践,原始的巫术师们沉溺于这种实践,认为控制人的身体和精神的活动,可以和神交接或者进入一种神秘的境界,从而获得超自然的力量。"②

(2) 苦修获得地位的提升

《摩诃婆罗多》里有一个插话《极裕仙人》讲极裕仙人和朋友们在森林中狩猎,看到一头神牛,朋友们想用一万头牛乃至整个王国来换取这

---

① [印度]帕拉宏撒·尤迦南达:《一个瑜伽行者的自传》,王嘉达译,陕西师范大学出版社,2006年,181—184页。

② 黄心川:《印度哲学史》,商务印书馆,1989年,第308页。

头神牛。于是,朋友们便用武力抢夺神牛,经过一轮争斗,神牛胜利了,大家深感刹帝利的威力是不如婆罗门的。可极裕仙人不想通过野蛮行径来取胜,决定潜心修行,最终获得了婆罗门的身份。

(3) 苦修获得婚姻和子女

雪山神女小的时候曾被大仙预言:她的丈夫是瑜伽行者——湿婆。大仙说如果想得到湿婆,打小就应该开始苦修,并接近湿婆,侍奉湿婆。雪山神女照做了,可仍不能打动湿婆。后来,多罗迦通过苦修获得了梵天的喜爱,获得了战无不胜的力量,于是,到处胡作非为,任何人奈何他不得。各众天神希望雪山神女与湿婆结婚,因为只有他们的儿子才能打败多罗迦。为了结束苦难,众神帮助雪山神女苦修。雪山神女按照那罗陀的训诫苦修,"她先清理出一块地面,然后建了一个祭台。接着,她开始了连大仙也难以完成的苦修。炎炎夏日,她在四周堆起柴火,点燃,自己坐在火圈中,日夜诵着湿婆赞语;雨季,她坐在光秃的岩石上,任倾盆大雨浇在身上;冬季,在无数寒冷的夜晚,她愉快地浸在水中,专心致志地诵着真言。第一年,她吃野果子。第二年,她只吃树叶。后来,她什么也不吃了。""雪山神女伟大的苦修,使三界中的天神和阿修罗无一例外地感觉到了烧灼般的痛苦。"三千年后,终于赢得湿婆为丈夫,诞下子嗣。①

印度经典中还有很多关于苦修获得子嗣的例子。《投山仙人》中提到,仙人结婚后为了获得儿子,带着妻子一起修炼苦行。《鸯耆罗仙人》也说五位仙人修炼苦行,获得儿子。印度传宗接代的观念和中国相似,繁衍后代是每个人的责任,仙人也不例外,想要儿子时,苦行便可以获得此力量。

(4) 苦修获得王位

在两大史诗中,我们常常会看到王子在获得王位之前,要先去森林苦修一段时间的故事。《薄伽梵往世书》中也有同样的情节。国王乌坦帕德让儿子奥答弥坐在自己的怀里,这时,国王另一个妻子生的儿子陀鲁瓦看到了,也想坐在国王的怀里。奥答弥的母亲对陀鲁瓦说:"孩子,你是没有权利坐在国王的宝座上的。你虽然是国王的儿子,但也没用。因为你不是在我腹中长大的。如果你想得到王位,就去苦修,膜拜大神毗湿奴,重新投胎到我腹中吧。"沮丧的陀鲁瓦听完后,决定到森林苦修,

---

① 改编自《东方神话传说》,薛克翘主编,北京大学出版社,1999年,第246—255页。

膜拜大神毗湿奴。经过了他艰苦修炼之后,他终于震动了三界,获得毗湿奴的神旨,登基为王。

(5) 苦行战胜欲望

人人都有欲望,爱情之欲、享乐之欲、生存之欲、权利之欲等等强烈的欲望由心而发。在佛教看来,这是一种苦,一种烦恼。如何脱离这种苦,脱离这种烦恼,就要练就不为欲望所动的能力,就要在生活中不忘离欲,如此才能解脱。可是人由于为无明所惑,常常执著于欲望中不能自拔,无明是痛苦的来源。

鹿角仙人是著名修道士维宾达卡的儿子,他跟随父亲从小过着苦行生活,从未离开净修林一步。维宾达卡因为长期实行严格的苦行,所以拥有巨大的法力,没有人敢冒犯他。怎样把鹿角仙人引诱出山呢?一天,平和公主来到他的身旁与他嬉戏,平和公主走后,鹿角仙人仍然沉浸在欢娱之中,久久不能自拔。维宾达卡知道是仙女引诱的结果,他告诉儿子,在森林里许多罗刹经常勾引修行者误入歧途,摆脱诱惑的方法就是忘掉一切,潜心修行,才能战胜欲望。

印度古代作品中不乏修行战胜欲望的例子。仙人那罗和那罗衍在进行严酷的苦行,天帝因陀罗害怕他们苦行得道,便派天女去破坏。可是两个仙人沉迷在苦行中,丝毫不为天女的舞姿吸引,最后天女只好放弃。在《经集》中也有类似的故事,摩罗是一个爱欲之神,他常常出来扰乱佛陀的修行,佛陀总是毫无所动。有一次,摩罗不能战胜佛陀,于是他的三个女儿就上前迷惑佛陀。可是佛陀一直沉浸在修行中,丝毫不为她们妖媚的美貌所动摇。

公元2世纪,佛教诗人马鸣在《美难陀传》中记述了佛陀如何让异母兄弟难陀摆脱爱欲、皈依佛门的故事。难陀是一个耽于世俗欢乐的人,佛陀为了度化他,让他去目睹美貌性感的天女,参加各种各样的娱乐,佛陀还告诉他通过修炼苦行可以获得天女的爱。在修炼苦行的过程中,难陀对苦行的执着使他修习了控制心神的能力,不仅不沉浸爱欲中,反而渐渐战胜爱欲。就这样在佛陀的引导下,难陀最后彻底地从尘世的情爱中解脱出来。这里,我们可以看到,佛陀度化他人的方法。刚开始时先通过诱惑,满足难陀的欲望,通过对爱欲的认识而对其进行抑制,从而锻炼意志,使心灵得到净化和升华,进而解脱。

修行除了可以练就自身不受爱欲的影响,还可以达到"离欲"境界。佛教说人生无常,荣华富贵,花开花谢,一切都是短暂的、虚幻的。要从苦难中解脱，就要通过修行发现万事万物的无常性和无我性，不为忧伤的事伤心，不为快乐的事疯狂。《经集》中的《箭经》用拔箭比喻离欲："在这世上，人生无归属，不可知，烦恼而短促，充满痛苦。没有办法能使生者免于死；到了老年，便是死亡，这是众生的规律。……一个人即使活上一百年，甚至更多年，最终也要与亲人分离，抛弃这世的生命。因此，听取阿罗汉的话，排除悲伤；看到一个人死去时，便想：'我不会再见到他了。'正如用水扑灭燃烧的房子，一位坚定、聪明、通达的智者能迅速驱除涌起的悲伤，就像风儿驱散棉絮。一个为自己谋求幸福的人，应该拔掉自己的箭，自己的悲伤，欲望和忧愁。拔掉了这箭，便无所执着，心境平静，超越一切忧伤，无忧无虑，达到解脱。"

(6) 苦行可以赎罪

苦行可以赎罪，这在《摩奴法论》中得到了充分的阐释。"一个人如果未做规定的事或者做过禁止的事或者执着于欲境，他就应该修赎罪苦行。"(11.44)《摩奴法论》中规定烧杀掳掠、偷蒙拐骗等的人要苦行，而且还把判罪的人分为二等罪、丧失种姓罪、杂种姓罪、取消接受布施资格罪、不净罪等。作为代表印度教文化的法论，所规定的赎罪苦行有以下几个特点：第一，婆罗门至上，尊卑分明。在法典中有17条苦行罪都是针对杀害婆罗门的，杀害其他三个种姓的赎罪法则分别是："杀刹帝利的赎罪苦行相传为杀婆罗门的四分之一；杀有德的吠舍的为八分之一，杀首陀罗的则为十六分之一"(11.126)，如果一个杀了有德的吠舍的婆罗门，不想苦行的话，可以"布施一百头母牛和一头公牛"(11.129)，这和杀一些动物和杀首陀罗的赎罪苦行是一样的："杀了一只猫、獴、青樫鸟、青蛙、狗、蜥蜴、猫头鹰或者乌鸦，必须修杀首陀罗的苦行赎罪。"(11.131)。第二，印度人很重视任何一种动物的生命。杀害不同的动物，甚或只有骨头的小生物都会受到惩罚，尽管不是远离村落，远赴森林苦行，但是也要布施一些粮食或母牛。第三，印度人很重视洁净，东西变臭、长霉等都是要赎罪的。

除此之外，在印度的神话中天神们还可以获得很多别的功能，诸如起死回生术等。然而，尽管苦行修炼者抛弃世俗生活，折磨自己的肉身，冬天泡冰水，夏天顶热火，雨天任雨淋，但是并不是所有的梦想都可以通过苦行修炼来达到。对吠陀等的典籍知识是不可能通过苦行获得的，对长生不老(amarana)等事物也是难以获得的。不过，印度人仍认为"难以度过的、难以得到的、难以接近的和难以做到的，这一切得以实现全靠苦行;因为苦行是难以超越的"(《摩奴法论》,11.238),《摩诃婆罗多》中说谷购想通过修炼苦行获得学问,因陀罗告诉他学问不靠苦行。后来谷购修了更严酷的苦行,因陀罗不得不赐给他学问。那时看来,知识和苦行都同样重要,只有苦行修炼加知识才能达致解脱,而且两者作用不尽相同,《摩奴法论》说:"苦行和学问最能造至福;他以苦行除尽罪过,而以学问得享不死"(12.104)。

  印度传统的修炼文化渴望探索茫茫宇宙的奥秘和人类的本质。他们不仅仅只停留在单纯的修炼形式上,也不仅仅在于修炼所获得的神通,而是体现在更高层次的精神修炼,体现在追求至真至纯、至善至美的境界,因为印度的修炼文化注重精神和道德价值、注重追求自我完善和灵魂的净化、升华。

第七章

精神不灭 瑜伽万能

——印度人的意志观

意志观属于核心软实力。在人类的各种观念中,没有一种比意志观更强调持续性和执行度,对意志的执行力,简称意志力。强调持续性和执行度,是意志观的应有之义。因为,意志力来自意志观,什么样的意志观,就产生什么样的意志力。一个民族、一个国家能否长盛不衰,或者衰落之后能否复兴,在很大程度上取决于它的意志观。世界史上曾经出现过许多称王称霸的大国,后来都销声匿迹了。因为这些大国及其主体民族缺乏优良的意志观。中华民族和婆罗多民族,在历经了一二百年衰落之后,如今又重新崛起,除了其他许多因素之外,优良的意志观是最为重要的。

印度人的意志观,产生于几千年来他们独特的经济文化生活,尤其得益于他们惊世骇俗、坚忍不拔的各种苦行修炼。

一、意志在印度的表现

欲望产生于意志,有了意志才有行业,有了行业才出现相应的果报。所以圣人们都要修行瑜伽,达到无欲而行业,从而求得解脱。《薄伽梵歌》说:"所谓瑜伽,就是摆脱痛苦束缚,瑜伽行者意志坚定,不应该精神沮丧。欲望产生于意志,彻底摒弃不留情,同时要运用思想,全面控制感官群。"(6.28.23—24)可是人们总是被无明所遮蔽,意识不到"梵我同一"的真理,总是产生欲望,执著于世俗生活。不能从无明中醒悟的人永远处于生死轮回当中。《奥义书》说要"认识梵者,直升天界,获得解脱",也就是说只有通过宗教修炼获得"梵我同一"的真谛,才能消除无明,弃绝欲望。

1. 意志观与修炼苦行

无明可以通过智慧修行来战胜。"人们只要用智慧,消除自己的无知,智慧就会像太阳,照亮至高的存在。以它为智慧,为自己,以它为根基,为归宿,他们用智慧消除罪恶,走向不再返回的地方。"(《薄伽梵歌》,6.27.17)可见,《薄伽梵歌》强调,智慧修行可以帮助走出无明。

如何能让意志坚定?

首先,要从身体方面锻炼意志。"瑜伽不能暴食,也不能绝食;瑜伽不能贪睡,也不能不睡。控制饮食娱乐,控制行为动作,控制睡眠觉醒,瑜伽消除痛苦。"(《薄伽梵歌》,6.28.16—17)印度传统文化认为,对个人修炼时的身心控制是极为严格的,如果没有坚毅的意志力,很难完成修炼的过程,最终走向成功。《薄伽梵歌》说,修炼瑜伽要坚定不移,因为思想平静,激情止息,纯洁无邪,与梵同一,至高的幸福才会走向瑜伽行者。

为了增强自身的苦行,四行期中的梵行期规定,梵行者应当调伏诸根,遵守七类戒行,从身心方面修炼意志。这些戒行包括日常法事、各种禁忌、各种义务、尊师重道、作息规则、作致福的事和实行最高的苦行——孝敬师父和父母。其中有对身体欲望的限制,如"每天,他应该沐浴得清净,供养天神、仙人和祖先;还应该拜天神和添木柴。他应该忌蜂蜜、肉食、香料、花环、调味汁、女子、各种发酵的东西、杀生、身上抹油、眼睑涂青胭、穿鞋、打伞、爱欲、发怒、贪、跳舞、唱歌和奏乐器、赌博、吵架、谗谤、说谎、注视或者触摸女子、还有伤害他人。"(《摩奴法论》,2.176—179)。也有对品行的锻炼,如"他应该调伏身体、言语、知根和心,双手合十,注视着师父的脸而站立"(2.192);"对待学科老师、族亲、止恶者和劝善者,他也应该永远如此"(2.206);"一个人,尤其是婆罗门,即使受到虐待也不可对轨范师、父亲、母亲和兄长无礼"(2.225)。这些修炼为更深一层的锻炼打下了基础。

第二,控制思想,运用瑜伽智慧坚定意志,战胜困难。"一旦控制思想,真正立足自我,摆脱一切欲望,才算瑜伽行者。瑜伽行者控制思想,运用瑜伽把握自我,好比无风之处一盏灯,它的火焰静止不动。在那里,他勤修瑜伽,思想受控变平静,自我观看自我,始终满足于自我。在那里,他发现凭借智慧,可以获得超感官的至福,这样,他更加坚定不移,决不愿意脱离这个真谛。他认为,获得了它,再也没有别的需要;哪怕遇到深重苦难,立足于它,不会动摇。"(《薄伽梵歌》,6.28.18—22)有一个水牛的寓言,告诉我们如何控制思想,为与梵相连作准备:"有一个弟子曾向他的导师学习冥想上帝,但每次都总会不由自主地想起他的宠物水牛。导师说:'那你就冥想你那心爱的水牛吧。'弟子关在屋内,开始冥想水牛。几天后,导师去敲他的门,弟子却回答道:'老师,恐怕我不能出来迎接您了。这扇门太小,我的角会被卡住。'导师说道:'你已经与冥想的对象相连了,现在专注于上帝,你很快就会成功。'"①寓言很清楚地告诉我们,物质世界都是幻想,当个体灵魂修炼到能感知到所冥想的对象时,心就进入了超意识的状态。所以修炼,并且使心与梵交汇是摆脱欲望的最佳方法,正所谓"梵的知识,并不是坐在安乐椅中阅读《东方圣典》所能获得的对于泛神论教义的理解,而是个人与宇宙精神同为一体(就一切意义而言)的实证。在此状态之中,一切物质贪着和桎梏,都会消失"②。

第三,持之以恒,在坚持中增强意志力。坚定,不折不挠,执着精进,是意志力的表现。意志力贵在坚持。坚持即持续性和执行度,是意志力的主要指标。进行瑜伽精神训练时,如修炼瑜伽八支时,坚持是意志力的表现。《瑜伽经》中说:"修行即不断地作出努力以永久控制住心的意识波动。经过长期不间断的虔诚专心,修行的基础将非常稳固。"(1.13—14)坚持修炼,追求修炼的持续性,既是印度人修炼方法的要求,也是印度人修炼的目的。在各种修炼生活中,非常重视坚定意志,从而更好地达到修炼目的。这就是追求修炼持续即坚持修炼的意义。蚁蛭仙人在《罗摩衍那》中说:

> 你要更坚定地以德律身,
> 还要经常把感官控制住;
> 你要去掉那些不良恶习,
> 这些都产生于爱欲和忿怒。

(《阿逾陀篇》第2章)

修炼需要积累,而积累只能从坚持中来。所以,修炼的过程和目的同样重要,没有坚持不懈的努力过程,就没有目的的实现。《薄伽梵歌》强调:"智性、心意、信仰、托庇全坚定不移,交付给至尊,获得完全的知识,疑虑一空;因此,在解脱之道上,勇往直前。"(5.17)这里说的依然是意志力的两个方面——持续性和执行度的相互关系,"全坚定不移"强调

---

① [美]霍华德·J.瑞斯尼克、[法]嘉娜娃:《图解〈瑜伽经〉》,陕西师范大学出版社,2007年,第185页。

② [英]E.埃利奥特:《印度思想与宗教》,李荣熙译,贵州大学出版社,2013年,第210页。

的是执行度,"勇往直前"强调的是持续性。这两者相辅相成,在强化持续性中强化执行度,在强化执行度中强化持续性,从而全面提升意志力。这种通过良性互动来提升意志力的思想,正是优良意志观的重要体现。

第四,冥想是意志坚定之境。"印度是思考兴趣大于实用兴趣的唯一无二的国家。"①尽管瑜伽修炼很艰苦,很多人常常或暴晒于烈日下,或端坐于雨林中,或忍受寒冷的折磨,然而他们的修炼最重要的是冥想。瑜伽冥想的最终目的在于使人的存在摆脱在欲念丛生、受各种感官制约的境地中活动,因为只有这样才是真正的自由、真正的幸福。"在身体获得解脱之前,在这世上,能够承受欲望和愤怒的冲击,他是有福的瑜伽行者。"(《薄伽梵歌》,6.27.23)

《薄伽梵歌》提到现实的一切都是由"三德"构成的,世界上的各种现象也都是由于"三德"相互作用的结果。数论哲学认为,有两种永恒的实在,一种是原人(或译神我,即灵魂),一种是原质(或译自性,即最初物质)。原质有三种性质,又可称三德,即善性、忧性和暗性。这"三德"有各自的特点,"善性纯洁,因而明亮和健康,但它执著快乐和知识,而束缚自我"(《薄伽梵歌》,6.36.6),"忧性是激动性,因执著渴望而产生,你要知道,它执著行动,而束缚自我"(《薄伽梵歌》,6.36.7),"暗性产生于无知,蒙蔽一切自我,由于放逸、懒惰和昏沉,它束缚自我"(《薄伽梵歌》,6.36.8)。《摩奴法论》的论述更为详细:"学习吠陀、苦行、知识、清净、调伏诸根、奉行法和静虑神我是喜德的德相。好动、浮躁、胡作非为和执着于欲望欲境是忧德的德相。贪婪、困倦、优柔寡断、残忍、皈依异端、人格恶劣、乞讨成性和漫不经心是暗德的德相"(《摩奴法论》,7.31—33)。这三性中,总有一种占据主要地位。当善性占据优势,可以前往清净世界;当忧性占据优势,便产生贪婪、行动、焦躁和渴求;当暗性占据优势,则产生昏暗和停滞,放逸和愚痴。它们以各种各样的形式呈现,按照印度瑜伽的观点,要想从物欲中解脱出来,达到梵,就必须超脱物质三性的支配。所谓"超越三性",就是要"立足自我,对苦乐一视同仁,对土地、石头、金子一视同仁,对可爱和不可爱等量齐观,对责备和赞美等量齐观。等同荣誉和耻辱,等同朋友和敌人,弃绝一切举动"(《薄伽梵歌》,6.36.24—25),只要不为三性所动,就能"永远保持真性"(《薄伽梵歌》,6.24.45),

---

① [英]E.埃利奥特:《印度思想与宗教》,李荣熙译,贵州大学出版社,2013年,第119页。

达到终极幸福。

痛苦源于对物质的执着,真正的幸福要摆脱痛苦,痛苦来源于人类对物质感官的欲望和享乐。"如果思念感观对象,就会执著感观对象,从执著产生欲望,从欲望产生愤怒。由愤怒而产生愚痴,由愚痴而记忆丧失,记忆丧失则智慧毁灭,智慧毁灭则人也毁灭。而控制自己的人,活动在感官对象中,感官受到自我控制,摆脱爱憎,达到清净。达到清净的人,脱离一切痛苦;由于心灵清净,智慧迅速稳定。"(《薄伽梵歌》,6.24.62—65)所以,只有遏制对物质感官的欲望,"无所执著地做事,这样的人才能达到至福"(《薄伽梵歌》,6.25.19)。那么,如何控制感观,进入三昧状态,最终达到解脱呢?靠的就是冥想。因为"梵我合一是通过瑜伽冥想而不是通过智性来达成的,瑜伽行者以内省和沉思绕过了思考的过程,人们的心智被引导着超越自己进入直觉和整体观的领域,由内省而不是外观来进行思考"①。

冥想,又称为静虑、禅定、禅那。《白净识者奥义书》(1.3)说:"静虑与瑜伽,行之彼等见,是天神自力,隐其功能内,监临一切因,由时至自我;主宰此一切,是独一无二。"这里的"静虑"就是冥想。该句的意思是:"修道者苦修禅那(即静虑、冥想)与瑜伽,由此便能悟知、见到被'三德'遮蔽起来的神我本来面目。神我即世界主,自在天"②。《摩奴法论》谈遁世期的时候也说:"以调息灭尽过失,以执持灭尽罪垢,以制感灭尽执着,以静虑灭尽非自在的诸德。这个灵魂的种种投生难以为心不净者所知,他应该以修习静虑加以亲证"(《摩奴法论》,6.72—73)。可见,在冥想和瑜伽过程中证悟了神我,就能从生死烦恼中解脱出来。

冥想可以使人从物质自然界的这三种状态中解脱出来。"从最根本的动机来看,正是出于对宗教上的灵魂解脱的强烈追求,使得在其他文明中仅只属于某种爱好或好奇的哲理思考,对于许多印度人来说竟成了生活中的一种必需,沉思甚至在某种意义上成了高于日常生活的一种目的,因为沉思是达致关于解脱的真理的(超过祈祷、苦行的)最佳途径。"③而"唵"在冥想过程中,起到极其重要的作用。

om(唵)是印度教和佛教最神圣的声音,在梵语中,om 由三个音构

---

① 李建欣:《印度古典瑜伽哲学思想研究》,北京大学出版社,2000年,第8页。
② 巫白慧:《印度哲学——吠陀经探义和奥义书解析》,东方出版社,2000年,第239页。
③ 欧东明:《佛地梵天:印度宗教与文明》,四川人民出版社,2002年,第98页。

成:a、u、m,《唵声奥义书》中说它们分别代表醒境、梦境和熟眠境。

婆罗门教修炼瑜伽时,主要念想大梵与神我,通过念唵来入定。《弥勒奥义书》中说唵声的作用,"若和合气息,'唵'字万形色,或此自与合,是谓瑜伽术。"①《大梵点奥义书》也说:"以声合瑜伽,无声思至上,无声以观照,是'有'非'无'想……不灭之'唵'声,是'超上大梵',声已消歇时,彼自不销逝。"②从此可知,"唵"最符合梵的形象的,是至上我的形象。巫白慧说:"在哲学上,om字是印度唯心主义哲学范畴系统中的最高范畴——梵(原人、我)的别称,被赋予与梵一样的哲学内涵,包摄着经验世界和超验世界的一切"③。如果在冥想时不停念诵"唵",就可以达到控制心情变化,抵制外界干扰的效用。《瑜伽顶奥义书》说念"唵"可控制意念,"意念遍约制,默想存'唵'声,智者常静虑,太上思神明";《瑜伽真性奥义书》说念"唵"可除干扰:"此一'唵'声之咒,尽除诸障,尽除诸过"④。如果坚持念诵"唵",就可以达到与梵合一的境界,说:"'唵'声为大弓,心灵为羽箭;彼也虽大梵,谓言是鹄的。故当贯通之,坚志不放逸;人当契入'彼',如矢合为一。"(《蒙查羯奥义书》,2.2.4)这里的"彼",即"神我",即"梵",该句诗的意思是说,把自身意念投入到唵上,然后对准梵,并坚持不放弃,就可以与梵合一。由此可见,"唵"声的重要意义。金克木曾对"唵"的意义作了这样的论述:"'唵''梵''我'都是代号。一、'唵'包括一切,全部时间,甚至时间之外。二、'唵'是'梵',是'我'。可以分解为四方面。三方面是人的意识三状态,'第四'才是主宰和来源和认识者。三、'第四'包括了一切物的生与灭。四、'第四'是'不二',它不是意识的三状态,它不能成为认识和行动对象,它是'我',是应当知道的。五、了解这个秘密的婆罗门可得到利益,最后能'没入',同'我'一起入于'我'。从这五点可以看出:一、'唵'='梵'=宇宙。二、'我'=认识主体≠意识主体。三、'我'入于'我'='梵'。……(唵),这本是宇宙的代号,由此才能'解译'出这篇文中提出的,答复'梵''我'问题的宇宙观。"⑤其实,在"唵"声以前就有关于声音能控制心神的说法。《阿闼婆

---

① 《五十奥义书》,徐梵澄译,中国社会科学出版社,1995年,第462页。
② 同上书,第835—836页。
③ 巫白慧:《印度哲学》,东方出版社,2000年,第245页。
④ 《五十奥义书》,徐梵澄译,中国社会科学出版社,1995年,第898页。
⑤ 金克木:《〈蛙氏奥义书〉的神秘主义试析》,《印度文化论集》,中国社会科学出版社,1983年,第41—42页。

吠陀》和之后的佛教密宗经典中咒语的作用之一就是控制心神,那些咒语通过发音和呼吸的控制而产生精神力量,从而达到唤起人们的感悟,达到与神灵沟通的作用。所以说,印度人对"唵"的崇拜,是古代语言崇拜的产物。在修炼苦行中,"唵"常常是奇迹和意志的表达。理解 om("唵")有助于修行者从精神上摆脱苦恼,获得亲证与梵合一的境界。

内省和思辨的精神是印度传统文化的特征,印度人的生活离不开冥想,他们坚信瑜伽行者只要拥有坚定的意志,静心冥想,就能证得真理,赢得幸福。

2. 意志观和印度圣贤

在印度,坚强的意志是美德,优良的意志观是修炼的重要目的。所以,不论古今,凡是大圣大贤、为民族作出重大贡献者,都具有特别坚强的意志和特别优良的意志观。在神话传说等文学作品中,许多凭着坚强意志苦行的得道者,也往往成为人们心目中的崇拜偶像。

大史诗《摩诃婆罗多》中的莎维德丽,是印度古代最受欢迎的文学形象。《莎维德丽传》是大史诗中最早译成英语传到欧洲的一个插话。为何她如此大受欢迎?是她对诺言的信守、对幸福的追求,更是她为信守诺言、追求幸福而进行的不懈努力。这些努力包括苦行和斋戒,包括对死神阎摩的永不言弃的诉求。这一切,都体现出莎维德丽具有坚强的意志,具有优良的意志观。故事的梗概是这样的:

摩德罗国国王,名叫马主。他虔诚敬神,信守正法,为求生儿子,立下了严厉的誓愿,他修炼严峻的梵行,并把女儿的名字叫做莎维德丽(一位女神名)。后来,莎维德丽自愿选择流亡在外的瞎眼国王耀军的儿子萨谛梵做丈夫。夫妻俩来到环境恶劣的森林,遵行达磨,克制欲望,坚持修炼。可是,萨谛梵只剩一年的阳寿。为了拯救丈夫,莎维德丽在丈夫死期前第四天,决定绝食三天,进行凶险的"三夜斋"。听说儿媳发下誓愿,履行严厉的斋戒,国王耀军心中很是不安,好言劝说:"公主啊!这场斋戒非常艰难,一连三天绝食可不是一件容易的事,你发下了大愿,严守这样长的斋期。实在是太难为你了。"莎维德丽说:"父王啊!请你不要为我担心,我会毫不动摇地恪守这个誓愿,只要我努力坚持,一定能够度过斋期。"一连三天的绝食,使莎维德丽虚弱不堪。第四天,莎维德丽的丈夫到森林里砍柴摘果。果然,应验了仙人所说,萨谛梵被阎摩要走了性命。这时,莎维德丽不顾一切,坚持不懈地苦苦央求阎摩,用自己的高尚品德和圆满的苦行成就劝说阎摩,阎摩备受感动,四次满足了莎维德丽的愿望,公公双目复明并收复国土,自己的父亲和自己获得百子。可阎摩就是不肯归还萨德梵的生命,莎维德丽只有继续苦苦哀求,直到阎摩无法拒绝,终于使其丈夫复活。莎维德丽所获得的成功,离不开她的意志力和往日艰辛的修炼。这个插话告诉我们,印度人相信坚持不懈的修行可以获得相应的回报。正如有学者所指出:"节欲、贞节和禅定,对于增强思想力量和意志力量,大有帮助。印度教徒相信,认真坚持这条禁欲和禅悦的道路,就能够产生与其相应地增强了的后果。"①

甘地是现代印度的民族领袖,他带领人民赢得民族独立解放的斗争,艰苦卓绝。印度人独有的意志观,在他身上表现得极为强烈。让我们简要回顾一下他的斗争经历:

甘地从青壮年的时候就开始控制自己的生理欲望,为了坚持下去,他尝试许多办法,甚至有的时候采取绝食的办法。当然,要使自己有坚韧的意志力并不是一蹴而就的,圣人甘地也如此。1906 年,他立下了禁欲的誓言,并以惊人的意志实践它。刚开始,他认为禁欲是非常容易做到的,可是,他还是有两次失败了,他认为不成功"惟一的障碍是我的脆弱的意志或性欲的吸引。"②后来,甘地坚持修行,他认识到"'禁欲'具有保护肉体和心灵的力量"③。经过修炼,他不仅得出要禁欲就要先克制胃口,饮食必须有所限制,要简单清淡,而且认为绝食对于节制情感、净化心灵是很有帮助的。甘地一生中为了支持工人们争取权利,为了抗议英国的政策等事件进行过十几次大绝食。他说坚持才能胜利,坚持才能有所回报,"一个立志奉行'禁欲'的人应该经常意识到自己的缺点,应该把缠绵于自己内心深处的情欲追索出来,并不断加以克服。只要思想不受意志的完全控制,'禁欲'就不能完美无缺"。"凡是希望奉行'禁欲'从而认识上帝的人,都不必失望,只要他们对于上帝的信仰不亚于对于自己努力的信心就行了。""上帝的名义和他的恩惠便是立志禁欲者最后的

---

① [英] E. 埃利奥特:《印度思想与宗教》,李荣熙译,贵州大学出版社,2013 年,第 206 页。
② [印度]甘地:《甘地自传——我体验真理的故事》,杜危、吴耀宗合译,商务印书馆,1995 年,第 180 页。
③ 同上书,第 182 页。

源泉。"①正是甘地的持之以恒,他在坚持中增强意志力,战胜了困难,达到自己的愿望,为印度的发展做出了不可磨灭的贡献。

二、瑜伽:意志亲证之路

无论是印度教还是佛教,印度人都相信"在心灵能够理解较高真理以前,身体必须要经过磨炼"②,所以勤修瑜伽,控制思想,摒弃欲望,能锻炼瑜伽行者的意志。瑜伽作为印度的一种传统文化,它的伦理思想、宗教哲学理论和意志观集中表现在瑜伽行法的实践当中。

1. 印度教经典中的意志观

(1)《薄伽梵歌》与意志观

《薄伽梵歌》是印度论述瑜伽的重要经典,它把解脱之路分为三条:业瑜伽、智瑜伽、信瑜伽。

业瑜伽(karma yoga,又称羯磨瑜伽、行为瑜伽)

业瑜伽第一次清晰的得到说明,而且推广到日常生活中是在《薄伽梵歌》。它着重讲的是行为本身,而不是果报,它重视行动,不重视后果,要求人们努力工作、无私奉献,使心灵纯洁。《薄伽梵歌》中黑天对阿周那说:"你的职责就是行动,永远不必考虑结果;不要为结果而行动,也不固执地不行动"(6.24.47)。可见,业瑜伽重视行为,它认为所有的行为都有着深远的影响,这种影响会按照行为的性质,带来相应的果报。《摩根德耶往世书》中,蛇王在去修行前说:"在天堂和人间,没有修行者办不到的事情,'业'是最重要的。一只蚂蚁不停地爬,也能走得很远。"③

在印度文化中,业报观念是印度社会的普遍共识。无论是印度教、佛教还是耆那教,这些印度的主流教派都认为人的行为会对当前或后世产生影响。这个理论起源于奥义书时代,当时的圣人们认为灵魂不死,人有物质和精神两部分,人除了肉身,还存在一个永不灭的灵魂,它和宇宙的大梵同一不二。人死后,灵魂会到转世的肉体中再生,不断循环,形

---

① [印]甘地:《甘地自传——我体验真理的故事》,杜危、吴耀宗合译,商务印书馆,1995年,第184—185页。
② [英]E.埃利奥特:《印度思想与宗教》,李荣熙译,贵州大学出版社,2013年,第207—208页。
③ 薛克翘主编:《东方神话传说》,北京大学出版社,1999年,第246—255页。

成轮回。人转世后会是什么样子,这取决于生前所造的"业"。在瑜伽派看来,一个人心的作用也和业有关,现在的行为与过去的行为(业)有关。人们过去的业力在心中留下了印象或势力(种子),这种印象和势力对将来的生活都起作用。

《薄伽梵歌》认为,"法"(Dharma)就是要履行自己的社会职责和社会规范。"法"一词在古代由于困惑于多重含义而将其音译为"达磨"。遵循"达磨",就是说人类的行为要顺其自然,即符合宇宙规律,这样就有助于维护宇宙秩序。这种伦理的最终旨趣指向行动和实践,瑜伽观念就是认为按照"法"去行事,就是"业瑜伽"。《薄伽梵歌》中黑天劝说阿周那:"因为对于刹帝利武士,有什么胜过合法的战斗?有福的刹帝利武士,才能参加这样的战斗"(6.24.31),"这场合法的战斗,如果你不投身其中,抛弃了正法和名誉,你就会犯下罪过。你将在众生嘴上,永远留下坏名声;对于受尊敬的人,坏名声不如死亡。"(6.24.33—34)从黑天的话可以看出,阿周那作为刹帝利武士必须从事自己的职责,如果不从事,就会犯下罪过。那么什么是行动?什么是不行动?黑天告诉了阿周那:"如果从事一切行动,而摆脱欲望和企图,行动经过智火焚烧,聪明人称他为智者。如果从事一切行动,而摒弃对成果的执著,他永远知足,无所依赖,即使行动,也没做什么。控制思想和自己,摒弃贪欲,无所企求,他只是活动身体,不会犯下什么罪过。"人们可能会疑惑,印度文化不是一直都强调非暴力吗?这非暴力和参加战斗不是矛盾了吗?不,这得看行为的动机,只要履行自己的职责而无所求,无所贪恋,就能解脱,就能摆脱业的果报,正如黑天说:"不执著感官对象,不执著任何行动,弃绝一切欲望,这称作登上瑜伽"。(《薄伽梵歌》,6.28.4)

此外,业瑜伽强调坐法、调息和苦行,它从事的是意志修行。"瑜伽行者永远应该把握自我,独居幽境,控制思想和自己,无所企盼,无所贪求。选择清净的地方,安置自己的座位,座位稳固,不高不低,铺上布、皮和拘舍草。控制意念和感官,思想集中在一点,坐上座位修习瑜伽,以求灵魂得到净化。身体、头颅和头顶,保持端正不动摇,固定目光在鼻尖,前后左右不张望。自我平静,无所畏惧,恪守誓言行梵行,控制思想,修习瑜伽,一心一意思念我。瑜伽行者始终如一,把握自我,控制思想,达到平静,以我为归宿,以涅槃为至高目标。"(《薄伽梵歌》,6.28.10—15)

智瑜伽(jñāna yoga)

智瑜伽就是通过学习经典,学习世界的本原,然后用各种实践方法,证悟生命的真谛和世界的本原。

智慧在《薄伽梵歌》中非常重要,甚至说智慧瑜伽比行为瑜伽更重要,因为"具有这种智慧的人,摒弃行动的结果,摆脱再生和束缚,达到无病的境界"(《薄伽梵歌》,6.24.51)。智瑜伽可以远离愚痴和罪恶:"智慧的祭祀胜于一切物质的祭祀;一切行动,阿周那啊!在智慧中达到圆满。你要知道,通过虔敬,通过询问和侍奉,洞悉真谛的智者会把智慧教给你。知道了这一切,阿周那啊!你就不再会这样愚痴,你就会看到一切众生都在自我之中,在我之中。即使你犯有罪恶,比一切罪人更有罪,只要登上智慧之船,就能越过一切罪恶"(《薄伽梵歌》,6.26.33—36)。智瑜伽可以较快地达到最高平静,走向幸福,而在平静中又能逐步增长智慧。

《薄伽梵歌》这样描述智慧之人:"摒弃心中一切欲望,惟有自我满意自我,普利塔之子阿周那啊!这是智慧坚定的人。遇见痛苦,他不烦恼,遇见快乐,他不贪图,摆脱激情、恐惧和愤怒,这是智慧坚定的牟尼。他不贪恋任何东西,无论面对是祸是福,既不幸福,也不憎恨,他的智慧坚定不移。他所有感觉器官,摆脱一切感觉对象,犹如乌龟缩进全身,他的智慧坚定不移。……用瑜伽控制感官,一心一意思念我;由于感官受到控制,他的智慧坚定不移。"(《薄伽梵歌》,6.24.55—61)由此可知,智瑜伽不仅适用于大战战场,也适用于日常生活。这就是智瑜伽拥有广大信众的原因。

《薄伽梵歌》中,智瑜伽所寻求的知识,就是理解"梵",从无明中解脱出来,证悟梵我一如之境。早在奥义书时代,就认为证得梵我是解脱的途径。《薄伽梵歌》继承了奥义书的观点,认为"用瑜伽弃绝行动,用智慧斩断疑惑,把握住自我的人,不会受行动束缚。因此,用智慧之剑斩断自己心中无知的疑惑。"(6.26.42)要获得梵我一如,就要通过古典智慧来实现。"梵是智慧的最高境界。接受纯洁的智慧约束,坚定地控制自己,摒弃声色等感官对象,抛开热爱和憎恨。离群索居,节制饮食,控制语言、身体和思想,专心修习禅定瑜伽,永远摒弃世俗欲情。摆脱自傲、暴力和骄横,消除欲望、愤怒和占有,毫不自私,内心平静,他就能与梵同一。"(《薄伽梵歌》,6.40.50—53)商羯罗也非常强调知识,他认为只有知识才能使你达到彼岸,只有知识才能让你从充满着生死厄运的苦海中解脱出来。可见,智瑜伽对进入解脱的作用之大。

信瑜伽（bhakti yoga，又称为巴克蒂瑜伽、奉爱瑜伽）

黑天克利希那在《摩诃婆罗多》中阐述了另一条使灵魂解脱的道路：那就是通过巴克蒂，即对一个特定的神的虔诚（即对黑天），就可以把自己的灵魂与这个神合为一体并获得解脱。信瑜伽认为，一个人通过奉献的行为，虔诚地信仰，就能够受到庇佑而得到解脱。黑天在《薄伽梵歌》中说："把一切行动献给我，以我为至高目的，专心修习瑜伽，沉思我，崇拜我"。(6.34.6)"时时刻刻想念我，只念一个梵音'唵'，抛弃身体去世时，他走向最高归宿。"(6.30.13)"无论做什么，享受什么，祭供什么，施舍什么，修什么苦行，你将它们奉献给我。你将摆脱行动的束缚，摆脱善恶之果的束缚，自我受到弃绝瑜伽约束，你将获得解脱，走向我。"(6.31.27—28)这里说的念想"我"，就是念想黑天，念想毗湿奴，念想毗湿奴就可以很快到达解脱。因为在《和平篇》第335章中说："诃利（毗湿奴）大神充满吉祥，是吠陀之海，苦行之海，瑜伽，数论，至高的梵。"

《薄伽梵歌》认为最优秀的瑜伽行者是虔信神的人："永远约束自己，思念我，怀有最高信仰，崇拜我，我认为这些人才是最优秀的瑜伽行者。"(《薄伽梵歌》,6.34.2)当然，每个人都有各自信仰的方式。专心修习瑜伽，沉思黑天的人，黑天很快就可以将他救出轮回之海；"如果不能做到把思想凝聚于我，你就练习瑜伽，争取到达我这里。如果不能练习瑜伽，你就把为我而行动作为你的最高目的，这样，你也会成功。如果连这也不能，那就控制自己，遵照我的瑜伽，弃绝一切行动成果。因为智慧胜于练习，沉思胜于智慧，弃绝行动成果胜于沉思，一旦弃绝，立即平静。"(《薄伽梵歌》,6.35.8—12)这说明，修习信瑜伽在方法上没有设什么门槛。

信瑜伽对信众也没有什么特别要求，几乎适用于所有人。无论是好人，还是坏人，无论是高种姓，还是低种姓，只要虔信神，虔信黑天，都可以获得解脱。正如黑天所说："我平等看待一切众生，既不憎恶，也不宠爱，虔敬我的人在我之中，而我也在他们之中。即使行为恶劣的人，如果一心一意崇拜我，也应该认为他是好人，因为他下了正确决心。……即使出身卑贱的人，妇女、吠舍和首陀罗，只要向我寻求庇护，也能达到至高归宿。"(《薄伽梵歌》,6.31.30—34)所以，一个普通的信徒不需要有高深的知识，只要对神有坚定的信念和无限的热爱，就能实现与神合一。

11至17世纪，印度教由南至北掀起了一场声势浩大、蔓延整个南亚次大陆的宗教改革运动——虔信运动。这场运动宣扬对神的虔诚崇信,强调通过虔信行为可以获得解脱。当时,各虔信派都有自己的规定,通常都是朝拜神庙、神像,进行仪式,吟诵赞神诗歌等来表达内心的虔诚。信瑜伽是虔诚运动的理论基础,虔诚运动极大地扩大了印度教的信众基础。

综上可知,业瑜伽重视履行职责义务,智瑜伽重视学习"梵""我"的知识,信瑜伽重视对神的虔信。尽管方法不尽相同,但最终的目的都是为了证悟梵我同一的境界。只要能解脱,任何瑜伽方式都是可取的。

(2)《瑜伽经》及其意志观

早在奥义书时期,就已经有了瑜伽六支:"制气,敛识,静虑,凝神,观照,入定。"(《弥勒奥义书》,6.18)。

到了《瑜伽经》时代,形成了八支行法:"禁制、劝制、坐法、调息、制感、执持、静虑和三昧。"(《瑜伽经》,2.2.29)。瑜伽八支是瑜伽修行者遵行的准则,通过这些瑜伽实践,修炼者可获得辨别力,《瑜伽经》说:"当通过对瑜伽八支的持续修习而灭除不净时,智慧之光就进入辨别智。"(《瑜伽经》,2.2.28)这个"辨别智"有助于人们辨出生活中的假相,从而获得脱离痛苦的能力。

(1)禁制(yama)包括不杀生(ahimsā)、诚实(satya)、不偷盗(asteya)、净行(brahmacaryā)、不贪(aparigraha)(《瑜伽经》,2.2.30)。这五项戒律不受生命状态、空间、时间和场合的限制,哪儿都适用。如果培养了这些品质和思想,就可以获得爱、获得珍宝,获得精力和认识自己的过去、现在和将来的存在本质。这五戒是印度各宗教所奉行的道德戒律,印度教在《摩奴法论》中提到五戒:不杀生、不妄语、不偷盗、不非梵行(不淫)、不贪嗔。《唱赞奥义书》的五戒为苦行、布施、正直、不害、真实语(3.17.4)。佛教的五戒是不杀生、不偷盗、不邪淫、不妄语、不饮酒。耆那教的五戒是不杀生、不欺狂、不偷盗、不奸淫、不蓄私财。甘地也奉行不杀生、不贪、禁欲、非暴力的戒律。不杀生可以锻炼不拥有任何敌人的心态;不贪可以遵循生活的简朴化;禁欲可以在心理和生理上自律,从而积蓄生命的能量,为他人服务。从各教派"五戒"和甘地的戒律思想的相似性中,我们可以看到印度修炼观中一直延续下来的戒律传统,其中不杀生最为重要,是一个人无论何时何地何种种姓都必须遵行的基本准则,对于一个真正的瑜伽修炼者来说,这些戒律能帮助修炼者克服阻碍、净化心灵,是瑜伽行者修身养性,锻炼意志的方法。

(2)劝制(niyama)包括清净(śauca)、满足(samtosa)、苦行(tapa)、学

习(isvādhyāya)、敬自在天(śvara pranidhāna)(《瑜伽经》,2.2.32)。遵行劝制规定可获得下面这些能力:清净指对自己外在身体和内心污垢的清净,从而停止与他人接触,远离执着。满足是不求他物就能得到至上幸福。苦行要求人们耐受饥、渴、寒、暑、坐、立等苦楚,遵守斋食、巡礼、苦行等等誓戒,这样才能去除不净,从而获得身体和器官的超自然力。学习指诵习经典,念诵"唵",以求与神交流。敬自在天,即奉献一切,获得三昧。

(3)坐法(āsana)是要保持安稳自如。通过行为动作的放松和(对)无限(观念的)等至,坐法得到完善(《瑜伽经》,2.2.47)。一旦掌握好坐法,就不会受到冷热等外界环境的影响,坐法稳固后才可以尝试下一步,因为坐法的好坏将影响调息和制感的修持。中世纪印度教的密教兴起以后,在印度出现了诃陀瑜伽,着重于呼吸和身体的锻炼,这个派别有很多种坐法,如成就坐、莲花坐、狮子坐、吉祥坐等。这些坐法都是为了能控制心的活动,逐渐融入梵。

(4)调息(prānāyāma)是指在坐法完成之后,呼吸运动的停顿(《瑜伽经》,2.2.49)。也就是说,修炼时要有节奏地控制呼吸。调息有三种:外部的、内部的和完全抑制的调息。我们可以通过空间、时间和数来测定呼吸的长短强弱,从而控制呼吸。调息最关键的是不要忘记心,一定要专注于外在或内在的物体上,这样才能平静。

(5)制感(pratyāhāra)使感观不与它们的对象接触,产生与心的本性类似的状态(《瑜伽经》,2.2.54)。当一切清静下来的时候,修行者要全神贯注,排除一切杂念,让自身不受感观和外部对象的约束。

(6)执持(dhāranā),又称总持。对制感的不断修习便会引起执持,执持是心注一处(《瑜伽经》,2.3.1)。专注的对象可以是物体,如肚脐、心脏、头上之光、鼻尖、舌尖等身体部位,太阳、月亮等物,也可以是某种概念,如慈、力等概念。可以说,任何事物都可以是执持的对象,只要能够让意识持续专注于此,执持可以抑制天生的精神涣散。《瑜伽经》说阻碍修炼的障碍是疾病、懒散、疑惑、冷漠、懈怠、欲念、妄见、精神不集中和注意力不稳定。精神涣散常随之而产生悲伤、失望、身体颤抖和呼吸不均。要消除这些障碍,必须专注于一个真理,专注一物、一处。

(7)静虑(dhyāna),又称禅定,禅那。静虑是观念在那里的持续(《瑜伽经》,2.3.2)。执持的修炼让精神状态保持不变,然后进入静虑状态,心也随之与所专注的对象融合为一,这时心稳定下来,达到终极解脱的一个顶点——等持。《蒙查羯奥义书》也这样认为:"不由余诸天,苦行或事业;唯由智清净,心地化纯洁,静定乃见彼,无分是太一。"① 就是说当静虑后,心灵变得纯洁,静虑者与大梵对立消泯,此时出现绝对无分的"太一"心境,这是悟出解脱的前奏。

(8)三昧(samādhi),又称三摩地、三摩提、等持。三昧是一种境界,当冥想到一定程度的时候,自我不为对象所动,就达到了心神合一的三昧境界。三昧可(仅使)其对象发出光辉,(自我认识的)本性似乎不存在(《瑜伽经》,2.3.3)。三昧一词最早来自佛教,意为排除一切杂念,使心神宁静,是修行方法之一。《大智度论》说:"善心一处不动,是为三昧"。《薄伽梵歌》也是这个意思:"要坚信灵永恒超脱双昧,弃财产丢幸福专注自我,入三昧冥想我瑜伽禅定。"辨喜说:"瑜伽的所有步骤就是要把我们带入超意识状态,或者说三摩地状态。"②

三昧作为专心后所达到的境界,在《瑜伽经》中被分为几个阶段或种类:有想三昧、无想三昧、有种三昧和无种三昧。"有想三昧伴随着想象、思索、欢喜和自我意识","终止概念为基础的另一种(即无想三昧),在它之中,仅保存着过去的业力。"(《瑜伽经》,1.17—18)这就是说有想三昧状态时,自我意识还很强烈,无想三昧时则已经终止各项思维活动,在不会再造新的"业"之前,只有留下以前的印象。要想进入无想三昧,主要以信、力、念、定、慧为基础,虔信最高神自在天也可以。随着修行不断深化,修行程度高下又可分为有种三昧和无种三昧。有种三昧又称"等至",等至有四个层次:有寻等至、无寻等至、有伺等至、无伺等至。尽管这四等至已经把各种杂念、记忆都排除,可是还是不能彻底消除潜在的过去所产生的业力,当修炼者最后消除这潜在的业力,就可以达到无种三昧的境界。按照辨喜的说法,"当意识超过自我意识那条线,就被称作三摩地或超意识。……当一个人进入三摩地时,如果进入三摩地的他是个傻子,那么当他从三摩地中出来时就变成了哲人。"③

进入三昧状态,可以消除烦恼,走出业报的不断循环。烦恼论是《瑜伽经》的重要立论基础。因为世界充满无明等烦恼,所以人间到处都是惑与苦,要消除烦恼,必须修炼瑜伽。《瑜伽经》认为烦恼有五种:无明

---

① 《五十奥义书》,徐梵澄译,中国社会科学出版社,1995 年,第 708 页。
② 韩德编:《瑜伽之路》,王志成、杨柳、段力萍译,浙江大学出版社,2006 年,第 183 页。
③ 同上书,第 180 页。

(avidyā)、我见(asmitā)、贪(rāga)、瞋(dvesa)和现贪(abhiniveśa)[①]。无明是其他(烦恼)的基础,(无论这些烦恼是)暂时停止的,(还是)轻微的,交替(出现)的,(或是正在)发生的。(《瑜伽经》,2.4)无明是把无常、不净、苦和非我当作常、净、乐和我。(《瑜伽经》,2.5)我见是(认为主体的)意识力和(对客体的)观察力同一的表现。(《瑜伽经》,2.6)贪是愉快引起的。(《瑜伽经》,2.7)瞋是痛苦引起的。(《瑜伽经》,2.8)自己的欲望的波动,甚至在智者那里也形成,(这就是)现贪。(《瑜伽经》,2.9)这些烦恼都是和自己过去的业有关系,只有消除烦恼,消除业力作用才能走出业报轮回的枷锁。这就需要人们不断地进行瑜伽修炼,进入更高层次的三昧状态。进入三昧状态的人,能有与阿特曼合一的感觉。商羯罗在《分辨宝鬘》中谈到达到三昧的感觉:"我的心就像冰雹落入了广袤的梵的海洋。一碰到海水,我就溶化了并与梵合而为一。尽管我现在返回到人类意识中,却仍然停留在阿特曼的喜悦中。……如今,我终于清楚地知道,我即阿特曼,其本性是永恒的喜乐。我什么也看不见,什么也听不见,我知道没有什么是与我相分离的。"[②]

《瑜伽经》还特别阐述了王瑜伽。王瑜伽(rāja yoga),又译为罗阇瑜伽、国王瑜伽、八支分法瑜伽。rāja 的意思是国王或最高权力,这种瑜伽侧重通过禁欲、忍耐、自治等方式对内在精神活动进行控制,重视控制心神来对神进行直觉证悟,被认为是最高级的修习方式。《瑜伽经》将王瑜伽修行的步骤分为八个阶段,这八个阶段环环相扣,直达瑜伽修炼的最高境界。

综上所述,印度人的修炼是身心兼具的,印度的修炼自古以来就既注重身体修炼,又注重精神修炼。在吠陀时期,苦行修炼总的来说更为注重身体,但在奥义书之后便开始盛行精神方面的修炼。以瑜伽八支为例,这八个阶段体现了人的精神自我控制与外部行为调节的过程。练习禁制,帮助自己控制情感,与道德修行有关。练习坐法是宗教修行,要求在修习前遵守有关宗教仪式,如清净、禁欲、诵读经文及虔诚祈神等,做到自我的内在调制。调息和制感是对呼吸的控制。可见,前五支着重对道德和身体的训练。从第六支开始回到了宗教领域,执持、静虑和三昧

---

① 又译为:无明、自我意识、贪、怒、生存意欲。
② [印度]斯瓦米·帕拉瓦南达、[英]克里斯多夫·伊舍伍德:《现在开始讲解瑜伽——〈瑜伽经〉权威阐释》,四川人民出版社,2006年,第131页。

这三支强调对精神控制的修炼,修习了这三支可以稳定心情。要使心情平静还离不开德行的培养:"对幸福的人的友善和对不幸的人的慈悲、对有德的人的喜乐和对邪恶的人的冷漠。"(《瑜伽经》,1.33)当自身达到三昧的境界,人体便感觉自然消除了一切烦恼、痛苦和情欲,内心宁静,身心和谐。我们看到,在修炼的过程中,充满着意志的力量,如果没有意志,就谈不上修炼,更谈不上解脱和梵我一如。

2. 佛教、耆那教修炼中的意志观

《薄伽梵歌》和《瑜伽经》都是印度教的经典。所以,上述《薄伽梵歌》与意志观、《瑜伽经》及其意志观,都是论述意志观在印度教中的践行。现在,我们来分析意志观在佛教、耆那教中的践行情况。

(1) 佛教修炼的意志显现

小乘佛教主张依靠戒律、禅定和智慧三种方法来追求解脱。早期的佛教修习方法,人们把他归纳为三十七道品,分别是四念处、四正勤、四如意足、五根、五力、七觉分、八正道。"八正道"是锻炼意志,求得解脱是三十七道品的基础、核心或者精髓。八正道简单地说就是八种通向涅槃解脱境界的光明大道,它们分别是正见、正思、正语、正业、正命、正精进、正念和正定。正见,即正确地理解佛教四谛的真理;正思,即避开世俗观念,思考四谛的真理;正语,即保持语言纯净,说话要符合佛陀的教导,不妄语、不恶语、不谤语、不绮语;正业,即正确的行为,不杀生、不偷盗、不邪淫、不饮酒、不恶行;正命,即不从事不正当的工作;正精进,即毫不懈怠地修行佛法;正念,即不忘四谛真理;正定,即认真修习佛教禅定,领悟四谛真理,锻炼专心致志的能力,以获得解脱,进入自由境界。不同于小乘佛教主张依靠个人的修持来完成,主张靠戒、定、慧来解脱,大乘佛教则主张通过修六度来得到解脱:一是布施度,有财施、无畏施、法施三种,即用自己的财物乃至身肉骨血布施给众生;无畏施是为众生解决危难,给众生做法、善法;二是持戒度,即严格履行佛教戒律;三是安忍度,即要锻炼忍耐力、包容力,忍受一切打骂、奉承、饥寒、苦痛等;四是精进度,即用坚韧不拔、坚持不懈的精神修学六度;五是禅那度,即修习禅定;六是般若度,修学智慧。佛教虽然重视禅定,但仍以智慧、正见为修行之首,这点和印度教一样,都十分重视智慧与修行兼存的修炼观。

从以上介绍可知,要获得解脱不可能一蹴而就,需要一番持续不断的修行和坚忍不拔的精神。原始佛教中有一本《经集》,谈到佛陀意志坚

定,任由他人怜悯也不放弃修炼:

我在尼连禅河边精进努力,为了获得解脱,专心修禅,意志坚定。

那摩支(即摩罗)来到这里,说着怜悯的话语:"你消瘦羸弱,气色不好,死亡已经临近。你的死亡可能有一千分,活命的希望只有一分。您活命吧! 还是活命更好,你可以做种种好事。通过梵行生活,通过供奉祭火,你已经积累许多功德,何必还要这样精进努力呢?精进努力是一条艰难的道路,难以通过,难以成功。"摩罗站着佛陀旁边,说着这些偈颂。

摩罗说了这些话,佛陀回答道:"我有信仰,从信仰中产生力量和智慧。我如此精进努力,你还问我什么活命不活命呢?既然风能吹干河水,那么当我精进努力时,它怎么不会吹干我的血液呢?血液干涸时,胆汁和黏液也干涸;肌肉消耗时,心更平静,我的意念,智慧和禅定更坚定。"①

(2) 耆那教修炼的意志显现

耆那教和佛教大约出现在同一世纪中,耆那教徒强调苦行和戒杀,反对婆罗门教的三大纲领:吠陀天启、祭祀万能、婆罗门至上。他们认为,一切生物都有灵魂,人的灵魂在未解脱前为业所束缚而不断轮回。人们只有通过苦行修炼,实行严格的戒律,特别是戒杀生和极其严酷的苦修,才能使灵魂摆脱"业"的桎梏,才能从"业"的束缚中解脱出来。

耆那教比佛教更注重苦修,苦修的形式除了要遵行各种规定之外,主要体现在绝食和修习瑜伽之中。常有报道,有人在进行"萨莱克哈那"(sallekhana,耆那教的仪式之一),也就是绝食活动。需要指出的是,虽然佛教也倡导禁欲和苦行,但并不像耆那教那样提倡极端的苦行,因为佛教教义认为苦行并不能使人从痛苦中解脱出来。我们从佛陀苦修六年之后仍未得道的例子可知,佛陀年青时在修炼苦行不成功之后,认为苦行只会消磨人的体力和精力,并不能悟道,于是毅然放弃苦行,采用静虑冥思的方法,七天七夜之后获得人生真谛,提出四谛说、十二因缘说、八正道等理论。除此之外,佛典中也有大量关于耆那教的极端苦行方式,佛教修行者都表示否定的态度。

耆那教的苦行戒律严明,对教徒衣食住行都有苛刻的规定。如《长阿含经·得形梵志经》记载:"不食鱼,不食肉,不饮酒。……或食饭汁,

---

① 郭良鋆:《佛陀和原始佛教思想》,中国社会科学出版社,1997年,第47页。

或食麻米,或食掘格,或食牛粪,或食鹿粪,或食树根、枝叶花实,或食自落果……以无数苦,苦役此身。"(《大正藏·一卷》)。

《杂阿含经》记载耆那教提倡自我摧残、折磨肉身:"彼自害者,或拔发,或拔须。或常立举手,或蹲地或卧灰土中,或卧棘刺上,或卧杵上,或板上,或牛屎涂地而卧其上,或卧水中,或日三洗浴,或一足而立,身随日转,如是众苦精勤有行。"(《大正藏·二卷》)

《大唐西域记》也记载了耆那教的苦行方式:

"诸外道修苦行者,于河中立高柱,日将旦也,便即升之。一手一足,执柱端,躧傍杙。一手一足,虚悬外申,临空不屈。延颈张目,视日有转,逮手曛暮,方乃下焉。若此者其徒数十,冀斯勤苦,出离生死,或数十年未尝懈息。"(《大唐西域记·卷五·钵逻耶伽国》)耆那教天衣派修行方式奇特,他们赤身裸体,有时还会以自杀来求解脱。"天祠百余所,外道万余人……或断发,或椎髻,露形无服,涂身以灰,精勤苦行,求出生死。"(《大唐西域记·卷七·婆罗尼斯国》)

耆那教的苦行非常苛刻,所以对壮大信众队伍并非好事,过分的修行也并不一定就能进入解脱的境界。但从另一方面来说,耆那教的教徒意志十分坚定。公元13世纪后,佛教在印度几乎绝迹,但耆那教坚持了下来,直到今天依然活跃在印度各地。有人记录说他见到一位天衣派的高僧,他戴一副眼镜,手持一柄孔雀羽扇,从头到脚不见一丝布缕,这位高僧说他赤脚走了几千里,一路走来都是风餐露宿,可见他的坚强意志。他还指出耆那教尽管不鼓励自杀,但"自我消亡"需要坚强的意志:"耆那教不鼓励但是可以接受自我消亡,这不是自杀。但是,自我消亡必须不是出于一时的感情冲动。自我消亡的方式一般就是绝食。你知道绝食需要多少天才能死去,大概十天半个月吧,这么长时间就绝非是感情冲动了,而且还需要非常坚强的意志。"①

三、解脱:意志自由之境

中国古人以社会责任、历史使命、立功立言为根本,印度人热衷关心人的终极问题。他们认为生命是无常的,视宇宙万物为幻相,人在无穷无尽的生命之环中,这一环的生活都是由前一环的造业所决定,人在世

---

① 杜欣欣:《恒河——从今世流向来世》,广西师范大学出版社,2007年,第143页。

上经历轮回后,一切随之消逝又进入另一个轮回。虔诚的印度人希望获得解脱,即脱离生死轮回,在一种不变的永恒之中获得梵我一如和涅槃。对解脱生死轮回的追求是印度修炼者思索的中心问题,"如何摆脱一切相对于灵魂而言的外部世界的限制,而最终达致据称是一种梵我合一的状态(印度教)或非有非无状态(佛教)的灵魂的自由极乐之境。这一问题不仅属于正统的奥义书、吠檀多、数论等派别,而且也属于除顺世论之外的其他非正统的思想派别(如佛教、耆那教等)"。① 因为解决了这个问题,人们将进入真正的自由幸福境界。

印度的意志观和欧洲的意志观有着某种密切的联系。担任过香港大学校长的埃利奥特(Charles. E. Eliot),利用公余时间写了一本有关印度的"有价值的经典之作"《印度思想与宗教》。他认为:"有一个欧洲哲学热烈讨论而在印度不大有人议论的问题,即意志的自由问题。积极的欧洲人感觉到遵守道德的义务和困难,他们不知道究竟是否真正有力量根据自己的愿望来行动,这一疑问使他迷惑不清。这个问题没有引起印度人很大的困惑,我认为这是不错的。因为人的意志如果是不自由的,那么自由又是什么意思呢?有什么自由的例证可以引用来对比假设的意志不自由呢?如果我们对于自由的概念真是从意志中产生的,那么说意志不是自由的,岂不是不合理吗?不受规律限制的绝对自由是不可想象的,当一件事物以外在原因为条件的时候,它就是有所依赖的。"②埃利奥利对印度意志观理解得更全面,他说:"佛教的和婆罗门的哲学都认为意志不是一种独立活动而是思想的一种形式。佛教心理学没有忽视它:意志、愿望和奋斗都被认为是好事,只要它们的目的是好的。指责佛教宣传无为的人们忽略了这一点。"③德国近代哲学从康德开始,因接受印度思想而出现了勃发。在意志观上也存在同样的情况,埃利奥特说:"叔本华认为意志是宇宙和生命中不可少的事实这一学说,仿佛和印度思想相类似。"④"较古的《奥义书》中暗示有一学说,与康德的学说类似,即人作为现象世界的一部分来说,他是有束缚和限制的,但是就他的内在的我和神我是一体这一点而言——神我是一切束缚和限制的创造

---

① 欧东明:《佛地梵天:印度宗教文明》,四川人民出版社,2002年,第103—104页。
② [英]E. 埃利奥特:《印度思想与宗教》,李荣熙译,贵州大学出版社,2013年,第88页。
③ 同上书,第87页。
④ 同上书,第88页。

者——他则是自由的。"[1]埃利奥特这位印度文化研究的"高级票友",实际上是深得印度文化堂奥的,应该引起广大读者和业内专家的重视。

1. 印度教追求解脱的自由意志

印度传统文化注重四种人生价值,法(美德)、利(财富)、欲(欢乐)和解脱。尽管印度思想派别强调的重点不一样,但都重视人生的最大目的就是要通过坚持不懈地修行,获得自我的解脱,达到与梵合一,即所谓"梵我一如"。

印度民族很早就有一个基本的共识:现世都是虚幻不实,变幻无常的,人所看到的只是幻相,得到的只有痛苦,要找到真实,只能通过修苦行、摆脱业报轮回,才能解脱出来。这里说的幻象就是摩耶(māyā)。早在《梨俱吠陀》的《婆楼那赞》中,就阐发了摩耶的原理:

> 祈祷圣主,婆楼那天;
> 敬礼聪明,风暴神群;
> 善护人心,如牧羊群。
> 其余怨敌,愿俱寂灭。(1)
> 彼以摩耶,揭示宇宙,
> 既摄黑夜,又施黎明;
> 随顺彼意,三时行祭。
> 其余怨敌,愿俱消灭。(2)
>
> 彼行宇内,处处现身,
> 度诸众生,作其依止。
> 诸天神祇,周匝围绕,
> 于其车前,虔诚参拜。
> 听受神旨,如律奉行。
> 其余怨敌,愿俱消灭。(7)
>
> 彼乃海洋,神秘深广,
> 又如旭日,升空自在;

---

[1] [英]E.埃利奥特:《印度思想与宗教》,李荣熙译,贵州大学出版社,2013年,第89页。

群生瞻仰,顶礼赞扬。
彼之神足,闪烁异光,
驱散摩耶,直上穹苍。
其余怨敌,愿皆灭亡。(8)①

　　从"彼以摩耶,揭示宇宙""彼行宇内,处处现身""驱散摩耶,直上穹苍"这几句,我们可以看出摩耶是一种规律,一种支配事物产生、发展、消亡的规律,佛教中"无常"的概念也是来源于此。巫白慧解释说:"当有人领悟这场如幻非真的宇宙游戏时,他便能在精神上升华到本曲第八颂的'驱散摩耶,直上穹苍'的境界。颂中'穹苍'设定为宇宙本原。颂意是说,心灵上受经验世界幻象所迷惑的障碍一旦被破除,便可以立刻返妄归真,融合于宇宙本体。"②后来,奥义书也提到摩耶的概念,认为梵是世界的唯一真实,而世界只是摩耶的显现,所有事物的存在都是这个摩耶的表象。摩耶有两种作用:一是生显作用,因为梵幻现了各式各样的世界;二是遮蔽作用,因为现象世界何其之多样,所以把梵的本质遮蔽了。人们要是执迷于幻相中,就会迷惑不解。由此可见,印度人认为只要通过修行来辨识梵我真相,就可以摆脱幻相,摆脱轮回,与梵合一。

　　生死轮回思想有一个产生和发展的过程。《吠陀》中提到人死后灵魂的去处,提到地狱之神阎摩,但尚无系统的生死轮回之说。到约公元前一千年左右集成的《梵书》中,开始谈及人死后要去"天道"和"祖道"。在更晚些出现的《奥义书》《薄伽梵歌》中,轮回业报的思想才渐趋成熟,并有了哲学的论证。奥义书时代的轮回观念,与"业"紧密相连。"业"分为身、口、意,即行为、语言、思想三个方面。"业"的理论认为,一个人过去的一切言行品德(即业)将长久影响来生的命运,为了来世的幸福,信徒们就积善积德,希望有美好的未来。可是,这样并不能跳出轮回的命运,要永远摆脱轮回,永居极乐世界,才能彻底解脱,归入永恒的状态。印度人把整个宇宙看成一个整体,个人要融合于宇宙之中。在印度教中,瑜伽追求梵我一如之境,它是身、心、灵三者的合一,是通往解脱之门的法宝。通过瑜伽可以摆脱无穷无尽的轮回之苦,心的主体可以被证悟,一切障碍都将消失,内在的自我可以与宇宙的无上梵合一。

---

① 巫白慧:《印度哲学》,东方出版社,2000年,第145—147页。
② 同上书,第148页。

从吠陀、梵书到奥义书，印度教"梵我一如"思想逐步形成。什么是"梵"？"梵""我"的关系到底如何？我们看看印度经典的叙述。

一切物质都是"梵"创造的。《奥义书》说，"梵""是涵括一切业，一切欲，一切香，一切味，涵括万事万物而无言，静然以定者，是吾内心之性灵者，大梵是也。而吾身蜕之后，将归于彼焉。"①"是彼为至精微者，此宇宙万有以彼为自性也。彼为'真'，彼为'自我'，施伟多凯也徒，彼为尔矣。"②可见，"梵"在人的意识中，是一种超越时空的神圣力量，它创造了所有宇宙和存在物，是一切事物的来源，可最终又回归梵。《薄伽梵歌》也继承了奥义书中的梵我观点，认为梵产生世界，世界依赖于梵。"伟大的梵是我的子宫，我安放胚胎在里面，由此，产生一切众生，婆罗多子孙阿周那啊！任何子宫产生的形体，贡蒂之子阿周那啊！伟大的梵是他们的子宫，我是播下种子的父亲。"(《薄伽梵歌》，6.36.3—4)

梵具有两面性，《广林奥义书》说："一有相者，一无相者；一有生灭者，一无生灭者；一静者，一动者；一真实者，一彼面者。"③《薄伽梵歌》描述最高梵，一是非显现者，一是显现者。前者是梵之体，后者是梵之相。显现在世上的是"摩耶"(幻)，《薄伽梵歌》认为，摩耶幻现不是真实的存在，它和非显现者在本质上是同一的，"白天来到，一切事物从不显现中显现，黑暗降临，又都消失，这时称为不显现。物群始终是这样，不由自主，阿周那啊！黑夜降临就消失，白天来到又显现。除了这种不显现，还有永恒的不显现，即使众生毁灭，它也不会毁灭。这种不显现叫做不灭，人们称它为最高归宿，到达那里就不再返回，它是我的至高居处。它是至高的原人，遍及一切，阿周那啊！"(《薄伽梵歌》，6.30.18—22)领悟到这个道理，就是"明"，不知者谓之"无明"。

"我"或"自我"(ātman)是指人的灵魂，人的精神本质，一种包容万物的东西，是纯粹的、自由的。《唱赞奥义书》中形容："斯则吾内心之性灵也。其小也，小于谷颗，小于麦粒，小于芥子，小于一黍，小于一黍中之实。是吾内心之性灵也，其大，则大于地，大于空，大于天，大于凡此一切世界。"《印度教佛教史纲》中说："'我'或精神，就人来说有时候被认为就是呼吸；就自然现象来说就是空气、苍天或虚空。有时候它又被描写为

---

① 《五十奥义书》，徐梵澄译，中国社会科学出版社，1995年，第139页。
② 同上书，第205页。
③ 同上书，第548页。

位在心中,大如拇指,但能变得更小,在血管中流动,并在瞳孔中出现,也能变得无穷大,与世界灵魂合而为一。"①实际上"我",就是"梵"。

在《奥义书》中"梵即我,我即梵"被奉为最深奥义。"我"是"阿特曼",是"梵"的化身,即灵魂。所谓"梵我一如"就是我与万物是同一的思想。

《唱赞奥义书》把"梵我一如"比喻成盐和水的关系,乌德拉克对他的儿子这样讲授"梵""我"的关系:

"置此盐于水中,明晨再来见我。"

彼为之。

则谓之曰:"取汝昨夜置水中之盐来!"

彼探之(于水中)不得,盖全已溶解。

"汝由此边饮之!——如何耶?"

"咸也!"

"汝自中间饮之!——如何耶?"

"咸也!"

"汝由彼方饮之!——如何耶?"

"咸也!"

"弃之!尔来此坐。"

彼坐已,曰:"此固常在也。"

乃谓之曰:"诚哉!吾儿!于此(身中)汝固不能见彼'有者',然彼固在其中也。"

"是彼为至精微者,此宇宙万有以彼为自性也。彼为'真',彼为'自我,彼为尔矣!'"②

从上面的梵我关系,我们可知"梵即我""我即梵",在本体上同源同一。尽管盐溶于水后,已经不存在了,但咸味留存。我是世界的表象,在轮回中造业,大我则是世界的本原,是超越业报轮回的真实。通过修行,自我可以与梵合一,巴沙姆说:"人在其自我的最深处之间,存在着生命的一致性和连续性","正是人的这种精神相应着宇宙精神——一种心灵

---

① [英]E. 埃利奥特:《印度思想与宗教》,李荣熙译,贵州大学出版社,2013年,第213页。

② 《五十奥义书》,徐梵澄译,中国社会科学出版社,1995年,第208页。

深处对另一种心灵深处的感召"。①

"梵我一如"是印度教的解脱理论的理论根据。印度教理论改革家商羯罗的吠檀多不二论吸收了早期的印度教、佛教和耆那教的观点,一如既往地注重修行和解脱。商羯罗认为,"梵"是宇宙的主宰,是万物的始基,是最高的精神本原。人的灵魂"阿特曼"("我")与宇宙灵魂"梵"本来是统一的,但由于人们无知,不知道尘世中的现象都只是"梵"的幻象,是不真实的存在,常常沉浸于世俗享乐中。因而人生的最高目标要驱除无明,摆脱肉体的束缚,亲证梵的本质,达到灵魂与梵的统一。可以说,无论是奥义书还是商羯罗中的"梵我",他们都强调修心的重要性,他们代表着印度教的观点,认为"一个人只要进行瑜伽修炼,克服私欲,就能使'我'从肉体的束缚中解脱出来,还原于梵,恢复其本来面貌。这样,人的灵魂就可以实现解脱,达到永生极乐的境界。"②

2. 佛教、耆那教追求解脱的自由意志

佛教、耆那教等多家反婆罗门教传统的沙门集团,以及与佛教前后出现的婆罗门教各学派,多数都是在婆罗门教生死轮回说的基础上改造发挥,而后建立自家的生死观和走出轮回趋向涅槃之道的。瑜伽派观点认为修炼瑜伽进入三昧境界是为了要从现实世界中解脱出来,从而摆脱烦恼,证得灵魂与梵的统一。而佛教认为,世界因缘而起,对客观世界来说不存在一个主宰者,当认识到缘起的无常、性空之后,就可进入涅槃。

佛教通往涅槃的途径,是四圣谛中道谛的一部分。四圣谛是佛教诸乘诸宗的教义。第一苦谛,是对人生痛苦问题的揭露,佛教认为经验世界的事物变化无常,人有八种苦:生、老、病、死、恩爱别离、怨憎相会、所求不得和"五阴炽盛苦",人生苦即苦,乐仍是苦。第二是集谛,分析造成一切苦果的原因——无明及无明所引起的烦恼。第三是灭谛,当无明、烦恼灭后,则生死灭,灭除苦因后就进入涅槃,进入第四道谛。

佛教认为世界一切现象都是虚幻不实的,都不会永恒存在,人也是由五蕴(色、受、想、行、识)聚合而成,也不拥有不灭的灵魂。世界万物随着因缘的和合与离散而生灭变化,"一切有为法,如梦幻泡影,如露亦如电,应作如是观"(《金刚经》)。所以我们不要执着世界之物,镜中花非真

---

① [澳]A.L.巴沙姆主编:《印度文化史》,商务印书馆,1997年,第94页。
② 朱明忠、尚会鹏:《印度教:宗教与社会》,世界知识出版社,2005年,第23页。

花。现实世界充满苦难,释迦牟尼的理论"四谛说十二因缘论",就是从人生之苦开始讲的,而痛苦的根源在于无明。人们由于无知,就会受欲望驱使,追求感官享受,因而导致贪欲和种种痛苦。《百喻经》中的《二鸽喻》故事,说人贪求欲乐,不知道这世上一切都是生灭无常的,结果后悔莫及:"凡夫之人,亦复如是:颠倒在怀,妄取欲乐,不观无常,犯于重禁,悔之于后。"如何才能从苦海中得到解脱,《百喻经》中的《饮木桶水喻》故事中说:"汝欲得离者,当摄汝六情,闭其心意,妄想不生,便得解脱。"①这就是说人生的苦源自欲望,要去除苦,就要先摈弃世俗欢乐,去除欲望,严格修行,不使心意放任,控制心绪,才能寂灭痛苦。这是四谛中的"灭谛",若要灭除痛苦,就要修"八正道"。这样才能摆脱轮回,得到解脱。

耆那教认为世界万物都由灵魂和非灵魂组成,一个受物质束缚,一个不受物质束缚。人不断轮回是由于受到束缚,这种业是一种物质,它依附于人的灵魂,这种行为被称为"漏入"。如何可以摆脱"漏入"呢?耆那教提出三条解脱灵魂的道路(三宝):正智,正信,正行。正智,正确学习耆那教的教义;正信,信仰该教的经典和教义——"七谛"理论,即命我、非命我、漏、缚、遮、灭、解脱;正行,正确实行耆那教的教义和戒律。为了达到解脱,还规定严格的五戒,即不杀生、不妄言、不偷盗、不奸淫、戒私财。查尔斯·埃利奥特解释这五戒时,说:正行"这五项誓愿用五句短语作详尽而严格的解释,每一短语适用于每一誓愿,而且和行为、语言、思想,又和自作、教人作、见作随喜,结合起来解释。所以不杀生的誓愿不仅禁止杀害最微小的昆虫而且也禁止可以引起争吵的一切语言和思想,以及禁止自作、教人作或容许人作任何可以伤害生物哪怕是无意的行为,例如步行时不留心。这些规则自然只有苦行者才能遵守,除了这些规则以外,苦行主义也是特别要人遵行的。这种苦行主义是内在的,或者是外在的。前者采取忏悔、谦恭、打坐和抑制情欲这些形式;后者则包括有各种形式的自我克制,达到顶点就是绝食而死。"②以上"三宝"是获得解脱的必由之路,除此之外,耆那教还实行各种苦行和禁忌,

---

① [印度]尊者僧伽斯那:《百喻经译注》,萧齐天竺三藏求那毗地译,北京图书馆出版社,2006年,第102页。

② [英]E.埃利奥特:《印度思想与宗教》,李荣熙译,贵州大学出版社,2013年,第251页。

他们认为只有苦行才能排除旧业，使灵魂呈现出原有的光辉，才能脱离轮回之苦，获得解脱。耆那教的不杀生观念往往是很极端的，他们戴面纱、走路时用小扫把扫地，生怕呼吸会伤及空气中的微生物，脚会踩死路上的昆虫。他们不从事农业，怕耕作时会杀生。耆那教中天衣派的裸体行走，至今仍活跃在印度各地。

　　总而言之，各个宗教都有自己的解脱的方式。印度教的解脱是在认识内心神我之后，把它从精神和肉体中分离出来，自性神我复归于大梵。这是一种有神论的修炼文化。而佛教则排斥印度教的个人灵魂之神我，认为万物由因缘而生，"诸法无我"，即否定个体的、宇宙的自性，所以最终的解脱是断灭烦恼，进入涅槃。耆那教则提出三宝来达到解脱。尽管方法不一，修炼宗旨却都是为了达到最高的宗教哲学境界。由此可见，在印度，无论是苦行、祭祀，还是瑜伽，修炼从远古开始就被几乎所有派别（除顺世论以外）视为获取智慧与解脱的不二法门，也就是说所有的修炼都是与灵魂解脱这一宗教追求结为一体的。通过修炼消除因执着而引起的幻觉，从而洞察事物的真相，获得彻悟，感知万物的终极同一，最终进入无拘无束的自由境界。

　　意志是对信仰的执着与坚持，修炼是实现信仰的方法与途径。所以，意志观和修炼观是孪生兄弟。坚强的意志保证了修炼的成功，艰苦的修炼又增强了意志，两者在印度都是为了达到解脱、进入梵我一如或者涅槃之境。

第八章

师道尊严 梵学秘授

——印度人的教学观

印度曾以灿烂的文化和辉煌的教育,傲居世界之巅。这是一个善于思考的民族,也是一个崇尚知识并善于整理知识的民族。知识,被赋予神启的金色光环,一头负着神的使命,一头连着人的渴求。它既是实现人神相通,走向解脱的手段,也是洞察事物的眼睛,指导行动的指南针。在古印度,教育是极为神圣的事业。"神圣",不仅因其浸染在宗教语境之中,更是因为教育是民族文化和集体智慧流淌的河流,是人走向永恒自由的途径。印度古人对待教育的态度严肃得等同于宗教,它着意于探讨人生的神圣化过程,追寻灵魂的净化和超脱。教师的的确确是灵魂的工程师,在宗教的光辉下,他们的职责在于启迪学生的慧根,荡涤灵魂的蒙昧,引导学生以最大的虔诚探寻知识的无限,实现人之为人的价值。于是,教学观念高尚而庄严,教与学是处于极为和谐而明朗的互动状态。

一、吠陀:印度教育之源

在古代印度,知识,指向的是吠陀。吠陀(veda)的字面意义就是知识和学问的意思。veda,是由 vid,即"知"演变而来的,最初特指宗教的神圣知识,后演变成为一切知识圣典的总称。吠陀,对印度人来说,是知识的源头和最高的真理,在印度文化中具有至高无上和不可动摇的神圣地位,如同《圣经》之对于基督教文化,《古兰经》之对于穆斯林文化。吠陀是一个庞大的"百科全书式"的知识体系,历经几千年大浪淘沙之后积淀而成,卷帙浩繁,包括吠陀本集(samhitā)和阐释吠陀本集的梵书、森林书和奥义书,以及学习吠陀的专用辅助学科"吠陀支"(vedānga),即礼仪学、语音学、语法学、词源学、诗律学和天文学。吠陀文献最核心的部分是约成书于公元前 15 世纪到公元前 6 世纪之间的四大吠陀本集——《梨俱吠陀》《娑摩吠陀》《夜柔吠陀》和《阿闼婆吠陀》。四大吠陀本集以诗歌为主要形式,记录了印度初民对宇宙和人世的种种思考,作为古印度人生活经验的总结,其智慧的光芒至今仍闪烁迷人。

学问和智慧在古代印度得到极大的崇尚,编著吠陀文献的人被尊称为 rsi,意为仙人、圣贤或先见者。他们被赋予极为崇高的地位和神圣的使命,他们是受到神的启示,"看见"颂诗,将之诵咏出来,传播人间。吠陀颂诗借语言女神之口,赋予吠陀以神学渊源:"确实,我亲口说出的言词,天神和凡人都会表示欢迎;我使我钟爱的人强大有力,使他成为圣人、仙人、婆罗门。"①有的认为《梨俱吠陀》的作者是广博仙人(Vyāsa),有的认为是生主的七个儿子,他们得到天启,编撰吠陀颂歌,赞美诸神,祭祀祈祷。《梨俱吠陀》第 10 卷,第 82 曲《造一切者赞》写道:"往昔仙人,唱彼赞歌,举行祭祀,献彼财宝。彼等庄严,是诸有情,集中住于,动不动界。"②仙人们作为天人相通者,作为吠陀知识的创作者和传播者,在世俗和神圣之间游刃有余。一方面他们遵循天启,祭祀祈祷,庄严自己;另一方面担当教师的职责,传播天启知识,向人讲解吠陀哲理,教授吠陀祭礼,庄严他人。《梨俱吠陀·原人歌》以人身体部位的分布作为比方,明确四种姓的职责。婆罗门是神的嘴,上通神,下达人。无疑,仙人是婆罗门阶层的精英,是神的嘴,掌握着文化的话语权,也掌控着文化的传播权。如何在保证婆罗门文化控制权的情况下让吠陀思想得以传播成了极为关键的问题。"当圣贤们创造了蕴涵最高知识的圣歌,并公诸于世的时候,演绎出一套方法使这些知识能够为后世子孙所获悉、保存和传播就成为当务之急。"③

古代印度不注重文书,口耳相传是知识创造和文化传播的主要方式,吠陀被认为"是对印度最古老的精神闻识的整合。'闻识'(śruti)的意思是用耳朵听来的精神知识。吠陀古贤们以自己的内明(antardriṣti)和内聪(antaḥśravana)首先发表了三部吠陀——《梨俱吠陀》《夜柔吠陀》和《娑摩吠陀》,后来又发表了《阿闼婆吠陀》。"④声音成为印度文化传播的主要媒介,注重音律成为诗歌创作的必然选择。诗歌的诗节一般

---

① 黄宝生:《印度古典诗学》,北京大学出版社,1999 年,第 185 页。

② 译文见巫白慧:《印度哲学:吠陀经探义和奥义书解析》,东方出版社,2000 年,第 45—46 页。

③ http://www.hinduwisdom.info/Education_in_Ancient_India.htm#Rigvedic%20Education.

④ [印度]湿婆达斯:《印度文化的根本要素》(印地文),新德里文艺女神出版社,1993 年,第 35 页。

由四行或三行、五行诗句组成,并通过音量体现诗律。每行诗句一般由 8 个、11 个或 12 个音节组成,每行诗的最后 4—5 个音节必须符合规定的长短排列顺序。对诗律的掌握成为创作和传播的重点,如《梨俱吠陀》的诗律约有 15 种,常见的有 7 种,通用的只有三颂律(tristubh)、唱诵律(gāyatrī)和大地律(jagatī)三种。吠陀知识正是通过极为严格的口头创作和口授训练传承下来,一字一音都不许差错,训练的结果是要使人的记忆成为一部活着的书,可以随时翻阅,随时找到所需的那一部分。印度古代的文献都是靠记忆力和声音保存下来,"这种传统一直保存到 19 世纪开始印刷这些古书时,还没有断绝。我们可以相信,现在保存的传本基本上还是很古时候的面貌"①。

印度古代社会书写材料的阙如并没有造成早期文化创造的障碍和文化承继的中断,相反,却以独特的口授传播方式不断实现再创造,不断向前发展,形成极具特色的文明传承现象。围绕着吠陀知识,出现了解释吠陀颂诗的书——《梵书》。梵书(brāhmana)是梵(brahman)的衍生,梵的原意一般指吠陀颂诗,而朗诵吠陀颂诗的人是婆罗门(brāhmana),从词源学的角度看,婆罗门与作为祭祀学著作的梵书和吠陀的关系非同一般,生而连理。吠陀天启,学问被赋予崇高的地位,从事学问的人也具有崇高的地位,掌控着吠陀知识所有权的婆罗门甚至被视为神,如《百道梵书》所写的:"确实有两种神:众神是天上的神,有学问的婆罗门是人间的神。祭品供给众神,祭祀酬金供给婆罗门。"②"吠陀天启、祭祀万能、婆罗门至上"是婆罗门教三大纲领,亦是古代印度社会的文化关键词。知识因宗教而备受重视和尊崇,在某种程度上有助于文明的发展。《梵书》之后的《森林书》尽管也重视宗教祭祀,但与之前的圣典不同的是,《森林书》不是制定或细化祭祀仪规,而是从哲学思辨层面探讨祭祀的神秘意义,由外在的仪式祭祀转向内在的精神祭祀,"标志着由梵书的'礼仪之路'转向奥义书的'知识之路'"③,奠定了《奥义书》崇高的哲学地位。《奥义书》被称作"吠檀多"(vedānta),其意是"吠陀的终结"。作为吠陀时期的最后文献,奥义书以理性思维构筑婆罗门的世界观,成为诠释全部吠陀文献的顶峰之作,"印度的先贤们通过吠陀和奥义书,探究超

---

① 金克木:《梵语文学史》,江西教育出版社,1999 年,第 19 页。
② 季羡林:《印度古代文学史》,北京大学出版社,1991 年,第 34 页。
③ 同上书,第 38 页。

乎物质世界之上的神秘的形而上学。这种探究鼓励了印度六派哲学的创建,并至今一直鼓舞着印度人的心灵。"①

吠陀知识之丰富和深邃,是印度教育辉煌的重要原因。吠陀知识的传播从一开始就与教育紧密相连,"吠陀仙人亦是老师,他们编撰的文本被视为是家族的特有财产。起初,仙人们只将文本中的知识手把手传授给自家的儿子。每个仙人的家族实际上具有类似吠陀学校的功能,招收学生教导自己所占有的那部分吠陀文献,教与学的关系在梨俱吠陀时代便完整确立了。"②作为思想统治阶级,婆罗门紧紧握住文化掌控权,在整理、阐释和扩充吠陀文化体系的同时,不断强化文献的宗教价值和权威性,不断强化婆罗门阶层对其他阶层的思想控制,教育成了思想文化控制的表征。吠陀知识的传承一般只局限于婆罗门阶层,教育被赋予极为诡秘的色彩。教科书《森林书》,顾名思义,是在远离城镇和乡村的森林里秘密传授,而教科书《奥义书》的本意就是近坐在某人身旁,秘密传授教义。吠陀(教学内容)、婆罗门(教学主角)、口授(教学方式),成为印度古代教育的三大底色,独特的教学关系、教学观念以及教授方法与这三者密不可分。

二、师道尊严:教与学皆神圣

1. 教是人生神圣的事业

知识神圣,师道尊严。在古代印度,教师是神圣吠陀知识的传播者,是人类智慧的代言人,是"供物之火"。火在印度文化等同于智慧,代表着一种"燃烧的能量,是光芒四射、功效卓著,壮丽无比、超越自然的力量"。③ 古代印度认为教育使人获得再生,教师是精神父亲,其恩典远在亲生父母之上。《沙多波多·婆罗门书》写道:"人之出生有四种恩,一为诸神之恩;一为圣贤之恩——吠陀赞诗即是神向他们所启示者;一为祖先之恩;一为众人之恩。"教师对文明的贡献,堪与太阳月亮媲美,诚如大

---

① [印度]湿婆达斯:《印度文化的根基》,新德里文艺女神出版社,1993年,第26页。
② http://www.hinduwisdom.info/Education_in_Ancient_India.htm#Rigvedic%20Education.
③ [美]伊利亚德:《宗教思想史》,晏可佳等译,上海社会科学院出版社,2004年,第179页。

诗人格比尔达斯所高赞的："月亮万万千,太阳千千万,若是无良师,依旧是黑暗。大地当作纸,林木当作笔,海水当作墨,难写师功德。"①因而,在古代印度,教师地位之尊,只在神之下。《摩奴法论》写道："轨范师是梵的化身,父亲是生主的化身,母亲是大地的化身"②,尊敬母亲者,将得到地界(世界),尊敬父亲者,将得到空界(地球与太阳之间的空间),而尊敬老师者,将得到梵界(宇宙)。

古印度称教师为"古儒",教师地位之尊与其婆罗门的尊贵身份密不可分。在四个种姓当中,婆罗门生于高贵的肢体——原人之口,是"法的不朽的化身,因为,他为法而生,而这样的出生必将导致与梵合一。"③刹帝利、吠舍、首陀罗分别源自原人两臂、两腿和两足,生而比婆罗门低等。四个种姓的职业范围泾渭分明,婆罗门是宗教文化的掌控者,其职业围绕着神圣的吠陀知识而展开,"教授吠陀、学习吠陀、祭祀、替别人祭祀、布施和接受布施";刹帝利是世俗权利的拥有者,掌管行政事务与军事大权;吠舍是平民阶层,从事畜牧、布施、经商、农业等生产性行业;首陀罗是社会底层,从事服务类工作。婆罗门种姓是其他三个种姓的精神统治者,高高在上,即使是拥有巨大财富和权利的刹帝利,其地位仍在婆罗门之下。不少宗教圣典对婆罗门的地位进行神圣化的规定,如刹帝利国王应该向婆罗门让路,因为道路属于婆罗门;婆罗门儿童尊于刹帝利长者,"十岁的婆罗门与百岁的刹帝利应该被视为父与子,其中婆罗门为父"④;世界上任何东西都是婆罗门的财产,由于地位优越和出身高贵,婆罗门有资格享有一切,等等。吠陀知识的所有权只属于婆罗门阶层,"在万物中,有气息者最优秀;在有气息者中,有理智者最优秀;在有理智者中,人最优秀;在人中,婆罗门最优秀"。而在婆罗门中,"知吠陀者最优秀;在知吠陀者中,信心贞固者最优秀;在信心贞固者中,遵行者最优秀;在遵行者中,知梵者最优秀。"⑤学习吠陀、传播吠陀是婆罗门天生的权利和义务,由此确定了婆罗门阶层的教育垄断权。教师是婆罗门专属的职业,其他种姓接触吠陀知识,必须经由婆罗门。法论规定,如果没有得到婆罗门的许可,而通晓吠陀者,等同于盗窃,将遭受地狱之灾。

---

① 刘安武:《印度印地语文学史》,人民文学出版社,1987年,第70页。
② 《摩奴法论》,蒋忠新译,中国社会科学出版社,2007年,第37页。
③ 同上书,第13页。
④ 同上书,第29页。
⑤ 同上书,第13页。

"大地上所有的人都应该向出生于这些地方的婆罗门学习各自的为人"①于是,神圣的婆罗门家庭的孩子从年少时就开始熟记吠陀,长大后便按照法论的规定当老师或者祭师,传播吠陀知识。

印度古代不重视书写,口口相授是传播神圣知识的最重要形式,任何将吠陀内容付诸文字都被视为亵渎神灵,因为知识不是阅读到的,而是意识到的。这种观念无疑为教师地位之尊平添不少筹码。"婆罗门——连同其竞争者也大抵如此——极为长期地坚守着这样一个原则:神圣的义理只能用口耳相传。"②《梨俱吠陀》等古老神圣的经典,它的内容完全是靠世世代代的婆罗门背诵而流传了几千年,"是流传在婆罗门口头,印在婆罗门脑子里的一部书。"③语言具有神圣的力量。印度的语言构造是诉诸听觉的而非视觉的记忆。婆罗门传播知识靠的是梵语。梵语被认为是神、人之间说的语言,极其神圣,最初以口语的形式流行于婆罗门阶层,后才有文字。而即使梵语文字出现以后,声音仍是识别文本的主要依据。如梵语中的语音连读规则是识别词义的重要手段,"形成书写的文字后,语音连声规则被继承下来,这些连声规则,往往使一些词发生变异,为梵语的学习增加了难度,只有在熟练掌握了连声规则后,才能将有时变得面目全非的词识别出来。"④因此,通往知识殿堂的第一步就是必须跟老师进行语音训练,通过不断的复述和记忆,将声音留存在大脑中。著名印度学研究专家缪勒曾对印度口传教育做过实地调查,他说:"我也一直和一些自12岁或15岁起就会背诵整部《吠陀》的人通信。他们每天学几行,重复几个小时,整个房间都萦绕着这种声音,把记忆强化到特定的程度。当这种学生生涯结束之际,他们的记忆就像一部书。可以随时找到所需的那一部分,某个词乃至某个重音。"⑤教科书只存在教师的头脑中,存在教师的口中,依靠视觉文本的自学成为不可能,从师成为获取古代吠陀知识唯一的途径。印度古代文献不少论及从师的必要性,《摩诃婆罗多》的《森林篇》曾讲述婆罗堕遮和吟赞两位婆罗门,前者以苦行著称,后者以学问著称。婆罗堕遮的儿子谷购仙人看到

---

① 《摩奴法论》,蒋忠新译,中国社会科学出版社,2007年,第18页。
② [德]韦伯:《印度的宗教——印度教与佛教》,康乐、简慧美译,广西师范大学出版社,2005年,第212页。
③ 于维雅:《东方语言文字与文化》,北京大学出版社,2002年,第150页。
④ 同上书,第133页。
⑤ [英]麦克斯·缪勒:《宗教的起源与发展》,上海人民出版社,1989年,第107页。

有学问的吟赞比苦行的婆罗堕遮更受人尊崇,便想通过苦行获取知识。大神因陀罗告诫谷购获取学问不能靠苦行要靠长期从师,然而谷购一意孤行,结果走火入魔,导致死亡。在结尾,作者以众神对谷购仙人的口气重申口授学习的必要:"你过去学习吠陀走捷径,没有通过老师口授,而吟赞辛辛苦苦,以自己的业绩令老师满意,他经过长期努力,才掌握吠陀"。① 这个故事以神话的形式,说明学习吠陀高于苦修,学问不能走捷径,要靠长期从师,可见在口耳相传的教学模式下,教师在知识传播上所扮演的角色何等重要。

如果说,婆罗门身份和口耳相传的文化传统是古代印度师道尊严的外因的话,那么渊博的学识和高尚的师风师德是其内因。根据教学内容和教学方式,古儒分若干种,如 ācārya 和 kulaguru 是家庭式的教师,在自己的家里招收学生教授知识;śrotriya 是吠陀知识研究者和编撰者的后代,有深厚的家学渊源,是教授吠陀的权威人物。tāpasa 和 vātaraśana 是苦修者,教导人如何通过苦行和冥想获得最高知识。尽管古儒的教学方式不同,但古儒的典范首先应该是一个博学的人,如同"知识的储藏室,盛装着怜悯、博爱、愉悦",必须十分娴熟地掌握吠陀知识,包括四大吠陀本集、奥义书、森林书及相关的学科。教师的家学渊源至关重要,如果他的家族至少有三代以上从事教书育人的工作,这样的教师被认为是吠陀专家,擅长冥想和学术研究。鸿儒硕士之博学,不仅吸引国内学生,也吸引他国学者和学生。我国唐代玄奘曾跋山涉水到西天,亲眼目睹印度学者之风采。《大唐西域记》记载了当时那烂陀大学学者云集之盛况:"僧徒数千,并俊才高学也。德重当时,声驰异域者,数百余矣。""若其高才博物,强识多能,明德哲人,联晖继轨。"如护法、护月、德慧、坚慧、光友、胜友、智月、戒贤等人"学贯旧章,述作论释,各十数部,并盛流通,见珍当世。"②在玄奘的记录中,那烂陀的教师多达一千五百多人,第一等级的 10 位教师能解读 500 本印度宗教典籍;第二等级的 500 名教师能解读 30 本经书,其余的 1000 名教师仅能解读 20 本经书。那烂陀大学正是因为有这些博学者才得以享誉世界。

师者,传道解惑是第一要义,博学是基本要求;师者,更是完美人格

---

① [印度]毗耶娑:《摩诃婆罗多》(二),黄宝生译,中国社会科学出版社,2005 年,第 275 页。

② 玄奘、辩机:《大唐西域记校注》,季羡林等校注,中华书局,2000 年,第 757 页。

和高尚道德的表率。古代印度教育注重言传身教,学生要与老师一起生活,情同父子,在长期的相处中,耳濡目染,学生不仅学习经典知识,也学习老师的生活智慧和道德情操。教师的道德修养是教学质量的保证。教师被认为是道德高尚者,是正直之士,过一种纯洁而清白的生活,恪守圣典的各种规定;有悔罪的勇气和救赎的信心;有执行各种戒律的能力;保持乐观的生活态度;关注社会发展;善待所有的一切,言谈举止文雅。教师必须尽心尽意地工作,全身心投入教学,"教师的意义不在于他教了什么知识,而是在于他是怎样的一个教师"。① 在教学上,教师要善于因材施教,对学生的个性和智力水平了如指掌,给学生讲授知识要点和真理,并引导学生进行心灵深处的探索,以走向灵魂的解脱。优秀的教师会毫不保留地将平生所学向学生倾囊相授,让知识得到最大限度的传播和发展。一本现代梵语教科书的第一篇课文选录了《奥义书》中的三句箴言:"敬母如神,敬父如神,敬师如神",要求教师每天让学生朗诵,让他们从中获得良知。这说明现代的印度人仍然怀念和呼唤尊师古风。

2. 学是神圣人生的开始

教师尊贵,教是神圣的行为,学亦是神圣的行为。从上古开始,印度人的人生之路就不是简单的生命轨迹,而是为着实践最高的知识和履行宗教所规定的法则。理想的人生应该经历四个生活期,称为四行期(caturāśrama),分别是梵行期(brahmacārin)、家居期(grhastha)、林栖期(vānaprastha)和遁世期(samnyāsin)。梵行期也称梵志期(梵志,即学生之意),是指童年到成年前要辞别父母,从师学习吠陀和各种礼仪;家居期,是指成年后结婚育子,履行各种世俗义务;林栖期是指年老时弃家隐居森林,从事各种修行,为解脱做准备;遁世期是指晚年舍弃一切财富,云游四方,以期早日解脱。梵行期被置于首要地位,学习吠陀是神圣人生开始的第一步,意义非同凡响,"诵吠陀、戒行、烧供、供养、儿子、家常祭祀和祭祀使得这身体适合于与梵合一"②。从师学习吠陀是获得第二次生命的开始,入学被视为是再生族人生的一件大事。教师被称为精神导师,吠陀时代的入师礼要持续三天。在这三天里,老师从精神上孕育着学生,教师之于学生就像母亲十月怀胎,在精神上孕育着学生的新

---

① S. V. Venkateswara, *Indian Culture Through the Ages*, 1928.
② 《摩奴法论》,蒋忠新译,中国社会科学出版社,2007年,第19页。

灵魂,迎接学生的第二次出生。每个学生必须为自己起一个新的学名,这个名字要源自家族神明、祖先或某个星座,以示他在精神上的重生,以进入更高的生命阶段。

入学的年龄根据种姓高低而有所不同,婆罗门的孩子8岁入学,最迟不超过16岁;刹帝利是11岁入学,最迟不超过22岁,而吠舍是12岁,最迟不超过24岁。每个入学的学生都要举行入师礼。这是相当神圣的仪式,是再生族"再生和超凡入圣的标志"。举行仪式之时,不同的种姓行礼的着装和仪式略有差别。婆罗门学生举行入师礼的时候,要上身穿新制的羚羊皮,下身穿大麻织品(刹帝利则身穿鹿皮和亚麻织品,吠舍穿山羊皮和毛织品);手拿着高于头部的"笔直,无瑕疵,美观,毫无可怕处,带皮和没有见过火"的手杖(刹帝利的是高达额部,吠舍的是高达鼻端),面向太阳,从左及右,绕火一周后,首先向任何妇女乞食,一般为免遭拒绝,会向自己的母亲、姐妹或姨母乞食。得到足够的食物后,要向老师汇报,在老师的允许下,用最纯净的水,即流到胸部的水(刹帝利是用抵达喉咙的水,吠舍是用啜入口内的水)漱口洁身,面向太阳升起的东方就食。就食完毕后,按照规则象征性地洗漱一次,用水浇洗头部,特别是两眼、两耳和两个鼻孔。在所有的准备结束之后,全家人要肃立聆听老师对着学生吟诵的《吠陀》中的娑毗陀利(sāvitrī)赞歌:

一

1. 啊,光辉的太阳神呀,赞颂你的这篇绝妙新词,是我们奉献给你的。
2. 请你不吝嘉纳我的呼吁,请详察我那渴慕的灵魂,宛如一个情人往访他的情妇。
3. 愿烛照一切的太阳神保佑我。

二

1. 我们要反复寻味辉煌的太阳神的奇妙之光,愿它诱掖我们的理智。
2. 我们如饥似渴,以虔诚的祈祷,恳请辉煌可敬的太阳神施惠。
3. 愿祭司和婆罗门,为其理智所诱引,以祭祀,以圣歌,崇拜辉煌的太阳神。①

赞歌是对太阳神的礼赞,因为太阳是一切智慧的源泉,是真理的所

---

① 《摩奴法论》,[法]迭朗善译,马香雪转译,商务印书馆,1982年,第35页。

在。赞歌之后,老师将学生的上衣脱去,把用蒙遮草(muñja)制成的质地柔软棉制的等长的三条圣带(刹帝利的圣带是一条牟尔跛(murvā)纤维制成的弓弦,吠舍是三根大麻绳制的圣带),打上五个结,把圣带搭在学生的左肩上,然后在右胁下结好。最后,老师对着学生说:"从今天开始,你就是一个梵志生了。"

入师礼是一个富有象征意味的仪式,它意味着梵志生的全身心为真理所充盈,灵魂为神圣学问和苦行所洗涤。入师礼的每一个细节都在诠释着智慧与神人之间的关系,诠释着古印度人对教育的期待和对知识的虔诚。新编制的衣服和用纯净水沐浴身体,象征着除旧更新,是精神新生的形象表现;跨肩的圣带意味着联结,象征着梵志生从今以后要为一生正义而奉献,要服务于教师和神灵,要慎防恶言中伤,并期望所处的地位和所从事的职业将延续到下世。今生是婆罗门,下世依然是婆罗门;今生是刹帝利,下世依然是刹帝利。显然,这是种姓观念在作祟。手杖意味着进入长久的献祭阶段,为一生的神圣和光荣而学习吠陀。

这个仪式的举行是学生在教师的指引下走向通往神和真理之道路的开始。教师和学生的关系在仪式中得到神圣化的确定。在仪式中,老师要五指朝上触摸学生的胸膛,重复着祷词:"你的心沉浸于我的心,你的思想追随我的思想;我的语言使你满心欢喜,木星神使你我紧密联系。""你应与我独处,紧密相随,你的所思所想应存在于我心。你应对我崇敬屈尊。当我说话,你应沉默"。"我愿充满深情地爱你,让我们居住在一起同气息共生活。"祷告之后,老师要祝福他的学生:"火神、太阳神、月亮神和水神赐福;赐福新生儿成为气息的学生;愿因陀罗、智慧女神、双马童赋予你智慧。"① 同时,老师自己也要祝福自己,愿因学生而光荣神圣。学生在严肃而神圣的宗教氛围中,踏上了清贫、克制、服务和谦卑的学习生涯。举行入师礼之后,学生要辞别父母,住到老师家里,开始梵行期的生活。梵行期一般是十二年,这是学习一种吠陀的时间长度。有的长达三十二年,或四十八年,有的甚至终身为学。

3. 教与学:师生之情如父子

印度师道尊严,不仅体现在教师之崇高,入学之庄严,更体现在教学过程之苛严,许多典籍对梵行期作出种种要求和规定。学生每天要在黎

---

① S. V. Venkateswara, *Indian Culture Through the Ages*, 1928. p. 119.

明时分起床,向着太阳升起的方向诵读经典直至日出;晚上要研读经典至星辰升起。《摩奴法论》明确规定,"日常的诵经没有禁诵日;因为它相传是'对梵的永常祭祀',有福德,以诵经烧供进行烧供,以禁诵日作为止令。"如果不能遵循这些纪律,就会像首陀罗(四种姓中的最低种姓,没有权利接受吠陀教育)一样,"被排除于再生人的一切事情之外。"①每次上课之前,学生要洗漱洁身,面向北方,向圣典致敬,穿着干净。开始上课和结束课程前,学生要双手交叉恭恭敬敬地接触老师的两足,以示对老师的尊重;学习过程,要合掌阅读圣典,以示对圣典的尊重。有的典籍甚至规定在学习圣典开始和结束时,要大声地念一个单音节圣言"唵"om,让声音持续至渐渐消失。om,是古代印度举行宗教仪式进行祷咒前的秘语,象征着对大梵天、毗湿奴和湿婆三大神的崇敬。这显然是口耳相授教育模式的神圣化表现。

教学注重的是言传身教,教师不仅仅是博学的图书馆,毫无保留地将知识传授给学生,而且更是人生修养的典范,以身作则,引导学生走向高尚人生。学生一般住在教师家里,一边服侍教师一边学习知识。吠陀时代,学生要承担教师的家务工作,如清洁居室,协助准备宗教仪式,拾捡柴薪,为老师乞食,照料老师家里的牲畜,等等。这种传统一直延续了相当长的时间。佛教时代尽管教育已从家庭式发展为寺院式的具有相当规模的大学教育,但学生服务教师的传统依然存在。佛教经典记载,佛教学生对老师有五项基本义务。一者,给侍所须;二者,礼敬供养;三者,尊重戴仰;四者,师有教敕,顺敬无违;五者,从师闻法,善持不忘记。也就是说,服侍教师是最基本的要求,住寺庙的学生早上必须为教师准备饮水,服侍教师一日三餐,为其煮饭、端饭、清洁餐具,并同教师一起去化缘等。学生对老师的最大尊重就是使老师满意,如果老师不满意,则说明学生之无能。在古代印度,尊师显然不是口头标语,而是具体地体现在细微处,并从宗教法律的高度进行规范。如在老师面前,学生的吃穿和装饰应该要比老师少而差。如果学生坐着见到老师,要先起身,等老师坐下后再坐下;答复老师的命令,或和他谈话时,必须正面站立,不能或卧、或坐、或食,或从远方或从旁视;老师转过脸,学生应该与他面对面;老师站着,学生应该向他走去;老师走着,学生应该迎上去,老师在跑,学生要跟着跑;不要在老师背后直呼其名,也不能模仿老师走路、说话和

---

① 《摩奴法论》,蒋忠新译,中国社会科学出版社,2007年,第26—27页。

举止；要始终维护老师的名声，有人诽谤或污蔑老师，如果不能辩护，应该充耳不闻，或走向他处；诽谤老师的人，死后变驴，污蔑老师的人变狗，嫉妒老师的人变为虫，等等。爱屋及乌，老师家人都应该得到相应的尊重，《摩奴法论》说："师父的儿子授教时，应该像师父一样受尊重，无论他更年轻还是同年龄还是正在学习进行祭祀"，"师父的种姓相同的妻子应该像师父一样受到尊敬；师父的种姓不同的妻子，则应该以起立迎接和行礼相敬"[①]

教与学，在日积月累的磨合中趋向亲情化，师徒如父子，一日为师，百日为父，师生情深胜于海。学生为报答师恩，历经千辛万苦，也在所不惜。尊师是一种普遍的社会风尚，印度古代流传着不少尊师故事。《摩诃婆罗多》中的婆罗门优腾迦便是尊师的典范。优腾迦侍奉老师乔答摩长达一百年，从原先的青春少年变成垂垂老者，而不觉"逝者如斯乎"。用他自己的话说就是："我一心想着你，一心为你做好事，一心忠于你，一心追随你。我没有意识到衰老，也不懂得享受快乐。"古代印度教育是免费的，但学生在完成学业后，离开老师之际，为表达谢意，通常要按照自己的意愿和能力向老师支付"酬金"。优腾迦按照惯例询问老师，自己应该付什么"酬金"。乔达摩说：你的行为令我满意，就是最好的"酬金"。乔达摩不仅不肯收取优腾迦的"酬金"，而且让他变成十六岁少年，并将自己的女儿嫁给他。但是优腾迦一心想要支付"酬金"，便询问师母想要什么样的礼物当酬金。师母要求优腾迦取来国王绍陀沙妻子的耳环。于是，优腾迦冒着生命危险，在因陀罗神和火神的帮助下，几经周折，终于兑现诺言，交付"酬金"。这样的故事在印度文学作品或者典籍中并不少见。教师与学生在长期的亲密接触中，形成良好的互动关系，师爱生，生尊师，教与学处于一种极为和谐的状态，甚至是有走向亲情化、家庭化的倾向。印度尊师重教的传统之所以如此牢固，如此持久，除宗教因素外，同这种明朗而紧密的师生关系不无关系。

三、森林学校：印度的人生教育

1. 净修林：印度的教育圣地

印度文明和印度教育发祥于森林，而不是城郭。在印度，森林中常

[①] 《摩奴法论》，蒋忠新译，中国社会科学出版社，2007年，第36页。

常有净修林,或称为修道院,意为纯洁宁静之地,适合修行和灵魂探索,以达到最高的圣洁之地。森林里有仙人,有苦修者,有最澄明的心,有最瑰丽的思,离天堂似乎只有一步之遥。《摩诃婆罗多》将森林描绘成古代教育的圣地,知识的渊薮。"在这里,七仙人受到款待。款待完毕,森林闪发光辉。这里,以誓言为树木,以不执着成果和平静为树阴,以知识为庇护,以知足为流水,以知内在领域者(灵魂)为太阳。善人们理解了它,再也不会恐惧。……通晓知识森林的人们念诵梨俱吠陀,走向这座森林,沉着坚定。婆罗门知道这座神圣的树林,在知领域者(灵魂)的指引下,住在里面。"① 净修林是印度的人间天堂,印度文学中的桃花源,凝聚着古往今来文人骚客的美好记忆。"印度的神话故事中,大凡神圣的、精彩的、令人叹为观止的,皆浸透对古代净修林的追忆;它不希冀读者铭记显赫一时的君王开创的帝国,而是在绵绵不绝的变迁中,把森林的整体当作生命的整体载负至今。在人类历史上,这可谓印度的一大特点。"②《罗摩衍那·猴国篇》这样描写七仙人的净修林:"这是一个辽阔的净修林,它能驱除人们的劳累;里面有很多花园和林丛,还有香甜的根、果和水。这里住着许多牟尼,名叫七贤,誓行艰苦;这七个人把头垂下来,经常在水里面住。这些住在林中的人们,七天内拿风当食量;过了七百年以后,他们带着肉体升上天堂。……这些仙人超凡入圣,谁要是向他们磕头致敬,罗摩呀!在这些人身上,就不会看到任何的不净。"③ 至现代,印度文人对净修林仍充满崇敬和向往,大诗人泰戈尔的笔下不止一次地追忆幽深的净修林,他在诗中写道:

> 用心灵的眼睛瞭望古老的
> 印度,从南到北,从东到西,
> 只见郁郁葱葱的浩瀚森林。
> 国王把国王的权力留在京城,
> 骏马彩辇系在远处,垂首走去,
> 聆听师尊讲解典籍。修道士

---

① [印度]毗耶娑:《摩诃婆罗多》(六),黄宝生译,中国社会科学出版社,2005年,第533页。
② [印度]泰戈尔:《恒河畔的净修林——泰戈尔散文随笔集》,白开元译,中国广播电视出版社,2000年,第91页。
③ 《罗摩衍那》(四),季羡林译,人民文学出版社,1982年,第86—88页。

　　　　　坐在河边的蒲团上冥想，弟子们
　　　　　在幽静的树荫里专心学习经文，
　　　　　浴着凉爽的晨风；圣哲的女儿
　　　　　正在树底下挖的土炕里灌水，
　　　　　粗糙的树皮掩饰娇嫩的风韵。
　　　　　须发皆白的国王跨进森林之门，
　　　　　不戴金色闪闪的王冠，舍弃王座，
　　　　　平静的额头闪耀高洁的光泽。

　　　　　　　　　　　　——《泰戈尔十四行诗·净修林》

　　这首诗不仅描绘出昔日净修林中温文尔雅的教学画面，也概括了印度教育的森林品格。浩瀚的森林滋养了浩瀚的心灵，浩瀚的典籍满载思想的辉煌。泰戈尔曾在散文《净修林》中高歌森林之于印度文明的意义："森林曾以自己奶娘的身份，照看印度古时候两个漫长的时代——吠陀时代和佛教时代。不只是吠陀隐士，佛陀释迦牟尼也曾在芒果林和竹林里讲经布道，王宫里没有他的立足之地，森林爱怜地把他搂在怀里。""印度古代丛林的僻静，非但不曾麻木人们的灵性，反而增加其活力。从森林栖居中流出的文明之河，滋润整个印度，至今汩汩流淌。印度从临终居住者的修行中赢得的力量，不是在繁杂需求的竞争中苏醒，也不是由外部冲突锻炼的；从根本上说，它不是外向性的。它通过冥思默想进入世界深处，建立灵魂与景物的联系。印度不是在物质财富上展示文明，印度文明的舵手是隐士，是衣不蔽体的苦修者。"[①]森林，以最广袤的天地鼓励印度人睿智地开掘宇宙最远的奥秘和人生最深的奥义；那静谧的绿荫和深邃的沉思，以最清凉的肃穆，滋养古印度人虔诚之心，锻造印度文化的不朽之魂。

　　印度教育浸润于森林，是森林的教育；印度学校萌芽于森林，是森林的学校。森林，给了印度教育最自由最宽广的天地。自远古以来，印度的圣贤们多选择栖居深山老林，在烟雾缭绕的丛林中，祭火念经，著书传道，因而被称为仙人。森林里的仙人们大多为年老的修行者，他们学问精深，德行高尚，远离人间烟火，不担任世俗的职务；但实际上，他们在很

---

　　① ［印度］泰戈尔：《恒河畔的净修林——泰戈尔散文随笔集》，白开元译，中国广播电视出版社，2000年，第90—91页。

大程度上承担了创造、保存和传播文化的社会职责。徐梵澄在《五十奥义书》序言中,对这种现象做过这样的解说,"印度地气炎暑,菲衣薄食亦足以生,故瓶钵而入乎山林,时一近城市聚落乞食,不至槁死。既于世无所为,静观默想,乃始有出世道之宗教生活。后之瞿昙以王子而出家,即其著者也。虽然,犹未离其宗也,其所思惟观照者,仍祭祠仪文之象征意义等,为之者,多在人生之暮年,而世事谙,入山林而不返,遂有《森林书》之作。承先之《婆罗门书》,启后之《奥义书》。"①森林成了印度人人生的心灵归宿,成为古代印度社会的文化原点。印度理想人生的四个行期,至少有两个行期是在森林里度过。梵行期是森林教育的开始,年少的梵志生在举行完入师礼之后,便远离父母,到居住在森林的古儒家接受吠陀知识和祭祀礼仪,在幽深的树林里,琅琅的书声中,度过了理想人生的四分之一,有的甚至在林间度过终生。当皮皱发苍、子孙绕膝的时候,便进入林栖期,隐退山林,专志于吠陀的深入研读和修行。他们"摆脱一切肉感快乐的偏好,纯洁如学生",钻研启示圣典的各神学分支,仅仅以极为简单的物质维持个体生命的延续。

　　森林的修行人,既是森林学校的终生学生,也是森林学校的学者,在漫长的思索中不断拓展前人的学问,形成庞大的吠陀知识体系。于是,吠陀本集之后,涌现出众多的梵书、森林书、奥义书等经典著作。作为森林学校的主角,修行者在著述的同时,责无旁贷地担当教育者的社会责任,传授知识给后学者。诚如前述,印度古代知识因宗教而神秘,森林教育最初是小众教育,知识只传授给婆罗门,有的甚至只传授给自己的族内弟子。如森林书,即在远离城镇和村庄的森林里秘密传授知识给弟子。奥义书,其字面义就告诉我们"其学皆亲近侍坐而授受者也。师一人,徒二三人,口诵心持,此书名之由来也。"②奥义书不下二百种,与口传秘授的教学方式不无关系。《歌者奥义书》这样宣称:"这种梵的原理可以传授给自己的长子或自己的心腹弟子,而不能传授给其他人,无论他是谁,即使他献上海水环绕、宝藏遍布的整个大地。"③事实上,有些奥义书的学者并没有完全恪守这样的原则,还是传授给外族人或者是愿意出高酬金者。尽管传授对象有所变化,但口传秘授的教学方式

---

① 《五十奥义书》,徐梵澄译,中国社会科学出版社,1995年,第3页。
② 同上。
③ 季羡林:《印度古代文学史》,北京大学出版社,1991年,第38页。

仍维持了相当长的时间，成为森林学校的重要特色，成为印度的教育传统。

印度知识传承依靠口传，精确得近乎严酷的背诵训练是学生必备的基本功，但这绝不是森林教育的目的。森林教育中，教与学处于自由互动的状态，教师把自己所拥有和信奉的知识、价值及理由传递给学生，致力于启迪学生的灵性，而非专制地灌输知识。问答式的教学方式在不少文献中都有所记载，教师与学生在一问一答的自由交谈中探索知识的本质，叩问宇宙与本我的关系，追寻人生的意义。《六问奥义书》以极为简约的笔触记载了古代问答式教学的现场状况。苏凯也沙·婆罗多洼遮等六学子，为获得有关"梵我"的知识，"各手持薪"，拜大师比波罗多为老师，他们的课堂教育是在一问一答中展开的，在师生互动中走向深入的思考。下面摘录片断，以飨读者。

学生：老师！此万物何自而生也？

老师：惟造物主愿有所造者矣。遂内修密行，密行修而二者起焉。一为原质，一为生命。自谓："此二者，可为我多方造成万物矣。"

学生：老师！诸天支持此创造物者，其数若干？

老师：空着，此天也，风，火，水，地，语言，心思，眼，耳，皆是也。

学生：照耀此身体者，奚是？

老师：彼等照耀此身体，遂自矜曰：我辈漫于此躯干而支持之矣。

学生：又其间之最优胜者，谁也？

老师：最优胜者生命之谓彼等曰："毋自欺也。唯我自分为五，乃漫于此躯干而支持者。"谓天未之信也。

学生：老师！生命何由而生？

老师：生命出自性灵；如影随人，依托于此。

学生：如何而入此身体？

老师：以心志之行也，入乎有身。

学生：如何自加分布而安止？

老师：两下器官，"下气"居之。眼，耳，口，鼻，"生气"自主之。中央则有"平气"，平致所奉为牺牲之食物也，由是而七处之光焰生焉。

学生：如何出离？

老师：心中则"性灵"居焉。是处有百又一脉，脉分百支，支分七万二千小支，"周气"流于其间。

学生：如何与外物相处？

老师：惟太阳是外间之生气，升而助眼中之生气者。地中之神，助持人之下气。两间之空为平气。风为充周气。火为元气。

学生：如何与内我相与？

老师：乃与心入乎生气。生气与火光相合，与其性灵俱，度入其心志所之界。

学生：老师！有人与此，集思念于"唵"此一声，至于去世者，彼由此而得者，何界也？

老师：此唵即上下二梵也。学人由此缘力而达乎二者之一。

学生：老师！此神我何在也？

老师：此神我也，即在此身体内中，十六分所由起也。

如江河之流入海也，达于海，则汩入之，其名色皆失，唯称为海。此遍见者为十六分，亦复如是，汇归神我，达乎神我已，则汩入之，而皆失其名色，唯称神我，彼则无分而不朽。①

"梵我"关涉宇宙与本我的理论，是印度哲学的核心问题，也是印度教育的核心内容，深刻而抽象。苏凯也沙·婆罗多洼遮等提出的这若干个问题，涉及宇宙万物的来源，构成物质的基本原素，个体生命的来源，个体生命跟宇宙生命的关系，外我与内我的关系，上梵与下梵的关系，物质与精神的关系，梵与我的关系，生命气息等方面。这些问题从大到小，从远到近，提纲挈领地统率了"梵我"理论。比波罗多讲授"梵我"理论，不是通过灌输，而是在问和答中启发学生的思维，引导学生进行深入探索。学生之问是经过思考，有备而来的问；教师之答是深思熟虑之后具有针对性的答。在对话中，教与学双方均把握教学的主动权，参与对话的双方思维活跃，处于积极回应的状态中。学生踊跃提问，在提问中探索知识；教师有问必答，在回答中不断梳理知识，教与学的效率被发挥到极致。这种导向心灵深处的启发式教育，为我们今天的工业化教育提供了令人深思的鲜明对照。

---

① 《五十奥义书》，徐梵澄译，中国社会科学出版社，1995年，第711—727页。

2. 修行悟道：印度的心灵教育

古代印度教育是终身的人生教育、心灵教育。这种教育的核心理念是在自然中冥想，在冥想中回归自然。森林成了心灵教育的必然选择，在远离城市喧嚣、远离欲望诱惑的幽深山林里，在苍天古木下，在最本真最澄明的状态中，印度人冥思着人生的真谛和宇宙的奥义。印度古代的高等学府都建立在远离城镇纷扰的森林里，如著名的那烂陀大学。据《大唐西域记》记载，那烂陀离王舍城约三十里，"此伽蓝南庵没罗林中有池，其龙名那烂陀，傍建伽蓝，因取为称"，"其地本庵没罗园，五百商人以十亿金钱买以施佛"。① 现代某些古式的梵文学校仍在很大程度上保存古代样式，教学场所设在远离人群的森林中。"那里四周都洋溢着教和学的气氛，夫子先生或师尊自己也在那里静坐研读和写作。……因为在那里有充足的时间和条件，使教育适应人的性情，并和大自然结合起来"。②

印度人人生的四大目的是法、利、欲、解脱。法，音译为达磨，泛指义务、道德、善行、宗教戒律等。印度人履行人生的各种义务都必须遵循"法"。教师必须遵守作为教师的"法"，学生也必须遵循作为学生的"法"。古代印度师生关系情同父子，也是法所规定的。法，是人生的首要目标，解脱是人生的终极目标。印度人认为知识或智慧之道即是真道，是达到梵我一如、通向灵魂解脱的重要手段。即使是"最严格的仪式主义也承认知识的重要性。他们承认知识是奉行仪式生活的补充物和高峰，在公众意见中，它被称为是获得解脱的另一道路，或更佳道路。"③ 知识是灵魂解脱的力量，由心灵的教育所赋予。在印度人看来，"梵的知识，并不是坐在安乐椅中阅读《东方圣典》所能获得的对于泛神论教义的理解，而是个人与宇宙同为一体（就一切意义而言）的实证"④，是在深山老林里与自然的最亲密接触中冥思苦想之后的顿悟，是心灵在森林中孤独亲证神圣的生命历程。诚如《摩诃婆罗多》所描述的："智者内心清净，摆脱激情，纯洁无瑕，通过知识和苦行，发现（梵）的踪迹。""通晓原质和

---

① 玄奘、辩机：《大唐西域记校注》，季羡林等校注，中华书局，2000年，第747页。
② 《泰戈尔全集》（第22卷），河北教育出版社，2000年，第424页。
③ [英]E. 埃利奥特：《印度思想与宗教》，李荣熙译，贵州大学出版社，2013年，第208页。
④ 同上书，第210页。

性质的真谛,通晓一切众生的安排,摒弃自私,摒弃我慢,毫无疑问,这样的人获得解脱。"①因而,古代印度人认为获得知识不是教育的最终目标。教育的终极目的是为了洞悉最高的真实,实现人生的解脱。最高的真实总被五光十色的知识所遮蔽,犹如太阳总被炫目的日晕所模糊一样;人们常常把知识当作真理,犹如把太阳光环错当作太阳一样。探索最高真实的过程,是终身心灵的长途旅行,因为达到最高的真实,并非仅仅依靠背诵经典和聆听教义,而是必须通过内省参悟才能达到。

佛陀求学悟道的过程是古代印度心灵教育的典型范例。佛陀是古印度迦毗罗卫国净饭王的儿子,生于王宫,长于王宫,少年时代受到很好的教育。佛陀曾随婆罗门学者毗奢密多罗(Viśvāmitra)学习五明和四吠陀以及印度古代宗教哲学圣典,跟随羼提提婆(Kṣāntideva)学习百般武艺,历时四年。然而,技术和书面的知识满足不了佛陀的求知欲,他常常独自在幽静的花园树下,默默思索人生的问题。二十九岁那年,他放弃宫廷生活,到深山旷野拜访名师,求知解脱。佛陀先到森林拜访数论派著名学者阿罗逻伽蓝(Ārādakālama),居住数月后,不满阿罗逻伽蓝的学说,转师另一数论派学者郁陀罗摩子(Udrakarāmaputra)。后来他发现,后者跟前者的学说没有太大差别,仍解决不了生死和解脱的种种问题。最后,佛陀决定修行觉悟。于是,他带着五个随从,直奔象头山麓的净修林。在林中,以最严格的方式进行苦行,以求觉悟和解脱。六年如一日,完全按照苦行者的要求进行修行。如佛经所描述的,"日尽一麻,半粒粳米,日日省食,久羸形体,身血竭尽,脂肪枯干,气力羸顿,形体瘦索,普是众生,不能堪忍,如是羸困,具满六年"。佛陀在极为艰苦的环境中,磨炼自己的意志,或长时间站立,或卧于荆棘或牛粪之上;或与腐烂尸体睡在一起。艰苦的修行使佛陀形骸消瘦,濒临死亡,然而他却仍无法悟到生命的真谛和解脱之道。佛陀认识到,一味苦行与世间的享乐并没区别,同样是无意义的。他必须重新思索另一条获取知识,到达最高真实的道路。于是,他停止了苦行,在尼连禅河中洗去六年的污垢,接受牧女施舍的牛奶,恢复体力,独自走到伽耶城外的毕钵罗树下进行禅思,思索解脱之道。经过七天七夜的冥思苦想,战胜心魔和外魔,豁然开朗,进入超越时空的极高精神境界,悟得"四谛""十二因缘"。宇宙和人

---

① [印度]毗耶娑:《摩诃婆罗多》(六),黄宝生译,中国社会科学出版社,2005年,第518页。

生的诸多问题都得到圆满的解答,他的心灵获得了真正的愉悦和解脱。佛陀的求知经历了经典研读到修行亲证再到禅定正觉,极富象征性地说明,知识经由书本的理论阶段到苦行的实践阶段,最终融会贯通于人生生命的体验中,在最高智慧的光辉下获得心灵的极大自由。这是印度森林教育的最理想状态。

心灵教育是印度森林学校的主旋律,森林学校致力于让学生通过瑜伽修行,通过心智、身体与精神的训练,觉悟真理,走向解脱。这是森林教育的精髓,也是印度教育的精髓。无论是婆罗门教育,还是佛教教育、耆那教教育,都毫不例外注重心灵的教育,年长者往往远离世俗生活的诱惑,选择隐退山林,独自在深山中冥想,直至终老。冥想和修行显然是印度心灵教育的重要模式,印度自吠陀时代起就形成了一整套冥想修行的戒律和方法,如瑜伽,印度文化的山林里曾经容纳过多少苦修的瑜伽行者,已数不胜数。瑜伽的最高力量是禅。禅分二种,一为凝思静虑,一为控制呼吸,达到心灵的自由是以内省和沉思引导心智进入直觉和整体观的领域,而不仅仅是通过外观的动作。入禅者要摆脱一切的执着,节制饮食,控制感官,专注于灵魂的思索,智慧的追寻。入禅者是用智慧在控制思想,寂然不动如岩石、如木桩、如高山,进入不听不闻不看不感知不想入非非的状态,心如止水。一旦进入禅定状态,看到智慧的梵,看到永恒的智慧。如《摩诃婆罗多》中的极裕仙人所言:"只有依靠以智慧为燃料的思想之灯,才能看到这位创世者(灵魂)","它摆脱黑暗,站在黑暗深渊的彼岸。通晓吠陀真谛的人们称它为驱除黑暗者。它摆脱黑暗,纯洁无瑕。"[1]这实际是感受到心灵的巨大力量。佛教提出慧学,认为通往心灵教育需经过闻慧、思慧、修慧三个步骤。首先是从经典中学习获得知识,听闻师长的教诲而得智慧,这是闻慧。闻慧之后,要深化所学,进入思慧,将听闻所得的内容加以深入思考以确定其义理而得智慧。闻慧是理论知识,是间接的经验,思慧是对知识的融会贯通而获得直接的经验。修慧学习的高级阶段,把通过闻、思所获得的智慧贯彻于生活和具体修行中,并在此基础上通过禅定获得最高的智慧。修慧是对真理的亲证,是心灵教育的极致,指向灵魂的解脱。

心灵教育传统在印度教育史上源远流长,直至现代,印度人仍认为

---

[1] [印度]毗耶娑:《摩诃婆罗多》(五),黄宝生译,中国社会科学出版社,2005年,第553页。

对心灵的唤醒是教育的最高目的。圣雄甘地说,教育如果不致力于唤醒个体的心灵,不发展内在的声音,就难有严肃的目的可言。教育是知识变成学生获得最高真理的途径。他对现代西式教育颇为失望:"现今的教育有一种远离心灵的趋势。因此,我们不应为人类心灵的力量而兴奋",他坚信修行是激活人类心灵力量的媒介,极力主张修行应该成为人类生活的核心。泰戈尔作为伟大的教育家,对古代净修林里的心灵教育推崇有加。他说,"心灵能获取知识的那种教育——不论这种知识多少——才能被叫做真正的教育。而关闭其心灵之窗的无用教育,虽然能叫教学,但不能叫做学识传授。"他认为,古代印度文明的传承,主要依靠的是心灵的教育。人的心灵是活跃的,活跃的心灵懂得这个道理。从古到今,在印度诞生了许多著名的教师,他们像请恒河下凡的跋吉罗陀,送来了教育的圣河,洗涤人间的罪孽,冲决死亡的围阻。他们在旧教育规则的藩篱之中,仍不忘在学生的心中注入生命的活力。"那时,私塾先生口授知识,学生们不用笔在本上记,而总是写进心灵的本子里。这样,从第一盏灯到第二盏灯,从第三盏灯,依次点燃起来,不断增加下去。"因而,一个伟大的老师,不是向学生生硬地灌输知识,而是要全面关心学生,唤醒学生们的灵魂。老师凭借自己渊博的知识点燃学生求知的火焰,用爱使学生的生命得到重塑,最终获得灵魂的解放。泰戈尔对英国统治下的学校制度相当反感,认为现代学校是一座教育工厂,没有生气,没有色彩,与自然隔绝,蒙蔽了心灵的活力。这种教学观是印度传统森林教育的现代诠释。泰戈尔对森林情有独钟,认为最适合心灵教育的地方就是森林。他说,只有在外界自然万物无拘无束地生长繁茂的地方,心灵才会壮丽和充盈起来。"森林是赋予我们生命活力之所在。如今也仍然要在那森林和私塾中,让我们的孩子奋发修梵行,获得全面发展的教育。……如果我们要建立理想学校的话,那么我们就应该把学校设在远离城市的辽阔原野上,宽广的蓝天下,葱茏茂盛的森林景色中。"[①]泰戈尔不仅是心灵教育的倡导者,更是森林教育的实践者。著名的国际大学由泰戈尔一手创办,是他的森林教育思想的实验场,培养出了诸多政治家、科学家、经济家和文学家。

森林中的古代印度教育对知识之尊崇,对教师之尊重,对灵魂之追寻,在今天看来,充满着极其诗情画意的色彩,可远观而不可实行。当今

[①] 《泰戈尔全集》(第22卷),河北教育出版社,2000年,第327、420页。

的教育是学校制度的教育,是城市钢筋水泥的教育。教与学的关系被紧紧地维系在分数和升学或就业率上,师生关系日益疏远,师徒情意几乎荡然无存,一日为师,终身为父的传统观念退缩到蒙尘的历史书上。学校教育的普世价值是为社会培养职业人才,而不是真正塑造一个完整的人。大学教育日渐沦为职业学校。不少大学的人文课程,充其量只不过是大学职业培训体系中附庸风雅的点缀。水泥空间里的心灵,与自然相隔甚远,人们普遍认为知识就是专业的或职业的知识,然而,这些实用的技能化的知识很难安抚现代文明中苍白的心灵,很难澄明物质世界中蒙蔽的心灵。对心灵的探索变成一个玄之又玄的命题,连我们当今的哲学家似乎都不屑关注。对自然的疏远,使教育缺少自然的情怀,缺失人性的温暖,缺乏灵魂的荡涤。这就是为什么科技获得极大进步的同时,人心却日益走向脆弱和崩溃,无必要的战争此起彼伏,无聊的思想日益膨胀。我们无法回归到古代的森林教育,森林已被城市淹没,但我们至少得让教育的结果是日益走向人性的、自然的、道德的,走向人的完整和心灵的愉悦。如果能致力于此,教育的前景将是乐观的。现代世界通行的教育体制,是西方人的教育体制,和印度的森林教育、中国的书院教育迥然不同。西方教育有三个特点:人类自我中心主义,白人优越论;教育工业化、产业化,追求最大经济效益;知识文凭化,教学脱离现实需要。21世纪随着东方文明的复兴,我们呼唤一种新的有助于提升人的心灵的教育模式的出现。这种教育模式,不是全盘推翻现有的西方教育制度,也不是全面恢复东方传统教育,而是东西方教育的和谐融合。我们希望,印度的森林教育和中国的书院教育,这两种古老的教育模式得到充分的认识和传承,并在未来全新的教育模式中焕发出青春活力。

第九章

宏大叙事 神话思维
—— 印度人的文艺观

文化是一个在广延度和深刻度上可以不断拓展的概念，古往今来对其内涵的解释不计其数。无论众说如何纷纭，百家如何争鸣，文学艺术作为居于文化金字塔顶端的佼佼者，是任何一派文化论者都无法规避的一个话题。观乎文艺，以知天竺。印度文艺之丰富，之灿烂，之独特，已是世界共识。只有当我们置身于宏富瑰丽的印度文艺作品中，才能真切地感受到印度人向世界敞开心灵，诉说过往的唯美风情；才能深刻地体悟到根植于宗教土壤中的文艺观念，以及由此所展现的种种美学风貌。

一、印度文艺的叙事特征

18世纪，英国东方学者威廉·琼斯曾对浩瀚的印度文学经典望洋兴叹道："无论我们从哪个角度接近印度文学经典，呈现在我们面前的都是'无穷大'的概念。"20世纪，鲁迅曾以"大林深泉"形容古代印度叙事文学之丰富。21世纪，当我们重新阅读印度古代叙事文学，印度"大诗"之皇皇，以及承载这包罗万象的文学世界所需要的叙事结构，仍令人叹为观止。任何一种独特的文学现象的产生，并非孤立和偶然，而是决定于其根植的社会文化。印度社会浓郁的、无所不在的宗教气氛和长期以来依靠口耳相传的传播方式，显然是培育这种文学现象的温床。冗长、繁复的叙事，就文学艺术特征而言，是一种独特的美学形式，尽管这些特征让许多外国人感到诧异，但是如果将之置于印度大文化的范畴，便是一种需要，一种文化表现形式与文化深层结构互为因果的必然。

1. 皇皇大诗：印度叙事作品的体量

古印度称一切原创性文艺作品为诗（kāvya），在梵语文学史上，"诗"泛指纯文学或美文学，有大诗（mahākāvya）和小诗（khandakāvya）之分。小诗多指以《吠陀》为源头的抒情诗，包括颂神诗、自然诗、爱情诗和哲理诗。大诗，主要指叙事诗，顾名思义，其特点是题材宏大，篇幅浩繁，庄严崇高。7世纪的诗学家婆摩诃（Bhāmaha）对大诗的定义非常经典，他说："大诗是成分章的作品，与'大'相关而称为大。"①这显然是从文学的篇幅言"大"的美学内涵。当我们浏览印度梵语文学史，不难发现，印度文学中，大诗居主流，大诗其量之大，的确令人惊叹。作为大诗的佼佼者，两大史诗，其篇幅总和号称是希腊两大史诗《伊利亚特》和《奥德赛》总和的八倍，有学者甚至认为，两大史诗"事实上，也大于所有欧洲史诗的总和"②。大史诗《摩诃婆罗多》共有十万颂，在书的《初篇》中，作者细陈文章的体量。"他（毗耶娑，史诗作者）编了《婆罗多本集》，共有二万四千颂，里边没有加插话，智者称作《婆罗多》。他又编了另一部，颂数总计六百万，其中一半三百万，流传天国天神间。列祖列宗百五十万，罗刹药叉百四十万；余下这个十万颂，流传尘世凡人间。"③如果说六百万颂听起来有点夸张，但十万颂确有其数。2005年12月，由金克木、黄宝生等翻译的全本中译本《摩诃婆罗多》问世，洋洋洒洒六大卷，约500万言。另一部英雄史诗《罗摩衍那》，旧本约有两万四千颂，精校本为187755颂，1983年季羡林译的《罗摩衍那》中译本，有七大卷，约300万言。

　　史诗之后，以神话传说为主题的叙事文学《往世书》，在体量上与两大史诗相比，有过之而无不及。这是以《往世书》命名的一批神话传说作品的总称，包括十八部大往世书（mahāpurāna）和十八部小往世书（upapurāna）。往世书采用史诗的诗体——输洛迦体，大往世书的输洛迦总数据统计超过四十万颂，相当于《摩诃婆罗多》的四倍，小往世书数量更大。两大史诗和往世书是印度叙事文学的源头，其内容和叙事风格多被后世叙事文学所沿袭，催生了梵语叙事文学的繁盛。中古时代，一大批优秀的大诗诗人，及时吸收古代印度长篇叙事文学的辉煌成果，以个人的智慧，谱写了大诗的光荣。迦梨陀娑的长诗《罗怙世系》（Raghuvamśa）、《鸠摩罗出世》（Kumārasambhava），婆罗维（Bhāravi）的《野人阿周那》（Kirātārjunīya）、摩迦（Māgha）的《童护伏诛记》

---

① ［印度］婆摩诃：《诗庄严论》，载《东方文论选》，曹顺庆主编，四川人民出版社，1996年，第99页。
② ［印度］丹德卡尔：《〈摩诃婆罗多〉的起源与发展》，载黄宝生：《〈摩诃婆罗多〉导读》，中国社会科学出版社，2005年，第158页。
③ ［印度］毗耶娑：《摩诃婆罗多》（一），金克木、赵国华、席必庄译，中国社会科学出版社，2005年，第10页。

(Śiśupālavadha)和室利诃奢(Śrīharṣa)的《尼奢陀王传》(Naiṣadhacarita)等皆是长篇累牍,动辄上千颂之作,那个时代的诗学家们,由此定义了诗学意义上的"大诗"。

印度梵语文学发展在两条道路上同时展开,一是掌握文化权的婆罗门祭司的文学,一是原生态的民间文学。叙事文学作品,以大为美的理念在这两条道路上都有生动的体现。与两大史诗和往世书等婆罗门文学相比,民间文学毫不逊色。印度古代民间故事总集《伟大的故事》(Bṛhatkathā)几乎和两大史诗(或者还加上某些往世书)地位相当,许多诗人和诗学家常常将其相提并论。这部故事集传说是"德富,用那毗奢遮语,在七年时间内,把它写成七十万个诗节。……为了两个徒弟的缘故,留下了《人乘达陀王的事迹》。十万诗节,他俩所喜欢的一个故事。"①七十万颂和十万颂之说,难免有些传说色彩,但足以表明印度故事文学之宏大气魄。尽管这部故事诗在 11 世纪时已失传,但后人仍然可从月天(Somadeva)改写的梵文本《故事海》(Kathāsaritsāgara)窥见原作之一斑。《故事海》书名的全译是《故事河海》,意为"故事河流汇成的大海",收录印度许多著名的故事集如《五卷书》《僵尸鬼故事》。《故事海》共有二万一千多颂,分十八卷一百二十四章,包含三百五十多个故事,篇幅与英雄史诗《罗摩衍那》非常接近。

长篇叙事文学,叙事宏大,如海如河,是印度古代集体创作的自觉选择,作为多宗教多民族多语言的国家,在印度古代文学史上,不仅印欧语系的梵语叙事文学多为皇皇大诗,其他语言创作的文学作品,在体量上似乎也毫不逊色。巴利语(Pāli)"是印度东部方言摩揭陀语的一种形式"②,用巴利语撰写的《佛教本生故事》,也是一部体系庞大的佛教寓言故事集,全书由 547 个故事组成,分成 22 篇,讲述佛教创始人释迦牟尼前生的种种故事。佛教本生故事流传甚广,我国古代译经家虽不曾将巴利文《佛本生故事》全本翻译成汉文,但汉译佛经中有关佛本生故事的经籍多达十几部。印度南方的泰米尔语是达罗毗陀语系中最古老最富有生命力的语言之一。公元 2 世纪左右出现的两部长篇叙事史诗《脚镯记》和《玛妮梅格莱》皆是长达五千颂的大诗。这种宏大叙事的文学传统

---

① 罗世方、巫白慧:《梵语诗文图解》,商务印书馆,2001 年,第 398—421 页。
② 季羡林:《中世印度雅利安语二题》,载《原始佛教的语言问题》,中国社会科学出版社,1985 年,第 100 页。

并没有因为梵语文学成为明日黄花而消沉,相反,在印度文学史上不断延续着。13世纪,印地语文学产生了两大史诗式的长篇叙事诗《地王颂》,最长的版本有一万多颂,三万多行诗。16世纪的加耶西所作《莲花公主传》有五十八章,一万一千多行。16—17世纪的杜勒西达斯写《罗摩功行之湖》,七篇,二万一千九百多行。

2. 环中生环:印度文学的叙事结构

若将两大史诗、往世书或《故事海》等鸿篇巨制的叙事文学比作一棵果树,那么诗人是如何给它剪枝、让它结果的呢?他们的秘诀在于采用一种开放型的叙事结构——连串嵌入式叙事结构。这种叙事结构的特点是话中套话,故事中嵌故事;其优点是容量大,可以无限度地扩张,大故事里面套中故事,中故事里面套小故事,小故事里面套小小故事,一环套一环,环中生环,内环可以达到无限小,而外环可以达到无限大,"这种做法可以循环地应用着,成为一连串的'故事环'系在一个主要的线索上"①。

其实,像大史诗《摩诃婆罗多》和《罗摩衍那》的主干故事都相当简单。《摩诃婆罗多》主要围绕印度先祖婆罗多族的后裔般度族和俱卢族之间为争夺王位继承权进行大战的故事而展开叙述。婆罗多的后代有持国百子和般度兄弟两支,前者称作俱卢族,后者称作般度族。持国眼瞎,因而王位由般度继承。持国生下难敌等百子,般度生下坚战等五子。般度死时,坚战五兄弟尚小,于是持国摄政。坚战长大后,持国指定其为王位继承人,但遭到自己亲生儿子难敌等的反对。难敌设下种种陷阱陷害坚战五兄弟。先是造紫胶宫殿,企图纵火烧死五兄弟;而后又设掷骰子骗局,使坚战五兄弟流放森林长达12年之久。年限满后,坚战五兄弟向难敌要求得到自己应有的东西,遭到无理拒绝。最后坚战不得不诉诸战争来解决问题,双方在俱卢之野展开激战。大战持续了十八天,俱卢族和般度族几乎全军覆没。面对如此惨烈的结局,坚战在沮丧中登基,统治王国三十六年后,与四个弟弟和妻子黑公主远行登雪山升天。

这一主干故事听起来并不复杂,所占篇幅也不算长,约两万多颂,占全诗的五分之一,贯穿于全书的十八篇。另外的五分之四是各种插话(upākhyāna)。《摩诃婆罗多》从《初篇》(Ādiparvan)开始就采用了框架

---

① 柳无忌:《印度文学》,联经出版事业公司,1982年,第109页。

式叙事结构。史诗开头由歌手厉声来到飘忽林与林中仙人讲述自己在蛇祭大会上听到护民子仙人讲的《摩诃婆罗多》故事。厉声在介绍《摩诃婆罗多》的故事梗概的时候,插入了关于蛇祭的四篇故事。在讲蛇祭故事中,又插入鹏族和蛇族之间仇恨起源的故事,而在这个故事中,又插入关于众神搅乳海的传说。这样从第 1 章到第 54 章都是在讲蛇祭的故事,直到第 55 章,才涉及《摩诃婆罗多》的故事,稍一疏忽,就会掉了线索。在切入正文的时候,护民子讲述了俱卢族和般度族的出世缘由之后,再次将叙事时间往后追溯,讲述婆罗多族祖先们的故事。其中有关婆罗多诞生的故事,就是著名的插话《沙恭达罗》。讲述完列祖列宗及其后裔之后,直到第 90 章,故事才真正进入正题,开始讲述持国和般度的诞生。《摩诃婆罗多》中大大小小的插话故事有两百多个,大约占据全诗的一半篇幅,这些故事如同枝丫和树叶,长在主干故事上,使大史诗变得枝繁叶茂,成就了嵌入式叙事结构。不少叙事性插话都是独立成章的故事,在民间广为流传。《摩诃婆罗多》最早被介绍到国外正是通过《沙恭达罗》《那罗传》《莎维德丽传》等著名的插话故事。我国翻译《摩诃婆罗多》也是从插话入手,20 世纪 50 年代至 70 年代,先是金克木选译若干著名插话。1987 年,金克木主持出版《摩诃婆罗多插话选》,选译出 15 个著名的插话。2005 年底,我国才完成《摩诃婆罗多》的汉译全本。

英雄史诗《罗摩衍那》的内容尽管不像《摩诃婆罗多》那样枝蔓庞杂,但同样是环中生环的嵌入式叙事结构。这部英雄史诗主要叙述的是民族英雄罗摩与妻子悉多悲欢离合的故事,分《童年篇》《阿逾陀篇》《森林篇》《猴国篇》《美妙篇》《战斗篇》《后篇》等七篇,依时间顺序推进故事情节发展。不少学者认为《罗摩衍那》的故事不仅仅只有一个叙事层次,而是由许许多多,大大小小的叙事层次构筑而成,叙事层次最多可达十几层。如《童年篇》,最外环的故事是讲述罗摩的童年经历,但内容却非常庞杂,先是插入了蚁垤无意中创造输洛迦体的由来,到第 5 章才开始讲罗摩的故事。切入正题之后,也不是单刀直入,而是奇峰突起,峰峦叠加,先插入十车王和大臣的故事,在这个故事中插入鹿角仙人的故事。第十六章插入猴类降生的故事,第三十一章插入恒河诞生的故事……几乎每一章都插入故事,每提及一个人和一件事,就会重新插入新的故事,层层镶嵌,循环阐释,不厌其烦地从故事里罗列故事,一环又一环,让人晕头转向,目不暇接。然而,不得不承认,这是印度叙事诗人和听众最喜欢的叙事形式。也许,这也是印度长篇叙事文学的使命,在不断的叙事性解释中敞开民族心灵最深处的集体记忆。不仅两大史诗采用这种嵌入式叙事结构,史诗之外的许多叙事文学也都遵循此路,《故事海》《五卷书》《佛本生故事》等,在环环镶嵌的故事环中,显得如此庞杂、冗长和繁复。

这种连串嵌入式叙事结构最典型、最明了、最为人所熟悉的体现当推民间寓言故事集《五卷书》(Pañcatantra)。《五卷书》整本书的第一层叙事环是婆罗门老师用讲故事的方式教会三个愚笨的王子修身处世的统治论。婆罗门老师讲了五个大故事,分五卷,构成第二层叙事环,每一卷故事之下又层层插入许多小故事,构成第三层叙事环,甚至第四层叙事环、第五个叙事环……如在第一卷《朋友的决裂》中,第一层叙事环讲兽王狮子与牛结为好朋友而疏远了狮子的两个大臣——两只豺狼,于是豺狼之一施展离间术,唆使狮子杀死牛。由这个故事引出本卷的第一个插入故事,即第二层叙事环,讲猴子拔楔子而自讨死路的故事,这个故事的结尾引出第二个故事豺狼撞鼓结果一场空的故事,第二个故事又引出新的故事。这样,在第一卷中,一个主干故事统率了 30 个小故事,一环接一环,不断衍生,其他四卷书的叙事结构也是如此。这样的叙事结构,若用图式来表示,宛如一棵树。

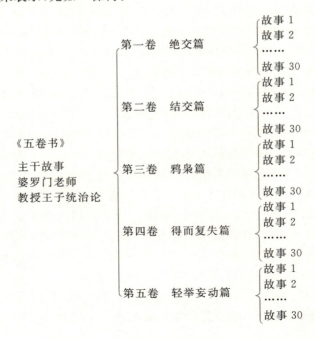

上图清晰呈现,这是一种开放型的叙事结构,一种可以敞开叙述、无限解释、无限填充的叙事模式。如果说,《五卷书》的叙事结构是一棵规则的果树,容易被模仿,也确实被很多民族的叙事文学所模仿,比如《十日谈》《一千零一夜》和《坎特伯雷的故事集》等,那么,《摩诃婆罗多》和《罗摩衍那》枝蔓芜杂,枝干相生,简直是一树成林。若将其叙事结构形诸图像,该是何等壮观!

3. 口耳相传:印度文学的传播方式

文学作为文明之树上艳丽的花朵,其根深深地扎在民族文化的土壤里,文学的种种特性,从根本上讲是文化特性的反映。印度古代叙事文学的宏大叙事,以及这种宏大叙事所凭借的环环相生的叙事结构,与古印度文化的传播方式息息相关。

古代文学的传播主要靠两种媒介,一种是语言(声音),一种是文字。印度古代通行的书写材料是树皮和树叶(汉译贝叶),这两种书写材料在湿热的印度气候下特别容易腐烂,不宜长期保存。由于书写材料的原因,特别是婆罗门为了行业保密的缘果,使口头传承成为文化传播的主要方式,文字仅成为记诵的辅助手段。晋代法显,曾亲历印度文化,所见所闻,深有体会。他说,北天竺诸国,"皆师师口传,无本可写",中天竺"亦皆师师口相传授,不书之于文字。"①唐代高僧义净,天竺取经回来,所见与法显略同:"所尊典诰,有四《薜陁书》,可十万颂。《薜陁》是明解义,先云《围陀》者讹也。咸悉口相传授,而不书之于纸叶。"②可见,口头传承在印度文化中之意义。文学产生于口头创作,文学传播依赖于口头传承,口述成为一种职业。如婆罗门,是职业的念诵吠陀颂诗者,他们掌握着宗教经典的诵读权,主持各种祭祀。祭祀一般由四个祭司组成,其中有三个祭司的职责是口传经典。一个是诵者,咏诵的是《梨俱吠陀》;一个是歌者,歌唱的是《娑摩吠陀》,一个是行祭者,口念的是《夜柔吠陀》。

如果说,婆罗门致力于传播祭祀颂诗(mantra),引领宗教文学传统,那么苏多(sūta)歌手则开启了印度世俗叙事文学传统。苏多是刹帝利男子与婆罗门女子结合所生的儿子,文化身份上的双栖状态,使他们成

---

① 法显:《法显传校注》,章巽校注,上海古籍出版社,1985年,第141页。
② 义净:《南海寄归内法传校注》,王邦维校,中华书局,1995年,第206页。

为颇为特殊的一个阶层,地位不上不下。由于学识渊博,精通各种典籍,善于说唱长篇叙事诗,善于编制英雄颂歌或帝王赞歌,他们大多数在刹帝利宫廷中担任帝王歌手(或称伶工)或御手。每逢盛大的节日,苏多便演唱自己创作的歌曲,颂扬国王的荣誉。在持续一年的马祭大典中,苏多们每天都要演唱英雄们的故事,讴歌征战业绩。除此之外,苏多也要到战场去,一方面,在驱车奔赴战场的途中,可为王者讲述往世英雄故事,鼓舞斗志;一方面,亲历战争,根据所见所闻,谱写英雄赞歌。《摩诃婆罗多》中的全胜,就属于苏多歌手,作为婆罗多大战的见证人,主要负责向失明的持国口述战争情况。

宗教颂诗在很早的时候就被赋予固定的文学形式,"因为就宗教思想和实践而言,当时的诗人祭司和仪式祭司,正像所有时代的祭司那样,不能容忍灵活性。"① 与宗教颂诗不同的,苏多的英雄叙事诗是"浮动文学",在长时间里保持流动不定的状态。这些叙事诗不仅诵唱英雄,也包含很多普通百姓的世俗生活,对民众具有非常大的吸引力。很多行吟歌手,把这些英雄史诗背诵下来,在民间公众场合弹琴演唱,英雄诗歌由此从宫廷走向民间。而在民间,在上古时代,早就出现了把讲故事作为职业的人,即吟唱诗人或游方歌手。托马斯(F. W. Thomas)在讨论公元前325年至前184年间的孔雀王朝的日常生活时发现,"看图讲故事在那时已经是一种大众的娱乐形式"。② 由此可见,古印度社会,无论是在宗教层面上,还是在世俗的层面上,文化的传播方式都是一样——口头传承。无论是王公贵族,还是赤足布衣,对文化和文学的诉求同样存在,他们也许会存在接受程度上的差异,但是接受的方式是一样的——用耳聆听。

印度古代长篇叙事文学中保留大量口耳相传的记载。《罗摩衍那》在《童年篇》写道,这部史诗是蚁垤用输洛迦体把他从那罗陀嘴里听到的故事创作出来,口传给他的两个弟子,让他们在罗摩举行的盛大祭典上,"怀着极端喜悦心,唱全部《罗摩衍那》"(7.84.3)③,以唱的方式公诸于世。《摩诃婆罗多》的《初篇》概括了史诗靠歌人的吟唱流传人间的过程。

---

① [印度]丹德卡尔:《〈摩诃婆罗多〉的起源与发展》,载黄宝生:《〈摩诃婆罗多〉导读》,中国社会科学出版社,2005年,第167页。

② [美]梅维恒:《绘画与表演——中国的看图讲故事和它的印度起源》,王邦维等译,季羡林审定,北京燕山出版社,2000年,第22页。

③ [印度]蚁垤:《罗摩衍那》(七),季羡林译,江西教育出版社,1995年,第502页。

毗耶娑创造这部长诗之后,授权弟子护民子仙人在镇群王的蛇祭大会上宣讲出来。歌人厉声听了这个故事,到飘忽林中寿迦大师的十二年祭祀大会上转述出来。颇有趣味的是,在印度文化的集体记忆中,就连天神创造故事也是通过口头层层转述到人间的。《伟大的故事》在楔子《为了传播天上的故事》中讲述写作的由来。这些故事原是湿婆(Śiva)大神为取悦妻子雪山神女(Pārvatī),每天给她讲七神王的故事。侍卫花齿(Puspadanta)偷听到这些故事,转讲给自己的老婆听,而他的老婆又转述给雪山女神。花齿因此被贬到人间,投胎为诗人,将天上听来的故事讲给文底耶山的鬼盲运听,盲运再转述给婆罗门德富,德富为将故事传播人间,口传给两个弟子德天和喜天,他俩"在城市中完成了传播工作,声誉满于三界"。① 尽管这些记述带有些许传说的色彩,但是至少隐含着两方面的事实:

其一,口头创作和口头传承的文化传统是宏大叙事的土壤。印度古代长篇叙事作品为了适应听众的需要,其诵唱必须顺应语言和文体风格的变化,文本经历一次又一次不同的创作,在形式和内容上不断加入新的因素。口头创作含有即兴的成分,传播者同时也是再创作者,他们往往可以根据表达环境和现场的需要添加相关新的素材。无数次口头传承和无数次再创作中,原先的故事在体量上极大膨胀。如《摩诃婆罗多》的原始形式是一则叫做《胜利之歌》的叙事诗,讲述婆罗多族大战的核心故事。而后,在传诵的过程中,逐渐扩充内容,扩大成各种版本的《婆罗多》。从《婆罗多》向《摩诃婆罗多》转变,加入了大量与核心故事关系不太紧密的插话。这样,《胜利之歌》"至少口头流传了1000多年,才得以在《摩诃婆罗多》及'伟大的婆罗多(大战)'这样的作品里相对地固定下来。"② 从原来篇幅不是很大的叙事诗,发展到2.4万颂的没有插话的《婆罗多》,到最后10万颂的《摩诃婆罗多》史诗,体量发生了翻天覆地的变化。这种变化的动力来自口耳相传这一创作和传播方式本身。

其二,印度叙事文学的庞杂叙事结构,是个体创作走向集体创作的历史记录。转述是实现叙事层次多层化的方式,每转述一次,叙事结构就深化一层,每转述一次,就可插入新的叙事,印度叙事文学的嵌入式结构,与层层转述不无关系,这使得文本叙事长度可以变得无限大,而叙事

---

① 罗世方、巫白慧:《梵语诗文图解》,商务印书馆,2001年,第439页。
② [澳]A.L.巴沙姆:《印度文化史》,商务印书馆,1997年,第247页。

点可达到无限小。如果我们把文学叙事方式置于其民族文化语境当中，不难发现，这种无限大或无限小的思维方式与印度时空思维存在着某种程度上的心理同构。印度人认为时间，小可以小到一千万分之一秒，大可以大到311万亿年。"印度人所理解的时间比时间本身的范围更广大。大多数文化建构他们的宇宙论是基于几百年或几千年等常见的时间单位，而印度的时间概念却是几十亿或几百亿。"[1]他们认为时间就是轮回，无穷无尽地经历创造——存在——毁灭，周而复始，循环不已。"这种巨大的时间意识，超越了短暂的个体生命长度，超越了人种的发展史，是自然本身的时间意识。自然的纪年单位不是世纪，而是纪（age）——地质学和天文学的纪年方式，甚至，还有比'纪'更大的概念。"[2]作为时间艺术的叙事文学，其庞大的体量和可以无限扩展的叙事结构，暗合了根深蒂固的大时间思维方式，环环相生的连串嵌入式结构是事属必然的选择。

4. 诗画互表：印度叙事艺术的互渗性

古代印度对于学科的划分并不像今天如此精细和系统，有点类似中国古代，文史哲不分。古印度之所以称一切原创性文艺作品为诗，是因为他们认为所有文艺作品尽管在表达形式和体例上有所区别，但在本质上是一致的。诗根据表达媒介的不同，可分为"可观之诗"（dṛśyakāvya）和"可听之诗"（śravyakāvya）。"可观之诗"包括戏剧、舞蹈、绘画、雕塑等视觉艺术，"可听之诗"包括文学、音乐等听觉艺术。当然，这种划分并不是绝对的，视觉艺术和听觉艺术被认为是孪生艺术，"共享着'诗'的主题和思想"，"共享着美的理念和原理，其目的都是为了唤起'味'"，因此各种艺术之间，不仅其命名可相互置换，如雕塑可称为'石头上的诗歌'或'凝固的音乐'，舞蹈又被称为'活动的雕塑'，音乐可称为'抒情的诗歌'"[3]；而且在存在方式上具有互渗互表的可能。印度古代叙事作品的这种互渗互表关系，显著地表现在叙事性绘画（雕塑）作品和叙事文学作

---

[1] *Grandiose time scales*, See http://www.hinduwisdom.info/Hindu_Cosmology.

[2] Heinrich Zimmer, *Myths and Symbols in Indian Art and Civilization*, Motilal Banarsidass Publishers Private Limited, Delhi:1999, p. 20.

[3] Kalpagam Venkataraman, *Rasa in Indian aesthetics: Interface of literature and sculpture*, ProQuest Informaion and Learning Company, UMF Microform 3111651, 2003, p. 126-127.

品中。

　　丰富的叙事文学资源,与独特的口头传播方式相结合,出现了靠讲故事谋生的人。绘画在最初的时候是充当了讲故事者的具象工具。约公元前 6 世纪左右,文法家波尼你(Pānini)的《波尼你经》中提到过一些图像,有人可以靠它们来谋生,但却并不出卖它们。根据后来者的注释,"波尼你讲的是由一种较低等级的婆罗门(Devala)所制作的神像。他们带着湿婆或其他一些神的画像,挨门行乞,以此为生。"① 7 世纪末薄婆菩提(Bhavabhūti)写的戏剧《罗摩后传》,第一幕《观画》中写到为了让悉多心情宽松一些,"罗什曼那让一位画家画出悉多的丈夫,罗摩的生平。他们观画,罗什曼那给他们作解释。"②

　　罗摩的一生并非一幅图画所能囊括,这里应该是由多幅具有连续性的图画构成故事。多图的系列人物画虽然在根本上仍然离不开底本《罗摩衍那》的故事,但连续的画面观赏在时间的推移中消解原本单幅人物画在时间维度上的局限,获得时间性,赢得了独立叙事的可能性。跋那根据史诗《摩诃婆罗多》改编的短剧《黑天出使》(Dūtavākya)里面,提到"般度弟兄们的敌手难敌,要人把一块 citrapata(画布)铺在他的面前。画上绘有十个不同的场景,构成一个连续的故事,讲述般度五兄弟的妻子黑公主所受的来自难降(持国的儿子)的虐待。"③在这里,"十几个不同的场景构成一个连续的故事",即使讲故事者缺席,对熟识《摩诃婆罗多》史诗的印度人民来说,这组人物画便是一首视觉的叙事诗,它们极有可能直接充当史诗故事"无言"的叙事者。对绘画作品而言,叙事文学以其所具有的时间性弥补图像自身所缺少的时间性张力,图像展示与口头叙事同步进行,图像内容服从于文学叙事,在叙述文学内容的同时获得了文学性。如果脱离深厚的文学根基,印度绘画无论在审美内涵上还是在思想性上都将逊色许多,甚至沦为空洞简单的图说。而对叙事文学作品而言,由词语意义在人的心灵世界搭建起来的文学图像充满着不定的空间,具有极大的虚幻性。印度绘画使得口头叙事文学所引发的幻象变成可见可感的具体形象,在很大程度上是一种再创造,大大加强了听者

---

①　[美]梅维恒:《绘画与表演——中国的看图讲故事和它的印度起源》,王邦维等译,季羡林审定,北京燕山出版社,2000 年,第 22 页。
②　同上书,第 45 页。
③　同上书,第 44—45 页。

对叙事文学的理解、接受和传播。

绘画与文学不仅共享着同样的叙事内容,从更深层看,两者还共享着相同的审美原则。印度美学的核心范畴是"味",它是印度一切文艺作品的灵魂。印度戏剧美学论著《舞论》(Nātyaśāstra)认为:"离开了味,任何意义都不起作用。"(6.33)[1]"味"之于印度的意义有如"美"之于西方,"韵"之于中国。印度美学中最早出现的"味"是指植物的液汁和水,后引申为美学意义上的"味",指艺术作品中所蕴涵的某种幽深渺远的人类情感。美学意义的"味"在婆罗多(Bharatamuni)的《舞论》中得到较系统的阐述:"味产生于别情、随情和不定情的结合"(6.33);"各种情的结合产生味。……常情和各种情结合产生味";"思想正常的观众看到具有语言、形体和真情的各种情的表演,品尝到常情,感到高兴满意。"(6.31)[2]婆罗多的解释非常明了,"味"是建立在情感基础上,属于审美情感层面的概念。它是客体存在美和主观美感的统一,是作品中的情感基调与欣赏者对作品情感基调的审美体验的融合。

婆罗多在《舞论》中还总结了戏剧中常见的审美感情基调,将其归纳为艳情味(śṛngāra)、悲悯味(karuna)、英勇味(vīra)、恐怖味(bhayānaka)、暴戾味(raudra)、奇异味(adbhuta)、厌恶味(bībhatsa)和滑稽味(hāsya)等八种味。这八种味又相对应着八种常情,它们分别是爱(rati)、悲(śoka)、勇(utsāha)、惧(bhaya)、怒(krodha)、惊(vismaya)、厌(jugupsā)和笑(hāsa)。戏剧既是时间艺术,又是空间艺术,是文学和绘画(雕塑)的结合。伐摩那(Vāmana)曾将戏剧比作绘画,认为戏剧是文学中的最优秀者,具有像画卷一样杰出的品性。"就如线条之美为聪明的画家所创造一样,语言被优秀的文学家赋予所有的美德。"[3]尽管诗、画表达媒介各异,但审美法则相同。这八种味和八种常情同样适合于绘画美学。婆罗多将色彩与情感特征联系起来,绘画或雕塑中的紫、灰、橙、黑、红、黄、蓝、白,分别对应着上述的八种味和情,这使味同色彩的感情特征以及其它造型艺术在运用色彩时所具有的象征含义联系起来。

---

[1] [印度]婆罗多:《舞论》,见黄宝生:《印度古典诗学》,北京大学出版社,2000年,第41页。

[2] 同上书,第41—42页。

[3] Vāmana. Kāvyālankāra-sūtra(I. iii. 30 — 31),转引自 PrithviK. Agrawala. *On the Sadanga Canons of Painting*. Prithivi Prakashan. (India). 1981. p. 38.

味，作为审美范畴，从戏剧学渗透入绘画，印度现存最古老绘画理论著作（约公元 7 世纪）的《毗湿奴最法上往世书》(*Visnudharmottara purāna*) 在第三章《画经》中增加了寂静味（śānta），相对应的情是宁静（madhyasthā）。稍后的画论《画事要诀》(*Samarāmgana-Sūtradhāra*)①一书中将味的种类扩充到十一种，并论述了与之相关的十八种味视觉。《舞论》所确立的诗学意义上的"味—情"论，被奉为印度艺术美学的圭臬，不仅适用于戏剧、舞蹈、诗歌，而且适用于绘画、雕塑，特别适合于富有戏剧情节的叙事性人物绘画或雕塑。诚如画论《画事要诀》的作者在该书第八章《味视觉论》(Rasadrsti-laksanam) 篇首所言："在我详细阐述绘画的原理之后，接下来我将阐述绘画中的味和味视觉，这是因为画中特有的情感显现依赖于味和味视觉"。② 印度古代画论将画分为三类，第一类是"受约束的"画（viddha citra），画家如实地描绘自然物象，"就如镜子一样映象事物"。第二类是"不受约束的"的画（aviddha citra），画家不受特定对象束缚，展开想象的翅膀，创造性地塑造形象。第三类是"充满感情的绘画"即"情画"（bhāva citra），"依照色彩的本性表达特定的主题，能够产生诸如'艳情味'等'味'，哪怕是惊鸿一瞥也能引人入胜，品尝到味"。③ 情画实际上就是"味画"，被列为画中之上品。"情"是构成绘画"味"美的基本因素之一。"如果一幅画一点'情'趣都没有，那与死气沉沉的图表没有两样。这样的作品几乎不能纳入到艺术的范围。画家在构思作品之初就必须酝酿'情'的感觉或生命的感觉，并在遵循传统美学原则的基础上凭借着娴熟的绘画技巧将心中之'情'注入作品中。只有富有情味、生机勃勃的作品才能引起读者的情感共鸣，才值得欣赏。"④

"味"是诗的最高本质，然而"味"不能独立存在，必须通过"韵"才能体现出来；单纯的韵也构不成诗，只有味美的韵才能构成诗。味和韵之间存在相辅相成的关系，如果说"味是韵追求的目标和结果"，那么"韵是

---

① Samarāngana-Sūtradhāra 原意为"战地总指挥，舞台总导演"，这里意译为《画事要诀》。

② 转引自 D. N. Shukla. *Vāstu-Śāstra vol. II Hindu Canons of Iconography and Painting*. New Delhi：Munshiram Manoharlal Publishers Pvt. Ltd．2003. p. 430.

③ Prithvi K. Agrawala. *On the Sadanga Canons of Painting*. Prithivi Prakashan. (India). 1981. pp. 51—52.

④ Ibid. p. 64.

增强味的手段、方法"。①诗歌讲究味韵,以味韵为主的诗歌是最优秀的诗歌,同样,优秀的绘画作品也是味韵的完美体现。味论从鉴赏的角度品味人物造型艺术之美,韵论则更多的是从创作角度对绘画美提出要求。《毗湿奴最法上往世书》第 24 章论及韵论在绘画中的运用:"比如黑夜,应该通过山峰、天空、大地等景象的描写来暗示;赌徒通过其衣衫褴褛、失魂落魄的样子暗示;大路,被描绘为有运载货物的大篷车队,等等"。② 在人物造型艺术中,暗示构成了特定生命的艺术化表达,绘画中人物形象的变化状态,即情态(随情,anubhāva)和情由(别情,vibhāva)只是"情"的可见表面。阿旃陀壁画《须大拿本生》中,欣赏者所品尝到的艳情味是画家通过印度传统的密荼那爱侣形象暗示出来。女主人公褒娜的体态,三屈式的姿态,莲花瓣形的眼睛,柳叶般的眉,妖艳的表情,甚至是周围的环境,豪华的宅邸、象征着爱情的棕榈树、芒果树,等等。这些"'情'的作用是给'形'以其本来面目,而'暗示'的作用则是揭示那变动不居的'形'下面隐藏的'心'和意义"。"情"是双冠的蛇,如果我们只见其中的一个冠的形状,画出来的是一个样子;可是另一个冠却藏在"暗示"之中看不见,而这才是"情"的细微的"形",也是画家必须孜孜以求的境界。③

印度风格论(vrtti)主要研究诗歌的风格,认为诗有德(guṇa)与病(doṣa)之分。诗德是构成诗美的成分,唯有具备诗德才具备诗美;反之,诗病有损于诗美。印度传统人物造型作品尤其是宗教人物造型艺术认为只有遵循古代的造像程式创作出来的作品才有艺"德",才是美的作品。各式人物的尺度、比例和配饰等等都必须按照传统的原则,不能张冠李戴,否则就会出现艺"病",不仅失去美感,甚至会遭受宗教性的惩罚。印度艺术强调人物造型的曲线美,二屈式、三屈式,这种曲线美的思想,与曲语论派(vakrokti)所提倡的"一切文学作品都应该具有曲折的表达方式"旨趣相同。文学艺术强调相宜原则,过或不及,都会破坏审美效果和审美享受,这种美学思想广泛体现在造型艺术上,人物形象的尺度比例是否协调,画中所展现的情由、情态和不定情与所暗示的常情(或

---

① 邱紫华:《东方美学史》(下卷),商务印书馆,2003 年,第 933 页。

② D. N. Shukla. *Vāstu-Śāstra vol. II Hindu Canons of Iconography and Painting*. New Delhi: Munshiram Manoharlal Publishers private. Ltd . 2003. p. 437.

③ 金克木:《印度文化余论——〈梵竺庐集〉补编》,学苑出版社,2002 年,第 61 页。

韵味)是否和谐,都离不开对相宜的把握。

　　古代印度文学主要是一种口头艺术,即使在文字发明和真正的书写出现以后,口耳相传仍然是印度文学的主要生存状态。对文学书写的漠不关心,导致我们对古印度早期文学和文化演变过程的陌生,也导致了印度古代历史轮廓的模糊,乃至某些历史细节的阙如。绘画和雕塑等视觉艺术,作为口传叙事文学的凝固化状态,不仅记录了叙事文学最富有美学意义的瞬间,也记录了历史的某些真实,从而在很大程度上弥补了书写的缺失,成为今天我们研究印度古代文学和文化的重要信息来源。

二、印度文艺的神话思维

　　神话不是宗教,却孕育着宗教,神话不是文艺,却是文艺的渊薮。鲁迅曾言中国神话"不特为宗教之萌芽,美术之所由起,且实为文章之渊源"。[①] 这似乎更加适合印度的情况。早期印度神话是印度宗教的前身,文学的素材,艺术的源泉,印度神话对印度文化影响之深,以至于连历史也带有神话色彩。如果将印度文学史或艺术史中与神话相关的作品剔除,那么,剩下来的能为人所称道的作品就寥寥无几了。

1. 主题:印度文艺的神话源头

　　印度是诸神的天堂,拥有世界上最丰富的神话资源。印度教常被认为是有3.3亿尊神祇的宗教[②],这数字听起来夸张得有点不可思议,但多少有些文献依据。约产生于公元前1500年的吠陀教在其文献《梨俱吠陀》中记载:"三千三百三十九,是诸提婆礼火神"(VIII.106),声称天、空、地三界共有神仙3339位。吠陀教的神话传说分别记录在四大吠陀本集《梨俱吠陀》《娑摩吠陀》《夜柔吠陀》和《阿闼婆吠陀》里面。吠陀文献是个庞大的神话文献体系,除包含四大吠陀本集的数千支神曲外,还包含吠陀之后一千年间的后吠陀文献,即阐释四大吠陀本集的梵书,阐释梵书的森林书和阐释森林书的奥义书,这些文献共同构筑了印度教最初的神话体系。除此之外,佛教和耆那教文献中,还包含着大量的佛教和耆那教神话。印度古代神话之丰富,在世界上无与伦比。

[①] 鲁迅:《中国小说史略》,山西古籍出版社,2001年,第6页。
[②] http://www.atributetohinduism.com/Hindu_Art.htm

印度古代神话不因文明的进程而消失或消减,相反,神话对文化的影响与日俱增。吠陀之后出现的卷帙浩繁的两大史诗和三十六部大小往世书,皆富有神话色彩。吠陀神话经过两大史诗的文学化表达,成为文学创作的主要源头。自从两大史诗问世以来,取材于两大史诗中的神话传说的文学作品举不胜举。同样的,《往世书》,尤其是《薄伽梵往世书》中有关毗湿奴的神话故事,被改写或转写的次数并不亚于两大史诗中的神话。

印度神话对文艺的影响,显在地表现为神话是文艺最主要的题材来源。奇异诡谲、俯首可拾的印度古代神话,作为印度民族集体智慧的结晶,自古至今,曾激发过许多艺术家澎湃的创作欲望,诱发出一批又一批优秀的艺术作品。如古代梵语叙事的先锋诗人马鸣(Aśvaghosa)的两部代表作《佛所行赞》(Buddhacarita)和《美难陀传》(Saundarananda)就取材于佛教文献中有关佛陀和难陀的神话传说。享誉世界的古典梵语诗人和戏剧家迦梨陀娑的长篇叙事诗《鸠摩罗出世》取材于《湿婆往世书》中有关战神鸠摩罗的故事,另一部长篇叙事诗《罗怙世系》也深受史诗和往世书神话传说的影响。其创作的名剧《优哩婆湿》(Vikramorvaśīya)直接取材于印度古老神话中有关优哩婆湿和补卢罗婆娑的故事,这则神话在《梨俱吠陀》《百道梵书》、两大史诗中均有记载。蜚声世界文坛的戏剧《沙恭达罗》(Abhijñānaśākuntala)的故事来自古代神话传说,最早可追溯到史诗《摩诃婆罗多》和巴利文《佛本生故事》,其情节与《莲花往世书》所载沙恭达罗的故事完全一致。在梵语文学史上,完全摒弃神话而创作的梵语诗人或戏剧家少之又少。跋娑(Bhāsa)、首陀罗迦(Śūdraka)、戒日王(Śīlāditya)、伐致呵利(Bhartrhari)、婆罗维(Bhāravi)、跋底(Bhatti)、摩伽(Māgha)、阿摩卢(Amaru)、波那(Bāna)、鸠摩罗陀娑(Kumāradāsa)、湿婆室伐蜜(Śivasvāmin)、罗特那伽罗(Ratnākara)、室利诃奢(Śriharsa)、迦尔诃纳(Kalhana)、牛增(Govardhana)、胜天(Jayadeva)、王顶(Rājaśekhara)、安主(Ksemendra)、胜护(Vijayapāla)等著名古典文学家的作品或多或少都因袭或模拟古代神话故事,这样的名单罗列起来可以写得好长好长。有学者统计,自从两大史诗问世后,古典梵语文学史中改写、重写或取材于部分情节创作的著名的叙事诗和戏剧至少有 61 部①。这还不包括短诗、杂诗、故事和诗文混合的"占布"

---

① 刘安武:《印度神话传说与文学》,载翁义钦主编:《外国文学与文化》,新华出版社,1989 年,第 116—128 页。

体裁在内。梵语文学衰落以后,各地方文学兴起,神话同样是文学创作的源泉。印度有几十种书面的地方语言,取材于神话的文学作品可谓是汗牛充栋,如印地语、乌尔都语、阿萨姆语、马拉提语、泰卢固语、卡纳尔语、马拉雅姆语、古吉拉特语、奥利萨语、孟加拉语、马拉雅兰姆语、泰米尔语等地方语言都在不同程度上涌现出以神话为题材的优秀作品。到了近现代,印度文坛取材神话传说的文学传统仍保持着勃勃生机,一些著名的作家如帕勒登杜、赫利奥特、古伯德、伯勒萨德、纳温、珀德等人都在不同程度上取材古代神话进行创作。

印度神话是"美学价值赖以确立的所谓激情之源。为数众多的传统绘画和雕塑之作,其内容为神话所左右。崇隆寺庙的营建者,无一不为神话所激励"①,古代印度美术史简直就是视觉的神话史。20世纪,印度的哈拉帕(Harappa)和莫亨焦达罗(Mohenjo-Daro)两地出土了两千多枚镌刻着象形文字和动物图像的印章,不少印章上的图像与古代印度神话中所描述的神的形象或故事情节在很大程度上吻合。如其中一枚著名的印章《兽主》(Paśupati),刻画一个以瑜伽姿势盘腿而坐的三头男神,跟古代印度神话中所记载的三面湿婆的形象几乎完全一致。古典时代的巴尔胡特(Bharhut)的本生经浮雕和桑奇大塔的雕刻,几乎就是一本石制的佛教《本生经》。而像阿旃陀石窟和埃洛拉(Ellora)石窟这样的艺术宝库,更是当之无愧的印度神话的画廊,里面的壁画或者雕刻的题材绝大部分来自古代印度教、佛教和耆那教神话传说。尽管随着时间的演进,雕塑和绘画的技法在新的时代有新的进步,然而印度神话传说仍是印度艺术不老的命题。16世纪末,在印度土地上,出现了一种融合波斯细密画、印度传统绘画和西方写实绘画的新画种——莫卧儿细密画。这是一种令人耳目一新的画风,为很多印度艺术家所效仿,但印度古代神话传说仍是他们笔下的最爱。印度当代学者 P.C. Jain 对这种文艺现象解释说"当细密画出现在历史舞台,印度的艺术、建筑、雕塑以及相关的美学原理已有深厚的基础。印度有着一个无与伦比的伟大过去,有丰富的文学,一以贯之的神学、多姿多彩的神话、独特的英雄主义传统和深厚的思想。显然,细密画家及其资助人,继承的不仅仅是某些技法而是大量的来自古代文化的主题。在古老智慧和神话中,艺术家理

---

① [美]W.N.布朗:《印度神话》,载塞·诺·克雷默:《世界古代神话》,魏庆征译,华夏出版社,1989年,第312页。

解到'真实'。……在印度细密画中,湿婆家族和神话中的诸神,比古代人有着更接近现代人的面孔。"①20世纪的印度美术,是本国传统文化和西方现代文化激荡交融的产物,欧洲美术的诸多理念刺激了印度传统美术的现代意识,使之经历了传统与现代,本土与西化的磨合与蜕变,使得现代印度美术呈现出新气象。但不可否认,在革新的潮流中,古代神话仍是现代各画派所青睐的主题。如印欧学院派素有"印度现代绘画之父"的拉维·瓦尔马,专攻欧洲的写实主义,曾以写实的手法绘制多幅取材于印度史诗的油画;著名画家阿巴宁德拉纳特·泰戈尔融会西方水彩画的色彩要素,创作薄涂水彩画《佛陀和苏贾塔》和彩色石印画《阿育王后与菩提树》等一系列取材于神话的作品。表现主义画派、超现实主义画派、新坦多罗艺术、抽象主义画派等皆在不同程度上以西方的手法表现神话故事,古老的神话成为印度文艺的青春题材,常用常新,千百年如一日。

2. 神谕:印度文艺的创造动力

印度文化的内核是宗教,宗教对人们物质生活和精神生活影响之大,他国难以企及。印度文艺作为文化的组成部分,不可避免染上浓烈的宗教色彩。印度艺术家甚至认为,"艺术是宗教,宗教即艺术"②,艺术与宗教在根本上存在着深度渗合。艺术家认为,创造力获得除了凭借自身的智慧外,更重要的是依赖于神的赐予,一切艺术都是神谕天启的结果。

这种文艺观,在很多著作中都或隐或现提及。"最初的诗"《罗摩衍那》叙述蚁垤创造史诗过程,是"神谕天启"文艺观的生动一例。《童年篇》第二章写道,蚁垤之所以能创作罗摩的故事,先是得到仙人那罗陀的启示,那罗陀向蚁垤叙述罗摩的故事,蚁垤一直琢磨着那罗陀播下的这个故事,无意中看到正在交欢中的雄麻鹬被射杀,触景生情,创造了输洛迦体。蚁垤脱口而出输洛迦诗句之后,主创造的大神大梵天来到蚁垤身边授权他创作并传播罗摩的故事。大梵天对蚁垤说:"你作了一首输洛

---

① P. C. Jain, *Mughal Miniature Painting-An Alternative Source of History*, http://www.exoticindiaart.com/article/mughal, 2004.

② Huston Smith. *The Mystic's Journey-India and the Infinite*: *The Soul of a People*. see http://www.atributetohinduism.com/Hindu_Art.htm

迦,不要再迟迟疑疑。婆罗门啊,由于我的意旨,萨罗私伐底①已站在你眼前。最高的仙人呀!现在就请你来编写纂述罗摩故事全传。……你就把这勇士的故事叙述,像从那罗陀嘴里听到的那样。"蚁垤因此而"思想完全净化,这样就产生了神智"。② 如果我们仔细阅读就能知晓,蚁垤创造输洛迦体,并非真正的"于无意中",而是神的安排,神给予了灵思。

古代印度认为文艺是神赐予人间的美,文艺创作是神控制下的行为艺术,艺术家们几乎毫不例外地都要在自己的著作中,向大神表示极大的尊崇和敬仰,表达自己对文艺创作极度的虔诚和严肃,以祈求神赐予智慧和灵感。无论是集体创作还是个人创作,作者通常都会在著作的开篇,向神表示虔诚的敬意,一如约定俗成的宗教仪式,一开始,一定要唱颂诗,如大史诗《摩诃婆罗多》在《初篇·序目篇》写道:

顶礼那罗延、那罗、无上士,及辩才天女,随应歌胜利。③

两大史诗既是文学圣典,也是宗教圣典,具有浓烈的宗教意味似乎毫不出奇。实际上,在印度,不仅宗教圣典认同"神谕天启"的文艺观,故事文学也不例外。作为王子教科书的故事集《五卷书》在开篇《序言》中非常虔诚地向文艺女神的萨罗萨伐底表达敬意:

吉祥!唵,向光荣的萨罗萨伐底致敬!④

印度古代反映城市世俗生活的故事集《故事海》,其所依据的《伟大的故事》,就是假托出自湿婆之口。《故事海》的作者月天在《故事缘起》中表达了对湿婆及湿婆家族的无限敬意:

愿湿婆的青项赐给你们吉祥!爱神仿佛用倚在他怀里的波哩婆提(湿婆的妻子)的秋波将这青项缠绕。

愿克服障碍的群主(象神)保护你们!在黄昏的欢舞中,他的长鼻卷扫群星,从他的喘息中喷出的雾珠仿佛构成另一群星星。

辩才女神是一切句义之灯。我向她行礼致敬后,编写《伟大的

---

① Sarasvati,《梨俱吠陀》中河名和河川女神名,后逐渐演变成为言语之神,最后成为雄辩的智慧女神、文艺女神。
② [印度]蚁垤:《罗摩衍那》第一卷,季羡林译,人民文学出版社,1984年,第22—24页。
③ [印度]毗耶娑:《摩诃婆罗多》(一),金克木、赵国华、席必庄译,中国社会科学出版社,2005年,第3页。
④ 《五卷书》,季羡林译,人民文学出版社,1981年,第3页。

故事》的精华。①

除了在开篇叙述故事缘起中颂神外,《故事海》中的各卷开头都有祝辞,赞颂湿婆神、象头神、爱神和语言女神。尽管《故事海》收录的故事大多是世俗生活的故事,但是其文艺观中所弥漫的宗教色彩丝毫不减。

从接受美学的角度看,潜在的读者是文艺创作的风向标,作者在创作之前已意识到读者的存在和需求。印度几乎是全民信教的国家,这种宗教的需求,不仅表现在严肃的宗教仪规上,而且,也潜藏在文艺中。神谕天启的文艺观,不仅是作者的选择,也是读者的选择。随着时代的不断发展,这种文艺观被理论化之后变得根深蒂固,并且确立为某种固定的模式。如檀丁在《诗镜》中定义"大诗"的特征是多章相连,并且"祝愿、归敬(颂神)、或则直述内容(构成)它的开篇"。②《舞论》是古代印度戏剧的理论总结,也是之后戏剧的指南书。婆罗多在论述演出准备工作中特意讲到献诗(nāndī)。演出的准备工作有十九项,其中五项跟颂神有关:一,以歌曲赞颂天神,伴有舞蹈;二,献诗念诵者开始演出;三,舞台总监和两位助手祭拜四方保护神;四,舞台监督念诵献诗、祝福天神、婆罗门和国王;五,念诵无意义的音节,礼拜因陀罗的旗帜。除此之外,婆罗多还规定戏剧开头献诗的内容应该是祝福天神、婆罗门和国王,并提供了一些例子,如"向一切天神致敬!祝愿再生族幸福!""祝愿梵欣欣向荣!让梵的敌人毁灭!",等等。③

印度戏剧几乎千篇一律在序幕都有祝辞,赞颂最多的神应当是湿婆神。根据印度神话传说,湿婆神是印度教三大主神之一,也是舞蹈之神,创造了刚柔两种舞蹈,有"舞主"之称。戏剧从古代舞蹈发展而来,舞蹈是戏剧最明了的修饰④,因此,湿婆也是戏剧之神。不少戏剧在序幕中高歌赞颂湿婆。《小泥车》的作者首陀罗迦在戏剧的序幕用极为尊崇的语言赞颂湿婆神:

> 但愿那——
> 盘膝静坐、双蛇缠身的湿婆天的寂默庇护你!

---

① [印度]月天:《故事海选》,黄宝生等译,人民文学出版社,2001年,第3页。
② [印度]檀丁:《诗镜》,载曹顺庆主编:《东方文论选》,四川人民出版社,1996年,第129页。
③ 黄宝生:《印度古典诗学》,北京大学出版社,2000年,第106—108页。
④ K. C. Pandey, *Comparative Aesthetics* (vol. 1), *Indian Aethetics*. 1959, p. 4.

> 他以真正的智慧抑止迷惘、因而感官静止、思维不起波涛,
> 他以无形真理的眼睛,在他的内心里,
> 无拘无碍地瞻望着造物的神道,
> 他详悉宇宙的原委,与梵天同老
> 更愿那——
> 青首天再一次地庇护你!
> 他有着如公乌云似的颈项;
> 合理天的双臂像茑萝一样缠绕着他。①

迦梨陀娑同样在《优哩婆湿》的序幕中祈求湿婆的庇护:

> 愿这用虔诚和瑜伽得以接近的湿婆保佑你们!②

除了湿婆神,大梵天、毗湿奴和其他的大神,也是赞颂的对象,跋娑在《惊梦记》序幕中大声赞颂罗摩大神和吉祥天女:

> 愿大力罗摩的两臂保护你!
> 这两臂,美色如新月,
> 酒后更强壮,
> 像吉祥天女一样漂亮,
> 犹如明媚的春光。③

著作开篇的咏诵成为一种格式,也成为显现作者宗教信仰的家庙,在这座家庙中,每个人根据自己的信仰赞颂各自所尊崇的大神,"因为,每一尊神都是一种象征,代表着某种信仰和思想,代表着其信徒的情感和利益。"④印度古代著名帝王戒日王对佛教和印度教采取兼收并蓄的态度,他既供奉佛僧,也供养婆罗门。这种信仰在文艺作品中毫不保留地呈现出来,他在戏剧《龙喜记》中这样赞颂大神:

> 一心祈请那证菩提的大觉对于你们加以庇护,
> 再祝,
> 一心祈请那牟尼因陀罗对于你们加以庇护!⑤

---

① [印度]首陀罗迦:《小泥车》,吴晓铃译,人民文学出版社,1957年,第1—2页。
② [印度]迦梨陀娑《优哩婆湿》,季羡林译,人民文学出版社,1962年,第2页。
③ [印度]跋娑:《惊梦记》,韩廷杰译,中国戏剧出版社出版,1983年,第1页。
④ 郁龙余:《中国印度诗学比较》,昆仑出版社,2006年,第99页。
⑤ [印度]戒日王:《龙喜记》,吴晓铃译,人民文学出版社,1956年,第1—2页。

大觉是释迦牟尼佛的一个称号,而因陀罗是婆罗门教、印度教的神王、雷电之神,同时向这两位大神祈福,足见戒日王宗教思想之兼容并包。

神谕天启的文艺观不仅为诗人、戏剧家所认可,在严肃的,充满理性分析和批评的学术理论著作也同样存在。文艺理论家们虔诚地向大神祈求赐予创作的力量和智慧,其虔诚和热切不亚于诗人。如古代画论《绘画的特点》的作者,在开篇就顶礼膜拜印度教三大主神,祈求赐予智慧和胜利:

  大天、梵天、遍入天,妙音众神作胜施,我向诸神行敬礼,祈赐吉祥与胜利。

  天神降生须弥女,尊容一似莲花丽,由彼所传诸智者,祈赐吉祥与胜利。

  以下应讲绘画理,大天示我以明智,一切皆从大天来,我向大天敬顶礼。①

向三大主神祈祷之后,作者不忘向须弥女(即文艺女神 Sarasvatī,也称辩才天女)致敬。须弥女掌控着语言和知识,主管诗歌、音乐,是艺术和科学的保护者。对文艺理论家来说,须弥女是他们崇拜和祈祷的对象,不少文艺理论家都在其著作中高声赞颂须弥女,如7世纪的诗学家檀丁(Daṇḍin)在《诗镜》(Kāvyādarśa)的开头写道:

  愿四面天神的颜面莲花丛中的天鹅女,极纯洁的辩才天女,在我的心湖中永远娱乐吧!②

公元11世纪诗学家曼摩吒(Mammaṭa)在《诗光》(Kāvyaprakāśa)开门见山写道:

  在开始从事著作时,著者为了消除障碍,默念有关的保护神:
  愿诗人的语言(文艺女神)胜利!它的创造不受主宰力量的规

---

① 《绘画的特点》,文国根译,载曹顺庆主编:《东方文论选》,四川人民出版社,1996年,第371—372页。

② [印度]檀丁:《诗镜》,金克木译,载曹顺庆主编:《东方文论选》,四川人民出版社,1996年,第127页。

律限制,只由欢乐构成,不依靠其他,具有九种美味。①

公元14世纪的文论家宇主(Viśvanātha)在《文镜》(Sāhityadarpaṇa)中,祈祷的形式具有浓郁的宗教意味,但祈祷的目的却相当现实和世俗,就是为了顺利完成著作:

> 在著书的开始,[作者]想顺利地完成所要开始的[著作],便面向主宰文学的语言女神[求告]:
>
> 愿那位有着秋月的美丽光辉的,[主宰]语言的女神,在我心中消除黑暗,永远照明一切事物(意义)。②

在印度,宗教与世俗常常畛域不分,为了提升自身著作的神圣地位,有的文艺学家"直接认为自己的著作是神的旨意的表述",有的理论家"称自己是神的后代或奴仆"。③ 甚至有的理论家直接把神请出,在神学语境中实现个人以及著作的神圣化。婆罗多在《舞论》中直接以大梵天之口吻说道:

> 我创造了"那吒吠陀"(戏剧学),可决定你们(天神的敌人)和天神的幸与不幸,考虑到(你们和天神的)行为和思想感情。
>
> 在这里,不是只有你们或者天神们的一方面的情况。戏剧是三界(天上、人间、地下)的全部情况的表现。

颇有意思的是,10世纪的胜财(Dhanañjaya)依《舞论》而著《十色》(Daśarūpaka),在著作的开头,如同其他文艺理论家,他怀着崇敬之心提到了群主、湿婆、毗湿奴、娑罗室婆蒂、梵天、波哩婆提等传说中的大神,之后,把《舞论》的婆罗多,他的前辈,也安放在与神相当的位置,顺便也将自己列入神的行列,他这样写道:

> 梵天从所有吠陀中撷取精华,创造了戏剧吠陀;婆罗多作为牟尼,加以运用;湿婆创造了刚舞,波哩婆提创造了柔舞。谁能重新制

---

① [印度]曼摩吒:《诗光》,金克木译,载曹顺庆主编:《东方文论选》,四川人民出版社,1996年,第281页。

② [印度]宇主:《文镜》,金克木译,载曹顺庆主编:《东方文论选》,四川人民出版社,1996年,第356页。

③ 郁龙余:《中国印度诗学比较》,昆仑出版社,2006年,第94页。

订详细的定义？然而,我将精心安排,简要地提一些戏剧的特征。①

神代表着最高的准则,对于艺术也不例外。很多艺术家或理论家认为,"立言"的最高境界就是成为神,神谕天启的文艺观,在更大程度上隐含着作者自身及其作品神圣化,流芳千古,为人所尊崇的世俗目的。于是,"采用传统的神谕天启方法进行写作,其结果是自己变成了神。实际上,印度历史上其他伟大的诗人和诗学家,也都程度不同地有着类似的经历和归宿。"②如虔诚文学的代表诗人杜勒西达斯写作《罗摩功行之湖》,塑造的偶像罗摩在印度家喻户晓。他自己也一举成名,也成了一位圣人,被印度人奉为神明,到处建庙立像,顶礼膜拜。

3. 隐喻：印度文学的神话思维

印度神话对文艺的影响,更深层地表现为神话思维在文艺思想中的延续。印度文艺思想孕育、脱胎于神话思维。印度神话思维中所包含的基于想象的隐喻和象征特性,对后世的文艺思维产生很大的影响。印度人自古极富想象力,这在印度神话世界随处可见。印度的神有上百上千个化身；大神毗湿奴三步可以跨过宇宙；大梵天一日一夜,即是人间的四十三亿二千万年……想象在印度古人看来是"一种神圣的天赋(pratibhā)",③也是一种能力(śakti)或才能(pratibhāna),几乎"所有的梵语诗学家都主张想象是诗的唯一来源,如果没有想象,就无所谓诗的创造。"④想象使得文学选择隐喻,而隐喻正因根植于语言的本质和功能而成为连接印度神话和印度文学的智性关节点。

隐喻作为修辞格在印度古代文论中已有成熟的理论基础。早在公元前后,婆罗多在《舞论》中,就明确将隐喻(rūpaka)作为重要的庄严(修辞),与明喻、明灯和叠声并列。他给隐喻下的定义是"观察形象,依据可比的性质,与各种事物相连,"或者"自己构思的形象,部分特征相同,产生部分相似性。"⑤婆摩诃在其《诗庄严论》第三章中阐述文学的修辞,提

---

① [印度]胜财:《十色》,黄宝生译,载曹顺庆主编:《东方文论选》,四川人民出版社,1996年,第228页。
② 郁龙余:《中国印度诗学比较》,昆仑出版社,2006年,第101页。
③ Suresh Dhayagude. *Western and Indian Poetics—A Comparative Study*. Bhandarkar Oriental Research Institute, 1981. p. 110.
④ Ibid., 118.
⑤ 黄宝生:《印度古典诗学》,北京大学出版社,2000年,第123—125页。

出 39 种庄严,其中包括隐喻和跟隐喻相关的明喻、对偶喻、相似隐喻、互喻等修辞。在婆摩诃看来,隐喻是"依据相似性,用喻体描绘的性质",可以分成全体隐喻和部分隐喻两类。7 世纪的诗学家檀丁在他的著作《诗镜》中提出 39 种庄严,其中包括比喻,他说:"领会某事物的特征,如何状似另一事物,那就是所说的比喻。"①檀丁认为比喻的概念是相当大,因而把比喻庄严细分为 32 类,隐喻是比较系统的小类别。8 世纪文论家优婆吒(Uabhata)在婆摩诃所提出的这些比喻类型的基础之上,增添了诗喻(kāvyadrstānta):"不使用譬喻词,清晰地展示与描写对象相似的事物。"②9 世纪楼陀罗吒(Rudrata)则更近一步,把含有比喻的 21 种庄严归为比喻类(aupamya)使得比喻的分类更为系统。13 世纪,阿利辛赫和阿摩罗旃罗合著的《诗如意藤》(kāvyakalpalatā),是一部"诗人学"著作,在第四章中,对作为修辞格的隐喻、明喻、奇想等作了介绍。

  古代文论家从语言修辞的角度论述隐喻,而实际上,隐喻不仅是修辞格,作为一种神话思维,其背后隐含更多的是文化。隐喻的表达方式是凭借恣肆奔放的想象力,寻找生动的表象或可供观照的现象去呈现抽象的理念,寻找表象与本质的同一性,"从而把相隔最远的东西出人意料地结合在一起"③。在古代印度神话中,人与宇宙之间处于同构相生的关系之中,《梨俱吠陀·原人歌》写道:

  原人有千头、千眼、千足,他在各方面拥抱着大地,站立的地方宽于十指。
  原人是现在、过去、未来的一切。他是不朽的主宰,……原人的四分之一构成万有,四分之三是不朽的天界。
  春天是他的酥油,夏天是他的燃料,秋天是他的供物。
  从原人生出遍照者,从遍照者也生出原人。当他诞生的时候,他的前面、后面都超过大地。
  从他生出马和二排牙齿的动物。牛是从他生出的,山羊和野羊也是从他生出的。
  当他们分解原人时,将他分出多少块?他的嘴是什么?他的两

---

① [印度]檀丁:《诗镜》,金克木译,载曹顺庆主编:《东方文论选》,四川人民出版社,1996年,第 143 页。
② 黄宝生:《印度古典诗学》,北京大学出版社,1993年,第 275 页。
③ [德]黑格尔:《美学》(第二卷),朱光潜译,商务印书馆,1997年,第 132 页。

臂、两足叫什么?

　　婆罗门是他的嘴,罗阇尼耶是他的二臂,吠舍是他的二腿,首陀罗是他的脚。

　　月亮是从他的心中生出来的。从他的眼睛生出太阳,从他的口中生出因陀罗和阿耆尼,从他的气息生出伐由。

　　从他的肚脐生出了空界,从他的头生出了天界,从他的脚生出了地界,从他的耳朵生出了方位。他们就这样创造了世界。(《梨俱吠陀》,X.90)①

印度古人精骛八极,心游万仞,而后思接千载,视通万里,将神思付诸语言,为宇宙万物的最高实在提供了一个可观可感觉的形象。原人是一个隐喻,一个关于最高真实的富有哲理性的隐喻。公元 9 世纪末 10 世纪初的文论家王顶也以原人为隐喻,在《诗探》(*Kāvyamīmāṁsā*)建构"如何做诗人"的"诗人学"(kaviśikasā)理论。他诉诸人的形象,阐释深奥的诗人学,他这样描述诗原人:"音和义是你的身体,梵语是你的嘴,俗语是你的双臂,阿波布朗舍语是你的双股,毕舍遮语是你的双脚,混合语是你的胸脯。你有同一、清晰、甜蜜、崇高和壮丽的品质(诗德)。你的语言富有表现力,以味为灵魂,以韵律为汗毛,以回答、隐语等等为游戏,以谐音、比喻等等为装饰(庄严)。"②王顶以鲜活的形象阐述了诗的本质,诗与语言的关系,诗的种种特征和品质,这种思维方式与神话中的原人思维,如出一辙。在印度文学中,不少文学形象隐喻着来自幽深远古的理念。如大史诗《摩诃婆罗多》中以难敌等百子为代表的俱卢族的行为背后隐喻着非正义,而以坚战等五子为代表的般度族的行为隐喻着正义。悉多"像影子一样跟着丈夫",对罗摩表现出极大的忠贞,隐喻了印度妇女对最高的正法——达磨的遵循。达磨是建立在宇宙原型之上的永恒的道德秩序,对立于人类之外,而见诸于人的行为之中。般度王无意中杀死交配中的雄鹿,而雄鹿是仙人所变,般度因此受到谴责和诅咒,结果在与妻子的交欢中落入死神的控制之下。诅咒是一个隐喻,其含义是般度王违背了正法。佛教不少经典都采用大量的隐喻来表达抽象的宗教理念,如《本生经》几乎每个故事的背后都隐藏着哲理。

---

① 《梨俱吠陀》,见黄心川:《印度哲学史》,商务印书馆,1989 年,第 45—46 页。
② 黄宝生:《印度古典诗学》,北京大学出版社,2000 年,第 393 页。

4. 象征:印度艺术的神话符号

印度艺术的象征根植于神话。象征是古代印度艺术的主要方法之一,是理解古代印度宗教信仰和风俗文化的一把重要钥匙。"印度艺术中的象征主义是深刻的,它试图创立一种能够表达抽象思维的恰当方式。"①印度艺术家几乎毫不例外地通过一系列约定俗成的象征性符号,暗示视觉表象之外的意味深长的宗教或哲学的含意。如印度著名学者 S. V. Venkateswara 所言:"对印度普罗大众而言,寺庙中的塑像具有高度的教育价值。他们精通两大史诗和往世书中的传统学问,这些学问是印度民族智慧的组成部分。他们生于斯,长于斯,呼吸着宗教空气,在精神上受到最严肃的感化。他们在这些艺术形象中寻找某些凝固着民族风气的具有理想主义倾向的观念。在寺庙和塑像中,他们读到的是凭借象征和暗示手法表达出来的民族宗教观念。"②

"梵"是印度神话故事背后隐含的最高存在,也是印度宗教文化的主题。梵是绝对超验,是宇宙的始基,是神。万事万物在梵之中,梵寓于万事万物之内。"梵"存在于神话传说的诸神中。印度所有的神,都是梵的不同具体形态,毗湿奴、大梵天和湿婆三大神是梵借以显现的主要具体形态,象征梵的各个方面。印度人相信任何一位大神,其终极目标都是指向梵。"就像雨水从天空倾泻而下最终要流入大海,所有对神的崇拜,无论向哪位神祈祷或者你喜欢什么样的神,最终都将指向无尽的、根本的、至高的实体。"③印度艺术家"接受了一个有性有形的梵——具有一定形式和性格的神。这个神既可想象为湿婆,也可想象为毗湿奴派或萨克地。"④如同神话故事致力于表现梵的巨大能量,印度艺术家,致力于以有形之物表现无形之梵,亲证梵我一如。尽管不可能对最高的梵加以全面的描述和展现,但是以各种象征符号来表现梵的各个方面却是很有可能的。印度神话传说中的诸神或人物作为至高无上的梵的载体,被象征性地塑造成多面多臂、半人半兽、半男半女的怪诞造型,以表现梵的各

---

① G. C. Pande, *Spiritual Vision and Symbolic Forms in Ancient India*. New Delhi: Books & Books Publishes & Distributors, 1984. p. 311.
② S. V. Venkateswara, *Indian Cultrue Through The Ages*, 1928, p. 274.
③ Bansi Pandit, *The Hindu Mind-Fundamentals of Hindu Religion and Philosophy for All Ages*. pp. 37—38.
④ 牛枝慧编:《东方艺术美学》,国际文化出版公司,1990年,第183页。

个不同层面。如印度教神话传说将梵的一个主要表现形态——人格化大神毗湿奴,塑造成为世界万物的保护者,维持着世界的正常秩序,一旦发现宇宙失衡、秩序紊乱,便挺身而出,辅助匡正。《梨俱吠陀》记载有关毗湿奴早期的传说:毗湿奴曾化身为侏儒,以三步跨过天、地、空三界,从魔鬼手中夺得世界,并创造了宇宙万物,于是,整个世界都是毗湿奴的存在状态。毗湿奴具有无所不及的神性,普通的人形不足以表现其作为三界统御者所拥有的神力,只有凭借一系列内涵深远的艺术符号和夸张形体才能展现他的梵性。"这种思想令印度艺术家着迷,他们据此在进行人物造型时把神描绘成三头六臂,同时在神像上连缀许多象征符号,如高耸的尖顶、圣环(Śrīcakra)等,以更好地展现神的个性和力量。"[1]四臂毗湿奴的形象是这样的:右上手握有轮宝,呈圆形如铁饼,象征着毗湿奴拥有统治环球、驾驭宇宙的权力;左上手握有法螺,呈贝壳喇叭状,象征掌握着浩瀚如烟的古代知识;右下手举起施无畏印,表明他是世界的保护者,拥有保护众生,驱除畏惧的能力;左下手握着仙杖,状如木棍,直指地面,象征着宇宙的原始力量[2]。四手所持之物显现出毗湿奴在印度神话中所扮演的保护众生的角色。毗湿奴胸前有宝石项链(vaijayantī),是搅乳海时所获之物。最中间的五颗宝石分别是珍珠、红宝石、翡翠、蓝宝石和钻石,象征着五大基本原素。毗湿奴从颈部垂至胸前的发结,象征着持力仙人为干扰毗湿奴祈祷而向其倾倒水流的印记。

显然,人格化毗湿奴神像身上所呈现的复合多臂、宝石项链、胸前发结以及手上所持轮宝、法螺、仙杖等物和施出的手势,蕴藏着丰富的象征含义,远远超越了作为自然存在物的意义。这些宗教象征符从多个角度展现了毗湿奴大神各种各样的活动,表现神创造和保护世界的巨大威力。

印度古代神话以原人的形象,展示深奥的宇宙理论。这种象征思想为印度艺术家所青睐,他们以神话传说中的人格化神为载体,象征宇宙的各方面。在印度神话中,湿婆是印度教神话中的至高神之一,集宇宙的创造、维持和毁灭三种力量于一身,艺术家将之塑造成"三面湿婆像"(Trimūrti)。雕像的左侧、正面和右侧的三张脸分别象征着宇宙的创造

---

[1] Shyamal Gupta, *The Beautiful in Indian Art*. New Delhi: Munshiram Manoharlal Publishers Private Ltd, 1979. p. 60.

[2] 有些毗湿奴的雕像,左下手持莲花,象征着毗湿奴是最圣洁,最具有生命力的。

者、维持者和毁灭者。雕塑的左侧面为女性形象,代表湿婆能力的化身帕尔瓦娣,象征宇宙的生殖和创造。雕像正面是中性的瑜伽苦行者,象征着湿婆作为宇宙维护者的一面,左侧面的创造之相互补,右侧造型则是青面獠牙的男性相,象征着宇宙生命的生殖与破坏,创造与毁灭这两种基本状态。尽管从表面上看"三面湿婆像"呈现出三个不同的形状,但就宇宙本质而言表达的是同一思想。这三面像,有力地展现出宇宙创造、维护和毁灭的力量,象征着宇宙生生不息的永恒生命。印度艺术中最具视觉冲击力的莫过于舞王湿婆像。

在印度神话传说中,湿婆作为宇宙舞王(Natarāja),拥有调整宇宙秩序的能力,决定着宇宙的节奏。每当世界末日来临时,湿婆就狂肆起舞,生弥天大火,化宇宙为灰烬,而当他心血来潮时乾坤才得以再造。这种改变宇宙秩序的舞蹈称为"狂喜之舞"(ānanda tāndava),暗示着宇宙的创造(srsti)、保护(sthiti)、毁灭(samhāra)、幻灭(tiro-bhāva)和拯救(anugraha)等五种行为。《舞王湿婆》是印度人物造型艺术中象征宇宙生命永恒律动的最具表现力的作品。雕像中的湿婆是男性舞者造型,头戴饰有骷髅、新月和眼镜蛇的羽毛宝冠,发髻由于舞姿旋动而向两侧飘散开来。湿婆的四臂和两足极致地展现动感十足的舞姿和玄奥的寓意。他的右上手拿着计时沙漏形手鼓,象征着宇宙的创造;左上手拿着燃烧的火焰,象征着宇宙周期性的毁灭;两臂同时伸展,保持身体动态的平衡,象征着宇宙生命创造和毁灭的平衡更替。前右手施无畏印,暗示着保护信徒,以免恐惧;前左手作象征手势,指着从地面弹跳而起、足尖朝火焰的左脚。前左手势配合左脚足姿,启示着信徒们要摆脱无知和"幻灭"的束缚,消除对虚幻世界的迷恋,亲证梵我一如,寻找拯救的道路。湿婆右脚踏着无知的侏儒,独脚支撑全身,站立在火焰光环的中央,即宇宙运动的轴心,昂首挺胸,神采奕奕,欢快地跳起宇宙之舞——"荡得舞"。印度教神秘主义哲学认为,大神湿婆所创造的舞蹈体现了整个宇宙创造和毁灭的持续性运动,宇宙交替变更的节奏是所有存在物和自然现象的基础。这种观念为现代物理学家所赞赏,"作为宇宙的破坏者和重建者,湿婆决定着宇宙的节奏。在科学家发现原子核和太阳系存在相似结构的几千年以前,印度人便断言同样的节奏是所有领域和所有创造阶段中存在的必要条件。"① 湿婆的舞姿包含着整个宇宙行为的过程：过去（创造）、现在（毁灭）和未来（重建），宇宙的时空在观赏者面前不断延伸。神话传说、象征手法和宇宙平衡原则在造型人物中得到极致的表达。艺术家采用了极其感性的方式表达九霄云外的幻想世界，视觉艺术象征性无疑是通往幻想天堂的捷径。

  从上述可知，印度人的文艺观自成特色、自成一家，和中国与西方的文艺观判然有别。一个民族的文艺观，是其民族文化性格的重要组成部分，对人们的影响深入骨髓。海外印度人，无论在什么地方，"都保持着鲜明文化特征和宗教信仰。他们与印度文化产品有一种血缘联系。由于宗教冲突而从印度独立出来的巴基斯坦和孟加拉国，依然对印度文化娱乐产品有着强烈的文化认同感。"②这是几千年来形成的文艺观在起作用。文艺观的力量，可以超越政治、国界甚至信仰。印度、中国、西方的文艺观，互相充满异质性和影响力。对于中国来说，研究印度文艺观，从中汲取有益养分，是克服西方中心主义、中西中心主义的特效良药，是构建中国新文艺观、发展中国新文艺的外援生力军。

---

  ① *Larousse World Mythology*. Edited Pierre Grimal. p. 223. see http://www.atributeto hinduism.com/Hindu_art.htm.
  ② 张讴:《印度文化产业》，外语教学与研究出版社，2007年，第1页。

第十章

异见万端 天包地容

——印度人的矛盾观

一迈入五天圣方,世界变成天、空、地三界,佛教更是有三千大千世界,诸神万佛,飞天、药叉、阿修罗、妖魔鬼怪、魑魅魍魉,纷繁喧哗,无奇不有。一打开梵典宝藏,天花乱坠,五花八门;异想天开,想入非非;内学外道,歧见万端,众说纷纭,莫衷一是。这种状况,自古至今没有实质性的变化。《印度笔记》说:"马克·吐温曾经感慨道:'对印度的任何评价都是正确的,但是相反的观念可能也是正确的,因为它太复杂了。'沧海桑田,斗转星移,马克·吐温的话至今还是很有道理的。"① 然而,这一切的一切,又都在印度的大地上相克相生,相反相成,呈现出一派人丁兴盛、文化繁茂的景象。

其中,有何奥秘?有何内在逻辑?这是世界上许多人一直想知道但又很难搞明白的问题。这里涉及的方面很多,但最重要的是印度人独特的矛盾观。

一、学者名人论印度矛盾观

矛盾观,又称矛盾律,矛盾论,是哲学的重要组成部分。由于历史文化、地缘环境不同,世界各民族的矛盾观不尽一致。印度人的矛盾观,简称印度矛盾观,相当特殊,令人刮目相看,需给予特别重视。

1. 高善必谈印度矛盾观

D. D. 高善必是现代印度的著名历史学家,他的《印度古代文化与文明史纲》一书,在国内外享有盛誉。在这部著作的一开始,他这样写道:"凡是不带偏见的观察家站在公正的立场以敏锐的洞察力来考察印度的时候,就会发现印度具有两个对立的特点:它的多样性和统一性。这种

---

① 葛宁:《印度笔记》,京华出版社,2007年版,第291页。

千差万别无穷无尽,而且常常是不调和的,真是令人惊叹。无论是在语言、服装、体形、风俗习惯、生活水平、食物、气候方面,还是在地理特征等各个方面,都无不存在着极大的差异。"①作为一名印度人,对这种种差异耳熟能详。当他一一罗列各种差异之后,这样写道:"然而,尽管存在着这种明显的差异,但仍然还有一种与它同时存在的统一性。"②

在著作的最后一章最后一节《梵文文学与戏剧》中,高善必对《摩诃婆罗多》中的《薄伽梵歌》进行了这样的介绍:

> 《歌》中极力赞美纯朴的生活、非暴力、灭欲和无私。当被搞得莫明其妙的阿周那忍不住问"那你为何劝说我进行杀戮?"时,黑天对这一直率的问题避而不答,巧妙地转到自己要阐述的下一个观点。当局势处于危急时刻时,这位神奇人物现出本相,显出他既是世界的创造者,同时又是世界的毁灭者。

黑天作为神中之王,在战场上向般度族的阿周那作决战动员,进行了长达700多颂的说教。高善必对其作出了这样的评价:"演讲以企图调和不可调和的东西及毫不作难地吞下尖锐矛盾的本领而体现了印度的特点。"③这位著名印度学者笔下的"印度的特点",极为准确和有力,我们感谢他的坦率与犀利。

2.《印度的发现》中的矛盾观

早在高善必之前,尼赫鲁在1945年出版的《印度的发现》中,实际上已经发现了这个"印度的特点"。他说:"印度的多种多样性是惊人的,这很明显,它是摆在表面上,谁都看得见的。"④这位现代印度的缔造者,在引述了印度大量的多样性例证之后,告诉我们印度自古就有统一、综合的力量。"从文明的黎明期起,印度的心中就有一种一致性的梦想。这不是当作外力强加进来要使外表甚至于信仰都变标准化的一致性,而是更加深远的东西。在它的范围里,对于信仰和习俗都采取了最宽容的态

---

① [印度]D.D.高善必:《印度古代文化与文明史纲》,王树英等译,商务印书馆,1998年版,第3页。
② 同上书,第4页。
③ 同上书,第235页。
④ [印度]尼赫鲁:《印度的发现》,世界知识出版社,1956年,第63页。

度,而且各式各样的信仰和习俗都受到承认和鼓励。"①

这种"一致性"什么呢？它就是对印度文化热爱与向往而产生的力量。这种力量大于宗教信仰,大于生活习俗。那些有不同宗教信仰的人,来到印度而定居下来,几代以后就变成了印度人,例如基督教徒,犹太教徒、祆教徒和伊斯兰教徒等。改信了某些宗教的印度人,并不因为他们信仰的改变就不是印度人了。② 由于这种"一致性",印度具有"像海洋一样有无限的吸收能力"。各种外来的种族:伊朗人、希腊人、安息人、大夏人、西徐亚人、匈奴人、突厥人或土耳其人、基督教徒、犹太人、祆教徒,都来到了印度,都被同化了。这种同化是和平的,悄然无声的,没有任何的强制性。

尼赫鲁对宗教的理解,能进一步帮助我们理解这种"一致性"。他说:"在印度,指宗教的包括一切涵义在内的古词,是圣法(阿黎耶达磨aryadharma)。法(达磨)这个字的含义并不专指宗教。它的字源含有团结在一起的意思;它是一种事物最内部的素质,它的内部存在的规律。它是一种包括道德标准、正义以及人的全部义务和责任的一种伦理学上的概念。圣法可以包括一切在印度创立的信仰在内(吠陀的信仰及非吠陀的信仰均在内);佛教徒、耆那教徒和信奉吠陀的人们全用这个词。"③至于印度教,由吠陀教、婆罗门教发展而来,成为印度最大的宗教,是由它的本质属性决定的。在长期的印度社会文化的浸润中,印度教养成了与众不同的性格。"当作一种信仰来看,印度教是模糊的,无定形的,多方面的,每一个人能照他自己的看法去理解的。……在它的现在体系中,甚至在过去,它包含多种的信仰和仪式,从最高的到最低的,往往互相抵触,互相矛盾。它的根本精神似乎是待人宽容如同待己。"④

以上,是半个多世纪前尼赫鲁对印度教的评价,现在基本上还是适用的。但是必须看到,由于霸权主义引发恐怖主义,随着印度国力的增强,印度教中的原教旨主义倾向有所抬头,出现了所谓的"印度教后冲",这是应该引起印度国内外注意的。

---

① [印度]尼赫鲁:《印度的发现》,世界知识出版社,1956年,第64页。
② 同上书,第65页。
③ 同上书,第81页。
④ 同上书,第82页。

3. 金克木谈印度矛盾观

在评价甘地时,金克木注意到体现在他身上的"印度的特点"。谈到甘地的哲学思想和行为时,金克木认为:"可以说他的思想体系及核心是西方的、英国式的。这样外东方而内西方,似乎矛盾不可解,也许是东方哲学不同于西方哲学的一个重大差别。"作为一位著名的中国印度学家,金克木既熟悉中国哲学,也熟悉印度和西方哲学。所以,他将甘地身上的"印度的特点",放到文化比较的大背景下进行考察。他说在:"在东方哲学传统中这类矛盾没有什么不可解,甚至是平常的。印度的利论(Arthaśāstra)传统和哲学传统的关系正是这样,统一的集中表现是那部包括社会及政治各方面理论与实践的大史诗《摩诃婆罗多》。佛陀、耆那教等可以说也是这样。"①

金克木特别点出的《摩诃婆罗多》,确实是体现"印度的特点"的典范。它将印度各种思想哪怕是势不两立的,都以海纳百川的气度,收容到一起。史诗中既有大量歌颂婆罗门、攻击刹帝利的内容,也有大量歌颂刹帝利、攻击婆罗门的内容。这部大史诗的主题是弘扬正法,反对非法,各种人物的出场,各种情节的设计,都围绕这一主题。可是,到了史诗终结时,什么正法、正义,什么非法、非正义,那都是俗世凡心。代表正义的般度族和代表非正义的俱卢族,消弭了仇恨和嫉妒,心平气和地在天堂共享和平真福。没有矛盾,没有争斗,三界生灵,各得其所,八方神圣,乐其所乐,梵我一如,福德天下,是为大法。

这样,所谓"印度的特点",在西方人看来似乎是例外,其实在印度文化中,它是重要的本质特征之一,是自古就有、一以贯之的。在今天的印度人的政治、文化及日常生活中,还在时时起作用。

对于这个"印度的特点",马克思很早就注意到了。他在《不列颠在印度的统治》一文中有一段经典的论述。这很早就引起了印度学家季羡林的重视,他于1951年翻译出版了这篇名文。他的译文是这样的:"这个宗教是感官纵乐的宗教,同时也是自身折磨的苦行的宗教;是 lingam 宗教,同时也是 juggernaut 宗教;是僧侣底宗教,同时也是舞

---

① 金克木:《印度文化余论》,学苑出版社,2002年,第129—130页。

女底宗教。"①

综上所述,印度矛盾观具有以下几个特点:第一,历史悠久,源远流长;第二,具有普遍性、全民性;第三,对不可调和的矛盾以超凡的力量进行统合。这样,从古至今,印度社会很大程度上是在矛盾的存留和统合中前进。所以,纱丽穿了二三千年,至今依然盛行,吠陀时代就有的苦行仙人在现代随处可见。这是一种超凡的矛盾观,异乎寻常的矛盾观,在许多西方人看来,是不可思议的。它以"梵我一如"为哲学基础,以梵(神)力为立论根本。所以,可以称印度人超凡的矛盾观为"神本矛盾观"。神是印度软实力中最本质、最常在的因素。认识印度,研究印度,不可以不知道神的力量和作用。

二、非凡矛盾观典型例析

了解学者名人对印度非凡的矛盾观的认识之后,再来剖析若干典型事例,可以帮助我们在更大的深度和广度上对印度的非凡矛盾观有进一步的理解。

1. "近代印度之父"言行不一

一提到近代印度,人们都不会忘记"近代印度之父"和"新印度的先觉者"罗姆·莫汉·罗易。无论国内国外,都给了他很高的历史评价:"启蒙运动的开创者罗姆·莫汉·罗易,在早期的启蒙运动中,高举宗教改革旗帜,向封建势力全面挑战,着重社会改革和推进近代科学文化教育,同时提出了宗教、社会等方面的一系列改良主义主张。它是启蒙思想理论的奠基人和民族民主主义的先驱者。"②《高级印度史》这样评价他的历史贡献:罗易的思想与活动在近(现)代印度的世俗化进程中具有首创性和奠基性的意义,后来的宗教改革者和民族改良者大都受到他的思想的明显影响,印度宗教和社会方面的变迁,以至政治、法律和教育方

---

① 马克思:《不列颠在印度的统治》,季羡林、曹葆华译,1951年版,人民出版社,第3页。译文与《马克思恩格斯全集》第九卷稍异。《马克思恩格斯全集》的原文是:这个宗教既是纵欲享乐的宗教,又是自我折磨的禁欲主义的宗教;既是林加崇拜的宗教,又是札格纳特的宗教;既是和尚的宗教,又是舞女的宗教。见《马克思恩格斯全集》第九卷,人民出版社,1961年,第144页。

② 李文业:《印度史——从莫卧儿帝国到印度独立》,辽宁大学出版社,1998年,第145页。

面的改革,在很大程度上是在他奠定的基础上进行的。①

纵观罗易一生,以上史家对他的评价并不为过。他主要做了三个方面的贡献:批判"萨蒂"、童婚、种姓等社会陋习和落后制度;创办新型学校,兴办民族报刊,开启民智,唤起民众;成立梵社,进行宗教改革,推进社会世俗化。为了印度社会的进步,改善人民的生存环境,罗易奔走呼号,呕心沥血,鞠躬尽瘁,死而后已。毫无疑问,罗易在印度近现代史上功绩卓著,地位不亚于中国的康有为、梁启超和日本的福泽谕吉。但是,言行不一在罗易身上也表现得十分突出。他出身婆罗门,一生严格遵守婆罗门种姓在社会交往和生活起居方面的各种规定。去英国时,坚持自带厨师,生怕与其他种姓或不洁之人共餐。象征婆罗门身份的"圣带"从不离身,直到他贫病交加,病死英伦。对于罗易的这种所作所为,以前人们总是从他的改革不彻底性,高级种姓的局限性的角度来分析,其实还应该从"印度的特点"和印度人的矛盾观来观察,这样就会更加全面更有说服力。

2. 泰戈尔的矛盾人生

诗哲泰戈尔位尊印度现代"三杰"之列,对印度民族解放作出了巨大贡献。然而,泰戈尔被许多人认为是一位矛盾的人,他自己也承认"自相矛盾"。泰戈尔生活在殖民地时代,纵观他的一生,胸襟宽广,为人仁慈、博爱,在宗教、哲学、文化、文学、艺术等各个领域,他兼容并纳,能容难容之人,能纳难纳事。许多矛盾的事物和思想都体现在他一个人身上,甚至出现此时与彼时、此地与彼地、行动与思想的不一致。季羡林说:"泰戈尔在性格和作品中都表现出一种双重性。他有光风霁月的一面,也有怒目金刚的一面。"②如何理解泰戈尔的"自相矛盾"呢?我们以前从泰戈尔的性格中去找原因,认为泰戈尔的自相矛盾不是一般意义上的自相矛盾,而是他凡事包容,凡事和谐,凡事一体,凡事融合,凡事协调的结果。他认为,任何事物之间在本质上是一种和谐统一的关系,对立和矛盾也实际存在,但同一性是绝对的、永恒的。事物发展运动的动力主要不是靠对立和矛盾之间的斗争,而主要靠爱。并且注意到研究泰戈尔的思想和作品,不能脱离印度的历史、政治、宗教、文化和社会。不能把他

---

① [印度]R.C.马宗达等著:《高级印度史》,商务印书馆,1986年,第876—877页。
② 季羡林:《泰戈尔与中国》,《社会科学与战线》1979年,第2期。

当作一个抽象的人。① 这是非常对的。现在,我们将泰戈尔的"自相矛盾"和整个"印度的特点"联系起来,对泰戈尔的许多思想和行为,就更容易理解。例如,泰戈尔在一首著名的诗歌《古老印度》中,描写群雄并起,群马嘶鸣,群象怒吼,刀枪剑戟碰击,胜利的欢呼,节日的鼓乐,疯狂的号角声,囚徒的颂歌,路上的轰轰车声,人声笑语的波涛,每日繁忙的市井的喧闹。接着泰戈尔笔锋一转:"不远处婆罗门的净修林豁达,克制,恬静,深沉。这儿是疯狂刹帝利的荣耀,那儿是婆罗门默默无语的崇高。"②在泰戈尔的审美意识里,刹帝利的荣耀和婆罗门的崇高,是并行不悖,不可偏废的。

泰戈尔乃至整个印度民族,追求的不是彼,也不是此,而是彼此合一,梵我一如。在《古印度的"一"》中,泰戈尔对这一心迹表述得十分透彻:美存在于"一"之中,宁静存在于"一"之中,祥和存在于"一"之中,永生存在于"一"之中。"一"是一切生命之最高荫庇、最大幸福、最高境界、最大欢乐。③ "一"在泰戈尔和许多印度人那里,是"原始秘密的真理",泰戈尔"谦恭地接受这真理,心里充满无限的惊奇"。这是《献祭集》第22首诗中的诗句。诗中的"我",以点滴之形处于宇宙位置的中心。一想起"我在"的话,惊奇难堪,心压千斤。"我在或他在"古之谜,我到谁那里问其含义?"世上再也没有什么了,"哲学家说:"只有一!"④ 显然,"一"是泰戈尔的第一真理,最高真理。他的矛盾观,服从于"一"。所以,他的一生又是不矛盾的。

3. "二相神"像的启示

印度教的"合一"观念,从抽象的梵我一如,到双神合一、两性合一,一直在印度大地上流布和衍化着。印度教的性力派(怛陀罗)、佛教的金刚乘(密宗),都有自己对合一观念的理解。"二相神"和"喜欢佛",是表现这种理解的艺术形式。二相神是左半个身子毗湿奴右半个身子湿婆的混合神。欢喜佛表现的是"欲天"和"爱神"的相抱之形。高善必认为,印度人曾努力将湿婆和毗湿奴合而为一,但是没有成功。"在此之前,在

---

① 郁龙余:《泰戈尔文学作品研究·诗歌篇》,唐仁虎等著:《泰戈尔文学作品研究》,昆仑出版社,2003年,第234页。
② 《泰戈尔全集》(第2卷),河北教育出版社,2000年,第320页。
③ 《泰戈尔全集》(第21卷),河北教育出版社,2000年,第319页。
④ 《泰戈尔全集》(第3卷),河北教育出版社,2000年,第390页。

创造湿婆和雪山女神结合在一起两性神、撮合诸母神与天神结为夫妇及将各种祭神方式合为一体方面取得过成功。其原因是,早期的宗教混合意味着社会生产力的提高。"①在印度各地随处可见各种材质的二相神,有贵金属的,有一般木材、石材的,从公元9世纪起,在民间顶礼膜拜之风日益兴盛。② 二相神和二相神崇拜,生动而典型地反映了印度人多元而统一的心理特征。

印度人的"二相神"思想起源很早,和"包拥、遍摄"(Varuna)是同根同源。巫白慧认为:"吠陀诗仙似乎把'包拥、遍摄'看作宇宙本然的作用,因而又可看作是一个具体实词。吠陀仙人和神学家把这个词的内涵神性化,把它的外延神格化,从而使它变成为一个具有二重神格的神名——婆楼那(包拥神、遍摄天),既具有(有相的)自然神格,又具有(有相的)超自然神格。"③他还告诉我们:"密多罗-婆楼那(Mitrā-Varunā)是二神合一的形式(变格作双数)。《梨俱吠陀》里虽有把二神分开作个别神来描写的神曲,但把二神合作一神来歌颂的神曲,其数量之多,仅次于天地二神。"④

密多罗(Mitra)是友爱神,至今在印地语中,仍然是一个常用词,表示朋友、友爱。并衍生出了许多相关的词语,如友谊、同盟、友方、友军、友邦等等。

由于印度特殊的历史文化,合一的道路曲折而艰难。从吠陀教自然神的多神崇拜,到婆罗门教的三大主神崇拜是印度从多神教到一神教道路上迈出的一大步。发展到印度教阶段,三大主神合一的进程没有停止,但是出现了变数。在教派发展中大梵天虽然被虚化,没有形成梵天派,但由三位主神的配偶组成了性力派,和毗湿奴派、湿婆派形成了印度教的三大基本派系。毗湿奴派的罗摩支、黑天支信徒众多,俨然各成一派。在教派数量上无法合一,在信奉主神的数量上也无法减少。印度教依然是个超级的多神教,被认为有无数个神。在泛神与一神这对矛盾中,印度教一直难以突破。在教派和神灵数量无法减少的情况下,进行神通的合一。原先比较清晰的分工——大梵天司创造、毗湿奴司保护、

---

① [印度]D.D.高善必:《印度古代文化与文明史纲》,王树英等译,商务印书馆,1998年,第233页。
② 同上书,第232页。
③ 巫白慧译解:《〈梨俱吠陀〉神曲选》,商务印书馆,2014年,第55页。
④ 同上书,第103页。

湿婆司破坏的界限,在教派发展中被打破。大梵天的创造神通不再专门化,他被赋予了极大的超越性,超越存在,超越不存在。毗湿奴和湿婆都具备了创造、保护、破坏的功能,都神通广大,具备独立的至上神资格。印度教三大主神在合一的道路上,虽然取得了一些进展,甚至出现了"三相神",但是始终没有能做到真正的三位一体,而是走上了"二相神"的道路。

印度教乃至整个印度文化的历史,从多元化与一元化、泛神论与一神论的互动中走过来。从古至今,梵我一如始终是印度人的主流意识,但永远只是梦想与追求。比起中国和欧洲,印度特别多元化,特别多神灵。整个印度文化就像一尊巨大的二相神,一半是多元和泛神,一半是一元和一神。这座神像的名就字叫"梵我一如"。

4. 两位诺奖获得主的"对立"

2007年是印度独立六十周年,中国《环球时报》于8月31日推出《印度专刊》。"编者的话"道出了出刊的缘由:"当各国媒体把长短镜头对准印度时,有的兴奋,有的怀疑,有的迷惑。为此,我们推出印度专刊,邀请访问过印度的知名学者、在印度常驻的资深记者以及印度问题专家、穿街过巷的旅行者,为我们讲述印度的不同表情。"这些"不同表情"非常生动地传达印度人的矛盾观。谭中文章的题目是《印度在矛盾中走向大国》,认为甘地不主张印度独立后变成现代化强国,提倡"村舍工业",强调"全民就业"。是尼赫鲁"替印度披上了现代化外衣"。经过半个多世纪特别是进行经济改革以来,印度的大国地位日益凸显。可以说,在当下印度,入常、登月,赶超中国,建设世界强国,已经成为主流民意。

但是,不同的声音依然存在,而且很有影响力。印度加尔各答社会科学研究中心主任兼美国哥伦比亚大学人类学教授帕沙·查特吉,是"庶民学派"的代表人物,却对印度大国梦说不。他是甘地思想的拥护者和实践者,在全世界享有声望。在接受中国记者采访时他明确表示:"我不希望印度成为大国"。"印度永远不应该成为大国",因为"印度政府相信,经济增长必须要有军事增长来保护,所以在军事增长方面投入了很多钱。"当记者问及他对甘地思想的评价时,他说:"这个问题涉及了工业现代化的很多基本问题……甘地和他的同时代人提出了一系列的批判,这些批判对当今也是很有意义的。"①

　　印度人对当今印度的矛盾观点，不但在国内比比皆是，而且蔓延到海外印度裔人士之中。这些人士并不因为长期在海外，大量接受西方思想的浸淫，而对印度矛盾观有所修正。其中，奈保尔和阿马蒂亚·森的观点就非常典型。奈保尔是诺贝尔文学奖的得主，长期在英国生活和写作。《印度：受伤的文明》《幽暗国度》和《百万叛变的今天》合称"印度三部曲"，是当代世界文坛上具有重要影响"流散文学"代表作。他总体上对印度文化采取批判和否定的立场。《印度专刊》以《奈保尔：印度教遏制生长》为题，从《印度：受伤的文明》中引述了这样一段话："它没有带来人与人之间的契约，没有带来国家的观念。它奴役了1/4的人口，留下的是整个的碎裂和脆弱。它退隐的哲学在智识方面消灭了人，使他们不具备回应挑战的能力；它遏制生长。"在《幽暗国度》中，奈保尔更是表现出了一种绝望的情绪："印度教徒说，世界是一个幻象。我们常常把'绝望'二字挂在嘴边，但真正的绝望隐藏在内心深处，只能以意会，不可以言传。"②

　　阿马蒂亚·森是诺贝尔经济学奖得主，他的《善于争鸣的印度人》被称为"大师之作"。他虽然长期在英美的大学任教，但对印度文化的态度，显然与奈保尔相左。《印度专刊》从他的书中摘录了这样一段话："那种认为印度传统带有很大的宗教色彩，或者是极端反科学和只讲究等级门第的怀疑态度，是对印度的历史和现状的过于简单的判断。"③在阿马蒂亚·森的笔下，印度是一个包容多样性的国度："对宗教多样性的宽容明确地反映在，印度——在历史纪年中——一直是印度教徒、佛教徒、耆那教徒、犹太教徒、基督教徒、穆斯林、琐罗亚斯德教徒、巴哈伊教徒等诸多教徒的共同家园。"④宗教是极具排他性的，但阿马蒂亚·森的这些表述又是非常符合历史事实的。阿马蒂亚·森还举了一个历法的例子来说明印度包容多样性：1952年，"确认了在全国得到系统使用的三十余

---

①　王文、刘建芝：《"我不希望印度成为大国"》，《环球时报》2007年8月31日，第18版。
②　[英]V.S.奈保尔：《幽暗国度：记忆与现实交错的印度之旅》，三联书店，2003年，第402页。
③　《环球时报》2007年8月31日，第23版。引文稍有出入，请见阿马蒂亚·森：《惯于争鸣的印度人》，刘建译，上海三联书店，2007年，第23页。
④　[印度]阿马蒂亚·森：《惯于争鸣的印度人》，刘建译，上海三联书店，2007年，第13页。

种高度完善的历法。这些不同的历法,与在印度共存的诸多社群、地域、传统及宗教有关。倘若有人想要确认印度的多元化,那么印度历法可以提供这一方面的良好证据。"①

从以上的引述中,我们看到了印度人的不同表情,它们之间是那么迥异和对立,然而都表现在同一张印度脸上,简直是一张"二相脸"。从"二相神"到"二相脸",深刻揭示了具有印度特点的非凡的矛盾观。二相性或者说两面性,是世界上任何一个民族都有的,但像印度这样,表现得如此到位、精彩,是绝对可以称冠的。

三、非凡矛盾观的成因

世界上任何事物的产生、发展和消亡,都不是无缘无故的。印度人的矛盾观,之所以是非凡的、神本的,和它独特的、异乎寻常的生活环境密切相关。分析这些环境,对我们更好地理解印度人的矛盾观,有直接的帮助。

1. 自然地理与印度矛盾观

印度的自然地理环境,我们在本书的《绪论》中,已作了简要介绍。自然地理对文化的影响,是不言而喻的。那么,它对印度人的矛盾观的影响是怎样产生的呢?

从印度自然地理看,有众多与其他地区不同的特点:气候多样性,寒带、温带、热带气候都有;季节的特殊性明显,其他地区不是长夏无冬、长冬无夏,就是四季分明,印度一年却有六季;地形地貌复杂,动植物资源特别丰富,是人类驯化动、植物的重要基地之一。在上述多样性特点中,炎热多雨和物产丰富,是对印度文化影响最巨大和深刻的两大因素。其中,又以炎热多雨的影响为甚。

印度的炎热多雨,造成森林广袤繁盛。是森林孕育了印度文明,所以整个印度文明被称作森林文明。具体来讲,是炎热多雨的气候,规定了印度人的特殊的生活方式。在炎热季节,热浪滚滚,路人倒毙,雨季虽然不再酷热,但依然湿热难挨,在热季和雨季中,森林、岩洞或人工凿造

---

① [印度]阿马蒂亚·森:《惯于争鸣的印度人》,刘建译,上海三联书店,2007年,第241页。

的石窟,是印度婆罗门仙人的最佳去处。在恶热的盛夏,德里人说,只有英国人和狗才出门,有的乞丐则拒绝接受布施。安全度夏是印度人的第一要义。他们在森林里躲避热浪的侵袭,进行坐禅、沉思和冥想。印度文化中的重要部分,哲学、宗教、逻辑、伦理、美学、文学、语言学、医学、政治学等等,主要是这样的环境中创造的。印度哲学、宗教、逻辑、美学、文学的许多特点,与这种创造环境有密切关系。在这里,我们要特别强调的一点,是气温和思维的关系。

作为一般常识,大家都知道温度和物质存在的形态有关,如水的气态、液态和固态,是由温度来决定的。地球上寒带、温带、热带动植物的不同生态,其实也是由温度决定的,而与地质条件关系不大。需要我们引起注意的是,人类的肤色、文化、思维也和温度(阳光)紧密相关。有资料说,欧洲人是六七千年前变白的。印度雅利安人的例子则告诉我们这些白人用3000年左右的时间又变黑了。温度对印度雅利安人的改变,除了肤色之外,更重要的是思维。

温度和能量对生命的意义,已引起足够多的注意。"生物通过不断地摄取和加工能量与物质来维持其生命。较高级的生物——恒温动物,根本不与其周围环境处于热平衡状态,而恰恰相反。我们的体温是37℃,而正常室温约为20℃。显然,生命过程必须以完全不同的原理作为其基础。"① 对于这种温度作用于人的原理,特别是温度对于思维的影响,还需要科学家作进一步的研究。依照印度提供的情况,我们可以列出以下两点:第一,炎热气候使得人的生命过程处于一种特殊状态,这种生命状态本能地要求一切静止,接受热的现实,产生了"忍"(ksānti)的观念,忍难忍之忍。印度人的苦行(tapa),原意就是"热""忍热"。第二,最佳的"静止"的生命状态是禅(dhyāna)和定(samādhi)。禅,意为专心致志,意译"静虑"。定,意为心一不散、心止不乱。禅常与定联用,称禅定。禅定得法,便能进入"出神"状态:似梦非梦,若幻非幻,奇思妙想、真见彻悟,如泉喷,如细流,更有灵光忽现,惊鸿一瞥,称为"发现"。禅定,在印度具有普遍性,每个宗教都倚仗它。这与烈日暑热难避有关,更与禅定能"出神"、能有"发现"有关。

除了禅定能进入"出神"状态外,服用兴奋剂苏摩酒,也能获得若梦

---

① [德]赫尔曼·哈肯:《协同学:大自然构成的奥秘》,上海译文出版社,2005年,第26页。

若幻的"出神"状态。所以印度古人十分推崇苏摩酒,以致将其神化。在《梨俱吠陀》中,苏摩颂诗竟有120多首,占第三位。印度人嗜好苏摩酒,被喻为神仙饮品,除了鼓舞士气,增加战斗力之外,追求出神致幻也是重要原因。

禅定也好,饮苏摩酒也好,追求致幻出神,是为了与神相通,获得神示、神赋,具有超凡的视觉、听觉。"在吠陀文献中,常常把仙人创作颂诗说成是'看见'颂诗,同时把吠陀颂诗称作是'所闻'或'天启'(śruti;或śruta)。"①吠陀时代,将诗人称作"仙人",即"先见者""先知"。

综上可知,印度精神文化中很重要的一部分,其中包括矛盾观,是在特殊的思维状态中产生的,或者和这种特殊的思维状态有密切关联。而这种特殊思维状态的产生,和印度的自然地理,特别是炎热气候和物产有关。

2. 种族人口与印度矛盾观

印度种族复杂,民族众多,使得人类学家至今对这个"人种博物馆"的情况没有完全搞清楚,或者说意见分歧很大。印度的人口,世界第二,而且"由于人口基数过大,人口增长率下降过小,到21世纪中叶,印度人口有可能超过中国,直逼20亿大关"。② 种族、民族的非常众多,人口基数的特别庞大,对包括矛盾观在内的印度精神文化的影响是显而易见的。

印度种族和民族极为复杂的关系,对矛盾观的最大影响表现在雅利安人南侵,和达罗毗荼人发生持久的冲突、融合,最终以"雅表达里"的形式传承下来。常有学者将吠陀文明与雅利安文明等量齐观,这实际上是非常错误的。所谓吠陀文明是雅利安文明和以达罗毗荼文明为代表的印度土著文明相互激荡交流的结果。因为雅利安人军事上的强势,长期处于执政地位,而达罗毗荼人在文明层次上明显高于雅利安人,就造成了文化交流激荡的持续和难分胜负,"雅表达里"即是这一情状的体现。汤用彤说:"盖自《梵书》以来,婆罗门人,吠陀之正宗,深受异计繁兴之威胁,为适应新生环境,其教遂不得不变更。而纪元前300年来,有希腊塞种暨月氏之侵入,文化接触,亦当对于婆罗门教有影响。而雅利安人奠

---

① 黄宝生译:《梵语诗学论著汇编·导言》,昆仑出版社,2008年,第4页。
② 孙士海、葛维钧:《列国志·印度》,社会科学文献出版社,2003年,第26页。

居天竺,为时既久,宗教虽为僧人所把持,然因土著民族,魔教渐盛,浸假而雅利安人亦染其风,阿闼婆之立为第四吠陀,可证也。"①除此之外,湿婆崇拜、黑天崇拜、林迦崇拜和性力派,原来都是土著民族的信仰,因其势力强大,也都为印度教所吸收。

宗教和文化的影响力,和人口的多寡成正相关。雅利安人虽然具有军事政治上的优势,但在人口上不一定占优势,企图用纯粹的雅利安文化取代达罗毗荼文化,是根本不可能的。因为"集体行为"尤其是数量庞大的种族的集体行为,其对宗教文化的走向的影响,是任何个人或团体不能左右的。正如哈肯所指出:"许多个体,无论是原子、分子、细胞,或是动物、人类,都是由其集体行为,一方面通过竞争,另一方面通过协作而间接地决定着自身的命运。"②对立、共存是自然界的普遍规律,也是文化生态不二法则。所以,印度精神文化中的矛盾状态,正是复杂的种族、民族关系和庞大人口在文化生态上的自然表现,没有丝毫值得大惊小怪之处。这也是这些在内的文化特征,只能印度有,其他民族无法有的重要原因。

3. 宗教信仰与印度矛盾观

和种族、民族、人口紧密相关,印度的宗教信仰呈现纷繁复杂的景象。就像世界上任何种族在印度都能找到一样,世界上的任何宗教都可以在印度找到。宗教信仰自由之风,在五天竺自古而然。

在雅利安人入主之前,达罗毗荼人以及其他各种土著民族都有发达的原始信仰,巫风昌盛。自雅利安人南来,尊《吠陀》为经典,形成了以雷神、火神、风神、太阳神、水神等自然神为主要崇拜偶像的吠陀教,印度进入了崭新的吠陀时代。吠陀文化不是纯粹的雅利安文化,是雅利安文化和达罗毗荼等土著文化相结合的产物。大量的土著文化在吠陀时代不但得以生存,而且还能发扬光大,并且流传至今。如对动物、江河、树木、林迦的崇拜,后来成了全民的崇拜。达罗毗荼人信仰的三面神——百兽之王,后来演变成印度教的三大主神之一湿婆。从印度河文化遗址看,达罗毗荼人有着充分的对外文化交流,使自己的文化丰富多彩。雅利安

---

① 汤用彤:《印度哲学史略》,上海古籍出版社,2006年,第62页。
② [德]赫尔曼·哈肯:《协同学——大自然构成德奥秘》,上海译文出版社,2005年,第8页。

人的入主,两大文化的交汇激荡,为印度文化的多样性特征奠定了基础。

雅利安人入主之初,和达罗毗荼人之间的矛盾,是民族矛盾,后来逐渐演化成种姓矛盾、教派矛盾。雅利安人在种种矛盾和斗争中,为了取得主动权,对吠陀教进行改造。这种改造是通过编纂一系列《梵书》来实现的。在《梵书》中,一方面将《吠陀》圣典化,一方面将自然神崇拜改造为尊崇大梵天、毗湿奴和湿婆的三大主神崇拜。吠陀教就发展成为婆罗门教。婆罗门教的三大纲领是,吠陀天启、祭祀万能和婆罗门至上。这样,《吠陀》中的众多自然神虽然仍然享有尊名,但祭祀的主要对象是三位新的主神,婆罗门地位独尊,种姓制度获得强化,第四种姓——首陀罗(śūdra)出现,①他们处于社会最低层。《爱达雷耶梵书》说:首陀罗是"别人的奴仆,可以随意驱逐残杀"。婆罗门则是"人间之神"。(《百道梵书》)就这样,两个极端对立的种姓——婆罗门和首陀罗,在婆罗门教的制度中产生并共存。

《梵书》开启的是礼仪之路,宣扬的是一套旨在提高婆罗门至高地位的繁琐的祭祀仪式。后来,反对派进入森林,对人与自然、灵魂、鬼神的关系进行深入思考,积极倡导内在的、精神的祭祀。

记录这些思考的是众多的《森林书》。之后,《奥义书》的时代来临,这是一个思辨与研究的时代。由《梵书》开启的"礼仪之路",经过《森林书》的时代的过渡,终于走上了"学问之路"。

《奥义书》最大的意义,是开创了印度历史上的哲学时代。为婆罗门教提供了颠扑不破的理论基础——梵我一如和轮回业报论。

到公元前5—6世纪,婆罗门教遇到了强大的非婆罗门思潮——沙门思潮的挑战,出现了百家争鸣的景象。其中以佛教思想的影响最大,它反对种姓制度,主张众生平等、业报平等,受到广大基层人民拥护,极大地削弱了婆罗门教。约在公元4世纪左右,面对宗教生态灾难,婆罗门教为了生存的需要,在思想上采取开放态度,从佛教、耆那教等沙门思潮中吸收了众多原素,同时大量吸收民间信仰的思想内容和文学形象。到公元7—8世纪,在商羯罗的改革下,婆罗门教以新的面貌出现,史称新婆罗门教,即印度教。印度教的崛起,伴之而来的是佛教的衰落与出

---

① 学术界对此有不同意见,如缪勒认为首陀罗(仆人和奴隶)和尊者(高贵的出身)首先出现,后来从尊者中出现三种人物:婆罗门(精神贵族)、刹帝利(武士贵族)和吠舍(平民)。见麦克斯·缪勒:《宗教的起源与发展》,上海人民出版社,1989年,第242页。

走。从此,印度教又恢复了一教独大的地位。但是,这时的印度教好像一艘巨大的航船,船上乘着各种各样的人,装着各种各样的货,不拒客、不拒载,养成了博大、宽容的胸怀。印度教不是解决矛盾的场所,而是存放矛盾的容器。对印度教来说,矛盾的存在是天经地义的,承认和允许矛盾的存在,也是天经地义的。作为第一大教的印度教,有这样的矛盾观,得使印度成了宗教的乐土、信仰的福地,在印度大地上出现了宗教繁多兴盛、教派支系错综复杂的宗教生态景观。

4. 政教关系与印度矛盾观

印度历史上缺少强大统一的中央王朝,大多数时间都处于大小王国林立、各自为政的状态。一般来说,一个高度统一的宗教,需要强大的中央王朝的连续的支持。印度教却几乎从未得到这样的支持。在印度历史上,有为数不多的几个比较强盛的王朝——孔雀、笈多、戒日、莫卧儿,算是印度历史上最大的王朝。我们来分析一下这四个王朝对印度教的态度。

毫无疑义,孔雀王朝是印度历史上第一个统治疆域最辽阔的帝国,除了印度半岛最南端之外,印度全境几乎都在阿育王的统治之下。阿育王的丰功伟绩可以和古希腊的亚历山大和中国的秦始皇嬴政相比拟,被称为天下英主。但是,阿育王在宗教上支持的是婆罗门教的对立面佛教。他皈依佛教后,被佛教徒称为"法王",成了佛教的最大支持者和供养者。在阿育王的倡导和身体力行下,佛教几乎成了国教。阿育王对待不同意见的包容态度,至今仍为各国学者津津乐道,阿马蒂亚·森说:"阿育王努力编纂和宣传了肯定属于最早时期的公众议事规则体系——19世纪'罗伯特议事规程'的一种古代版本。例如他要求'言谈有节,不得于不当场合溢美自家教派或贬低其他教派,即令在恰当场合,言辞亦当适度'。即使是在辩论当中,'在所有场合,在每一方面,均应充分尊重其他教派'。"①

笈多王朝后孔雀王朝约500年,佛教在印度依然兴盛。第二代笈多国王三摩答刺·笈多,号称"诗王",自己是婆罗门的教徒,但对其他宗教态度宽大,"大乘佛教瑜伽行派创始人之一世亲是他宫廷里的常客。僧

---

① [印度]阿马蒂亚·森:《惯于争鸣的印度人》,刘建译,上海三联书店,2007年,第12页。

伽罗国王麦伽伐罗曼为了本国佛教徒朝圣的方便,就曾征得他的同意,在菩提加雅建立了一座佛寺"。① 到三摩答剌儿子超日王执政时,对佛教的支持更大。这种对佛教一以贯之的支持,使得中国求法高僧大为感动。他说:"自佛般泥洹后,诸国王、长者、居士为众僧起精舍供养,供给田宅、园圃、民户、牛犊,铁券书录,后王王相传,无敢废者,至今不绝。"②

戒日王时代,佛教势力已不如前,但余威犹在。玄奘旅印时所见,依然壮观。《大唐西域记》羯若鞠阇国条载:"伽蓝百余所,僧徒万余人,大小二乘兼功习学。"③曲女城法会,更是声势浩大,戒日王率数十万之众,拘摩罗王率数万之众,另有二十余国王率众来集大会。④

综上可知,孔雀、笈多、戒日三个王朝,不论国王信奉婆罗门教还是佛教,都对宗教有着极为雍容大度的心胸,都对佛教关爱有加。

莫卧儿王朝是印度历史上空前庞大的大帝国。这是一个伊斯兰政权,对印度原有宗教采取压迫打击的立场,用各种手段如香客税、人头税等迫使他们改宗伊斯兰教。这一做法,激起强烈的民族矛盾。到阿克巴亲政后,逐渐放宽宗教政策,废除了针对非穆斯林的香客税、人头税,允许各教自由传播、建庙和举行宗教活动,被迫改宗的恢复原来信仰。1582年,阿克巴成立名为"神圣信仰"的组织,希望将伊斯兰教、印度教、佛教、耆那教、祆教、基督教等杂糅在一起,熔众多信仰于一炉,创立一个新的宗教——圣教。阿克巴的这一努力进展不大,身后"神圣信仰"便很快销声匿迹了。但是,阿克巴本人追求多样性,包容多元文化的立场是显而易见的,"阿克巴自己的政治决定也反映了他对多元文化的承诺,这可以由下述事实予以充分证明:他坚持以非穆斯林知识分子和艺术家(其中包括伟大的印度教音乐家檀生)充实自己的宫廷,让他们与穆斯林同道一起工作,更为不同寻常的是,阿克巴信任早年曾被自己击败的前印度教国王(罗阇·曼·辛格),让其出任自己军队的总司会。'"⑤莫卧儿人的统治,一方面极大地改变了印度原有的宗教生态图景,一方面对印度宗教多元和相互包容共存的局面进行了定格。

---

① 刘建、朱明忠、葛维钧:《印度文明》,中国社会科学出版社,2004年,第111页。
② 法显:《法显传校注》,章巽校注,上海古籍出版社,1985年,第54页。
③ 玄奘、辩机:《大唐西域记》,季羡林等校注,中华书局,1985年,第424页。
④ 同上书,第440页。
⑤ [印度]阿马蒂亚·森:《惯于争鸣的印度人》,刘建译,上海三联书店,2007年,第14页。

英国人入侵印度,建立殖民政权。按其本意是将印度改宗建成基督教国家。但是,面对印度强大的宗教文化和宗教多元的格局,殖民者为了维护自己脆弱的统治,一方面竭力扶持基督教,一方面打出世俗化的旗号。在坚定的传统信仰面前,基督教在印度的传播没有达到预期的效果。但是,世俗化则歪打正着,英国殖民者充当了印度社会进步的"不自觉的工具"。另外,由于英国殖民者在人数上处于绝对劣势,在统治手段上不得不采取"以印治印"的策略,印度传统的各种文化、观念、习俗,只要无碍于英国的殖民利益,统统听之任之。这样,不但没有解决旧的矛盾,反而增添了许多新的矛盾。印度变得更复杂、更矛盾了。

印度历史上这种政治与宗教的特殊关系,告诉我们:印度始终没有一个强大的世俗政权来统辖宗教事务,也没有一个强大的宗教政权来掌控国家政务,婆罗门和刹帝利,国王和法王,统治者和教民,一直处于分离分立而又互相依存的状态。这种分离分立而又互相依存的政教关系,既是印度非凡矛盾观的重要展现,又是印度非凡矛盾观的重要渊源。

四、印度矛盾观的学理分析

和中国一样,印度也是用一个比喻来指称矛盾。中国比喻用的是"矛"与"盾"及两者原始间的关系;印度用的是"夫"与"妇"及两者的关系。这两个比喻都十分形象,但是从词义学上讲,两者所指称的原始意义是有所差异的。印度人非常重视语言和语义的表达,视语言(声音)为神圣,弥漫差派、文法学派、瑜伽派、吠檀多派和佛教真言宗,都以语言不灭论(声常住论 śabda-nityatā-vādin)为立论基础或重要思想。《摩奴法论》甚至说:"万物皆同语义结合在一起,皆源于言语,皆出自言语。"[①]印度人用"夫妇"来喻指矛盾,除了从众之外,必有语义学上的考量。

那么,印度人用"夫妇"(Dvandva)来指称矛盾,要表述的到底是什么意义呢?这些意义和中国的"矛盾"有何不同?从词源学上分析,Dvandva 表述的意义除了"夫妇"的本义之外,还表述"成双""成对""对偶",由此引出"辩证"的概念。当然它含有对立、对抗、斗争的意思,但强调的是矛盾的统一,而不是对立。中国的"矛盾",强调的是矛盾的对立,而不是统一,突出的是互相抵触,而不是融洽。所以,中国的"矛盾"和西

[①] 《摩奴法论》,蒋忠新译,中国社会科学出版社,1987年,第89页。

方的 contratiction、印度的 virodha 意义相近。印度的 Dvandva 与中国的"阴阳""天地"意义相近。

　　印度语言反映"正反一体"的语法现象很多。例如,在一个词汇前面加一个前缀 a,就使这个词汇的意义逆转,变成了一个反义词:缘故(kārana)——无缘无故(akārana),忧虑(śoka)——无忧(aśoka),忠信(bhakta)——无信仰(abhakta),满意(prasanna)——不满(aprasanna)等等。"这样方便的语法也使印度文明自然而然地发展为'一分为二'和'合二为一'的辩证思想方法。"①似类的语法现象还有不少,如前缀 prati(相反,反对),可以和行动、工作(kriyā)构成反动、反作用(pratikriyā),和声音(dhvani)构成回声、反响(pratidhvani),等等。还有一些后缀,如 śūnya、hīna,表示没有、缺少之意,也可组成许多反义词。

　　以上所举印度语言的"正反一体"的构词规则,反映出印度民族逻辑思维中成双成对、相反相成的辩证法的倾向性特征。

1. 印度哲学与印度矛盾观

　　超凡的矛盾观,在印度哲学中占有特别的地位。它既是印度哲学的重要组成部分,又是印度哲学的重要特色标志。

　　打开一部印度哲学史,给人一个强烈的感受是五光十色,美轮美奂,多元共存,一元论势强,二元论势弱。而一元论是以种种不二论来表述和发展的。

　　数论的发展历史,典型地说明了二元论在印度的遭遇。数论是印度的一个古老的著名哲学派派别,中国古译僧佉论(sāmkhya)。它走过了"具有唯物论和无神论倾向的学说""二元论学说"和"纯然唯心主义一元论的宗教学说"三个发展阶段。② 这个发展过程,尤其是第二阶段向第三阶段的发展,是自我发展的结果,更是外部各种一元论学术环境使然。作为二元论学说的数论,其世界观以"因中有果论"(satkāryavāda)为出发点,自然导致对"本"(原初物质,prakṛti)的探讨。这样,就在宗教哲学兴盛的古代印度学术生态环境中显得格格不入而备受攻讦。

　　除了数论之外,其他非一元论的印度古代哲学,也都受到一元论哲

---

① 谭中、耿引曾:《印度与中国——两大文明地交往与激荡》,商务印书馆,2006 年,第 317 页。

② 黄心川:《印度哲学史》,商务印书馆,1989 年,第 303 页。

学的非难。

古代印度是宗教哲学、神本哲学的天地,凡是否定神、唯物的,讲神我二元、心物二元的,都被列为邪见、外道,他们的学说往往不能完整、系统地传承下来。但是,也有以"正统派哲学"的身份堂而皇之地传播至今。如弥曼差(mīmāṃsā)派哲学,它的"无前"(apūrva)思想有着明显的无神论色彩,以致后期的弥曼差大师对早期的无神论思想感到"愤慨"和"胆战心惊"。这种情况说明,印度独特的矛盾观"异见万端,天包地容",同样也存在于印度的各派哲学包括正统派哲学思想之中。

异见万端,不是各种意见之间平等;天包地容,不是各种派别之间无争。伴随着印度社会和生产力、认知力的发展,印度各派哲学在竞争中出现了众家争艳,吠檀多派哲学一枝独秀的局面。

吠檀多哲学的兴旺,和印度教的发展紧紧相连。从吠檀多哲学各派的情况看,凡是有利于印度教发展的,就获得支持,反之则受到冷落。

乔荼波陀是吠檀多不二论的奠基性理论家。他继承和发展奥义书的梵我理论,认为梵是世界最高原理,即最高我。最高我根据其摆脱外界事物和经验印象的不同程度可以分为四个部位:普通位、光明位、智慧位和实在位。他还进一步发挥了传统的摩耶论,认为世界是"最高我"通过魔力(svamāyayā)所创,并非真实,只是人们的心识(vijñāna)所致。

商羯罗是印度吠檀多哲学的最著名代表,不二论的集大成者。他是乔荼波陀学生的学生,对祖师的不二论作了进一步的发挥。认为梵是统一的、永恒的、纯净的、先验的意识,它既不具有任何差别、内外、部分,也不具有任何属性、运动、变化。梵不可见,不可闻,不可触,不可说,不可思议的一种绝对实在。世界万物皆由梵生。[①] 商羯罗的理论将婆罗门教推到了印度教(新婆罗门教)的发展阶段。

罗摩努阇是在印度南方虔诚运动影响下出现的印度教思想家。他的吠檀多制限不二论,对商羯罗的不二论进行了修正。罗摩努阇认为:梵是有差别、有属性、有作为的,"梵和个我、世界的关系是异—同的关系(bhedābheda),即梵、个我和世界在本质上或本体论的意义上是相同的,但在性质、形态和作用上是相异的。这种关系可以用泥土和瓶的关系来说明,泥土是因,瓶是果,泥本和瓶的最高本质方面即在'土'方面是相同的,但泥土和瓶在性质上、形式上和作用上则是相异的。同样,由梵化出

---

① 黄心川:《印度哲学史》,商务印书馆,1989 年,第 430—431 页。

的个我和世界在最高本质上是和梵相同的,但梵拥有创造、摄持和毁灭一切的无限力量(sarvamsaktimat),而个我则没有的;梵是无所不在的,而个我则是存在于身体中的;梵以识或精神为本性(cit-svarūpa),而世界则以物质或非意识为本性。"①

制限不二论对印度教虔诚运动影响很大,罗摩难陀,伽比尔等虔诚运动的重要领袖,都是罗摩努阇的继承者。锡克教也受到罗摩努阇思想相当多的影响。

不同教派之间的争论在哲学思想的兴衰中起着重要作用。商羯罗的不二论属于湿婆派,属于毗湿奴派的罗摩努阇对其作出修正。作为毗湿奴派中坚力量的摩陀婆(Madhva)则走得更远,走到商羯罗的对立面,"建立了与商羯罗相对立的二元论体系。"②

随着伊斯兰教南侵和印度教虔诚运动的深入,吠檀多哲学还出现了尼跋迦(Nimbārka)的二元不二论(dvaitādvaitamvāda)和筏罗婆(Vallabha)的纯粹不二论(suddhādvaitamvāda)等等众多理论派别。进入现代社会,在印度国内外,对吠檀多哲学的研究,更是出现精彩纷呈的景象。

2. 梵我一如与印度矛盾观

吠檀多哲学从本质上讲是为印度教服务的。不管吠檀多哲学中的一元论和二元论之争多么激烈,一元论内部的分歧多严重,但在梵我一如——这个印度教的总原则、总纲领之下是一致的。对于印度教来说,梵我一如是根本大法。在尊奉这个根本大法的前提之下,一切多元化、一切多样性、一切矛盾冲突,都是允许甚至提倡的。唯有这样,方显梵的博大深广,天包地容。这种天包地容,不仅表现为印度教内部派系的众多繁杂,而且表现为对印度教外各教各派的平和宽容的态度。

教际关系,是测试一个宗教胸怀的试金石。在古代印度,各宗教之间的区别和现在大为不同,互相之间的差异,被视作信仰的神、祭祀的仪式不同,或者生活节庆习俗不同。所有的教,统统被称为"达磨",并没有印度教、耆那教、佛教等等的称谓,而 Himduism(印度教)、Jainism(耆那教)、Buddhism(佛教)等等名称,都是后来西方人所起。印度原生宗教

---

① 黄心川:《印度哲学史》,商务印书馆,1989年,第442页。
② 同上书,第453页。

之间并非像其他地区异教之间那样森严壁垒。为了维护教内不同教派之间的团结,常用一神多相的办法,如印度教大梵天、毗湿奴和湿婆合而为一的"三相神"。在争取教外信众时,常常用变身的办法。例如,佛教的"三十三身"①说,为了吸引印度教徒营造两教一体的感觉。印度教则将佛陀说成毗湿奴的一个化身,现代的印度教徒认为,佛是毗湿奴的一个兄弟。印度教和佛教的互相影响和融合,最终互相同化了。尼赫鲁说:"如果说婆罗门教同化了佛教,那么这种历程在很多方面也改变了婆罗门教的本身"。②

印度教不但同化了佛教还同化了其他宗教。这种同化是温和的,许多宗教为了不被同化,必须坚持异见,加强独特性。这样,就出现了这样的局面:印度教以外的宗教,和印度教保持分离分立,以特色求生存;印度教则不断增强自己的融摄能力,将自己变成了几乎无所不纳的"汪洋大海","容纳得下各种潮流并有充分活动的余地。"③教外有教,教中有派,派内有见,互不相同,和平共处,在印度是宗教生存的常态。

印度哲学的多样性和一致性,在文学艺术中得到充分反映,并很早就为印度国内外学者们所注意。有学者在讨论印度两大史诗悲剧观念时指出:"根据印度思想,任何事物的存在形式都是'双昧'即对立面的存在:美丑、明暗、黑白、生死、善恶、好坏、长短、大小等等,真理存在于'双昧'的统一之中,只执一端都是'无明'(错误的认识)。"④这里所说的,就是印度人独特的矛盾观在审美中的表现。《印度古代美意识的矛盾性》一文,则认为:"在文学艺术中体现出的印度古代的审美意识存着极端精神性与强烈感官性的对立并存。造成这种对立并存的矛盾统一关系的原因,既有不同时代审美意识的纵向历时性的聚合积淀,又有不同社会意识形态之间冲突互补的横向融汇。"⑤从历史和社会纵横两个维度对印度文学艺术中所表现出的矛盾性作出分析,抓住了事物根本。

---

① 按佛教说法观世音可示现三十三种身份,救度众生。这三十三身是佛身、辟支佛身、声闻身、梵王身、自在天身、大自在天身、天大将军身、毗沙门身、婆罗门身、比丘身、比丘尼身、优婆夷身、长者妇女身、居士妇女身、宰妇女身、婆罗门妇女身、童男身、童女身、天身、龙身、夜叉身、乾闼婆身、阿修罗身、迦楼罗身、紧那罗身、摩睺罗迦身、执金刚神身。
② [印度]尼赫鲁:《印度的发现》,世界知识出版社,1956年,第221页。
③ 同上书,第215页。
④ 邱紫华:《东方美学史》,商务印书馆,2003年,第779页。
⑤ 卢铁澎:《印度古代美意识的矛盾性》,载《国外文学》,2001年第1期。

缪勒在《宗教的起源与发展》中认为：在印度看到了"从最简单的幼稚祈祷到最高级的形而上学抽象"的"一步步成长的过程"。在《吠陀》的大多数诗歌里，看到吠陀教的童年；在《梵书》和印度人的仪式、家庭及世俗法令中，看到它"繁忙的成年"；在《奥义书》里，则看到它的老年。如果印度人的思想随着历史的进步一旦达到《梵书》的成年时代，就立即抛弃纯粹幼稚的祈祷，如果人们认识到了献祭的无用和古老诸神的真谛，就会用《奥义书》中更高级的宗教取而代之，如果这样，那么我们就能很好理解印度人思想发展的历史进程。但事非人愿，每一种宗教思想一旦在印度找到其表现形式，并作为神圣的传家宝，代代相传。正因为如此，"几百年来，几千年来，这个古代宗教一直保持其基础，如果一旦丧失了这个基础，也会再次发现它。这个宗教因时因季而做调整，它总是容有许多奇妙的和自相矛盾的成分。"①

印度宗教哲学和审美意识中的横向融合，包括两个方面。首先印度境内各地方文化的异彩纷呈，和而不同，多元统一。这种多元，既表现为各人种、各民族文化的不同，又表现为同一人种、民族内的不同种姓之间的文化差异性。不同种姓间的文化差异性，几乎是印度所独有的。印度人将童年时期的种姓制度完好地保存了下来，至今仍未完全消失。另外历史上印度多次遭受外族入侵，甚至建立了异族政权。他们给印度带来了各自的文化，使得印度文化版图色彩斑斓。显然，这种空间横向因素和时间纵向因素，是互相交错的。

缪勒认为："每个宗教，如果它在智慧与愚蠢之间，老年与青年之间形成一种连接力，那它必定是适应力强的，必定是又高又深又广的。它能够承担一切，信仰一切，希望一切，忍受一切。它越是如此，它的生命力越大，它所包含的力量和热情也越强烈。"②印度教具有超强的连接力，不但能将各种时空的文化连接在一起，而且能使这种连接力永远不老。这种连接力来自何处？尼赫鲁在论及印度六派哲学时说："它们具有许多共同点观念，不过他们的理解和结论不同。有多神论，有相信人格化的神（上帝）的有神论，有纯粹的一元论，也有根本不承认神而以进化论为依据的学派。唯心主义和现实主义两者都有。在这复杂而包容

---

① ［英］麦克斯·缪勒：《宗教的起源与发展》，上海人民出版社，1989年，第253—254页。
② 同上书，第260页。

的印度精神的各个不同的多面体上就表示出了它们的一致性和多样性。"①缪勒认为:"在这六派哲学多样性的后面,有一种可称为民族的和人民大众的哲学的共同宝库。"尼赫鲁在引述缪勒的观点之后进一步阐明自己的观点:"它们之间都有一个共同的假定:那就是认为宇宙是有秩序的,而且是根据规律来发生作用的,它们当中存在着伟大的节奏。"②

缪勒所说的"共存宝库"和尼赫鲁所说的"伟大的节奏",到底是什么呢?我们认为,其实就是印度文化的精髓——梵我一如。是梵我一如,使得印度文化极端多样性,精彩纷呈,异见万端,而又天包地容,多元一体。梵我一如,是印度文化的灵魂,是认识印度文化的锁钥。只有对梵我一如有准确、深切的把握,才能对包括非凡矛盾观在内的印度文化有准确、深切的把握。这是一切印度文化研究者必须知道和明白的。

---

① [印度]尼赫鲁:《印度的发现》,世界知识出版社,1956年,第225页。
② 同上。

第二版后记

《印度文化论》写作始于2005年。2008年由重庆出版社出版,受到读者好评。但是,由于写作时间仓促,书中缺点、错误在所难免。我们一直在等待再版的机会,让这本大家喜爱的书改得更加完善一点。

新版的《印度文化论》的修改、润色工作分工如下:

郁龙余:撰写"新版序""新版后记",修改、润色"前言""绪论"、第十章"异见万端 天包地容——印度人的矛盾观"。

蔡枫:修改、润色第一章"梵我一如 万物有灵——印度人的世界观"、第二章"慈爱厚生 非战戒杀——印度人的生命观"、第八章"师道尊严 梵学秘授——印度人的教学观"、第九章"宏大叙事 神话思维——印度人的文艺观"。

朱璇:修改、润色第三章"人分四等 贵贱天定——印度人的种姓观"、第四章"神权至上 天人同欲——印度人的宗教观"、第五章"生死轮回 业报有常——印度人的人生观"。

黄蓉:修改、润色第六章"苦修造福 冥思得道——印度人的修炼观"、第七章"精神不灭 瑜伽万能——印度人的意志观"。

全书最后由我统稿审阅并定稿。电子稿的修改、整合由黄蓉负责。此书在使用和修改过程中,得到了许多人的帮助,在此一并表示感谢。由于本人的水平有限,虽经努力,书中依然还存在不少问题,敬请各位读者不吝指正。

郁龙余

2015年9月14日

参考文献

中文参考文献

康泰、朱应:《外国经》,陈佳荣编,香港新华彩印出版社,2006年。
法显:《法显传校注》,章巽校注,上海古籍出版社,1985年。
道宣:《释迦方志》,范祥雍点校,中华书局,1983年。
玄奘、辩机:《大唐西域记校注》,季羡林等校注,中华书局,1985年。
义净:《南海寄归内法传校注》,王邦维校,中华书局,1995年。
鲁迅:《破恶声记》,《鲁迅全集》第八卷《集外集拾遗补编》,人民文学出版社,1981年。
鲁迅:《中国小说史略》,山西古籍出版社,2001年。
柳无忌:《印度文学》,联经出版事业公司,1982年。
常任侠:《常任侠文集》,安徽教育出版社,2002年。
季羡林、刘安武编:《两大史诗评论汇编》,中国社会科学出版社,1984年。
季羡林、刘安武选编:《印度古代诗选》,漓江出版社,1987年。
季羡林主编:《印度古代文学史》,北京大学出版社,1991年。
《五卷书》,季羡林译,人民文学出版社,2001年。
《罗摩衍那》,季羡林译,《季羡林全集》第二十二卷,外语教学与研究出版社,2010年。
金克木:《金克木集》,三联书店,2010年。
《印度古诗选》,金克木译,湖南人民出版社,1984年。
金克木:《梵语文学史》,江西教育出版社,1999年。
金克木:《印度文化余论——〈梵竺庐集〉补编》,学苑出版社,2002年。
《徐梵澄文集》,上海三联书店,2006年。
《五十奥义书》,徐梵澄译,中国社会科学出版社,1995年。
《摩奴法论》,蒋忠新译,中国社会科学出版社,2007年。
刘安武:《印度印地语文学史》,人民文学出版社,1987年。
《泰戈尔全集》,刘安武、倪培耕、白开元主编,河北教育出版社,2000年。
刘欣如:《印度古代社会史》,中国社会科学出版社,1990年。
巫百慧:《印度哲学——吠陀经探义和奥义书解析》,东方出版社,2000年。
罗世方、巫白慧:《梵语诗文图解》,商务印书馆,2001年。
《〈梨俱吠陀〉神曲选》,巫白慧译解,商务印书馆,2014年。

谭中:《谭云山与中印文化交流》,香港中文大学出版社,1998年。
谭中、耿引曾:《印度与中国——两大文明地交往与激荡》,商务印书馆,2006年。
谭中主编:《CHINDIA/中印大同:理想与实现》,宁夏人民出版社,2007年。
黄心川:《印度哲学史》,商务印书馆,1989年。
黄心川:《印度近现代哲学》,商务印书馆,1989年。
黄宝生:《印度古典诗学》,北京大学出版社,1999年。
《梵语诗学论著汇编·导言》,黄宝生译,昆仑出版社,2008年。
《奥义书》,黄宝生译,商务印书馆,2010年。
郭良鋆:《佛陀和原始佛教思想》,中国社会科学出版社,1997年。
《佛本生故事选》,郭良鋆、黄宝生译,人民文学出版社,1985年。
《经集》,郭良鋆译,中国社会科学出版社,1990年。
孙晶:《月亮国的智慧》,沈阳出版社,1997年。
孙晶:《印度吠檀多不二论哲学》,东方出版社,2002年。
孙晶:《印度吠檀多哲学史》(上卷),中国社会科学出版社,2013年。
陈佛松:《印度社会中的种姓制度》,商务印书馆,1983年。
《古印度帝国时代史料选辑》,崔连仲等选译,商务印书馆,1989年。
牛枝慧编:《东方艺术美学》,国际文化出版公司,1990年。
《薄伽梵歌》,张保胜译,中国社会科学出版社,1991年。
魏庆征:《古代印度神话》,北岳文艺出版社,1999年。
曹顺庆主编:《东方文论选》,四川人民出版社,1996年。
《南传弥兰王问经》,巴宙译,中国社会科学出版社,1997年。
索甲仁波切:《西藏生死书》,郑振煌译,内蒙古文化出版社,1998年。
方广锠:《印度禅》,浙江人民出版社,1998年。
李文业:《印度史——从莫卧儿帝国到印度独立》,辽宁大学出版社,1998年。
郁龙余:《中国印度诗学比较》,昆仑出版社,2006年。
郁龙余、孟昭毅主编:《东方文学史》,北京大学出版社,2001年。
尚会鹏:《种姓与印度教社会》,北京大学出版社,2001年。
王昆吾、何剑平编著:《汉文佛教中的音乐资料》,巴蜀书社,2001年。
廖育群:《阿输吠陀——印度的传统医学》,辽宁教育出版社,2002年。
孙士海、葛维钧:《列国志·印度》,社会科学文献出版社,2003年。
邱紫华:《东方美学史》,商务印书馆,2003年。
刘建、朱明忠、葛维钧:《印度文明》,中国社会科学出版社,2004年。
钮卫星:《西望梵天:汉译佛经中的天文学源流》,上海交通大学出版社,2004年。
朱明忠、尚会鹏:《印度教:宗教与社会》,世界知识出版社,2005年。
僧伽斯那:《百喻经译注》,萧齐天竺三藏求那毗地译,北京图书馆出版社,2006年。
张敏秋主编:《跨越喜马拉雅山障碍——中国寻求了解印度》,重庆出版社,2006年。

张讴:《印度文化产业》,外语教学与研究出版社,2007年。
杜欣欣:《恒河:从今世流向来世》,广西师范大学出版社,2007年。
葛宁:《印度笔记》,京华出版社,2007年。
邱永辉:《印度教》,社会科学文献出版社,2012年。
《马克思恩格斯全集》,人民出版社,1961年。
[印度]Rakesh Vats:《印度中世纪宗教文学》(下),唐孟生、薛克翘、姜景奎译,昆仑出版社,2011年。
[印度]阿马蒂亚·森:《惯于争鸣的印度人》,刘建译,三联书店,2007年。
[印度]阿马蒂亚·森、让·德雷兹:《印度:经济发展与社会机会》,黄飞君译,社会科学文献出版社,2006年。
[印度]巴萨特·库马尔·拉尔:《印度现代哲学》,朱明忠、姜敏译,商务印书馆,1991年。
[印度]跋娑:《惊梦记》,韩廷杰译,中国戏剧出版社,1983年。
[印度]杜勒西达斯:《罗摩功行之湖》,金鼎汉译,人民文学出版社,1988年。
[印度]德·恰托巴底亚耶:《印度哲学》,黄宝生、郭良鋆译,商务印书馆,1980年。
[印度]D. D.高善必:《印度古代文化与文明史纲》,王树英等译,商务印书馆,1998年。
[印度]尼赫鲁:《印度的发现》,世界知识出版社,1956年。
[印度]尼赫鲁:《英·甘地的启蒙教育——尼赫鲁在狱中给女儿的信》,詹得雄译,新华出版社,1988年。
[印度]杰伦·兰密施:《理解CHINDIA:关于中国与印度的思考》,蔡枫、董方峰译,宁夏人民出版社,2006年。
[印度]迦梨陀娑:《优哩婆湿》,季羡林译,人民文学出版社,1962年。
[印度]戒日王:《龙喜记》,吴晓铃译,人民文学出版社,1956年。
[印度]龙树菩萨:《大智度论》,鸠摩罗什译,上海古籍出版社,1991年。
[印度]穆罕默德·伊克巴尔:《自我的秘密》,刘曙雄译,北京大学出版社,1999年。
[印度]帕德玛·苏蒂:《印度美学理论》,中国人民大学出版社,1992年。
[印度]毗耶娑:《摩诃婆罗多》(六),金克木、黄宝生、葛维钧、郭良鋆等译,中国社会科学出版社,2005年。
[印度]R. C.马宗达等:《高级印度史》,商务印书馆,1986年。
[印度]湿婆达斯:《印度文化的根本要素》(印地文),新德里文艺女神出版社,1993年。
[印度]室利·阿罗频多:《神圣人生论》,徐梵澄译,商务印书馆,1996年。
[印度]首陀罗迦:《小泥车》,吴晓铃译,人民文学出版社,1957年。
[印度]泰戈尔:《恒河畔的净修林:泰戈尔散文随笔集》,白开元译,中国广播电视出版社,1999年。
[印度]月天:《故事海选》,黄宝生等译,人民文学出版社,2001年。
[澳]A. L.巴沙姆主编:《印度文化史》,闵光沛等译,商务印书馆,1997年。

[德]黑格尔:《美学》,朱光潜译,商务印书馆,1997年。
[德]赫尔曼·哈肯:《协同学:大自然构成的奥秘》,上海译文出版社,2005年。
[德]赫尔曼·库尔克、迪特玛尔·罗特蒙特:《印度史》,王立新、周红江译,中国青年出版社,2008年。
[德]韦伯:《印度的宗教——印度教与佛教》,《韦伯作品集》X,康乐、简惠美译,广西师范大学出版社,2005年。
[法]路易·杜蒙:《阶序人:卡斯特体系及其衍生现象》,王志明译,远流出版事业股份有限公司,1992年。
[法]路易·加迪等:《文化与时间》,郑乐平、胡建平译,浙江人民出版社,1988年。
[法]奈雷·格鲁塞:《印度的文明》,常任侠、袁音译,商务印书馆,1965年。
[加]坎特韦尔·史密斯:《宗教的意义与终结》,董江阳译,中国人民大学出版社,2005年。
[美]阿·热:《可怕的对称——现代物理学中美的探索》,荀坤、劳玉军译,湖南科学技术出版社,1998年。
[美]柯文:《在中国发现历史——中国中心观在美国的兴起》,林同奇译,中华书局,2002年。
[美]米尔恰·伊利亚德:《宗教思想史》,吴晓群译,上海社会科学院出版社,2011年。
[美]梅维恒:《绘画与表演———中国的看图讲故事和它的印度起源》,王邦维等译,季羡林审定,北京燕山出版社,2000年。
[美]威廉·詹姆斯:《宗教经验之种种》,唐钺译,商务印书馆,2002年。
[美]许烺光:《宗族、种姓与社团》,《许烺光著作集》V,黄光国译,南天书局,2002年。
[美]休斯顿·史密斯:《人的宗教》,刘安云译,刘述先校订,海南出版社,2006年。
[美]尤金·N.科恩、爱德华·埃姆斯:《文化人类学基础》,中国民间文学出版社,1987年。
[日]高楠顺次郎:《印度哲学宗教史》,商务印书馆,民国二十四年。
[日]中村元著:《东方民族的思维方法》,林太、马小鹤译,淑馨出版社,1992年。
[英]E.埃利奥特:《印度思想与宗教》,李荣熙译,贵州大学出版社,2013年。
[英]韩德编:《瑜伽之路》,王志成、杨柳、段力萍译,浙江大学出版社,2006年。
[英]麦克斯·缪勒:《宗教的起源与发展》,金泽译,上海人民出版社,1989年。
[英]玛丽·帕特·费舍尔:《亲历宗教》,东方出版社,2005年。
[英]V.S.奈保尔:《幽暗国度:记忆与现实交错的印度之旅》,三联书店,2003年。

外文参考文献

A. L. Basham. *The Wonder That Was India*. India: Replika Press Private Ltd, 2004.
Chaturvedi Badrinath. *The Mahabharata: An Inquiry in the Human Condition*.

Orient Longman Private Limited, 2006.

C. Badrinath. *Dharma, India and the World Order*. Saint Andrew Press, 1993.

D. N. Shukla. *Vāstu-Śāstra. Hindu Canons of Iconography and Painting*. Vol. II. New Delhi: Munshiram Manoharlal Publishers Private Ltd, 2003.

Eliade, Willard R. Trask trans. *Yoga: Immortality and Freedom*. Bollingen Series56, Princeton, 1970.

Edward Tylor. *Primitive Culture*. Vol. I. NewYork: Henry Holt and Company, 1889.

G. S. Ghurye. *Caste and Race in India*, Popular Prakashan Bombay, 1979.

G. C. Pande. *Spiritual Vision and Symbolic Forms in Ancient India*. New Delhi: Books & Books Heinrich Zimmer. *Myth sand Symbols in Indian Art and Civilization*. Delhi: Motilal Banarsidass Publishers Private Limited, 1999.

Hymns of The Atharva-veda, The Sacred Books of The East, Vol. 42, Delhi: Motilal Banarsidass Publishers, 2011.

Kalpagam Venkataraman. *Rasa in Indian aesthetics: Interface of literature and sculpture*. ProQuest Informaion and Learning Company, UMF Microform 3111651, 2003.

S. Radhakrishnan, *Indian* Krishna Sivaraman. *Hindu Spirituality: Vedasthrogh Vedanta*. Delhi:Motilal Banarsidas Publishers Private Liminted,1989.

R. C. Zaehner. *Hinduism*. Oxford University Press, New York, 1966.

Selig S. Harrison. *Indian: The Most Dangerous Decades*. Princeton University Press, 1960.

Philosophy. Vol. I, Oxford University Press, 2008.

Sri Aurobindo. *The Life Divine*. The Complete Works of Sri Aurobindo. Vol. 21—22. Pondicherry: Sri Aurobindo Ashram Trust, 2005.

Swami Paramananda. *Chirist and Oriental Ideals*. California: Ananda Ashram, 1968.

Swami Vivekananda. *Inspired Talks*. Madras: Sri Ramakrishna Math, 2009.

Swami Vivekananda. *The Complete Works of Swami Vivekananda*. Kolkata: Advaita Ashrama, 2005.

Suresh Dhayagude. *Western and Indian Poetics — A Comparative Study*. Bhandarkar Oriental Research Institute. 1981.

S. V. Venkateswara. *Indian Culture Through The Ages*. 1928.

The Satapatha Brāhmana, The Sacred Books of The East. Vol. 44. Delhi: Motilal Banarsidass Publishers, 2009.

Vasishta Yoga sara. Tiruvannamalai: Sri Ramanasramam, 2005.

译名对照表

（按罗马字母顺序排列，每字母下按书名、人名、地名、专有名词排列）

A

Abhijñānaśākuntala 《沙恭达罗》
Ādiparvan 《初篇》
Aitareya Brāhmaṇa 《他氏梵书》
Aitareya Upaniṣad 《爱多列雅奥义书》
Arthaśāstra 《利论》或《政事论》
Atharva-veda 《阿达婆吠陀》
āyur-veda 阿输吠陀
agni 阿耆尼，火神
Ajita Keśakambali 阿耆多·翅舍钦婆罗
Akbar 阿克巴
A. L. Basham 巴沙姆
Amaru 阿摩卢
Amartya Sen 阿马蒂亚·森
Ambedkar 安贝德卡尔
ānanda tāṇḍava 湿婆的狂喜之舞
Ārādakālama 阿罗逻伽蓝
Asaṅga 无著
Aśoka 阿育王
Aśvaghoṣa 马鸣
Aubeg Menen 奥布里·门南
Avara-godānīya 西瞿陀尼洲
abhakta 无信仰
abhijñā 神通
abhiniveśa 现贪
ācārya 教师，轨范师
achūta 不可接触者
adbhuta 奇异味
aghatiyakarma 无害业
ahambrahmasmi 我即是梵
ahiṃsā 不害
ajīva 非命
akāraṇa 无缘无故
amaraṇa 不死
antardṛṣṭi 内明
antaḥśravaṇa 内聪
anubhāva 情态，随情
anugraha 拯救
aparigraha 不贪
aprasanna 不满
apūrva 无前
artha 利
arya varṇa 雅利安瓦尔纳
aryadharma 雅利安达磨
āraṇyaka 森林书
āsana 坐法
āsavakhayañāṇa 漏尽通
asmitā 我见
aśoka 无忧

asrava 漏
asteya 不偷盗
ātman 阿特曼,我
atulya 无与伦比的
aupamya 比喻类
aviddha citra "不受约束的"画
avidyā 无明
āyus 生命,寿命

B

Bhagavadgītā 《薄伽梵歌》
Brhadāranyaka Upanisad 《大林间奥义书》
Brhatkathā 《伟大的故事》
Buddhacarita 《佛所行赞》
Bāna 波那
Bhāmaha 婆摩诃
Bhārat Mātā 印度母亲
Bharatamuni 婆罗多
Bhāravi 婆罗维
Bhartrhari 伐致呵利
Bhāsa 跋娑
Bhatti 跋底
Bhavabhūti 薄婆菩提
Bharhut 巴尔胡特
bhakta 忠信
bhakti 帕克蒂
bhāva citra 情画
bhaya 惧
bhayānaka 恐怖味
bhedābheda 一体两面,同中有异
bībhatsa 厌恶味
brahmā 梵,梵天

brahmacārin 梵行期
brahmacaryā 净行
brahman 梵,形而上的非人格原理
brāhmana 梵书,婆罗门
brahmātmaikyam 梵我一如
Buddha 佛陀
Buddhism 佛教

C

Caraka-samhitā 《妙闻集》
Chāndogya Upanisad 《歌者奥义书》
Charles. E. Eliot 埃利奥特
Chaturvedi Badrinath C.巴德里纳特
cakravāda 轮围山
cāndāla 旃陀罗
caste 卡斯特
caturāśrama 四行期
cetopariyanana 他心通
citrapata 绘画
cit-svarūpa 识的本性

D

Daśarūpaka 《十色》
Dūtavākya 《黑天出使》
Dandin 檀丁
Dārā Shikoh 达拉·希库
Dhanañjaya 胜财
Dyaus 特尤斯,光明之神
dāsa varna 达萨瓦尔纳
devala 靠神像供品维生的较低等婆罗门
dhāranā 执持

dharma 达磨，法
dhyāna 静虑，禅
dibbasotadhātuñāna 天耳通
dibbacakkhuñāna 天眼通
din-i-ilahi 神圣信仰
dɔsa 诗病
dravida 达罗毗荼人
drśyakāvya 可观之诗
dvaitādvaitamvāda 二元不二论
Dvandva 夫妇
dvāyuga 二分时代
dvesa 瞋

E

Ellora 埃洛拉
ezhava 艾扎瓦，种姓名

F

Francis L. K. Hsu 许烺光

G

Gautama Dharmasūtra 《乔达摩法经》
Gaudapāda 乔荼波陀
Gosāla 拘舍罗
Govardhana 牛增
G. S. Ghurye 古里叶
ganeśa 象头神
gāyatrī 唱诵律
Gentilcharisma 氏族卡理斯玛
ghatiyakarma 有害业
grhastha 家居期
grhya 家祭

guna 诗德
guru 古儒

H

Hemchandra 金月
Harappa 哈拉帕
Hayar 纳亚尔
hāsya 滑稽味
hāsa 笑
Hinduism 印度教

I

Ibn'Arabī 伊本·阿拉比
indra 因陀罗，雷神
Īśvarakrsna 自在黑
iddhividha 神变通
īsvādhyāya 学习

J

Jātaka 《佛本生故事》
Jayadeva 胜天
J. H. Hutton 胡顿
Jambuvipa 南赡部洲
jagatī 大地律
Jainism 耆那教
janitr 能生者
jāti 迦蒂
jīva 命
jñāna yoga 智瑜伽
jugupsā 厌

K

Kāmasūtra 《欲经》
Kathaka Upanisad 《羯陀奥义书》
Kathāsaritsāgara 《故事海》
Kausītaki Upanisad 《憍尸多基奥义书》
Kāvyādarśa 《诗镜》
kāvyakalpalatā 《诗如意藤》
Kāvyamīmāmsā 《诗探》
Kāvyaprakāśa 《诗光》
Kirātārjunīya 《野人阿周那》
Kumārasambhava 《鸠摩罗出世》
Kabiradas 格比尔达斯
Kalhana 迦尔诃纳
Kālidāsa 迦梨陀娑
Kaniska 迦腻色迦
Kautilya 考底利耶
Krsna 克里希纳
Ksāntīdeva 羼提提婆
Ksemendra 安主
Kumāradāsa 鸠摩罗陀娑
kaliyuga 迦利时代
kalpa 劫，宇宙论的时间
kama 卡马，种姓名
kāma 欲
kammanirodha 断灭业
kārana 缘故
karma 业，羯磨
karma yoga 业瑜伽
karuna 悲悯味
kaviśikasā 诗人学
kāvya 诗
kāvyadrstānta 诗喻
khandakāvya 小诗
krodha 怒
krtayuga 圆满时代
ksana 刹那
ksānti 忍
ksatra 权力、力量
ksatriya 刹帝利
kulaguru 家长，家庭的祭官

L

Louis Dumont 路易·杜蒙
lokadhātu 世界
lū 热浪

M

Mahābhārata 《摩诃婆罗多》
Maitrī Upanisad 《弥勒奥义书》
majma-'ul-bahrain 《二海合流》
Mānasāram 《摩那精选》
Māndūkya Upanisad 《唵声奥义书》
Manusmrti 《摩奴法论》
Madhva 摩陀婆
Māgha 摩迦
Mahatma Gandhi 圣雄甘地
Mahāvīra 大雄
Mammata 曼摩吒
Martin Powers 包石华
Max Müller 麦克斯·缪勒
Max Weber 马克斯·韦伯
Mircea Eliade 米尔恰·伊利亚德
mitra 密多罗，太阳神，友爱神

Mitrā-Varunā	密多罗-婆楼那
Madhyadeśa	中印度
Mohenjo-Daro	莫亨焦达罗
madhyasthā	宁静
mahākāvya	大诗
mahamantavara	一梵天年
mahāpurāna	大往世书
mahāyuga	大时代
mahdi	马赫迪
māmsāhārī	肉食者
manana	思辨
manas	末那，意识
mantra	祭祀颂诗
māsa	月
māyā	幻，幻象，幻术
mīmāmsā	弥曼差
moksa	解脱
muhūrta	瞬时，一日的三十分之一
muñja	蒙遮草
mūrvā	牟尔跋

N

Naisadhacarita	《尼奢陀王传》
Nātyaśāstra	《舞论》
Nanak	那纳克
Niganth Nātaputta	尼乾陀·若提子
Nimbārka	尼跋迦
nair	纳亚尔，种姓名
nāndī	献诗
natarāja	舞王
nididhyasana	深层次冥想
nirvāna	涅槃

niyama	劝制

P

Pañcatantra	《五卷书》
Praśna Upanisad	《六问奥义书》
Pratimāmānalaksanam	《佛像量度经》
Pakudha	婆浮陀
Pānini	波尼你
parjanya	帕阁尼耶，雨神
pārvatī	帕尔瓦蒂，雪山神女
prthivī	波里蒂毗，地母神
Puspadanta	花齿
Pūrva-videha	东毗提诃洲
pāli	巴利语
paśupati	兽主
prajāpati	生主
prakrti	原初物质
prāna	气息
prānāyāma	调息
prasanna	满意
prati	前缀，有相反，反对之意
pratibhā	肖像，殊胜的观念
pratibhāna	辩才，才能
pratidhvani	回声，反响
pratikriyā	反动，反作用
pratyāhāra	制感
pubbenivāsānussatiñāna	宿命通
pudgala	自我
purusa	原人，神我

R

Raghuvamśa	《罗怙世系》

Rasadṛṣṭi-lakṣaṇam 《味视觉论》
Rabindranath Tagore 泰戈尔
Rājaśekhara 王顶
Rāmānuja 罗摩奴阇
Rāmakrishna 罗摩克里希那
Ramakrishna Mission Association 罗摩克里希那传道会
Ram Mohan Roy 拉姆·莫汉·罗易
Ratnākara 罗特那伽罗
Raymond Panikkar 雷蒙·潘尼卡
R. C. Zaehner 策纳
Rudraṭa 楼陀罗吒
rāga 贪
rajas 忧性
rāja yoga 王瑜伽
rākṣasa 罗刹
rasa 味
rati 爱
raudra 暴戾味
reddy 雷迪,种姓名
ṛsi 仙人
ṛtu 时,节,时节,时候
rudra 楼陀罗,兽王
rūpaka 隐喻

S

Sāhityadarpaṇa 《文镜》
Samarāṅgana-Sūtradhāra 《画事要诀》
Śatapatha Brāhmaṇa 《百道梵书》
Saundarānanda 《美难陀传》
Śilparatna 《艺术宝典》
Śiśupālavadha 《童护伏诛记》
Suśruta-saṃhitā 《阇罗迦集》
Śaṅkara 商羯罗
Śilāditya 戒日王
Śivasvāmin 湿婆室伐蜜
Somadeva 月天
S. Radhakrishnan 拉达克里希南
Sri Aurobindo 奥罗宾多
Śrīharṣa 室利诃奢
Śūdraka 首陀罗迦
Swami Vivekananda 斯瓦米·维韦卡南达
śabda-nityatā-vādin 声常住论
sādhāraṇadharma 萨塔纳那达磨,共同法
śākāhārī 素食者
śakti 萨克帝,力量
samādhi 三昧,定
saṃhāra 毁灭
saṃhitā 本集
sāṃkhya 数论,僧佉
saṃnyāsin 遁世期
saṃsāra 轮回,生死的循环
saṃtoṣa 满足
saṃvatsara 一年
śānta 寂静味
sarasvatī 娑罗室底,文艺女神,辩才天女
sarvaṃśaktimat 无限力量
satkāryavāda 因中有果论
sattva 喜性
satya 真实,诚实

śauca 清净
sāvitrī 萨维特利诗节
siddha 成就者
śiva 湿婆
śoka 悲,忧虑
soma 苏摩,酒神
śrauta 天启祭
sravana 所听
śravyakāvya 可听之诗
śrīcakra 圣环
śṛṅgāra 艳情味
śrotriya 净行婆罗门,精通吠陀的婆罗门
srsti 创造
śruti 所闻,天启,闻识,圣典
sthiti 保护
sūrya 苏里耶,太阳神
suddhādvaitamvāda 纯粹不二论
śūdra 首陀罗
śūnya、hīna 后缀,表示没有、缺少之意
sūta 苏多
svadharma 自法,分别法
svamāyayā 我的魔力
śvara pranidhāna 敬自在天

T

tamas 暗性
tapa 苦行
tāpasa 苦行者,隐者
tiro-bhāva 幻灭
tretāyuga 三分时代
Trimūrti 三面像,三相神

tristubh 三颂律
truti 瞬间,千万分之一秒

U

Upadeśasāhasrī 《示教千则》
Uabhata 优婆吒
Udrakarāmaputra 郁陀罗摩子
Uttara-kuru 北俱卢洲
upākhyāna 插话
upanayana 入门礼
upapurāna 小往世书
usas 乌莎,黎明女神
utsāha 勇

V

Vikramorvaśīya 《优哩婆湿》
Visnudharmottarapurāna 《毗湿奴最法上往世书》
Vacchagotta 瓦查戈达
Vallabha 筏罗婆
Vālmīki 蚁蛭
Vāmana 伐摩那
Vardhamāna 筏陀摩那
Vijayapāla 胜护
Viśvāmitra 毗奢密多罗
Viśvanātha 毗首那特,宇主
V. S. Sukthankar 苏克坦卡尔
Vyāsa 毗耶娑,广博仙人
vaijayantī 胜利的花环
vaiśya 吠舍
vāk 语言
vakrokti 曲语论派

vānaprastha　林栖期
varṇa　瓦尔纳
varuṇa　伐楼那，包拥，遍摄
vātaraśana　苦行者，比丘
vāyu　伐由，风神
vedāṅga　吠陀支
vedānta　吠檀多
vibhāva　情由，别情
viddha citra　"受约束的"画
vijñāna　心识
viññana　识
vīra　英勇味
virodha　矛盾
vismaya　惊
viśva　遍布一切的，世界
viśvakartṛ　造一切者
vṛtti　（诗）风格

W

William Jones　威廉·琼斯
World's Parliament of Religions　世界宗教议会

Y

yama　阎摩，地狱之神，禁制
Yogācāra　瑜伽行派
yogin　瑜伽行者
yojana　由旬，长度单位
yuktacetas　心我相应，全神贯注